《中华人民共和国民法典》
物权编学习读本

中共中央宣传部宣传教育局
全国人大常委会法制工作委员会民法室
司法部普法与依法治理局
 编

中国民主法制出版社

图书在版编目（CIP）数据

《中华人民共和国民法典》物权编学习读本/中共
中央宣传部宣传教育局，全国人大常委会法制工作委员会
民法室，司法部普法与依法治理局编．—北京：中国民
主法制出版社，2021.1
　　ISBN 978 - 7 - 5162 - 2221 - 8

　Ⅰ.①中…　Ⅱ.①中…　②全…　③司…　Ⅲ.①物权法
—中国—学习参考资料　Ⅳ.①D923.24

中国版本图书馆 CIP 数据核字（2020）第 069268 号

图书出品人：刘海涛
出 版 统 筹：乔先彪
责 任 编 辑：乔先彪　陈　曦　逯卫光　庞贺鑫
　　　　　　　许泽荣　贾萌萌　谢瑾勋

书名/《中华人民共和国民法典》物权编学习读本
作者/ 中 共 中 央 宣 传 部 宣 传 教 育 局
　　　全国人大常委会法制工作委员会民法室　编
　　　司 法 部 普 法 与 依 法 治 理 局

出版·发行/ 中国民主法制出版社
地址/ 北京市丰台区右安门外玉林里 7 号（100069）
电话/（010）63055259（总编室）　63058068　63057714（营销中心）
传真/（010）63055259
http：//www.npcpub.com
E-mail：mzfz@ npcpub.com
经销/ 新华书店
开本/ 32 开　880 毫米 ×1230 毫米
印张/ 18.5　字数/ 403 千字
版本/ 2021 年 2 月第 1 版　2021 年 2 月第 1 次印刷
印刷/ 北京新华印刷有限公司

书号/ ISBN 978 - 7 - 5162 - 2221 - 8
定价/ 78.00 元
出版声明/ 版权所有，侵权必究。

出版说明

为深入学习贯彻习近平法治思想，加强民法典学习宣传工作，根据《中共中央宣传部等八部门关于加强民法典学习宣传的通知》要求，中共中央宣传部宣传教育局、全国人大常委会法制工作委员会民法室、司法部普法与依法治理局联合编辑出版了《民法典学习读本系列》，分民法典总则编、物权编、合同编、人格权编、婚姻家庭编、继承编、侵权责任编等7编。编写本书旨在以通俗、凝练、生动的语言，让民法典走到群众身边、走进群众心里，切实增强全民法治观念，提升公民法治素养，夯实依法治国社会基础，供干部群众实践中使用。

2020 年 12 月 4 日

编　者

习近平在中央政治局第二十次集体学习时强调

充分认识颁布实施民法典重大意义
依法更好保障人民合法权益

《人民日报》（2020 年 05 月 30 日　01 版）

民法典在中国特色社会主义法律体系中具有重要地位，是一部固根本、稳预期、利长远的基础性法律，对推进全面依法治国、加快建设社会主义法治国家，对发展社会主义市场经济、巩固社会主义基本经济制度，对坚持以人民为中心的发展思想、依法维护人民权益、推动我国人权事业发展，对推进国家治理体系和治理能力现代化，都具有重大意义。全党要切实推动民法典实施，以更好推进全面依法治国、建设社会主义法治国家，更好保障人民权益

民法典系统整合了新中国 70 多年来长期实践形成的民事法律规范，汲取了中华民族 5000 多年优秀法律文化，借鉴了人类法治文明建设有益成果，是一部体现我国社会主义性质、符合人民利益和愿望、顺应时代发展要求的民法典，是一部体现对生命健康、财产安全、交易便利、生活幸福、人格尊严等各方面权利平等保护的民法典，是一部具有鲜明中国特色、实践特色、时代特色的民法典

民法典实施水平和效果，是衡量各级党政机关履行为人民服务宗旨的重要尺度。国家机关履行职责、行使职权必须清楚自身行为和活动的范围和界限。各级党和国家机关开展工作要考虑民法典规定，不能侵犯人民群众享有的合法民事权利，包

括人身权利和财产权利。有关政府机关、监察机关、司法机关要依法履行职能、行使职权，保护民事权利不受侵犯、促进民事关系和谐有序

民法典要实施好，就必须让民法典走到群众身边、走进群众心里。要广泛开展民法典普法工作，将其作为"十四五"时期普法工作的重点来抓。要把民法典纳入国民教育体系，加强对青少年民法典教育

新华社北京 5 月 29 日电　中共中央政治局 5 月 29 日下午就"切实实施民法典"举行第二十次集体学习。中共中央总书记习近平在主持学习时强调，民法典在中国特色社会主义法律体系中具有重要地位，是一部固根本、稳预期、利长远的基础性法律，对推进全面依法治国、加快建设社会主义法治国家，对发展社会主义市场经济、巩固社会主义基本经济制度，对坚持以人民为中心的发展思想、依法维护人民权益、推动我国人权事业发展，对推进国家治理体系和治理能力现代化，都具有重大意义。全党要切实推动民法典实施，以更好推进全面依法治国、建设社会主义法治国家，更好保障人民权益。

全国人大常委会法制工作委员会民法室主任、中国法学会行政法学研究会副会长黄薇同志就这个问题进行了讲解，提出了意见和建议。

习近平在主持学习时发表了讲话。他强调，《中华人民共和国民法典》，是新中国成立以来第一部以"法典"命名的法律，是新时代我国社会主义法治建设的重大成果。安排这次集体学习，目的是充分认识颁布实施民法典的重大意义，更好推动民法典实施。

习近平指出，在我国革命、建设、改革各个历史时期，我

们党都高度重视民事法律制定实施。改革开放以来，我国民事商事法制建设步伐不断加快，先后制定或修订了一大批民事商事法律，为编纂民法典奠定了基础、积累了经验。党的十八大以来，我们顺应实践发展要求和人民群众期待，把编纂民法典摆上重要日程。党的十八届四中全会作出关于全面推进依法治国若干重大问题的决定，其中对编纂民法典作出部署。在各方面共同努力下，经过5年多工作，民法典终于颁布实施，实现了几代人的夙愿。

习近平强调，民法典系统整合了新中国70多年来长期实践形成的民事法律规范，汲取了中华民族5000多年优秀法律文化，借鉴了人类法治文明建设有益成果，是一部体现我国社会主义性质、符合人民利益和愿望、顺应时代发展要求的民法典，是一部体现对生命健康、财产安全、交易便利、生活幸福、人格尊严等各方面权利平等保护的民法典，是一部具有鲜明中国特色、实践特色、时代特色的民法典。

习近平指出，要加强民法典重大意义的宣传教育，讲清楚实施好民法典，是坚持以人民为中心、保障人民权益实现和发展的必然要求，是发展社会主义市场经济、巩固社会主义基本经济制度的必然要求，是提高我们党治国理政水平的必然要求。民法典实施水平和效果，是衡量各级党政机关履行为人民服务宗旨的重要尺度。国家机关履行职责、行使职权必须清楚自身行为和活动的范围和界限。各级党和国家机关开展工作要考虑民法典规定，不能侵犯人民群众享有的合法民事权利，包括人身权利和财产权利。有关政府机关、监察机关、司法机关要依法履行职能、行使职权，保护民事权利不受侵犯、促进民事关系和谐有序。

习近平强调，有关国家机关要适应改革开放和社会主义现代化建设要求，加强同民法典相关联、相配套的法律法规制度建设，不断总结实践经验，修改完善相关法律法规和司法解释。对同民法典规定和原则不一致的国家有关规定，要抓紧清理，该修改的修改，该废止的废止。要发挥法律解释的作用，及时明确法律规定含义和适用法律依据，保持民法典稳定性和适应性相统一。随着经济社会不断发展、经济社会生活中各种利益关系不断变化，民法典在实施过程中必然会遇到一些新情况新问题。要坚持问题导向，适应技术发展进步新需要，在新的实践基础上推动民法典不断完善和发展。

习近平指出，严格规范公正文明执法，提高司法公信力，是维护民法典权威的有效手段。各级政府要以保证民法典有效实施为重要抓手推进法治政府建设，把民法典作为行政决策、行政管理、行政监督的重要标尺，不得违背法律法规随意作出减损公民、法人和其他组织合法权益或增加其义务的决定。要规范行政许可、行政处罚、行政强制、行政征收、行政收费、行政检查、行政裁决等活动，提高依法行政能力和水平。依法严肃处理侵犯群众合法权益的行为和人员。民事案件同人民群众权益联系最直接最密切。各级司法机关要秉持公正司法，提高民事案件审判水平和效率。要加强民事司法工作，提高办案质量和司法公信力。要及时完善相关民事司法解释，使之同民法典及有关法律规定和精神保持一致，统一民事法律适用标准。要加强对涉及财产权保护、人格权保护、知识产权保护、生态环境保护等重点领域的民事审判工作和监督指导工作，及时回应社会关切。要加强民事检察工作，加强对司法活动的监督，畅通司法救济渠道，保护公民、法人和其他组织合法权益，坚决防止以刑事案件名义插手民事纠纷、经济纠纷。要充分发挥律师事务所和律师等法律专业机构、专业人员的作用，帮助群众实现和维护自身合法权益，同时要发挥人民调解、商事仲裁等多元化纠纷解决机制的作用，加强法律援助、司法救助等工作，通过社会力量和基层组织务实解决民事纠纷，多方面推进民法典实施工作。

习近平强调，民法典要实施好，就必须让民法典走到群众身边、走进群众心里。要广泛开展民法典普法工作，将其作为"十四五"时期普法工作的重点来抓，引导群众认识到民法典既是保护自身权益的法典，也是全体社会成员都必须遵循的规范，养成自觉守法的意识，形成遇事找法的习惯，培养解决问题靠法的意识和能力。要把民法典纳入国民教育体系，加强对青少年民法典教育。要聚焦民法典总则编和各分编需要把握好的核心要义和重点问题，阐释好民法典关于民事活动平等、自愿、公平、诚信等基本原则，阐释好民法典关于坚持主体平等、保护财产权利、便利交易流转、维护人格尊严、促进家庭和谐、追究侵权责任等基本要求，阐释好民法典一系列新规定新概念新精神。

习近平强调，要坚持以中国特色社会主义法治理论为指导，立足我国国情和实际，加强对民事法律制度的理论研究，尽快构建体现我国社会主义性质，具有鲜明中国特色、实践特色、时代特色的民法理论体系和话语体系，为有效实施民法典、发展我国民事法律制度提供理论支撑。

习近平指出，各级党和国家机关要带头宣传、推进、保障民法典实施，加强检查和监督，确保民法典得到全面有效执行。各级领导干部要做学习、遵守、维护民法典的表率，提高运用民法典维护人民权益、化解矛盾纠纷、促进社会和谐稳定能力和水平。

坚定不移走中国特色社会主义法治道路
为全面建设社会主义现代化国家
提供有力法治保障

李克强主持　栗战书汪洋赵乐际韩正出席　王沪宁讲话

《人民日报》(2020 年 11 月 18 日　第 01 版)

推进全面依法治国要全面贯彻落实党的十九大和十九届二中、三中、四中、五中全会精神,从把握新发展阶段、贯彻新发展理念、构建新发展格局的实际出发,围绕建设中国特色社会主义法治体系、建设社会主义法治国家的总目标,坚持党的领导、人民当家作主、依法治国有机统一,以解决法治领域突出问题为着力点,坚定不移走中国特色社会主义法治道路,在法治轨道上推进国家治理体系和治理能力现代化,为全面建设社会主义现代化国家、实现中华民族伟大复兴的中国梦提供有力法治保障

习近平法治思想内涵丰富、论述深刻、逻辑严密、系统完备,从历史和现实相贯通、国际和国内相关联、理论和实际相结合上深刻回答了新时代为什么实行全面依法治国、怎样实行全面依法治国等一系列重大问题。习近平法治思想是顺应实现中华民族伟大复兴时代要求应运而生的重大理论创新成果,是马克思主义法治理论中国化最新成果,是习近平新时代中国特色社会主义思想的重要组成部分,是全面依法治国的根本遵循和行动指南。全党全国要认真学习领会习近平法治思想,吃透基本精神、把握核心要义、明确工作要求,切实把习近平法治

思想贯彻落实到全面依法治国全过程

要坚持党对全面依法治国的领导。要坚持以人民为中心。要坚持中国特色社会主义法治道路。要坚持依宪治国、依宪执政。要坚持在法治轨道上推进国家治理体系和治理能力现代化。要坚持建设中国特色社会主义法治体系。要坚持依法治国、依法执政、依法行政共同推进，法治国家、法治政府、法治社会一体建设。要坚持全面推进科学立法、严格执法、公正司法、全民守法。要坚持统筹推进国内法治和涉外法治。要坚持建设德才兼备的高素质法治工作队伍。要坚持抓住领导干部这个"关键少数"

本报北京 11 月 17 日电　中央全面依法治国工作会议 11 月 16 日至 17 日在北京召开。中共中央总书记、国家主席、中央军委主席习近平出席会议并发表重要讲话，强调推进全面依法治国要全面贯彻落实党的十九大和十九届二中、三中、四中、五中全会精神，从把握新发展阶段、贯彻新发展理念、构建新发展格局的实际出发，围绕建设中国特色社会主义法治体系、建设社会主义法治国家的总目标，坚持党的领导、人民当家作主、依法治国有机统一，以解决法治领域突出问题为着力点，坚定不移走中国特色社会主义法治道路，在法治轨道上推进国家治理体系和治理能力现代化，为全面建设社会主义现代化国家、实现中华民族伟大复兴的中国梦提供有力法治保障。

会议强调，习近平法治思想内涵丰富、论述深刻、逻辑严密、系统完备，从历史和现实相贯通、国际和国内相关联、理论和实际相结合上深刻回答了新时代为什么实行全面依法治国、怎样实行全面依法治国等一系列重大问题。习近平法治思想是顺应实现中华民族伟大复兴时代要求应运而生的重大理论创新成果，是马克思主义法治理论中国化最新成果，是习近平新时代中国特色社会主义思想的重要组成部分，是全面依法治国的根本遵循和行动指南。全党全国要认真学习领会习近平法治思想，吃透基本精神、把握核心要义、明确工作要求，切实把习近平法治思想贯彻落实到全面依法治国全过程。

李克强主持会议。栗战书、汪洋、赵乐际、韩正出席会议。王沪宁作总结讲话。

习近平在讲话中强调，我们党历来重视法治建设。党的十八大以来，党中央明确提出全面依法治国，并将其纳入"四个全面"战略布局予以有力推进。党的十八届四中全会专门进行研究，作出关于全面推进依法治国若干重大问题的决定。党的十九大召开后，党中央组建中央全面依法治国委员会，从全局和战略高度对全面依法治国又作出一系列重大决策部署，推动我国社会主义法治建设发生历史性变革、取得历史性成就，全面依法治国实践取得重大进展。

习近平对当前和今后一个时期推进全面依法治国要重点抓好的工作提出了11个方面的要求。

习近平强调，要坚持党对全面依法治国的领导。党的领导是推进全面依法治国的根本保证。国际国内环境越是复杂，改革开放和社会主义现代化建设任务越是繁重，越要运用法治思维和法治手段巩固执政地位、改善执政方式、提高执政能力，保证党和国家长治久安。全面依法治国是要加强和改善党的领导，健全党领导全面依法治国的制度和工作机制，推进党的领导制度化、法治化，通过法治保障党的路线方针政策有效实施。

习近平强调，要坚持以人民为中心。全面依法治国最广泛、最深厚的基础是人民，必须坚持为了人民、依靠人民。要把体现人民利益、反映人民愿望、维护人民权益、增进人民福祉落实到全面依法治国各领域全过程。推进全面依法治国，根本目的是依法保障人民权益。要积极回应人民群众新要求新期待，系统研究谋划和解决法治领域人民群众反映强烈的突出问题，不断增强人民群众获得感、幸福感、安全感，用法治保障人民安居乐业。

习近平指出，要坚持中国特色社会主义法治道路。中国特色社会主义法治道路本质上是中国特色社会主义道路在法治领域的具体体现。既要立足当前，运用法治思维和法治方式解决经济社会发展面临的深层次问题；又要着眼长远，筑法治之基、行法治之力、积法治之势，促进各方面制度更加成熟更加定型，为党和国家事业发展提供长期性的制度保障。要传承中华优秀传统法律文化，从我国革命、建设、改革的实践中探索适合自己的法治道路，同时借鉴国外法治有益成果，为全面建设社会主义现代化国家、实现中华民族伟大复兴夯实法治基础。

习近平强调，要坚持依宪治国、依宪执政。党领导人民制定宪法法律，领导人民实施宪法法律，党自身要在宪法法律范围内活动。全国各族人民、一切国家机关和武装力量、各政党和各社会团体、各企业事业组织，都必须以宪法为根本的活动准则，都负有维护宪法尊严、保证宪法实施的职责。坚持依宪治国、依宪执政，就包括坚持宪法确定的中国共产党领导地位不动摇，坚持宪法确定的人民民主专政的国体和人民代表大会制度的政体不动摇。

习近平指出，要坚持在法治轨道上推进国家治理体系和治理能力现代化。法治是国家治理体系和治理能力的重要依托。只有全面依法治国才能有效保障国家治理体系的系统性、规范性、协调性，才能最大限度凝聚社会共识。在统筹推进伟大斗争、伟大工程、伟大事业、伟大梦想的实践中，在全面建设社会主义现代化国家新征程上，我们要更加重视法治、厉行法治，更好发挥法治固根本、稳预期、利长远的重要作用，坚持依法应对重大挑战、抵御重大风险、克服重大阻力、解决重大矛盾。

习近平指出，要坚持建设中国特色社会主义法治体系。中国特色社会主义法治体系是推进全面依法治国的总抓手。要加快形成完备的法律规范体系、高效的法治实施体系、严密的法治监督体系、有力的法治保障体系，形成完善的党内法规体系。要坚持依法治国和以德治国相结合，实现法治和德治相辅相成、相得益彰。要积极推进国家安全、科技创新、公共卫生、生物安全、生态文明、防范风险、涉外法治等重要领域立法，健全国家治理急需的法律制度、满足人民日益增长的美好生活需要必备的法律制度，以良法善治保障新业态新模式健康发展。

习近平强调，要坚持依法治国、依法执政、依法行政共同推进，法治国家、法治政府、法治社会一体建设。全面依法治国是一个系统工程，要整体谋划，更加注重系统性、整体性、协同性。法治政府建设是重点任务和主体工程，要率先突破，用法治给行政权力定规矩、划界限，规范行政决策程序，加快转变政府职能。要推进严格规范公正文明执法，提高司法公信力。普法工作要在针对性和实效性上下功夫，特别是要加强青少年法治教育，不断提升全体公民法治意识和法治素养。要完善预防性法律制度，坚持和发展新时代"枫桥经验"，促进社会和谐稳定。

习近平指出，要坚持全面推进科学立法、严格执法、公正司法、全民守法。要继续推进法治领域改革，解决好立法、执法、司法、守法等领域的突出矛盾和问题。公平正义是司法的灵魂和生命。要深化司法责任制综合配套改革，加强司法制约监督，健全社会公平正义法治保障制度，努力让人民群众在每一个司法案件中感受到公平正义。要加快构建规范高效的制约监督体系。要推动扫黑除恶常态化，坚决打击黑恶势力及其"保护伞"，让城乡更安宁、群众更安乐。

习近平强调，要坚持统筹推进国内法治和涉外法治。要加快涉外法治工作战略布局，协调推进国内治理和国际治理，更好维护国家主权、安全、发展利益。要强化法治思维，运用法治方式，有效应对挑战、防范风险，综合利用立法、执法、司法等手段开展斗争，坚决维护国家主权、尊严和核心利益。要推动全球治理变革，推动构建人类命运共同体。

习近平指出，要坚持建设德才兼备的高素质法治工作队伍。要加强理想信念教育，深入开展社会主义核心价值观和社会主义法治理念教育，推进法治专门队伍革命化、正规化、专业化、职业化，确保做到忠于党、忠于国家、忠于人民、忠于法律。要教育引导法律服务工作者坚持正确政治方向，依法依规诚信执业，认真履行社会责任。

习近平强调，要坚持抓住领导干部这个"关键少数"。各级领导干部要坚决贯彻落实党中央关于全面依法治国的重大决策部署，带头尊崇法治、敬畏法律，了解法律、掌握法律，不断提高运用法治思维和法治方式深化改革、推动发展、化解矛盾、维护稳定、应对风险的能力，做尊法学法守法用法的模范。要力戒形式主义、官僚主义，确保全面依法治国各项任务真正落到实处。

习近平指出，推进全面依法治国是国家治理的一场深刻变革，必须以科学理论为指导，加强理论思维，不断从理论和实践的结合上取得新成果，总结好、运用好党关于新时代加强法治建设的思想理论成果，更好指导全面依法治国各项工作。

李克强在主持会议时指出，习近平总书记的重要讲话全面总结了党的十八大以来法治建设取得的成就，深刻阐明了深入推进新时代全面依法治国的重大意义，系统阐述了新时代中国特色社会主义法治思想，科学回答了中国特色社会主义法治建设一系列重大理论和实践问题，对当前和今后一个时期全面依法治国工作作出了战略部署，具有很强的政治性、思想性、理论性，是指导新时代全面依法治国的纲领性文献。要认真学习领会和贯彻落实。要增强"四个意识"、坚定"四个自信"、做到"两个维护"，把会议精神转化为做好全面依法治国各项工作的强大动力，转化为推进法治建设的思路举措，转化为全面建设社会主义法治国家的生动实践，不断开创法治中国建设新局面。

王沪宁在总结讲话中表示，习近平总书记重要讲话高屋建瓴、视野宏阔、内涵丰富、思想深刻，体现了深远的战略思维、鲜明的政治导向、强烈的历史担当、真挚的为民情怀，是指导新时代全面依法治国的纲领性文献。要全面准确学习领会习近平法治思想，牢牢把握全面依法治国政治方向、重要地位、工作布局、重点任务、重大关系、重要保障，切实在全面依法治国各项工作中加以贯彻落实。

中央宣传部、生态环境部负责同志，北京、上海、浙江、广东4省市党委全面依法治省（市）委员会办公室主任作交流发言。

中共中央政治局委员、中央书记处书记，全国人大常委会有关领导同志，国务委员，最高人民法院院长，最高人民检察院检察长，全国政协有关领导同志等出席会议。

中央全面依法治国委员会委员，各省区市和计划单列市、新疆生产建设兵团党委全面依法治省（区、市、兵团）委员会主任，中央和国家机关有关部门、有关人民团体、中央军委机关有关部门主要负责同志等参加会议。

目录

CONTENTS

第二编 物 权

物权是民事主体依法享有的重要财产权。物权法律制度调整因物的归属和利用而产生的民事关系，是最重要的民事基本制度之一。2007 年十届全国人大五次会议通过了物权法。民法典第二编"物权"在现行物权法的基础上，按照党中央提出的完善产权保护制度，健全归属清晰、权责明确、保护严格、流转顺畅的现代产权制度的要求，结合现实需要，进一步完善了物权法律制度。物权编共五个分编、二十章、二百五十八条。

第一分编 通 则

第一章 一般规定

本章共四条，对物权编的调整范围、基本原则作了规定。

> **第二百零五条** 本编调整因物的归属和利用产生的民事关系。

❖ **条文主旨** ❖

本条是关于民法典物权编调整范围的规定。

❖ **条文解读** ❖

本条规定了物权编规范的社会关系，也就是物权编的调整范围。物的归属是指物的所有人是谁，确定物的归属即是确定在民事上财产权属于谁，这是对物进行利用的前提。物权编调整物的归属关系，就要确定物的归属原则，这是物权编的重要内容。所有权人对其所有物无论自己使用还是交他人使用，都是对物的利用。物的利用是对物拥有所有权的目的所在。物权编调整因物的利用而产生的相互关系，要确定对物进行利用的规则，这也是物权编的重要内容。因物的归属和利用而产生的民事关系都适用物权编。需要明确的是，物权编并不一般性地调整所有的物的归属和利用的关系，物权编只调整平等主体之间因物的归属和利用而产生的财产关系，也就是本条规定的"民事关系"。经济社会管理活动中管理者与被管理者之间的纵向关系，也涉及财产的归属和利用问题，但此类关系主要是由行政法、经济法调整，不属于物权编调整的范围。

> 第二百零六条　国家坚持和完善公有制为主体、多种所有制经济共同发展，按劳分配为主体、多种分配方式并存，社会主义市场经济体制等社会主义基本经济制度。
>
> 国家巩固和发展公有制经济，鼓励、支持和引导非公有制经济的发展。
>
> 国家实行社会主义市场经济，保障一切市场主体的平等法律地位和发展权利。

❖ **条文主旨** ❖

本条是关于我国基本经济制度与社会主义市场经济原则的规定。

❖ **条文解读** ❖

党的十九届四中全会通过的《中共中央关于坚持和完善中国特色社会主义制度、推进国家治理体系和治理能力现代化若干重大问题的决定》提出："公有制为主体、多种所有制经济共同发展，按劳分配为主体、多种分配方式并存，社会主义市场经济体制等社会主义基本经济制度，既体现了社会主义制度优越性，又同我国社会主义初级阶段社会生产力发展水平相适应，是党和人民的伟大创造。"中国特色社会主义物权制度是由社会主义基本经济决定的，与资本主义物权制度有本质区别。作为反映我国社会主义生产关系和维护社会主义经济制度的物权编，必须全面、准确地体现现阶段我国社会主义基本经济制度。因此，物权编把社会主义基本经济制度和党的十九届四中全会决定的有关精神作为物权编的基本原则，这一基本原则规定作为物权编的核心，贯穿并体现在物权编的始终。

实行社会主义市场经济与我国基本经济制度密切相关。发展社会主义市场经济是坚持和完善社会主义基本经济制度的必然要求。要巩固和发展公有制经济，鼓励、支持和引导非公制经济的发展，就要提供一个共同发展的平台，这个平台就是社会主义市场经济。改革开放前，我国实行公有制基础上的计划经济，生产过程以及生产资料的配置主要靠计划与调拨来完成。所有制较为单一，只有全民所有制与集体所有制两种形式，虽然有小规模消费市场的存在，但形不成生产资料大市场，因此不是市场经济而是计划经济。改革开放以来，实行以公有制为主体、多种所有制经济共同发展的基本经济制度，实行社会主义市场经济。实行多种所有制经济共同发展，就要相应采取市场经济体制。多种所有制经济只有在市场经济中才能得到共同发展。市场经济是人类创造的发展经济的文明成果，能够最大限度地发挥生产者的积极性，合理配置资源，创造高效率的经济效益，促进经济繁荣。因此，宪法规定，国家实行社会主义市场经济。实行社会主义市场经济最重要的一条就是要保障市场主体的平等地位和发展权利，这是实行市场经济的前提。作为规范平等主体之间因物的归属和利用而产生的财产关系的物权编，物权关系的主体具有平等的法律地位是物权编调整的平等财产关系存在的前提，这也是物权编乃至民法存在的前提。没有平等关系就没有民法，没有平等的财产关系就没有物权编。因此，物权编将实行社会主义市场经济与保障一切市场主体的平等法律地位和发展权利作为基本原则。

> **第二百零七条** 国家、集体、私人的物权和其他权利人的物权受法律平等保护，任何组织或者个人不得侵犯。

◆ 条文主旨 ◆

本条是关于平等保护国家、集体和私人的物权原则的规定。

◆ 条文解读 ◆

民法是调整平等主体之间的财产关系和人身关系的法律，作为民法重要组成部分的物权编，是调整平等主体之间因物的归属和利用而产生的财产关系的法律。物权编平等保护各个民事主体的物权是民法调整的社会关系的性质决定的。对于民法的平等原则，总则编已有明确规定：民法调整平等主体的自然人、法人和非法人组织之间的人身关系和财产关系；民事主体的人身权利、财产权利以及其他合法权益受法律保护，任何组织或者个人不得侵犯；民事主体在民事活动中的法律地位一律平等。民事主体从事民事活动，应当遵循自愿、公平、诚信的原则。因此，本条规定了对国家、集体和私人的物权平等保护的原则。

宪法规定："国家实行社会主义市场经济。"公平竞争、平等保护、优胜劣汰是市场经济的基本法则。在社会主义市场经济条件下，各种所有制经济形成的市场主体都在统一的市场上运作并发生相互关系，各种市场主体都处于平等地位，享有相同权利，遵守相同规则，承担相同责任。马克思说，"商品是天生的平等派"。如果对各种市场主体不给予平等保护，解决纠纷的办法、承担的法律责任不一样，那就不可能发展社会主义市场经济，也不可能坚持和完善社会主义基本经济制度。为适应社会主义市场经济发展的要求，党的十六届三中全会明确要"保障所有市场主体的平等法律地位和发展权利"。党的十八届三中全会提出，要完善产权保护制度，公有制经济财产权不可侵犯，非公有制经济财产权同样不可侵犯；国家保护各种所有制经济产权和合法权益，保证各种所有制经济同等受到法律保护。《中共中央、国务院关于完善产权保护制度依法保护产权的意见》明确提出，要坚持平等保护原则，健全以公平为核心原则的产权保护制度。即使不进入市场交易的财产，宪法也明确规定："公民的合法的私有财产不受侵犯。""国家依照法律规定保护公民的私有财产权和继承权。"在财产归属依法确定的前提下，作为物权主体，不论是国家的、集体的物权，还是私人的物权，都应当给予平等保护。否则，不同权利人的物权受到同样的侵害，国家的、集体的应当多赔，私人的可以少赔，势必损害群众依法创造、积累财富的积极性，不利于民富国强、社会和谐。需要说明的是，平等保护不是说不同所有制经济在国民经济中的地位和作用是相同的。依据宪法规定，公有制经济是主体，国有经济是主导力量，非公有制经济是社会主义市场经济的重要组成部分，它们在国民经济中的地位和作用是不同的。这主要体现在国家宏观调控、公共资源配置、市场准入等方面，对关系国家安全和国民经济命脉的重要行业和关键领域，必须确保国有经济的控制力，而这些在经济法、行政法中都有明确的规定。

另外还需要说明，本条规定了"其他权利人的物权"，这是由于本条是从所有制的角度对物权主体分类规定平等保护原则的，尚有无法完全纳入"国家""集体""私人"的权利人，如公益性基金会等，因此规定了"其他权利人"。

> **第二百零八条** 不动产物权①的设立、变更、转让和消灭，应当依照法律规定登记。动产物权②的设立和转让，应当依照法律规定交付。

❖ **条文主旨** ❖

本条是关于物权公示原则的规定。

❖ **条文解读** ❖

物权公示原则涉及两个方面的问题：第一个方面，物权人享有物权、物权的内容变更或者物权消灭以什么方式确定。比如买房屋或者买电视，买主什么时候拥有该房屋或者电视的所有权，以什么方式确定？某人决定将其所有的房屋与他人共有，以什么方式确定共有权？房屋出售什么时候丧失所有权，以什么方式确定？这些都是物权的设立、变更、转让和消灭的方式问题，称为物权变动。第二个方面，由于物权是排他的"绝对权""对世权"，成千上万的义务人负有不作为的义务。因此必须让广大的义务人清楚地知道谁是权利人，不应该妨碍谁。而且，权利人转让自己的物时，也要让买主知道他有无资格转让该物。这都要求以令公众信服的特定方式确定物权变

---

① 不动产物权是指以不动产为标的物的物权，包括不动产所有权、土地承包经营权、建设用地使用权、宅基地使用权、居住权、地役权和不动产抵押权等。

② 动产物权，是"不动产物权"的对称。是指以动产为标的物的物权，包括动产所有权、动产质权、动产抵押权和留置权等。不动产物权和动产物权是以标的物种类为标准所作的区分，其意义在于物权的公示方法、法律效力及取得、变更、消灭的要件存在差异。

动，让大家很容易、很明白地知道该物是谁的，以维护权利人和社会公众的合法权益。这是物权的公信问题。

物权公示的主要方法是：不动产物权的设立、变更、转让和消灭经过登记发生效力，动产物权的设立、转让通过交付发生效力。一方面，要获得不动产的所有权，就要进行登记；变更不动产所有权的内容，比如一人所有变为两人所有，也要进行登记；将不动产出售，还要进行登记。登记之后不动产所有权的设立、变动或者消灭才有效。要获得一个动产的所有权，要通过交付。比如买一台电视，就要通过交付，买主才有所有权；反之，出售一台电视，要交付给买主，卖主才失去所有权。因此，物权变动的关键点，不动产就是登记，动产就是交付。另一方面，要了解一项不动产属于谁所有，就要查不动产登记簿，要了解动产属于谁，就看谁占有它。简单地讲，确定物的归属就是不动产看登记，动产看占有。不动产不能移动，要靠不动产登记簿标明四至界限，除登记错误需要依法更正的外，不动产登记簿上记载的人就是该不动产的权利人。不动产登记簿是公开的，有关人员都能查阅、复制。因此，不动产登记簿的公示性是最强的，最能适应市场交易安全便捷的需要，能最大限度地满足保护权利人的要求。动产可能频繁移动，动产在谁的手里，除有相反证据外，谁就是该动产的权利人。物权编有关财产归属的规定是人类文明的优秀成果，各国有关财产归属的规定大同小异，方法简单，一目了然。如果不采取这种方法，而采取别的什么方法，必然使经济秩序混乱不堪，最终影响经济的发展和社会的进步。

第二章　物权的设立、变更、转让和消灭

本章分三节，共二十四条，对确认物权的规则作了规定。不动产物权的设立、变更、转让和消灭，应当依法登记；除法

律另有规定外，未经登记，不发生物权效力。动产物权的设立
和转让，除法律另有规定外，自交付时发生效力。此外，本章
第一节对不动产登记制度的一些重要内容作了规定，包括不动
产统一登记原则、登记机构的职责、不动产登记的生效时间、
登记资料的查询复制、更正登记、异议登记、预告登记以及登
记错误责任等；本章第二节对船舶、飞行器和机动车等物权的
登记和动产物权生效时间的特殊情形作了规定；本章第三节对
物权设立、变更、转让或者消灭的一些特殊情况作了规定，主
要是非依法律行为而发生的物权变动问题。

第一节　不动产登记

> **第二百零九条**　不动产物权的设立、变更、转让和
> 消灭，经依法登记，发生效力；未经登记，不发生效
> 力，但是法律另有规定的除外。
> 　　依法属于国家所有的自然资源，所有权可以不
> 登记。

❖ **条文主旨** ❖

　　本条是关于不动产物权登记生效以及依法属于国家所有的
自然资源，所有权可以不登记的规定。

❖ **条文解读** ❖

　　本编第一章规定了物权公示的基本原则，不动产物权的设
立、变更、转让和消灭，应当依照法律规定登记。本条的规
定，是对不动产公示原则的具体体现。

　　不动产，即土地以及房屋、林木等土地附着物，对整个社
会都具有重大的政治意义、经济意义。不动产的物权，在各国

都是物权编最重要的内容。不动产物权的重要意义和作用，又与不动产登记制度有着紧密的联系。本条规定，除法律另有规定外，不动产物权的设立、变更、转让和消灭，经依法登记，发生效力；未经登记，不发生效力。这表明，原则上不动产物权登记是不动产物权的法定公示手段，是不动产物权设立、变更、转让和消灭的生效要件，也是不动产物权依法获得承认和保护的依据。

关于不动产物权登记对不动产物权变动的效力，国外基本有两种立法体例：一种是登记生效主义；另一种是登记对抗主义。所谓登记生效主义，即登记决定不动产物权的设立、变更、转让和消灭是否生效，亦即不动产物权的各项变动都必须登记，不登记者不生效。所谓登记对抗主义，即不动产物权的设立、变更、转让和消灭的生效，仅仅以当事人的法律行为作为生效的必要充分条件，登记与否不决定物权变动的效力。但是为交易安全的考虑，法律规定，不经登记的不动产物权不得对抗第三人。我国民法学界一般认为，这两种体例相比，不论是在法理上，还是在实践效果上，登记生效主义都更为合理。在法理上，因物权的本质特征就是排他性，如果权利人获得的物权不能排他，就不能认为其是物权，因此而发生的物权变动自然应该无效。因此，不动产物权变动不登记就能够生效，不合法理。从实践意义上讲，不经登记的不动产物权变动对权利人和相对人均具有极大的风险，对交易的安全非常不利。2007年物权法起草过程中，立法机关对这个问题广泛征求过意见。大多数认为应当采用不动产物权登记生效的立法体例，同时，考虑到当时我国现行有关不动产物权的法律法规也体现了这一原则，如城市房地产管理法规定，国家实行土地使用权和房屋所有权登记发证制度。房地产转让或者变更时，应当向县级以上地方人民政府房产管理部门申请房产变更登记，并凭变更后的房屋所有权证书向同级人民政府土地管理部门申请土地使用权变更登记，经同级人民政府土地管理部门核实，由同级人民政府更换或者更改土地使用权证书。土地管理法规定，土地的所有权和使用权的登记，依照有关不动产登记的法律、行政法规执行。土地管理法实施条例规定，土地所有权、使用权的变更，自变更登记之日起生效。社会各方面在实践中对这一原则也较为熟悉。因此，物权法作出了上述规定，这也有利于保持法律的连续性。民法典维持了物权法的这一规定。

不动产物权登记，最基本的效力表现为，除法律另有规定外，不动产物权的设立、变更、转让和消灭，经依法登记，发生效力；未经登记，不发生效力。例如，当事人订立了合法有效的房屋买卖合同后，只有依法办理了房屋所有权转让登记后，才发生房屋所有权变动的法律后果；不经登记，法律不认为发生了房屋所有权的变动。在不动产物权登记这个核心效力的基础上，还可以派生出不动产物权登记推定真实的效力，即除有相反证据证明外，法律认为记载于不动产登记簿的人是该不动产的权利人。这既是不动产物权交易安全性和公正性的需要，也是不动产物权公示原则的必然要求。因此，对不动产登记簿记载的权利为正确权利而取得该项权利的第三人，法律认可其权利取得有效而予以保护，但对明知不动产登记簿记载的权利有瑕疵而取得该项权利的人，法律则不予以保护。正因为不动产物权登记具有这样的效力，本章才规定异议登记的制度，在发生登记上的不动产物权和事实上的不动产物权不一致的情况下，事实上的权利人可以进行异议登记，将不动产登记可能有瑕疵的情况记入登记簿，以对抗第三人，防止自己利益受到损害。

本条规定，"未经登记，不发生效力，但是法律另有规定的除外"。这里的"法律另有规定的除外"，主要包括三个方面的内容：一是本条第2款所规定的，依法属于国家所有的自然资源，所有权可以不登记。二是本章第三节规定的物权设立、变更、转让或者消灭的一些特殊情况，即主要是非依法律行为而发生的物权变动的情形：第一，因人民法院、仲裁机构的法律文书或者人民政府的征收决定等，导致物权设立、变更、转让或者消灭的，自法律文书或者征收决定等生效时发生效力。第二，因继承取得物权的，自继承开始时发生效力。第三，因合法建造、拆除房屋等事实行为设立或者消灭物权的，自事实行为成就时发生效力。三是考虑到现行法律的规定以及我国的实际情况尤其是农村的实际情况，本法并没有对不动产物权的设立、变更、转让和消灭，一概规定必须经依法登记才发生效力。例如，在土地承包经营权一章中规定，"土地承包经营权自土地承包经营权合同生效时设立"。同时还规定，"土地承包经营权互换、转让的，当事人可以向登记机构申请登记；未经登记，不得对抗善意第三人"。这里规定的是"未经登记，不得对抗善意第三人"，而不是"不发生效力"。在宅基地使用权一章，也没有规定宅基地使用权必须登记才发生效力，只是规定，"已经登记的宅基地使用权转让或者消灭的，应当及时办理变更登记或者注销登记"。也就是说，宅基地使用权不以登记为生效要件。地役权一章规定，"地役权自地役权合同生效时设立。当事人要求登记的，可以向登记机构申请地役权登记；未经登记，不得对抗善意第三人"。

本条第2款规定，依法属于国家所有的自然资源，所有权可以不登记。本编规定，法律规定属于国家所有的财产，属于国家所有即全民所有。同时，在现行法律相关内容的基础上规定，矿藏、水流、海域属于国家所有；无居民海岛属于国家所有；城市的土地，属于国家所有。法律规定属于国家所有的农村和城市郊区的土地，属于国家所有；森林、山岭、草原、荒地、滩涂等自然资源，属于国家所有，但是法律规定属于集体所有的除外；法律规定属于国家所有的野生动植物资源属于国家所有。本款作这样的规定，主要是出于两个方面的考虑：第一，规定不动产物权登记生效，是物权公示原则的体现。法律明确规定哪些自然资源属于国家所有，比权利记载于登记机构管理的不动产登记簿有着更强的公示力，也就无需再通过不动产登记来达到生效的法律效果。第二，不动产物权登记生效，针对的主要是当事人通过法律行为进行物权变动的情况。本款所规定的国家依照法律规定对自然资源享有所有权，不属于因法律行为而产生物权变动的情况，因此也就无需进行登记来享有所有权。需要说明的是，本款只是规定依法属于国家所有的自然资源，所有权可以不登记，至于在国家所有的土地、森林、海域等自然资源上设立用益物权、担保物权，则需要依法登记生效。

关于本条第 2 款，在立法征求意见的过程中，有一种意见认为，这样规定不利于对国家所有的自然资源的管理，也不利于对自然资源的利用。建议将其修改为国家所有的自然资源也应登记，并具体规定由哪个部门登记、管理、开发和利用。应当指出，在实践中，为了加强对国有自然资源的管理和有效利用，有关管理部门对国有自然资源进行了资产性登记。一些法律法规也有这方面的规定，如草原法规定，未确定使用权的国家所有的草原，由县级以上人民政府登记造册，并负责保护管理。但这种资产性登记，与物权编规定的作为公示方法的不动产物权登记性质上是不同的，它只是管理部门为"摸清家底"而从事的一种管理行为，并不产生物权法律制度上的效力。

> **第二百一十条**　不动产登记，由不动产所在地的登记机构办理。
>
> 国家对不动产实行统一登记制度。统一登记的范围、登记机构和登记办法，由法律、行政法规规定。

◆ **条文主旨** ◆

本条是关于不动产登记机构和国家实行统一登记制度的规定。

◆ **条文解读** ◆

2007 年物权法立法过程中考虑到有关法律、法规的规定，不动产登记主要由不动产所在地的县级以上人民政府的相关不动产管理部门负责。涉及的部门主要有土地管理部门、房产管理部门、农业主管部门、林业主管部门、海洋行政主管部门、地质矿产主管部门等。在物权法立法过程中，不少部门、专家认为，登记机构特别是不动产登记机构不统一，必然出现重复登记、登记资料分散、增加当事人负担、资源浪费等弊端，不利于健全登记制度，应当统一登记机构。立法机关经研究，赞成上述意见，同时又考虑统一登记涉及行政管理体制改革，实行统一登记需要有一个过程。因此，本条第 2 款在规定"国家对不动产实行统一登记制度"的同时，又规定，"统一登记的范围、登记机构和登记办法，由法律、行政法规规定"。民法典维持了这一规定。

为整合不动产登记职责，规范登记行为，方便群众申请登记，保护权利人合法权益，国务院于 2014 年制定发布了《不动产登记暂行条例》，自 2015 年 3 月 1 日起施行，该条例根据 2019 年 3 月 24 日《国务院关于修改部分行政法规的决定》作了修订。目前，不动产登记工作应当按照《不动产登记暂行条例》来执行。2018 年 9 月，十三届全国人大常委会公布立法规划，其中不动产登记法被列为一类立法项目。不动产统一登记的范围、登记机构和登记办法将是不动产登记法的重要内容。

> **第二百一十一条** 当事人申请登记，应当根据不同登记事项提供权属证明和不动产界址、面积等必要材料。

❖ **条文主旨** ❖

本条是关于当事人申请登记应当提供的必要材料的规定。

❖ **条文解读** ❖

关于申请登记需要向登记机构提供哪些材料这些问题，有些国家是由专门的不动产登记法去作规定的，如《日本不动产登记法》规定，申请登记，应提供申请书，证明登记原因的材料，关于登记义务人权利的登记证明书，第三人许可、同意或承诺的证明，代理人权限的证明等。物权编在此只是原则性地作出一个衔接性的规定，当事人申请登记所需要提供的具体材料，还需要专门法律法规去进一步明确。比如，《不动产登记暂行条例》第16条就明确规定："申请人应当提交下列材料，并对申请材料的真实性负责：（一）登记申请书；（二）申请人、代理人身份证明材料、授权委托书；（三）相关的不动产权属来源证明材料、登记原因证明文件、不动产权属证书；（四）不动产界址、空间界限、面积等材料；（五）与他人利害关系的说明材料；（六）法律、行政法规以及本条例实施细则规定的其他材料。不动产登记机构应当在办公场所和门户网站公开申请登记所需材料目录和示范文本等信息。"

> **第二百一十二条** 登记机构应当履行下列职责：
> （一）查验申请人提供的权属证明和其他必要材料；
> （二）就有关登记事项询问申请人；

> （三）如实、及时登记有关事项；
> （四）法律、行政法规规定的其他职责。
> 申请登记的不动产的有关情况需要进一步证明的，登记机构可以要求申请人补充材料，必要时可以实地查看。

❖ 条文主旨 ❖

本条是对登记机构应当履行的职责的规定。

❖ 条文解读 ❖

关于本条的意见主要集中在登记审查应当采用何种方式上，主要有形式审查和实质审查两种意见的争论。有的认为，登记机构应当对登记申请进行实质审查，以避免错误登记；有的认为，登记机构的审查主要是形式审查，实质审查是没有能力做到的。然而，对于何谓形式审查，何谓实质审查，也存在争论。有的学者从登记审查的范围对此二者进行界定，认为形式审查就是登记机构不审查登记申请是否与实体法上的权利关系一致，而仅审查登记申请在登记手续、提供材料等方面是否合法、齐备；实质审查则是不仅审查登记申请在登记手续上是否合法，还要审查其是否与实体法上的权利关系一致，实体法上的权利关系是否有效。有学者则从登记机构的调查权限上界定实质审查，即登记机构接受了登记申请之后，应当对登记内容进行询问和调查，以确保登记内容的真实性。还有的学者认为登记机构的审查权限及于不动产物权变动的原因关系的，就是实质审查；反之，就是形式审查。

本条的两款规定，既没有试图界定什么是实质审查，什么是形式审查，更不去回答物权编要求不动产登记机构进行实质审查还是形式审查。本条的规定，是在调研我国不动产登记实际情况并听取各方面意见的基础上作出的，目的是使登记机构在各自的职权范围内，充分履行职责，尽可能地保证如实、准确、及时地登记不动产物权有关事项，避免登记错误。本条内容只是物权编作出的一个原则性规定，随着行政管理体制改革和不动产统一登记制度的建立，法律还将在总结实践经验的基础上对登记机构履行职责问题上作出更为具体的规定。例如，根据《不动产登记暂行条例》第 18 条规定，不动产登记机构应当对下列事项进行查验：（1）不动产界址、空间界限、面积等材料与申请登记的不动产状况是否一致；（2）有关证明材料、文件与申请登记的内容是否一致；（3）登记申请是否违反法律、行政法规规定。根据《不动产登记暂行条例》第 19 条规定，对下列事项不动产登记机构可以对申请登记的不动产进行实地查看：（1）房屋等建筑物、构筑物所有权首次登记；（2）在建建筑物抵押权登记；（3）因不动产灭失导致的注销登记；（4）不动产登记机构认为需要实地查看的其他情形。对可能存在权属争议，或者可能涉及他人利害关系的登记申请，不动产登记机构可以向申请人、利害关系人或者有关单位进行调查。

> **第二百一十三条** 登记机构不得有下列行为：
> （一）要求对不动产进行评估；
> （二）以年检等名义进行重复登记；
> （三）超出登记职责范围的其他行为。

❖ **条文主旨** ❖

本条是关于登记机构禁止从事的行为的规定。

❖ **条文解读** ❖

在前条规定登记机构应当履行的职责的基础上，又作出本条的规定，主要是针对在立法调研过程中发现的一些问题。一些地方的一些不动产登记机构，履行职责态度不端正，管理不严格，不考虑如何准确及时登记申请事项，如何为当事人提供便利，而是挖空心思，利用手中职权给当事人设置重重障碍，在为组织或者个人谋取私利上做足功夫，炮制出评估、年检等诸多名目，收取高额费用。这些现象在抵押登记领域尤为突出，群众的意见很大。这种情况从另一方面也反映出在不动产登记方面法律法规还有待更加完善。因此，本条作出上述规定，对这些行为予以明确禁止，在明确列举"要求对不动产进行评估"和"以年检等名义进行重复登记"这两项反映较多的问题的同时，又规定了一项兜底内容，即"超出登记职责范围的其他行为"，以防止这些登记机构再耍花样，钻法律的空子；同时，也为当事人在权益受到侵害时提供法律武器。

> **第二百一十四条**　不动产物权的设立、变更、转让和消灭，依照法律规定应当登记的，自记载于不动产登记簿时发生效力。

❖ **条文主旨** ❖

本条是关于依法应当登记的不动产物权的设立、变更、转让和消灭何时发生效力的规定。

❖ **条文解读** ❖

本章规定，除法律另有规定外，不动产物权的设立、变更、转让和消灭，经依法登记，发生效力，未经登记，不发生效力，确立了不动产物权登记生效的原则。本条则具体明确了不动产物权设立、变更、转让和消灭登记生效的时间，即"自记载于不动产登记簿时发生效力"，也就是说，不动产物权登记，自登记机构将不动产物权有关事项记载于不动产登记簿时，始告完成。

不动产登记簿是法律规定的不动产物权登记机构管理的不动产物权登记档案。一般认为，根据物权公示原则的要求，不动产登记簿应当具有这样一些特征：一是统一性，一个登记区域内的不动产登记簿只能有一个，这样该区域内的不动产物权变动的各种情况才能准确地得到反映，物权交易的秩序才能良好建立；二是权威性，不动产登记簿是国家建立的档案簿册，其公信力以国家的行为为担保，并依此为不动产物权变动的可信性提供保障；三是持久性，不动产登记簿将由登记机构长期保存，以便于当事人和利害关系人的利益获得长期的保障；四是公开性，不动产登记簿不应是秘密档案，登记机构不但应当允许权利人和利害关系人查阅复制，而且还要为他们的查阅复制提供便利。正因为不动产登记簿具有这些特征，不动产物权的设立、变更、转让和消灭只有在记载于不动产登记簿之后，才具有了公示力和排他力，因此，本条作出了上述规定。

> **第二百一十五条** 当事人之间订立有关设立、变更、转让和消灭不动产物权的合同，除法律另有规定或者当事人另有约定外，自合同成立时生效；未办理物权登记的，不影响合同效力。

❖ **条文主旨** ❖

本条是关于合同效力和物权效力区分的规定。

❖ **条文解读** ❖

　　本条规定的内容，在民法学中称为物权变动与其基础关系或者说原因关系的区分原则。以发生物权变动为目的的基础关系，主要是合同，它属于债权法律关系的范畴，成立以及生效应该依据合同法来判断。民法学将这种合同看成是物权变动的原因行为。不动产物权的变动只能在登记时生效，依法成立生效的合同也许不能发生物权变动的结果。这可能是因为物权因客观情势发生变迁，使得物权的变动成为不可能；也可能是物权的出让人"一物二卖"，其中一个买受人先行进行了不动产登记，其他的买受人便不可能取得合同约定转让的物权。有关设立、变更、转让和消灭不动产物权的合同和物权的设立、变更、转让和消灭本身是两个应当加以区分的情况。除非法律有特别规定，合同一经成立，只要不违反法律的强制性规定和社会公共利益，就可以发生效力。合同只是当事人之间的一种合意，并不必然与登记联系在一起。登记是针对民事权利的变动而设定的，它是与物权的变动联系在一起的，是一种物权变动的公示的方法。登记并不是针对合同行为，而是针对物权的变动所采取的一种公示方法，如果当事人之间仅就物权的变动达成合意，而没有办理登记，合同仍然有效。例如，当事人双方订立了房屋买卖合同之后，合同就已经生效，如果没有办理登记手续，房屋所有权不能发生移转，但买受人基于有效合同而享有的占有权仍然受到保护。违约的合同当事人一方应该承担违约责任。依不同情形，买受人可以请求债务人实际履行合同，即请求出卖人办理不动产转让登记，或者请求债务人赔偿损失。

> **第二百一十六条**　不动产登记簿是物权归属和内容的根据。
>
> 　　不动产登记簿由登记机构管理。

❖ **条文主旨** ❖

本条是关于不动产登记簿效力以及管理机构的规定。

❖ **条文解读** ❖

前文已述不动产登记簿的几个特征。在确立了不动产物权登记生效的原则之后，不动产登记簿就自然应当成为不动产物权的法律根据，这是不动产物权公示原则的当然体现，也是保障物权变动安全的必要手段。本条第1款的规定，在民法学上一般称为权利正确性推定原则，即在不动产登记簿上记载某人享有某项物权时，推定该人享有该项权利，其权利的内容也以不动产登记簿上的记载为准。在建立不动产登记制度的情况下，不动产登记成为不动产物权制度的基础，不动产登记簿所记载的权利的正确性推定效力对客观、公正的不动产交易秩序的建立有着极为重要的意义。

不动产登记簿记载的权利和事实上的权利应当是一致的，法律也要求登记机构正确履行职责，如实记载登记事项，但是由于现实经济生活的复杂性，也会产生两者不相符合的情形。在实际生活中，由于当事人自己的过错或者由于登记机关的过错，可能会出现登记的权利和事实上的权利不一致的情况。因此，规定不动产登记簿的推定正确效力，对实现不动产物权变动中的客观公正有十分重要的意义，正因为登记簿有此效力，第三人依据登记簿的取得才受到法律的保护，交易的安全才有了保障。由此可见，法律规定物权的归属和内容以不动产登记簿为根据，目的就是从国家公信力的角度对物权相对人的利益进行保护，从而建立一个能以客观标准衡量的公正的经济秩序，这也是物权公示原则的价值和要求。法律在为建立公正安全的交易秩序而保护相对人利益的同时，也为可能的事实权利人提供了异议登记、更正登记等救济手段。

> **第二百一十七条**　不动产权属证书是权利人享有该不动产物权的证明。不动产权属证书记载的事项，应当与不动产登记簿一致；记载不一致的，除有证据证明不动产登记簿确有错误外，以不动产登记簿为准。

❖ **条文主旨** ❖

本条是关于不动产登记簿与不动产权属证书关系的规定。

❖ **条文解读** ❖

不动产权属证书，即不动产的所有权证、使用权证等，是登记机关颁发给权利人作为其享有权利的证明。根据物权公示原则，完成不动产物权公示的是不动产登记，不动产物权的归属和内容应以不动产登记簿为根据。不动产物权证书只是不动产登记簿所记载内容的外在表现形式。在社会生活和交易过程中，不动产权利人为了证明自己的权利状况，可以出示权属文书。

实践中，组织或者个人仍存在重视不动产权属证书而轻视不动产登记簿的现象，这样将削弱不动产物权的公示性，影响不动产交易的安全。因此，本条规定，不动产权属证书是权利人享有该不动产物权的证明。不动产权属证书记载的事项，应当与不动产登记簿一致；记载不一致的，除有证据证明不动产登记簿确有错误外，以不动产登记簿为准。

> **第二百一十八条**　权利人、利害关系人[①]可以申请查询、复制不动产登记资料，登记机构应当提供。

[①]　此处的利害关系人是指与登记的不动产有一定的现实利益关系，并有可能因登记的结果对其利益产生影响的人。如不动产的买受人、承租人、抵押权人以及仲裁案件或者诉讼案件中的当事人。

❖ **条文主旨** ❖

本条是关于不动产登记资料查询、复制的规定。

❖ **条文解读** ❖

不动产登记制度是建立和完善物权法律制度的基础。但是，究竟哪些人可以查询和复制登记资料。对此，有不同的观点。有一种观点认为，任何人都可以查询和复制，所有的社会公众都可以进行查询。持这种观点的主要基于以下三个理由：第一个理由是，物权公示的目的就是要公开登记资料，让社会公众都能够知道物权归属的状况。第二个理由是，如果权利人选择进行登记，登记行为本身也就表明他并不把所要登记的内容作为个人隐私，登记的资料就是准备要公开的，因此不属于隐私的范畴，也不属于商业秘密。第三个理由是，如果一部分人可以进行查询、复制，而另外一部分人不能进行查询、复制，就需要作出一些限制性的规定，在实际操作中所需的成本比较高。还有一种观点认为，对于享有不动产物权而不想进行交易的权利人来说，没有必要使其不动产物权登记信息让社会公众都知道。对于想要受让不动产物权的当事人来说，也无需了解所有的不动产物权登记信息，需要了解的只是对方需要出让的不动产物权信息。因此，没有必要规定不动产登记资料向全社会公众开放。

物权公示本来的含义或者真正目的，不是要求全社会的人都知道特定不动产的信息。物权公示虽然是针对不特定的人，但这个不特定的人不是全社会的人。登记资料只要能够满足合同双方当事人以外或者物权权利人以外的人中可能和这个物权发生联系的这部分人的要求，就达到了登记的目的和物权公示的目的。如果不加区别地认为所有人都可以去查询、复制登记资料，实际上是一种误导，做了没有必要做的事情，甚至会带来没有必要的麻烦。因此，本条规定，权利人、利害关系人可以申请查询、复制不动产登记资料，登记机构应当提供。

> **第二百一十九条**　利害关系人不得公开、非法使用权利人的不动产登记资料。

❖ **条文主旨** ❖

本条是关于利害关系人应当保护权利人个人信息的规定。

❖ **条文解读** ❖

本条是编纂民法典过程中新增加的条文。明确利害关系人不得公开、非法使用权利人不动产登记资料的义务，目的是保护权利人的个人信息。依照前条的规定，在权利人之外，只有利害关系人可以申请查询、复制登记资料。如此规定已经表明法律不认为不动产物权登记信息属于可以向社会公众开放查询的公开信息。除权利人外，登记资料只要能够满足与特定物权产生利害关系的人查询、复制的需要，就达到了物权公示的目的。然而，利害关系人虽然依法有资格查询、复制不动产登记资料，本条明确，其仍有义务保护不动产权利人的个人信息，不得公开、非法使用权利人的不动产登记资料。

我国法律高度重视对自然人个人信息的保护，不断完善保护个人信息的法律规定。民法典总则编在民事权利一章明确规定："自然人的个人信息受法律保护。任何组织或者个人需要获取他人个人信息的，应当依法取得并确保信息安全，不得非法收集、使用、加工、传输他人个人信息，不得非法买卖、提供或者公开他人个人信息。"此外，对个人信息的保护还涉及多部法律，如消费者权益保护法、网络安全法、商业银行法、执业医师法、居民身份证法以及全国人大常委会关于加强网络信息保护的决定等。这些法律从不同角度对自然人个人信息进行保护，明确相关民事主体的权利义务，规定相应的民事责任以及行政责任、刑事责任。

> **第二百二十条** 权利人、利害关系人认为不动产登记簿记载的事项错误的，可以申请更正登记。不动产登记簿记载的权利人书面同意更正或者有证据证明登记确有错误的，登记机构应当予以更正。
>
> 不动产登记簿记载的权利人不同意更正的，利害关系人可以申请异议登记。登记机构予以异议登记，申请人自异议登记之日起十五日内不提起诉讼的，异议登记失效。异议登记不当，造成权利人损害的，权利人可以向申请人请求损害赔偿。

❖ **条文主旨** ❖

本条是关于不动产更正登记和异议登记的规定。

❖ **条文解读** ❖

更正登记与异议登记同样是保护事实上的权利人或者真正权利人以及真正权利状态的法律措施。与异议登记不同的是，更正登记是彻底地消除登记权利与真正权利不一致的状态，避免第三人依据不动产登记簿取得不动产登记簿上记载的物权。因此，也可以认为更正登记是对原登记权利的涂销登记，同时是对真正权利的初始登记。更正登记有两种方式：一种是经权利人（包括登记上的权利人和事实上的权利人）以及利害关系人申请的登记；另一种是登记机关自己发现错误后作出的更正登记。

更正登记的目的是为了保护事实上的权利人的物权，许可真正的权利人或者利害关系人依据真正的权利状态对不动产登记簿记载的内容进行更正。但是，更正的程序可能较为费时，有时申请更正的权利人与登记簿上记载的权利人之间的争议一时难以化解，法律有必要建立异议登记制度，作为一种对真正权利人利益的临时性保护措施。所谓异议登记，就是将事实上的权利人以及利害关系人对不动产登记簿记载的权利所提出的异议记入登记簿，异议登记的法律效力是，登记簿上所记载权利失去正确性推定的效力，第三人也不得主张依照登记的公信力而受到保护。

由此可见，异议登记虽然可以对真正权利人提供保护，但这种保护应当是临时性的，因为它同时也给不动产物权交易造成了一种不稳定的状态。为使得不动产物权的不稳定状态早日恢复正常，法律必须对异议登记的有效期间作出限制。因此，本条规定，申请人自异议登记之日起 15 日内不起诉的，异议登记失效。申请人自异议登记之日起 15 日内不起诉，说明异议登记的申请人不积极行使其权利，为使登记簿上记载的权利人的利益和正常的交易秩序不致受到严重的影响，法律规定这时该异议登记失去其效力。

由于异议登记可以使登记簿上所记载权利失去正确性推定的效力；同时，异议登记的申请人在提出异议登记的申请时也无需充分证明其权利受到了损害，因此，如果申请人滥用异议登记制度，将可能给登记簿上记载的权利人的利益造成损害。所以，本条规定，异议登记不当，造成权利人损害的，权利人可以向申请人请求损害赔偿。

❖ 案例分析 ❖

2002 年 11 月 15 日，郑某与吴某达成一份协议，约定：郑某使用吴某的名义购买两套底商房屋，由吴某与房地产开发公司签订房屋购买合同，并与银行签订贷款合同，房款由郑某支付，产权由郑某享有，吴某不具有实际的产权和使用权。协议订立后，郑某依约履行了付款义务。2007年3月28日，吴某以自己的名义办理了产权证。现双方因产权问题发生争议，郑某诉至法院，请求判决该两套底商房屋为郑某所有。吴某不同意郑某的诉讼请求，认为自己签订了房屋购买合同，支付了房款，并依法取得产权证书。吴某提出，法律关于房屋所有权的规定非常明确，以房屋所有权证作为房屋所有权人的认定标准，吴某与郑某签订的关于房屋所有权的约定不能对抗合法取得的房屋所有权证，且双方签订的协议违反了法律规定，应当无效。

郑某向法院提交了支付全部购房款的发票原件、贷款银行的储蓄存款存折原件（户名为吴某）和吴某的身份证原件，同时郑某明确陈述了贷款银行及每月按揭还款数额。吴某对付款地点、月供的付款数额、付款时间均不能明确陈述，对存折开户日期的陈述也是错误的。

二审法院经审理认为，本案涉及两个法律关系，一是吴某作为买受人与房地产开发公司形成的房屋买卖法律关系，二是郑某依据协议书与吴某之间形成的委托购房法律关系。郑某本应以自己名义购买诉争房屋，取得诉争房屋的所有权，但其以保留所有权的意思表示，依据协议书委托吴某购买诉争房屋，致使吴某对房屋享有法律上的所有权，而郑某则享有事实上的所有权。由于物权直接体现了物权公示原则的要求，因此法律赋予法律物权以权利正确性推定效力，即法律上的物权人在行使权利时，无需证明其权利的正确性；而事实物权人欲取得法律的认可和保护，就必须举证来推翻法律物权的正确性推定，以证明事实物权的正确性。本案中，吴某取得诉争房屋的产权登记，可以推定为权利人，但依据郑某提交的协议书、购房发票等相关证据，可以确认吴某取得诉争房屋法律上的所有权系基于郑某的委托，吴某作为受托人负有将诉争房屋返还给郑某的义务。依据物权人的真实权利优先保护的原则，郑某有权要求吴某注销其产权登记，并将诉争房屋的产权变更登记到郑某名下。吴某辩称其已取得诉争房屋的产权证书，协议书不能对抗房屋权属证书的效力，缺乏法律依据，不予支持。

> 第二百二十一条　当事人签订买卖房屋的协议或者签订其他不动产物权的协议，为保障将来实现物权，按照约定可以向登记机构申请预告登记。预告登记后，未经预告登记的权利人同意，处分该不动产的，不发生物权效力。
>
> 预告登记后，债权消灭或者自能够进行不动产登记之日起九十日内未申请登记的，预告登记失效。

❖ 条文主旨 ❖

本条是关于预告登记的规定。

❖ 条文解读 ❖

预告登记，是指为保全一项请求权而进行的不动产登记，该项请求权所要达到的目的，是在将来发生不动产物权变动。这种登记是不动产登记的特殊类型。其他的不动产登记都是对现实的不动产物权进行登记，而预告登记所登记的，不是不动产物权，而是将来发生不动产物权变动的请求权。预告登记的本质特征是使被登记的请求权具有物权的效力，也就是说，进行了预告登记的请求权，对后来发生的与该项请求权内容相同的不动产物权的处分行为，具有对抗的效力，这样，所登记的请求权就得到了保护。

预告登记的功能是限制房地产开发商等债务人处分其权

利，即本条规定的"预告登记后，未经预告登记的权利人同意，处分该不动产的，不发生物权效力"，以保障债权人将来实现其债权。正如有的学者所说，预告登记的实践意义在于，权利人所期待的未来发生的物权变动对自己有极为重要的意义，非要发生这种变动不可；而法律也认可这种变动对权利人的意义，并以法律予以保障。比如，老百姓购买预售的住房，它涉及公民的基本生存权利，所以法律上承认买受人获得指定的房屋的权利有特殊保护的必要。但是，因为购房人在与开发商订立预售合同后，只享有合同法上的请求权，该项权利没有排他的效力，所以购房人无法防止开发商将房屋以更高的价格出卖给他人即"一房二卖"这种情况的发生，而只能在这种情况发生时主张开发商违约要求损害赔偿，而无法获得指定的房屋。在建立了预告登记制度的情况下，购房人如果将他的这一请求权进行预告登记，因为预告登记具有物权的排他效力，所以开发商违背预告登记内容的处分行为就不能发生法律效力。这些处分行为既包括一房二卖，也包括在已出售的房屋上设定抵押权等行为。这样，购房者将来肯定能够获得约定买卖的房屋。因此，预告登记对解决类似商品房预售中一房二卖这样的社会问题有着特殊的作用。依照本条规定，预告登记不仅可以针对当事人签订买卖房屋协议的情况，还包括签订其他不动产物权协议的情况。因而，建立预告登记制度，具有广泛地保障债权实现的意义。

> **第二百二十二条** 当事人提供虚假材料申请登记，造成他人损害的，应当承担赔偿责任。
>
> 因登记错误，造成他人损害的，登记机构应当承担赔偿责任。登记机构赔偿后，可以向造成登记错误的人追偿。

❖ **条文主旨** ❖

本条是关于登记错误赔偿责任的规定。

❖ **条文解读** ❖

实践中登记错误的发生主要有两种情况：一是登记机构工作人员因疏忽、过失等原因造成错误；二是登记申请人等采取欺骗手段或者与登记机关的人员恶意串通造成错误。

立法征求意见过程中，普遍认为，当事人提供虚假材料申请登记，给他人造成损害的，应当承担赔偿责任。对于登记错误，登记机构应当如何承担责任，有不同的意见。有的提出，因登记机构的过错，致使不动产登记发生错误，因该错误登记致当事人或者利害关系人遭受损害的，登记机关应依照国家赔偿法的相应规定承担赔偿责任。这种意见认为，我国国家赔偿法规定，国家机关及其工作人员因执行公务的过错给公民、法人造成损害的，应承担国家赔偿的责任。具体承担责任的部门，包括政府、法院和检察院等。不动产物权登记是以国家的公信力为不动产的交易提供法律基础的行为，如果登记错误的原因是登记机构的过错，而当事人或者利害关系人因该登记受到损害，登记机关应当承担国家赔偿责任。同时认为，国家赔偿责任是过错责任，如登记机关没有过错，则不应承担责任。如果登记错误是登记机构和当事人、利害关系人的共同过错，则他们应当承担共同责任。有的提出，因不动产登记机构登记漏登、误登造成他人损失的，应当由不动产登记机构赔偿，但不赞同适用国家赔偿法并由国家出资赔偿，而是建议设立不动产登记赔偿基金，在不动产登记业务中根据一定的标准收取一定的费用，纳入不动产登记赔偿基金，该基金只能用于不动产登记赔偿，不能挪作他用。

经研究认为，对于登记机构应当具有什么性质还有不同意见，有待于进一步明确，目前不宜规定登记机构的国家赔偿责任。不动产登记赔偿基金可否设立，应当如何设立，也还可以进一步研究。即使以后规定，也宜由不动产登记的专门法律作出。民法典作为民事基本法，对于登记错误责任问题，在本条作出的只是原则性的规定。本条第 2 款规定，因登记错误，造成他人损害的，登记机构应当承担赔偿责任。这里造成登记错误的原因，既包括登记机构工作人员故意以及疏忽大意等过错，也包括当事人提供虚假材料欺骗登记机构等情形。登记错误的受害人处于相对弱势的地位，这样规定，是为了对受害人提供更加充分的保护。登记机构赔偿后，可以向造成登记错误的人追偿。本次民法典编纂对本条仅作个别文字修改。

> **第二百二十三条　不动产登记费按件收取，不得按照不动产的面积、体积或者价款的比例收取。**

❖ **条文主旨** ❖

本条是关于登记收费问题的规定。

❖ **条文解读** ❖

在 2007 年物权法立法征求意见过程中，有的提出，一段时间以来，许多地方存在着不动产登记收费过高的问题，并且无论是对不动产所有权登记，还是对不动产抵押权等所谓不动产他项权利登记，普遍地按不动产的面积作为计收登记费的标准，有的地方按照不动产转让或者抵押合同的标的额的相当比例收取登记费。

多数意见认为，登记机构不是营利性组织，目前我国各地的不动产登记机构，从事的登记工作一般也只是对登记申请人提供的有关材料是否符合规定的条件进行审核，在此基础上收取登记费，不宜与不动产的面积、体积或者价款的比例等因素挂钩，把这些作为计费的标准。建议在法律中予以明确。有的部门提出，物权法不宜对登记收费问题作规定。有的专家也认为，登记收费的问题属于具体的程序性问题，可以由将来的不动产登记法去作规定，物权法作为民事基本法，对此可以不作规定。立法机关经研究认为，物权法关系人民群众的切身利益，为社会各方面普遍关注，对于社会生活中反映较多，与人民群众利益较为密切的问题，应当在物权法中作出适当的规定。据此，物权法第22条规定："不动产登记费按件收取，不得按照不动产的面积、体积或者价款的比例收取。具体收费标准由国务院有关部门会同价格主管部门规定。"

在编纂民法典整合物权法过程中，有的意见提出，这一条过细，又涉及行政管理问题，规定在民法典中有欠妥当。而且，目前登记机构实际工作中，早已做到了不动产登记费按件收取，不按照不动产的面积、体积或者价款的比例收取。建议删去这一规定。但也有意见认为，这条规定当初就是在存在争议的情况下，为了保护人民群众切身利益而规定在民事基本法当中的，实践证明发挥了很好的作用。登记机构实际工作的改进与国家大法的推动关系很大。如果去掉这一规定，可能引发不正确的解读，不利于巩固工作成果。编纂民法典，是要对实践证明明显有问题的规定或者社会生活急需，各方面意见又基本一致的规定进行修改补充，类似于本条规定这样的内容，以不动为宜。立法机关采纳了这种意见。

第二节 动产交付

第二百二十四条 动产物权的设立和转让，自交付时发生效力，但是法律另有规定的除外。

❖ **条文主旨** ❖

本条是关于动产物权的设立和转让何时发生效力的规定。

❖ **条文解读** ❖

本编规定了物权公示原则，以维护交易安全，为第三人利益提供切实保障。不动产物权以登记为公示手段，与此相对应，动产物权以占有和交付为公示手段。占有主要在静态下，即在不发生物权变动的情况下发挥动产物权的公示作用；而交付主要是在动态下，即在发生物权变动的情况下发挥动产物权的公示作用。

依照本条规定，"动产物权的设立和转让，自交付时发生效力"，指的是当事人通过合同约定转让动产所有权和设立动产质权两种情况。物权编上所说的交付，指的是物的直接占有的转移，即一方按照法律行为要求，将物的直接占有移转给另一方的事实。本条规定的"法律另有规定的除外"主要指的是：第一，本节对动产物权的设立和转让的一些特殊情况："动产物权设立和转让前，权利人已经占有该动产的，物权自民事法律行为生效时发生效力。""动产物权设立和转让前，第三人占有该动产的，负有交付义务的人可以通过转让请求第三人返还原物的权利代替交付。""动产物权转让时，当事人又约定由出让人继续占有该动产的，物权自该约定生效时发生效力。"第二，本章第三节对主要是非依法律行为而发生的物权变动问题所作的规定。第三，本法担保物权编对动产抵押权和留置权的相关规定。

本条规定也是继承了我国民法的有关规定。民法通则规定，按照合同或者其他合法方式取得财产的，财产所有权从财产交付时起转移，法律另有规定或者当事人另有约定的除外。在民法通则颁布时，我国尚没有不动产市场，故民法通则规定的这一原则，即是为动产所有权移转确定的。合同法规定，标的物的所有权自标的物交付时起转移，但法律另有规定或者当事人另有约定的除外。

> 第二百二十五条　船舶、航空器和机动车等的物权的设立、变更、转让和消灭，未经登记，不得对抗善意第三人。

❖ **条文主旨** ❖

本条是关于船舶、航空器和机动车等物权登记的规定。

❖ **条文解读** ❖

现行法律对船舶、航空器的物权登记效力问题已有规定。海商法规定，船舶所有权的取得、转让和消灭，应当向船舶登记机关登记；未经登记的，不得对抗第三人。设定船舶抵押权，由抵押权人和抵押人共同向船舶登记机关办理抵押权登记；未经登记的，不得对抗第三人。民用航空法规定，民用航空器所有权的取得、转让和消灭，应当向国务院民用航空主管部门登记；未经登记的，不得对抗第三人。设定民用航空器抵押权，由抵押权人和抵押人共同向国务院民用航空主管部门办理抵押权登记；未经登记的，不得对抗第三人。

我国的上述法律规定，为民法学界普遍认可，实践中也没有什么问题，为了保持法律的稳定性，本条延续了对这类动产登记对抗主义原则的规定。民法学一般认为，船舶、飞行器和汽车因价值超过动产，在法律上被视为一种准不动产，其物权变动应当以登记为公示方法。但在登记的效力上不采用登记生效主义，这是考虑到船舶、航空器和汽车等本身具有动产的属性，其物权变动并不是在登记时发生效力，其所有权转移一般在交付时发生效力，其抵押权在抵押合同生效时设立。但是，法律对船舶、航空器和汽车等动产规定有登记制度，其物权的变动如果未在登记部门进行登记，就不产生社会公信力，不能对抗善意第三人。所谓善意第三人，就是指不知道也不应当知道物权发生了变动的物权关系相对人。

> **第二百二十六条** 动产物权设立和转让前，权利人已经占有该动产的，物权自民事法律行为生效时发生效力。

❖ **条文主旨** ❖

本条是关于动产物权受让人先行占有问题的规定。

❖ **条文解读** ❖

本条规定的是设立或者转让动产物权时的一种特殊的情形，即物权的受让人已经取得了动产的占有，而后又与动产的所有权人达成移转所有权或者设定质权合同的情形。例如，承租人或者借用人，依据租赁合同或者借用合同已经取得了动产的占有，而后又与动产的所有权人达成协议，购买该项动产或者在动产上设定质权。这种情况在实际生活中也经常发生，因此物权编需要加以规定。

本法所规定的民事法律行为是民法学上的概念。依照总则编的规定，民事法律行为是民事主体通过意思表示设立、变更、终止民事法律关系的行为。民事法律行为可以基于双方或者多方的意思表示一致成立，也可以基于单方的意思表示成立。本条涉及的主要是前一种情况。有效的民事法律行为须具备下列条件：（1）行为人具有相应的民事行为能力；（2）意思表示真实；（3）不违反法律、行政法规的强制性规定，不违背公序良俗。民事法律行为以行为人的意思表示作为构成要素。意思表示是指行为人追求民事法律后果（民事法律关系的设立、变更或者消灭）的内心意思用一定的方式表示于外部的活动。民事法律行为是人们有目的、有意识的行为。所以，意思表示是民事法律行为的必要组成部分。每种民事法律行为都必须存在意思表示。缺少民法所确认的意思表示的行为就不是民事法律行为。意思表示是民事法律行为的构成要素，但并不等于民事法律行为。民事法律行为能够实现行为人所预期的民事法律后果，即设立、变更或者消灭民事法律关系。民事法律行为是一种目的性行为，即以设立、变更或终止民事法律关系为目的，民事法律行为的目的与实际产生的后果是相互一致的。本条规定的民事法律行为，主要指的是动产所有权人与受让人订立动产转让的协议以及与质权人订立动产出质协议。

在受让人已经取得对动产的占有又依据民事法律行为取得其物权的情况下，动产物权的公示已经在事先完成，物权受让人已经能够依物权的排他性行使物权。因此，物权的变动就在当事人之间的关于物权变动的协议生效时生效。

第二百二十七条　动产物权设立和转让前，第三人占有该动产的，负有交付义务的人可以通过转让请求第三人返还原物的权利代替交付。

❖ **条文主旨** ❖

本条是关于动产物权指示交付的规定。

❖ **条文解读** ❖

不动产物权的变动是通过登记簿的记载而被外部识别的，而动产物权的变动，则由交付这一行为完成。民法上，交付的原意仅指现实交付，即动产占有的现实转移。例如，甲向乙出售蔬菜5斤，蔬菜自甲的手中转移至乙的菜篮里，由乙获得对蔬菜的直接控制和支配，此时法律意义的交付行为完成。通过交付这一行为，动产上物权的变动能够被人们从外部加以识别。但实践中，动产的交付并非必须是由出让人之手直接交到受让人之手，本条所规定的指示交付即是一种例外情形，它与现实交付具有同等效力。

关于现实交付的例外情形，除去本条所规定的指示交付外，本章还分别对简易交付和占有改定作了规定。在这三类例外情形中，法律关系最为复杂的当属本条所规定的指示交付，因为它不仅涉及动产物权的让与人与受让人两方主体，还牵涉一个"第三人"的问题。为了更准确地理解本条的规定，下面就指示交付的含义、适用情形以及返还请求权的性质等问题加以说明：

1. 指示交付的含义。指示交付，又称返还请求权的让与，是指让与动产物权的时候，如果让与人的动产由第三人占有，让与人可以将其享有的对第三人的返还请求权让与受让人，以代替现实交付。举例说明，甲将自己的自行车出租给乙使用，租期一个月，租赁期未满之时，甲又将该自行车出售给丙，由于租期未满，自行车尚由乙合法使用，此时为使得丙享有对该自行车的所有权，甲应当将自己享有的针对乙的返还原物请求权转让给丙以代替现实交付。

2. 指示交付适用的情形及"第三人"的范围。关于本条所规定的指示交付，其逻辑上的前提是，动产物权的让与人对其所转让的标的不享有物理意义上直接占有和直接控制的可能，出让人无法通过现实交付的方式使得动产物权得以变动，因此才有本条指示交付适用的余地。条文中的"第三人"即指能够对转让标的（动产）进行物理意义上直接占有和直接控制的一方，例如，前例中根据租赁或者借用协议而占有自行车的乙，或者根据保管合同、动产质押协议等而占有动产的保管人、质权人等，都可以成为本条所规定的"第三人"。此外需要特别说明的是，在利用提单、仓单等证券进行动产物权变动时，接受货物而签发提单或者仓单的承运人或者仓储保管人都可能成为本条中的"第三人"。

除去这一类基于合同等关系而产生的能够对动产进行直接占有和控制的"第三人"外，还有一类"第三人"也在本条的适用范围之内，即不具备法律上的正当原因而占有动产的无权占有人。例如，甲将自己收藏的古董出售给乙，买卖合同达成时甲不知该古董已被丙盗去，甲此时只能向乙转让他对于丙的返还原物请求权来代替实际交付，而丙即是本条所指的"第三人"。

3. 让与人所让与的返还请求权的性质。指示交付中让与人所让与的返还请求权，属于债权请求权，还是物权请求权，学术界的争论比较激烈。因为指示交付产生的前提是，被出让的动产不在出让人手中，而是被第三人直接占有和控制。而第三人对动产的占有又可大体分为两种：一种为基于租赁或者质权合同等关系而发生的有权占有；另一种为没有正当法律依据的无权占有。因此向第三人请求返还原物的权利，也因有权占有和无权占有性质上的差别而有所不同。

有的意见认为，指示交付中出让人让与的返还请求权仅指所有人的物上请求权，而非债权请求权；有的意见认为，在第三人基于租赁或者借用合同等而对动产进行有权占有的情况下，出让人转让给受让人的仅是债权上的请求权。如甲借钢笔于乙，同时又出卖钢笔于丙，甲转移给丙的是甲基于借用合同要求乙到期返还钢笔的请求权，性质上属于债权请求权；也有意见认为，指示交付中要求第三人返还原物的请求权，既包括物权的返还请求权，也包括债权的返还请求权。后一种意见渐为通说。

在第三人有权占有的情形下，出让人应当将其基于与第三人之间的合同关系而产生的债法上的请求权让与给受让人，此时让与人在指示交付时应当将其针对第三人享有的任何合同上的返还请求权都让与给受让人。如果让与人与第三人间的合同无效，出让人还应当将自己基于不当得利的返还请求权或者基于侵权损害赔偿的请求权让与给受让人。如果第三人对动产为无权占有，假设第三人从出让人处盗取该动产，出让人无法向受让人让与任何基于合同等关系而产生的返还原物请求权，那么出让人可以将其基于所有权的返还请求权让与给受让人。仍引前例，甲将钢笔借用给乙，后又出售于丙，此时丁自乙处盗走钢笔并赠与戊，此时甲向丙转让的基于所有权的返还原物请求权足以使得丙取得该钢笔的所有权，需要说明的是此项被让与的返还请求权不仅针对现时的无权占有人戊，对于戊将来的后手（排除善意取得的情形）也有效。

4. 指示交付的公示力。指示交付中，第三人对动产的实际占有和控制关系并未发生改变，出让人与受让人之间只是发生无形的返还请求权的转移，无论该返还请求权的转移是否采取特定的形式（对于第三人基于租赁等合同关系而占有动产的情形，出让人转让的返还请求权性质上属于债权请求权范畴，而根据债权转让的规则，出让人应当履行通知第三人的义务；但当第三人为无权占有的情形下，出让人转让的为基于所有权的物上请求权，不涉及通知的义务），都无法向外界展现物权的变动，因此此种交付方法的公示作用较弱，但由于动产善意取得制度的存在，因此对交易安全并未有太大障碍。

> **第二百二十八条　动产物权转让时，当事人又约定由出让人继续占有该动产的，物权自该约定生效时发生效力。**

◆ **条文主旨** ◆

本条是关于动产物权占有改定的规定。

◆ **条文解读** ◆

占有改定是指动产物权的让与人使受让人取得对标的物的间接占有，以代替该动产现实移转的交付。占有改定的原因在于，社会生活中，出卖人虽然将其动产出卖，但是在某一段时间内仍然可能还有使用的需要；或者买受人已经取得了该动产的所有权但是需要出卖人对该动产进行暂时的保管或者改进。在《德国民法典》中，占有改定已经成为让与担保制度的法律基础。

占有改定以及本章规定的指示交付作为观念交付的主要方法，其前提是民法学理上直接占有同间接占有的区分，要准确地把握和理解占有改定的概念，有必要先对学理上间接占有的概念作一点了解。学理上，占有作为一种对物进行控制和管领的事实状态，可分为直接占有和间接占有，其中直接占有即是不通过他人媒介而能够对自己所有或他人之物进行直接控制和管领的事实状态，例如，甲对手中自己所有的钢笔，商店对于店中存放待售的货物，承租人、受寄人等对于他人之物的直接控制和管领等，直接占有侧重的是物理意义上对物现实、直接地控制。除去直接占有外，还有一类为间接占有，即因他人媒介的占有而对物享有间接的控制。间接占有的前提是间接占有人同媒介占有人（直接占有人）之间存在某种法律关系，例如，承租人、受寄人或者基于其他类似的法律关系，对于他人之物为占有的称为直接占有，而该他人即出租人或者寄托人等称为间接占有。间接占有侧重在间接占有人通过与直接占有人的某种特定法律关系，而间接地对物进行控制和管领。本条所规定的占有改定即是出让人自己保留直接占有，而为受让人创设间接占有以代替现实交付的一种变通方法。

占有改定必须符合下列要件：第一，让与人与受让人达成转移动产物权的合意，一般通过买卖或者让与担保的设定，使得受让人取得动产所有权。第二，让与人与受让人之间还需具有某种使得受让人取得动产间接占有的具体法律关系，即本条所规定的由出让人继续占有该动产的双方约定。在《德国民法典》中，这种具体的法律关系也被称为占有媒介关系。所谓占有媒介关系，是为了保护间接占有人和直接占有人的利益而由法律拟制出来的一种法律关系，具体到本条规定来说，出让人可以根据租赁关系、寄托关系以及其他类似关系为占有改定。第三，让与人已经对物进行了直接占有或者间接占有，否则不能发生占有改定的适用。当让与人间接占有标的物时，让与人可以使受让人取得更上一级的间接占有，这样可能存在多层次的占有关系。举例来说，甲将其寄放在乙处的某物出售给丙，同时又与丙签订借用合同以代替交付，则乙为直接占有人，甲、丙都为间接占有人。

最后需要说明的一点是，除去现实已经存在的动产，占有改定制度还适用于将来可取得的动产。例如，甲向乙购买一台尚未生产出的机器，同时双方约定该机器生产出来后由乙暂时保管。一旦该机器生产完毕，则甲取得间接占有以代替交付。

第三节　其他规定

物权的设立、变更、转让或者消灭，要发生效力就必须经由一定的方式使人们能够从外部得以察知，这即是物权公示原则的要求。物权的公示性决定了物权的效力，本章第一节及第二节分别对不动产登记以及动产交付等公示方法及其物权效力作了规定。而本节所规定的则是以上公示原则的例外，即不依物权变动的一般公示原则，而依法律的规定直接发生物权变动效力的情况。

> **第二百二十九条**　因人民法院、仲裁机构的法律文书或者人民政府的征收决定等，导致物权设立、变更、转让或者消灭的，自法律文书或者征收决定等生效时发生效力。

❖ **条文主旨** ❖

本条是关于因人民法院、仲裁机构的法律文书或者人民政府的征收决定等而导致物权设立、变更、转让或者消灭的规定。

❖ **条文解读** ❖

物权的设立、变更、转让或者消灭，依其发生根据可以分为依民事法律行为而进行的物权变动，以及非依民事法律行为而发生的物权变动。依民事法律行为进行的物权变动，是指以一方当事人的单方意思表示或双方（或者多方）当事人共同的意思表示为基础进行的物权变动。此种物权变动必须遵循物权公示的一般原则才能发生效力，例如，甲将自有的私宅出售于乙，要想使私宅的所有权由甲移转至乙，双方必须去不动产登记机构办理变更登记，否则物权移转不生效力；再如甲将收藏的古董出售于乙，要使乙获得古董的所有权，甲必须将古董现实交付给乙，或者采取关于简易交付、指示交付或者占有改定等观念交付的方法替代现实交付，而完成所有权的移转。但无论何种情形，物权变动的效力是同公示方法密切相关的。但在本条，物权的设立、变更、转让或者消灭，并非基于原权利人的意思表示，而是在无原权利人甚至法律有意识排除原权利人意思表示的情况下发生的物权变动，此种变动遵循的不是一般性的物权公示原则，而是法律的直接规定。

非依民事法律行为进行的物权变动，一般有如下几种：第一，因人民法院、仲裁机构的法律文书或者人民政府的征收决定等而发生的物权变动；第二，因继承而取得物权；第三，因合法建造、拆除房屋等事实行为设立和消灭物权。而本条规定的是第一种情形，即基于公权力的行使而使物权发生变动的情形：

1. 因国家司法裁判权的行使、仲裁裁决而导致物权的设立、变更、转让或者消灭。基于国家司法裁判权的行使、仲裁裁决而产生的生效法律文书，即人民法院的判决书、调解书以及仲裁机构的裁决书、调解书等法律文书的生效时间，就是当事人的物权设立、变动的时间。这里需要说明两点：第一，导致物权变动的人民法院判决或者仲裁机构的裁决等法律文书，指直接为当事人创设或者变动物权的判决书、裁决书、调解书等。例如，离婚诉讼中确定当事人一方享有某项不动产的判决、分割不动产的判决、使原所有人回复所有权的判决即属于本条所规定的设权、确权判决等。此类设权或者确权判决、裁决书、调解书本身，具有与登记、交付（移转占有）等公示方法相同的效力，因而依据此类判决、裁决书、调解书而进行的物权变动，无需再进行一般的物权公示而直接发生效力。例如，甲乙二人向法院诉请离婚，家中电脑经判决为乙所有，那么自法院判决生效时起，电脑的所有权归乙，尽管此时电脑仍处于甲的占有使用之中，未有交付（现实占有的转移）并不影响所有权的移转。第二，由于法院的判决书或者仲裁机构的裁决等，所针对的只是具体当事人而非一般人，对当事人以外的第三人来说公示力和公信力较弱，因此根据本节规定，对于依照法院判决或者仲裁裁决而享有的物权，在处分时，如果法律规定需要办理登记的，不经登记，不发生物权效力。

2. 因国家行政管理权的行使而导致物权的设立、变更、转让或者消灭。因国家行政管理权的行使而导致物权变动的情况，主要指因人民政府的征收决定等而产生的物权变动。国家征收，是国家取得财产的特殊方式，按照土地管理法的规定，国家征收土地，县级以上人民政府要进行公告，这已起到了公示作用，而且集体所有土地被征收，即成为国家所有的自然资源，依照本编前述规定，依法属于国家所有的自然资源，所有权可以不登记，因此人民政府的征收决定生效之时即发生物权变动的效力。

> **第二百三十条　因继承取得物权的，自继承开始时发生效力。**

❖ **条文主旨** ❖

本条是关于因继承而取得物权的规定。

❖ **条文解读** ❖

除去因国家公权力的行使而导致的物权变动，可以不依一般的公示原则直接发生效力外，还有一类情形也导致物权的变动直接发生效力，即因继承而取得物权的情形。继承是导致物权变动的一个重要方式，根据继承编的规定，继承从被继承人死亡时开始。因此，本条所指的"继承开始"就是"被继承人死亡"之时。而此所谓"死亡"既包括自然死亡，如老死、病死、意外事故致死，也包括宣告死亡。在宣告死亡的情形，自判决所确定的死亡之时继承开始。本条所指的继承又可分为法定继承和遗嘱继承两类。法定继承指的是在被继承人没有对其遗产的处理立有遗嘱的情况下，由法律直接规定继承人的范围、继承顺序、遗产分配的原则。遗嘱是公民生前按照自己意愿处分自己不动产物权的一种单方民事法律行为。

继承编规定，继承开始后，继承人放弃继承的，应当在遗产处理前，以书面形式作出放弃继承的表示；没有表示的，视为接受继承。由此可见，自继承开始后，所有继承人是基于法律的直接规定而取得物权，因此取得物权的生效时间始于继承开始。与此不同，继承编规定，受遗赠人应当在知道受遗赠后60日内，作出接受或者放弃受遗赠的表示；到期没有表示的，视为放弃受遗赠。这是因为遗赠本质上属于赠与关系。合同编规定，赠与合同是赠与人将自己的财产无偿给予受赠人，受赠人表示接受赠与的合同。受赠人表示接受，赠与法律关系才成立。最后需要说明的是，依照本节规定，因继承而取得物权，如果涉及的遗产为不动产，依照法律规定需要办理登记，但继承人未办理登记的，对该不动产的处分行为不生效力。

> **第二百三十一条　因合法建造、拆除房屋等事实行为设立或者消灭物权的，自事实行为成就时发生效力。**

❖ **条文主旨** ❖

本条是关于因事实行为而设立或者消灭物权的规定。

❖ **条文解读** ❖

首先，为了准确理解本条的规定，有必要对"事实行为"作进一步的解释。要理解"事实行为"，就要从"法律事实"说起。法律事实又可分为自然事实和人的行为，其中自然事实包括两种：一是状态，即某种客观情况的持续，如下落不明、未成年人已成年等；二是事件，即某种客观情况的发生，如人的生死、果实自落于邻地、不可抗力事由的出现等。在法律实践中，引起法律后果的自然事实是有限的，仅限于法律的明文规定。能够产生法律后果的事实主要表现为人的行为，而人的行为又可分为法律行为、准法律行为和事实行为。法律行为因以意思表示为核心要素，所以又被称之为表示行为。准法律行为虽有意思表示的外观，但不同于法律行为中的意思表示，法律行为中的意思表示是产生法律效果的依据，而准法律行为中的意思表示只是一种事实构成要素，其法律效果的产生是基于法律的直接规定，只不过在某些方面可以准用法律行为的相关规定。事实行为不以意思表示为要素，属于无关乎心理状态的行为，所以又叫非表示行为。由此可见，所谓事实行为应是指不以意思表示为要素的能够产生民事法律后果的法律事实。这一定义表明：第一，事实行为是人的行为，是人的一种有意识的活动，与自然事实有别；第二，事实行为是一种法律事实，即能够在人与人之间产生、变更或终止民事法律关系；第三，事实行为不以意思表示为要素，即行为人是否表达了某种心理状态，法律不予考虑，只要有某种事实行为存在，法律便直接赋予其法律效果。

其次，具体到本条的规定来说，能够引起物权设立或者消灭的事实行为，举例来讲，如用钢筋、水泥、砖瓦、木石建造房屋或者用布料缝制衣服，用木料制作家具，将缝制好的衣物抛弃或者将制作好的家具烧毁等。本条规定的"自事实行为成就时发生效力",就是指房屋建成之时、衣服制成之时、书柜完成之时或者衣服被抛弃之时、书柜被烧毁之时,这些物的所有权或为设立或为消灭。这些因事实行为而导致的物权的设立或者消灭,自事实行为成就时发生效力,而不需要遵循一般的物权公示方法(不动产为登记,动产为交付)即生效力。

最后,需要说明的一点是,我国存在许多因合法建造房屋等事实行为设立物权的情况,这种情形下的建房有些虽然缺少登记行为,但不能将这种行为形成的建筑物作为无主财产对待,对其所有权法律承认归建房人所有。比如农民在宅基地上建造的住房,自建成之日起就取得该住房的所有权。但根据本节规定,此类合法建造的房屋,固然因建造完成而取得所有权,但如果按照法律规定应当办理登记而未登记的,所有权人其后的处分行为,不发生物权效力。

> **第二百三十二条** 处分依照本节规定享有的不动产物权,依照法律规定需要办理登记的,未经登记,不发生物权效力。

❖ **条文主旨** ❖

本条是关于非依民事法律行为享有的不动产物权变动的规定。

❖ **条文解读** ❖

物权变动的公示方式,在动产一般为交付,在不动产各国立法例多采登记。通过此种方法,物权变动可以被人们从外部察知,从而保护了交易的安全。但依照本节规定,物权的变动还可因法院判决、政府征收决定、继承以及合法建造房屋等,直接发生效力，而不必遵循依民事法律行为而进行的物权变动应当遵循的一般公示方法，这必然可能损害到交易秩序和交易安全，尤其是涉及不动产的物权变动时更甚。

考虑到对交易安全的保护，本法明确，依照本节规定享有的物权，处分该不动产物权时，依照法律规定需要办理登记的，未经登记，不发生物权效力。举例说明，甲乙向法院诉请离婚，法院判决原甲的房屋归乙所有，在判决生效之时，乙已经取得该房屋的所有权，但尚未去房产登记部门办理变更登记，此时乙将房屋转卖给丙，丙信赖乙出示的法院判决而与之交易，与此同时，甲将该房屋又转卖于丁，丁信赖的是登记簿上甲为所有权人的登记记录。那么乙对丙的处分行为能否发生物权效力而由丙取得房屋的所有权呢？按照本条的规定，答案是否定的。尽管乙为真正的房屋所有权人，也有权对房屋进行处分，但未经登记，该处分行为不发生所有权转移的效力，丙只能请求乙承担返还价款等违约责任。

第三章　物权的保护

加强对物权的保护，是维护权利人合法权益的必然要求。本章共七条，针对物权受到侵害时如何保护权利人作出规定，权利人有权请求返还原物、排除妨害、消除危险，有权依法请求恢复原状、损害赔偿。

> **第二百三十三条**　物权受到侵害的，权利人可以通过和解、调解、仲裁、诉讼等途径解决。

❖ 条文主旨 ❖

本条是关于物权保护争讼程序的规定。

❖ **条文解读** ❖

物权受到侵害，物权人有权选择和解、调解、仲裁、诉讼途径救济。和解是当事人之间在没有第三者参加的情况下自愿协商，达成协议。和解属于当事人处分自己民事实体权利的一种民事法律行为。和解可以发生在诉讼以前，双方当事人互相协商，达成协议，也可以发生在诉讼过程中。民事诉讼法第50条规定："双方当事人可以自行和解。"调解是通过第三人调停解决纠纷。通过调解达成的协议还可以依法申请司法确认。人民调解法第33条规定："经人民调解委员会调解达成调解协议后，双方当事人认为有必要的，可以自调解协议生效之日起三十日内共同向人民法院申请司法确认，人民法院应当及时对调解协议进行审查，依法确认调解协议的效力。人民法院依法确认调解协议有效，一方当事人拒绝履行或者未全部履行的，对方当事人可以向人民法院申请强制执行。人民法院依法确认调解协议无效的，当事人可以通过人民调解方式变更原调解协议或者达成新的调解协议；也可以向人民法院提起诉讼。"仲裁是当事人协议选择仲裁机构，由仲裁庭裁决解决争端。我国仲裁法是规范仲裁法律关系的专门法律。诉讼包括民事、行政、刑事三大诉讼，物权保护的诉讼主要指提起民事诉讼。

> **第二百三十四条** 因物权的归属、内容发生争议的，利害关系人可以请求确认权利。

❖ **条文主旨** ❖

本条是关于物权确认请求权的规定。

❖ **条文解读** ❖

　　物权确认请求权是物权保护的一项基本权利，很多国家立法对此都有规定。物权确认请求权是物权保护请求权的一种。物权归属或者内容发生争议，物权人可以请求有关行政机关、人民法院等部门确认该物权的归属或者内容。

> **第二百三十五条**　无权占有不动产或者动产的，权利人可以请求返还原物。

❖ **条文主旨** ❖

　　本条是关于返还原物请求权的规定。

❖ **条文解读** ❖

　　返还原物是物权请求权的一种。物权人的物被他人侵占，物权人的对物支配权受到侵害时，物权人有权请求返还原物，使物复归于物权人事实上的支配。

　　返还原物权请求权的产生，须有他人无权占有不动产或者动产的事实。无权占有就是没有法律根据、没有合法原因的占有。一般包括两种情形：一是占有人从占有之始就没有法律根据，如占有人占有的物是盗窃物。二是占有之初本来有法律根据，但是后来该根据消灭，如租赁他人之物，租赁期限届满而不返还。享有返还原物请求权的权利人应当是物权人，包括所有权人、用益物权人等。至于占有人，无论其是否为有权占有，均应依据占有请求权行使权利，而不能依返还原物请求权行使权利。

> **第二百三十六条**　妨害物权或者可能妨害物权的，权利人可以请求排除妨害或者消除危险。

❖ **条文主旨** ❖

本条是关于排除妨害、消除危险请求权的规定。

❖ **条文解读** ❖

排除妨害也是一种物权请求权。妨害是指以非法的、不正当的行为，包括施加无权施加的设施，影响了特定物的权利人行使物权。例如，在他人家门口堆放物品，妨碍他人通行。排除妨害请求的目的是消除对物权的障碍或者侵害，使物权恢复圆满状态。需要注意的是，被排除的妨害需具有不法性，倘若物权人负有容忍义务，则物权人不享有排除妨害请求权。

消除危险也是一种物权请求权。消除危险请求权是指对于某种尚未发生但确有发生可能性的危险，物权人也可以请求有关的当事人采取预防措施加以防止。例如，某人的房屋由于受到大雨冲刷随时有倒塌可能，危及邻居的房屋安全，此时邻居可以请求该房屋的所有人采取措施消除这种危险。物权人行使消除危险请求权，只需要有危险存在的客观事实，而不论有关的当事人是否具有故意或者过失的主观过错。

❖ **案例分析** ❖

原告李某为某市某村村民，其与丈夫在某村有一块宅基地。2000年，被告国网某市电力公司在该村进行低压电网建设施工，在另一被告某村村民委员会的协调下，电线从原告家宅院南部上空架过，在架线过程中，李某丈夫对此提出异议。事后，被告某村村民委员会为其出具加盖了公章的书面证明，承诺如李某今后盖房，电线加高费用由村集体承担。2013年，原告家拟动工在宅基地南侧新建房屋，已建好部分地基，但院落上空的电线由于距离地基高度约为 5 米，无法继续施工。原告诉至法院，要求二被告将其院内的电线增高或者挪移，排除对其建房的妨害，并承担改线施工所需费用。

在审理过程中，原告提交了集体土地建设用地使用证。原告称其动工建房的位置属自家宅基地范围之内，四邻及村集体均无异议。被告国网某市电力公司称在诉前原告曾反映过此事，并派员前往现场勘察后认为，如改造原告宅院上空电线应采取地下电缆方式，并进行了预算，工程造价为 34645.08 元。

法院审理认为，妨害物权或者可能妨害物权的，权利人可以请求排除妨害或者消除危险。民事法律行为从成立时起具有法律约束力。行为人非依法律规定或者取得对方同意，不得擅自变更或者解除。本案中，诉争电线穿过的土地确为原告家宅院，政府为其颁发了集体土地建设用地使用证，原告享有合法土地使用权。被告国网某市电力公司于 2000 年进行低压电网改造施工时，原告家曾对电线路径提出异议，其本不同意电线在自家宅院上空穿过，但因被告某村村民委员会向其出具书面承诺负担今后改造电线的费用，原告才最终同意。目前原告在自家宅基地内动工建房，宅院上空的电线确实对原告建房构成妨害，现因诉争电线的改线施工在技术上具有可行性，故被告某村村民委员会理应履行承诺，负担改线的工程费用。考虑到供电设施的特殊性，国网某市电力公司作为电线的产权及管理方，应当具体负责电线迁移、改造等技术方面的施工，费用应限定在目前已作出的工程预算之内，施工过程中，被告某村村民委员会应予以协调配合。综上，判决被告国网某市电力公司另行选址改线，完成对原告诉争电线的改建施工，排除对原告家建房的妨害。被告某村村民委员会负担电线改建的工程费用，并在施工过程中予以协调配合。

> **第二百三十七条** 造成不动产或者动产毁损的，权利人可以依法请求修理、重作、更换或者恢复原状。

❖ **条文主旨** ❖

本条是关于物权的权利人可以依法请求修理、重作、更换或者恢复原状的规定。

❖ **条文解读** ❖

物权法第 36 条规定："造成不动产或者动产毁损的，权利人可以请求修理、重作、更换或者恢复原状。"本条在物权法规定的基础上，增加了"依法"二字。在民法典编纂立法过程中，不少意见提出，返还原物请求权、排除妨害、消除危险请求权属于物权请求权。而物权法第 36 条规定的修理、重作、更换或者恢复原状请求权，在性质上不属于物权法律制度上的物权请求权，而属于债权请求权。本条吸收这一意见，增加"依法"二字，以示区分。这里的"依法"是指依照民法典侵权责任编以及其他相关法律规范的规定。这就意味着权利人行使这种权利，需要符合这些相关法律关于请求权具体要件等方面的规定。

有的意见提出，物权编应当删除债法上的修理、重作、更换或者恢复原状请求权。但也有意见认为，考虑到本章是关于物权保护的规定，为了体现保护的全面性，可以在适当修改完善的基础上继续保留。

有的意见提出，修理指物毁损时，通过一定的办法使其恢复到毁损之前的状态；重作指当物灭失、损毁到不能使用等情形时重新作相同性质、相同用途的物，使其达到与原物相同的价值；更换指物毁损并且有与此物相同的种类物存在时，予以更换。修理、重作、更换都属于恢复原状。有的意见提出，修理可看作恢复原状的一种具体手段，将它与恢复原状并行规定，明显不合理。重作和更换这两种责任方式具有独特性，无法纳入恢复原状之中。还有意见认为，"修理、重作、更换"不是法律概念，不具备法律概念应有的特性，也无法发挥法律概念的功能。"修理、重作、更换"不是一种独立的请求权，不具有民事责任的强制性，可以被其他请求权所涵盖。也有意见认为，民法通则第134条就将恢复原状及修理、重作、更换并行规定为民事责任的方式。民法总则第179条规定了承担民事责任的方式，因循其例，其中第5项为恢复原状，第6项为修理、重作、更换。为保持法律的连续性、稳定性，对此以不作修改为宜。

> **第二百三十八条** 侵害物权，造成权利人损害的，权利人可以依法请求损害赔偿，也可以依法请求承担其他民事责任。

◆ **条文主旨** ◆

本条是关于物权的权利人可以依法请求侵权人承担赔偿损失等民事责任的规定。

◆ **条文解读** ◆

物权法第37条规定："侵害物权，造成权利人损害的，权利人可以请求损害赔偿，也可以请求承担其他民事责任。"本条在物权法规定的基础上，增加了"依法"二字。在民法典编纂立法过程中，不少意见提出，返还原物请求权、排除妨害、消除危险请求权属于物权请求权。而物权法第37条规定的损害赔偿请求权，在性质上不属于物权法律制度上的物权请求权，而属于债权请求权。本条吸收这一意见，增加"依法"二字，以示区分。这里的"依法"是指依照民法典侵权责任编以及其他相关法律规范的规定。这就意味着权利人行使这种权利，需要符合这些相关法律关于请求权具体要件等方面的规定。

有的意见提出，物权编应当删除债法上的损害赔偿请求权。但也有意见认为，考虑到本章是关于物权保护的规定，为了体现保护的全面性，可以在适当修改完善的基础上继续保留。

赔偿损失是指行为人向受害人支付一定数额的金钱以弥补其损失的责任方式，是运用较为广泛的一种民事责任方式。赔偿的目的主要是补偿损害，使受到损害的权利得到救济，使受害人能恢复到未受到损害前的状态。除了赔偿损失，民法典总则编在民法通则的基础上，还规定了其他一些承担民事责任的方式，包括停止侵害，排除妨碍，消除危险，返还财产，恢复原状，修理、重作、更换，继续履行，支付违约金，消除影响、恢复名誉，赔礼道歉。这其中有的责任方式主要适用于违约责任领域，有的主要适用于人身权侵权领域。对于物权受到侵害而言，有的责任方式本章已作规定，有的在功能上可以被物权请求权所覆盖。赔礼道歉也是承担民事责任的一种方式，物权受到侵犯，物权人有权请求赔礼道歉。赔礼道歉是将道德规范法律化，它不仅可以用于侵犯人身权利的责任承担，也可以用于侵犯财产权利的责任承担。损坏了他人心爱的东西，侵权人赔个礼、道个歉，让物权人消消气，往往有利于化干戈为玉帛。

第二百三十九条　本章规定的物权保护方式，可以单独适用，也可以根据权利被侵害的情形合并适用。

❖ **条文主旨** ❖

本条是关于物权保护方式的单用和并用的规定。

❖ **条文解读** ❖

物权受到侵害的，当事人可以通过请求确认权利、返还原物、排除妨害、消除危险、修理、重作、更换、损害赔偿等方式保护自己的权利。上述保护方式，可以单独适用，也可以根据权利被侵害的情形合并适用。如果一种方式不足以救济权利人，就同时适用其他方式。

第二分编　所有权

第四章　一般规定

本章共六条，对于所有权的基本内容、国家专有、征收征用等作了规定。

> **第二百四十条　所有权人对自己的不动产或者动产，依法享有占有、使用、收益和处分的权利。**

❖ **条文主旨** ❖

本条是关于所有权基本内容的规定。

❖ **条文解读** ❖

民法通则第71条对所有权规定了四项内容："财产所有权是指所有人依法对自己的财产享有占有、使用、收益和处分的权利。"本条的规定与民法通则这一规定基本一致，仍沿用民法通则四项内容的规定。

所有权的上述内容在传统理论上称为所有权的"权能"。虽然大陆法国家在所有权概念上对所有权权能的规定各有不同，但在理论上通常都认为所有权具有四项基本权能：

1. 占有。占有就是对于财产的实际管领或控制。拥有一个物的一般前提就是占有，这是财产所有者直接行使所有权的表现。所有人的占有受法律保护，不得非法侵犯。对于动产，除非有相反证明，占有某物即是判定占有人享有该物所有权的标准。

2. 使用。使用是权利主体对财产的运用，以便发挥财产的使用价值。如使用机器生产产品，在土地上种植农作物。拥有物的目的一般是为了使用。

3. 收益。收益是通过财产的占有、使用等方式取得的经济效益。使用物并获益是拥有物的目的之一。收益通常与使用相联系，但是处分财产也可以带来收益。收益也包括孳息。孳息分为天然孳息和法定孳息。果树结果等属于天然孳息；存款所得的利息、出租所得租金属于法定孳息。

4. 处分。处分是指财产所有人对其财产在事实上和法律上的最终处置。处分权一般由所有权人行使，但在某些情况下，非所有权人也可以有处分权，如运输的货物，如果发生紧急情况，承运人也可以依法进行处分。

除了上述各项权能，一般认为，所有权本身具有如下一些特性：

1. 完全性。或者称所有权为完全权，所有权是就标的物为一般支配的完全权。所有权作为一般的支配权，是用益物权、担保物权等他物权的源泉。与所有权不同，他物权仅在使用收益上于一定范围内有支配权。

2. 整体性。或者称为单一性。所有权不是占有、使用、收益和处分等各项权能量的总和，而是对标的物有统一支配力，是整体的权利，不能在内容或者时间上加以分割。所有权人可以在其物上设定他物权，即使其物的占有、使用、收益、处分等权能分别归他人享有，但所有权人的所有权性质不受影响。

3. 恒久性。所有权有永久性，其存在没有存续期间，不因时效而消灭。

4. 弹力性。或者称为"所有权弹性""归一力"。所有权人在其所有物上为他人设定权利，即使所有权的所有已知表征权利均被剥夺，仍潜在地保留其完整性，这种剥夺终止后，所有权当然地重新恢复其圆满状态。

还需要说明的是，所有权不仅仅是民法的专有名词，也不仅仅是民法上的权利。"所有权"一词使用甚广，在不同的含义上使用，也在各种政治法律关系中使用。在较广的含义上，所有权指政治法律制度中的所有权制度，是调整财产所有关系的法律规范的总称。我们说所有权是所有制的法律体现，就是在这个意义上使用"所有权"这一概念的。在这个意义上，所有权与所有制是个对应的概念。在较窄的含义上，所有权指所有人对特定财产所享有的占有、使用、收益和处分的权利。所有权的基本概念通常是由民法规定的，民法的所有权是一项民事权利，属于物权的一种。但是，所有权概念的使用却不限于民法，而是广泛使用于各个法律部门。或者说，规范所有权的法律不仅有民法，各个法律部门均有涉及所有权关系的法律规范。

法律调整的是人与人之间的关系，不是人与物之间的关系。权利体现的是社会关系。民法的所有权是基于所有物而产生的所有权人与他人的财产关系。民法上讲所有权，不仅要讲所有权人对所有物的权利，而且主要是讲所有权人与他人的关系。在行政法、经济法、刑法上也讲所有权，但由于这些法律调整的社会关系与民法不同，调整的所有权关系也与民法不同。由于民法调整平等主体之间的关系，因而民法上的所有权体现了平等的民事关系。行政法、经济法调整的是行政管理的关系，因而行政法、经济法上的所有权体现的是行政管理的关系。比如，国家依行政权征收集体和私人的财产，体现了行政管理的关系。

> 第二百四十一条 所有权人有权在自己的不动产或者动产上设立用益物权和担保物权。用益物权人、担保物权人行使权利，不得损害所有权人的权益。

❖ **条文主旨** ❖

本条是关于所有权人设定他物权的规定。

❖ **条文解读** ❖

所有权人在自己的不动产或者动产上设立用益物权和担保物权，是所有权人行使其所有权的具体体现。所有权人的各项所有权权能可以与所有权相分离。因而可以为他人设定用益物权和担保物权。由于用益物权与担保物权都是对他人的物享有的权利，因此都称为"他物权"，与此相对应，所有权称为"自物权"。现代各国民法贯彻效益原则，已逐渐放弃了传统民法注重对物的实物支配、注重财产归属的做法，转而注重财产价值形态的支配和利用。大陆法系和英美法系这两大法系有关财产的现代法律，都充分体现了以"利用"为中心的物权观念。传统的以物的"所有"为中心的物权观念，已经被以物的"利用"为中心的物权观念所取代。

但是，所有权是他物权的本源和基础。用益物权与担保物权的设定，源于所有权人对其所有权的行使。让渡对物的占有、使用，或者以物的价值为他人设定担保，正是所有权人对其所有权中诸项权能的行使。所有权人根据法律和合同，可以将使用权转移给非所有权人行使，非所有权人取得使用权、行使使用权，必须依据法律与合同的规定进行。所以，非所有人享有的使用权，不过是从所有权中分离出来的权能。所有权人根据法律或者合同用自己的物为他人债务提供担保，是对其物所有权中处分权的行使，非所有权人取得担保物权、行使担保物权，必须依据法律与合同的规定进行。所以，他人享有的担保权利，同样也是从所有权中分离出来的权能。因此，设定他物权，是所有权人行使所有权的结果。也正因如此，用益物权人、担保物权人行使权利必须依据法律或者合同的约定进行，不得损害所有权人的权益。

设定土地承包经营权、宅基地使用权、建设用地使用权是以土地为他人设定权利。在我国，土地实行公有制，土地属于国家或者集体所有，这与西方土地私有的情况有很大不同。对于土地承包、宅基地和建设用地，国家有大量的法律、行政法规以及地方法规和规章，要求政府部门严格依法办事，不能损害国家、集体的利益。土地承包经营权人、宅基地使用权人、建设用地使用权人也要依据法律和合同行使权利、履行义务，不得损害国家、集体的利益。

用益物权中有一项是地役权。"地役权"是指，在相邻关系以外，权利人按照合同约定处理两个或者两个以上不动产权利人之间在通行、通风、采光等方面产生的各种关系，以提高自己的生产或者生活水平。比如甲公司和乙公司约定，借用乙公司的道路通行，以便利甲公司员工的出入。在我国，设立地役权的情况较为特殊。在国有土地上设定地役权的，通常是拥有土地使用权的单位而不是作为所有权人的国家，在集体土地上设定地役权的通常是承包土地的农户而不是作为土地所有权人的集体经济组织。

留置权为担保物权的一种。"留置权"是法律规定为了确保债务履行而设立的一种担保物权，当债务人不履行债务时，债权人依法留置已经合法占有的债务人的动产，并就该动产享有优先受偿的权利。比如，顾客不支付洗衣费，洗衣店依法有权留置衣物，在法定期限内顾客还不支付洗衣费，洗衣店依法有权就变卖衣物的价款中获取洗衣费。留置权是债权人留置债务人的动产，留置权的设定由债权人依法进行，而非动产的所有权人设定，但当事人约定不得留置的，债权人必须遵守约定，不得违背合同规定留置约定不得留置的债务人的动产。债权人留置债务人的动产、行使留置权必须依法进行，不得损害所有权人的权益。

> **第二百四十二条　法律规定专属于国家所有的不动产和动产，任何组织或者个人不能取得所有权。**

❖ 条文主旨 ❖

本条是关于国家专有的规定。

❖ 条文解读 ❖

国家专有是指只能为国家所有而不能为任何其他人所拥有。国家专有的财产由于不能为他人所拥有，因此不能通过交换或者赠与等任何流通手段转移所有权，这与非专有的国家财产的性质不同。非专有的国家财产是可以流转的，如国家用于投资的财产。国家专有的财产范围很宽，各项具体的专有财产由各个相关单行法律、行政法规规定，本条只作概括性规定。

国家专有的财产包括但不限于以下各项：

1. 国有土地。依据法律、行政法规的规定，属于国家所有的土地有：城市市区的土地；农村和城市郊区已被征收的土地；依法不属于集体所有的森林、山岭、草原、荒地、滩涂等自然资源。

2. 海域。海域使用管理法规定，海域属于国家所有。

3. 水流。宪法规定，水流属于国家所有。

4. 矿产资源。宪法规定，矿藏属于国家所有。矿产资源法规定，矿产资源属于国家所有。有关法律、行政法规规定煤炭资源、石油资源、盐资源、水晶矿产等属于国家所有。

5. 无居民海岛。海岛保护法规定，无居民海岛属于国家所有。

6. 野生动物资源。野生动物保护法规定，野生动物资源属于国家所有。

7. 无线电频谱资源。本编第五章规定，无线电频谱资源属于国家所有。

国外有"公用财产"的概念，国外的公用财产指社会公众共同使用的财产，如公共道路、公路、街道、桥梁、水库、图书馆、港口等。有的国家规定公用财产属于社会公有，不属于国家所有，但国家享有主权和管理权。公用财产不能转让，不适用取得时效。在这一点上，与我国的国家专有财产有类似的地方。

> **第二百四十三条**　为了公共利益的需要，依照法律规定的权限和程序可以征收集体所有的土地和组织、个人的房屋以及其他不动产。
>
> 征收集体所有的土地，应当依法及时足额支付土地补偿费、安置补助费以及农村村民住宅、其他地上附着物和青苗等的补偿费用，并安排被征地农民的社会保障费用，保障被征地农民的生活，维护被征地农民的合法权益。
>
> 征收组织、个人的房屋以及其他不动产，应当依法给予征收补偿，维护被征收人的合法权益；征收个人住宅的，还应当保障被征收人的居住条件。
>
> 任何组织或者个人不得贪污、挪用、私分、截留、拖欠征收补偿费等费用。

❖ **条文主旨** ❖

本条是关于征收的规定。

❖ **条文解读** ❖

征收是国家以行政权取得集体、组织和个人的财产所有权的行为。征收的主体是国家，通常是政府部门，政府以行政命令的方式从集体、组织和个人取得土地、房屋等财产，集体、组织和个人必须服从。在物权法律制度上，征收是物权变动的一种极为特殊的情形。征收属于政府行使行政权，属于行政关系，不属于民事关系，但由于征收是所有权丧失的一种方式，是对所有权的限制，同时又是国家取得所有权的一种方式，因此外国民法通常都从这一民事角度对征收作原则规定。

征收导致所有权的丧失，当然对所有权人造成损害。因此，征收虽然是被许可的行为，但通常都附有严格的法定条件的限制。征收土地是世界各国政府取得土地的常用办法，但在土地私有制国家里，征收土地的含义与我国有所不同，即表现为一种强制购买权，只有在正常收买无法取得土地时再动用征收权。

在我国，由于公共建设任务繁重而征收较多，在城市是因城市规划拆迁而征收居民房屋，在农村是因公共建设、城市规划而征收集体土地。在征收集体所有土地和城乡居民房屋的过程中，侵害群众利益的问题时有发生，社会普遍关注。在民法典物权编的立法过程中，对于征收的问题意见较多，主要集中在公共利益的目的和征收补偿两个方面。

关于公共利益。有的认为，应当明确界定公共利益的范围，以限制有的地方政府滥用征收权力，侵害群众利益。在物权法的立法过程中，曾将"为了公共利益的需要"修改为

"为了发展公益事业、维护国家安全等公共利益的需要",但有关部门和专家认为这样规定仍不清楚。经各方面反复研究,一致认为:在不同领域内,在不同情形下,公共利益是不同的,情况相当复杂,物权法难以对公共利益作出统一的具体界定,还是分别由土地管理法、城市房地产管理法等单行法律规定较为切合实际。现行有的法律如信托法、测绘法已经对公共利益的范围作了一些具体界定。本条维持了物权法的规定,没有对"公共利益"作出具体界定。

关于征收补偿。有的认为,在现实生活中,存在征收土地的补偿标准过低、补偿不到位的问题,侵害群众利益,建议对补偿问题作出具体规定。有的建议规定为"相应补偿",有的建议规定为"合理补偿",有的建议规定为"充分补偿",有的建议规定"根据市场价格予以补偿"。针对群众反映较大的问题,本条第2款、第3款就补偿原则和补偿内容作了明确规定。考虑到各地的发展很不平衡,具体的补偿标准和补偿办法,由土地管理法等有关法律依照本法规定的补偿原则和补偿内容,根据不同情况作出规定。在物权编的立法过程中,有的意见提出,深入推进农村集体产权制度改革,是党中央作出的重大决策,民法典应当对农村集体所有土地的征地补偿制度予以完善。考虑到土地管理法在2019年修改时,对农村集体所有土地的征收补偿问题作了修改完善,本条第2款在物权法基础上增加规定,征收集体所有的土地,应当依法及时足额支付农村村民住宅的补偿费用等,以与土地管理法的规定相衔接。针对现实生活中补偿不到位和侵占补偿费用的行为,本条第4款明确规定,任何组织和个人不得贪污、挪用、私分、截留、拖欠征收补偿费等费用。

❖ **案例分析** ❖

某公司于2004年4月和2005年10月先后办理了某街162

号的国有土地使用权证，并于 2006 年 3 月办理了房屋产权证。某市政府为实施某道路改造建设项目，于 2014 年 4 月发布通告，该通告规定市政府决定收回某道路改造建设所涉及的 87 个单位 776.85 亩的国有土地使用权。涉及的单位和住户自通告发布之日起 15 日内到某市国土资源局办理土地使用权注销手续；逾期不办理的，将予以注销。通告载明所涉某公司两幅土地面积共 749.5 平方米。某公司对通告不服提起诉讼，请求依法撤销某市政府收回其国有土地使用权的行为。

法院审理认为：有征收必有补偿，无补偿则无征收。为了公共利益的需要，国家可以依法收回国有土地使用权，也可征收国有土地上单位、个人的房屋，但必须对被征收人给予及时公平补偿，而不能只征收不补偿，也不能迟迟不予补偿。征收补偿应当遵循及时补偿原则和公平补偿原则。国家因公共利益需要使用城市市区的土地和房屋的，市、县人民政府一般应按照《国有土地上房屋征收与补偿条例》规定的程序和方式进行，并应根据《国有土地上房屋征收评估办法》《城镇土地估价规程》等规定精神，由专业的房地产价格评估机构对被征收不动产价值进行评估，合理确定评估结果，并在此基础上进行补偿。被征收人对征收补偿决定或者征收补偿协议所确定的补偿金额和其他内容有异议的，可以依法提起行政诉讼。

本案中，因实施道路建设改造工程的需要，某市政府与相关职能部门可以依法收回国有土地使用权，但应当遵循法定的程序和步骤并应依法及时解决补偿问题。在本案中，某市政府收回某公司拥有使用权的 749.5 平方米土地时，既未听取某公司的陈述申辩，也未对涉案土地的四至范围作出认定，尤其是至今尚未对某公司进行任何补偿，不符合法律规定的精神，依法应予以撤销。但考虑到相关道路建设改造工程确属公共利益需要，因此根据行政诉讼法第 74 条第 1 款第 1 项规定，对某市政府以通告形式收回某公司 749.5 平方米国有土地使用权的行政行为应确认违法。今后如因道路建设改造实际使用某公司相应土地，某公司有权主张以实际使用土地时的土地市场价值为基准进行补偿；某公司也有权要求先补偿后搬迁，在未依法解决补偿问题前，某公司有权拒绝交出土地。

> **第二百四十四条**　国家对耕地实行特殊保护，严格限制农用地转为建设用地，控制建设用地总量。不得违反法律规定的权限和程序征收集体所有的土地。

◆ **条文主旨** ◆

本条是关于保护耕地、禁止违法征地的规定。

◆ **条文解读** ◆

我国地少人多，耕地是宝贵的资源，且后备资源贫乏，如何保护我国宝贵的耕地资源，并合理利用，关系中华民族的生存。国家历来重视对耕地的保护，实行最严格的耕地保护制度，严格控制农用地转为建设用地，这是保障我国长远发展、经济平稳、社会安定的必然要求。为了切实加强土地调控，制止违法违规用地行为，针对现实生活中滥用征收权力、违法征地的行为，本条作了原则规定。

根据土地管理法等法律、行政法规的有关规定，有关耕地保护的基本政策是：

1. 严格控制耕地转为非耕地。国家保护耕地，严格控制耕地转为非耕地。国家实行严格的用途管制制度。通过制定土地利用总体规划，限定建设可以占用土地的区域。对各项建设用地下达土地利用年度计划，控制建设占用土地（包括占用耕地）。农用地转用要报省级以上人民政府批准。通过这些措施，使各项建设占用耕地的总量降到最低限度。

2. 国家实行占用耕地补偿制度。非农业建设经批准占用耕地的，按照"占多少，垦多少"的原则，由占用耕地的单位负责开垦与所占用耕地的数量和质量相当的耕地；没有条件开垦或者开垦的耕地不符合要求的，应当按照省、自治区、直辖市的规定缴纳耕地开垦费，专款用于开垦新的耕地。

3. 永久基本农田保护制度。国家实行永久基本农田保护制度，对于经国务院农业农村主管部门或者县级以上地方人民政府批准确定的粮、棉、油、糖等重要农产品生产基地内的耕地；有良好的水利与水土保持设施的耕地，正在实施改造计划以及可以改造的中、低产田和已建成的高标准农田；蔬菜生产基地；农业科研、教学试验田以及国务院规定应当划为永久基本农田的其他耕地，根据土地利用总体规划划为永久基本农田，实行严格保护。划定永久基本农田主要是为了对耕地实行特殊保护。永久基本农田经依法划定后，任何单位和个人不得擅自占用或者改变其用途。永久基本农田涉及农用地转用或者土地征收的，必须经国务院批准。

4. 其他。对保护耕地还有许多规定。例如：（1）保证耕地质量。各级人民政府应当采取措施，引导因地制宜轮作休耕，改良土壤，提高地力，维护排灌工程设施，防止土地荒漠化、盐渍化、水土流失和土壤污染。（2）非农业建设的用地原则是，必须节约使用土地，可以利用荒地的，不得占用耕地；可以利用劣地的，不得占用好地。禁止占用耕地建窑、建坟或者擅自在耕地上建房、挖砂、采石、采矿、取土等。禁止占用永久基本农田发展林果业和挖塘养鱼。（3）禁止闲置、荒芜耕地。禁止任何单位和个人闲置、荒芜耕地。已经办理审批手续的非农业建设占用耕地，1 年内不用而又可以耕种并收获的，应当由原耕种该幅耕地的集体或者个人恢复耕种，也可以由用地单位组织耕种；1 年以上未动工建设的，应当按照省、自治区、直辖市的规定缴纳闲置费；连续 2 年未使用的，经原批准机关批准，由县级以上人民政府无偿收回用地单位的土地使用权；该幅土地原为农民集体所有的，应当交由原农村集体经济组织恢复耕种。（4）开发未利用土地。国家鼓励单位和个人按照土地利用总体规划，在保护和改善生态环境、防止水土流失和土地荒漠化的前提下，开发未利用的土地；适宜开发为农用地的，应当优先开发成农用地。国家依法保护开发者的合法权益。（5）土地复垦。因挖损、塌陷、压占等造成土地破坏，用地单位和个人应当按照国家有关规定负责复垦；没有条件复垦或者复垦不符合要求的，应当缴纳土地复垦费，专项用于土地复垦。复垦的土地应当优先用于农业。

按照宪法、土地管理法等有关法律规定，征收土地的条件与程序是：

1. 征收土地必须是为了公共利益的需要。根据土地管理法的规定，有下列情形并且确需征收农民集体所有的土地的，可以依法实施征收：（1）军事和外交需要用地的；（2）由政府组织实施的能源、交通、水利、通信、邮政等基础设施建设需要用地的；（3）由政府组织实施的科技、教育、文化、卫生、体育、生态环境和资源保护、防灾减灾、文物保护、社区综合服务、社会福利、市政公用、优抚安置、英烈保护等公共事业需要用地的；（4）由政府组织实施的扶贫搬迁、保障性安居工程建设需要用地的；（5）在土地利用总体规划确定的城镇建设用地范围内，经省级以上人民政府批准由县级以上地方人民政府组织实施的成片开发建设需要用地的；（6）法律规定为公共利益需要可以征收农民集体所有的土地的其他情形。

2. 征地是一种政府行为，是政府的专有权力，其他任何单位和个人都没有征地权。同时，被征地单位必须服从，不得阻挠征地。

3. 必须依法取得批准。征收永久基本农田、永久基本农田以外的耕地超过 35 公顷的，以及其他土地超过 70 公顷的，由国务院批准。征收其他土地的，由省、自治区、直辖市人民政府批准。征收农用地的，应当依照有关规定先行办理农用地转用审批。

4. 必须予以公告并听取相关主体的意见。国家征收土地依照法定程序批准后，由县级以上地方人民政府予以公告并组织实施。县级以上地方人民政府拟申请征收土地的，应当开展拟征收土地现状调查和社会稳定风险评估，并将征收范围、土地现状、征收目的、补偿标准、安置方式和社会保障等在拟征收土地所在的乡（镇）和村、村民小组范围内公告至少 30 日，听取被征地的农村集体经济组织及其成员、村民委员会和其他利害关系人的意见。

5. 必须依法对被征地单位进行补偿。拟征收土地的所有权人、使用权人应当在公告规定期限内，持不动产权属证明材料办理补偿登记。县级以上地方人民政府应当组织有关部门测算并落实有关费用，保证足额到位，与拟征收土地的所有权人、使用权人就补偿、安置等签订协议。相关前期工作完成后，县级以上地方人民政府方可申请征收土地。征收土地应当给予公平、合理的补偿，保障被征地农民原有生活水平不降低、长远生计有保障。征收土地应当依法及时足额支付土地补偿费、安置补助费以及农村村民住宅、其他地上附着物和青苗等的补偿费用，并安排被征地农民的社会保障费用。

6. 征地补偿费用的情况要向集体组织成员公布，接受监督。被征地的农村集体经济组织应当将征收土地的补偿费用的收支状况向本集体经济组织的成员公布，接受监督。同时规定，禁止侵占、挪用被征收土地单位的征地补偿费用和其他有关费用。

因此，法律、行政法规对于保护耕地、征收土地都有明确的规定。征收农村土地，应当按照特殊保护耕地的原则，依照法律规定的权限和程序进行，切实保护耕地，保护农民利益，保障社会安定和经济的可持续发展。

> **第二百四十五条** 因抢险救灾、疫情防控等紧急需要，依照法律规定的权限和程序可以征用组织、个人的不动产或者动产。被征用的不动产或者动产使用后，应当返还被征用人。组织、个人的不动产或者动产被征用或者征用后毁损、灭失的，应当给予补偿。

❖ **条文主旨** ❖

本条是关于征用的规定。

❖ **条文解读** ❖

征用是国家强制使用组织、个人的财产。强制使用就是不必得到所有权人的同意，在国家有紧急需要时即直接使用。国家需要征用组织、个人的不动产和动产的原因，是抢险、救灾、应对突发公共卫生事件等在社会整体利益遭遇危机的情况下，需要动用一切人力、物力进行紧急处理和救助。所以，法律允许在此种情况下限制组织或者个人的财产所有权。

国家以行政权命令征用财产，被征用的组织、个人必须服从，这一点与征收相同。但征收是剥夺所有权，征用只是在紧急情况下强制使用组织、个人的财产，紧急情况结束后被征用的财产要返还给被征用的组织、个人，因此征用与征收有所不同。本章规定的征收限于不动产，本条规定的征用的财产既包括不动产也包括动产。

征用在国家出现紧急情况时采用，因此，国外通常在紧急状态法中规定，但也有的国家在民法中作了规定，如《意大利民法典》规定，"在发生公共事务、军事、民事的重大紧急需求的情况下，可以对动产或者不动产进行征调。对动产或者不动产的所有权人应当给予合理补偿"。考虑到征用如征收一样也是对所有权的限制，本法对征用作了规定。由于征用是对所有权的限制，并可能给所有权人造成不利的后果，因此，征用的采用亦有严格的条件限制：（1）征用的前提条件是发生紧急情况，因此征用适用于出现紧急情况时，平时不得采用；（2）征用应符合法律规定的权限和程序；（3）使用后应当将征用财产返还被征用人，并且给予补偿，但通常不及于可得利益的损失。

征用如征收一样也是较为复杂的问题，同时征用是政府行使行政权，不是民事关系，征用的具体问题应由相关的行政法规定。因此，本条仅从民事角度作了原则性规定。

第五章　国家所有权和集体所有权、私人所有权

本章共二十五条，规定了国家所有权和集体所有权、私人所有权。本章主要对国有财产的范围、国家所有权的行使、对国有财产的保护、集体所有权的范围、集体所有权的行使、对集体成员合法权益的保护、私人所有权的范围、企业法人的财产权等作了规定。

> **第二百四十六条**　法律规定属于国家所有的财产，属于国家所有即全民所有。
>
> 国有财产由国务院代表国家行使所有权。法律另有规定的，依照其规定。

❖ **条文主旨** ❖

本条是关于国有财产范围、国家所有的性质和国家所有权行使的规定。

❖ **条文解读** ❖

国有经济是国民经济中的主导力量。加大对国有资产的保护力度，切实防止国有资产流失，是巩固和发展公有制经济的现实要求。物权编通过明确规定国有财产的归属和行使主体，对国有财产的合理开发利用，侵害国有财产的民事保护方法等，加大对国有资产的保护力度，防止国有资产流失。物权编的基本原则、物权的设立和转让、所有权人享有的权利、用益物权、担保物权、物权的保护等一系列规定对国有财产都是适用的，并对国有财产作出若干特别规定。

一、国有财产的范围

本条第 1 款是对国有财产范围的概括性规定。依据宪法、法律、行政法规，物权编明确规定矿藏、水流、海域、无居民海岛、无线电频谱资源、城市的土地、国防资产属于国家所有。法律规定属于国家所有的铁路、公路、电力设施、电信设施和油气管道等基础设施、文物、农村和城市郊区的土地、野生动植物资源，属于国家所有。除法律规定属于集体所有的外，森林、山岭、草原、荒地、滩涂等自然资源，属于国家所有。

在立法征求意见过程中，对于国有财产范围的不同意见主要是，国有财产的范围很广，如何在物权编中确定国有财产的范围，哪些应该明确写，哪些不应该写，对物的种类在文字上应该如何表述。有的认为，物权编具体列举的国有财产不够全面，应当增加规定空域、航道、频道、种质资源属于国家所有。考虑到国有财产范围很宽，难以逐项列全，所提出的增加规定的有些内容是否属于物权编上的物，也有争议。因此，本条对国有财产的范围作了概括性的规定："法律规定属于国家所有的财产，属于国家所有即全民所有。"并以现行法律的规定为依据对国家所有的财产作了列举规定。现行法律、行政法规没有明确规定的，根据本条，可以在制定或者修改有关法律时作出具体规定。

二、我国国家所有的性质

我国国家所有的性质是全民所有。宪法第9条第1款规定："矿藏、水流、森林、山岭、草原、荒地、滩涂等自然资源，都属于国家所有，即全民所有；由法律规定属于集体所有的森林和山岭、草原、荒地、滩涂除外。"民法通则第73条第1款规定："国家财产属于全民所有。"本法根据宪法和民法通则规定，"国家所有即全民所有"，以更好地和宪法、民法通则的规定相衔接，进一步明确国家所有的性质。

三、代表国家行使国家财产所有权的主体

本条第2款是对代表国家行使国家财产所有权的主体的规定。在征求意见过程中，有的认为，由"国务院代表国家行使国家所有权"可操作性不强。有的提出，国有自然资源的所有权实际上有不少是由地方人民政府具体行使的，应规定地方人民政府也有权代表国家具体行使国有自然资源的所有权。有的建议，明确实践中行使所有权的地方各级政府同国务院之间的关系是委托还是授权。有的认为，应该由全国人大代表国家行使国家财产所有权。立法机关经研究认为，依据宪法规定，全国人大是最高国家权力机关，国务院是最高国家权力机关的执行机关。全国人大代表全国人民行使国家权力，体现在依法就关系国家全局的重大问题作出决定，而具体执行机关是国务院。我国的许多法律已经明确规定由国务院代表国家行使

所有权。例如，土地管理法第 2 条第 2 款规定："全民所有，即国家所有土地的所有权由国务院代表国家行使。"矿产资源法第 3 条第 1 款中规定："矿产资源属于国家所有，由国务院行使国家对矿产资源的所有权。"

由国务院代表国家行使所有权也是现行的管理体制。本法规定："国有财产由国务院代表国家行使所有权。法律另有规定的，依照其规定。"这样规定，既符合人民代表大会制度的特点，也体现了党的十六大关于国家要制定法律法规，建立中央政府和地方政府分别代表国家履行出资人职责，享有所有者权益的国有资产管理体制的要求。全国人大通过立法授权国务院代表国家行使国家所有权，正体现了全国人大的性质及其行使职权的特点。当然，国务院代表国家行使所有权，应当依法对人大负责，受人大监督。

国有财产由国务院代表国家行使所有权，同时依照法律规定也可以由地方人民政府等部门行使有关权利。我国很多法律法规对此都有相应的规定，如矿产资源法第 11 条规定："国务院地质矿产主管部门主管全国矿产资源勘查、开采的监督管理工作。国务院有关主管部门协助国务院地质矿产主管部门进行矿产资源勘查、开采的监督管理工作。省、自治区、直辖市人民政府地质矿产主管部门主管本行政区域内矿产资源勘查、开采的监督管理工作。省、自治区、直辖市人民政府有关主管部门协助同级地质矿产主管部门进行矿产资源勘查、开采的监督管理工作。"矿产资源法实施细则第 3 条第 2 款规定："国务院代表国家行使矿产资源的所有权。国务院授权国务院地质矿产主管部门对全国矿产资源分配实施统一管理。"

第二百四十七条　矿藏、水流、海域属于国家所有。

❖ **条文主旨** ❖

本条是关于矿藏、水流、海域的国家所有权的规定。

❖ **条文解读** ❖

本条规定,矿藏、水流、海域属于国家所有。

一、矿藏属于国家所有

矿藏,主要指矿产资源,即存在于地壳内部或者地表的,由地质作用形成的,在特定的技术条件下能够被探明和开采利用的,呈固态、液态或气态的自然资源。本法依据宪法规定矿藏属于国家所有。矿藏属于国家所有,指国家享有对矿产资源的占有、使用、收益和处分的权利。宪法第9条第1款规定:"矿藏、水流、森林、山岭、草原、荒地、滩涂等自然资源,都属于国家所有,即全民所有;由法律规定属于集体所有的森林和山岭、草原、荒地、滩涂除外。"矿产资源是国民经济和社会发展的重要物质基础,只有严格依照宪法的规定,坚持矿藏属于国家所有,即全民所有,才能保障我国矿产资源的合理开发、利用、节约、保护和满足各方面对矿产资源日益增长的需求,适应国民经济和社会发展的需要。

国家对矿藏的所有权可以有多种行使方式。民法通则第81条第2款规定:"国家所有的矿藏,可以依法由全民所有制单位和集体所有制单位开采,也可以依法由公民采挖。国家保护合法的采矿权。"矿产资源法第3条第3款中规定:"勘查、开采矿产资源,必须依法分别申请、经批准取得探矿权、采矿权,并办理登记。"矿产资源法第4条第1款规定:"国家保障依法设立的矿山企业开采矿产资源的合法权益。"依照规定,民事主体可以依法取得开发和经营矿藏的权利,其性质为采矿权。取得该权利后,通过开发和经营矿藏取得对矿藏的所

有权。民事主体取得采矿权并不影响国家的所有权。国家保护
合法的采矿权。但该采矿权与对矿藏的所有权不同，前者是他
物权，后者是所有权。国家保障矿产资源的合理利用。

二、水流属于国家所有

水流，指江、河等的统称。此处水流应包括地表水、地
下水和其他形态的水资源。水是人类生存的生命线，人类因
水而生存，因水而发展。然而，21世纪人类却面临着严重的
水资源问题。水资源短缺几乎成为世界性的问题。我国是水
资源贫乏的国家，人均水资源仅为世界平均水平的1/4。同
时，水资源在时间和地区分布上很不平衡，由于所处的独特
的地理位置和气候条件，使我国面临水资源短缺、洪涝灾害
频繁、水环境恶化三大水问题，对国民经济和社会发展具有
全局影响。

本条规定水流属于国家所有。水流属于国家所有，指国家
享有对水流的占有、使用、收益和处分的权利。宪法第9条第
1款中规定："矿藏、水流、森林、山岭、草原、荒地、滩涂
等自然资源，都属于国家所有，即全民所有。"水法第3条中
规定："水资源属于国家所有。水资源的所有权由国务院代表
国家行使。"在征求意见过程中，有的建议将"水流"修改为
"水资源"。考虑到宪法中的用词是"水流"，物权编中仍然依
照宪法使用"水流"一词。水流是我国最宝贵的自然资源之
一，是实现可持续发展的重要物质基础。只有严格依照宪法的
规定，坚持水流属于国家所有，即全民所有，才能保障我国水
资源的合理开发、利用、节约、保护和满足各方面对水资源日
益增长的需求，适应国民经济和社会发展的需要。

三、海域属于国家所有

海域，是指中华人民共和国内水、领海的水面、水体、海
床和底土。这是一个空间资源的概念，是对传统民法中"物"

的概念的延伸与发展。内水，是指中华人民共和国领海基线向陆地一侧至海岸线的海域。领海这个概念是随公海自由原则的确立而形成的，它是指沿着国家的海岸、受国家主权支配和管辖下的一定宽度的海水带。我国是海洋大国，拥有近300万平方公里的管辖海域，相当于陆地国土面积的1/3，拥有18000多公里的大陆岸线，14000多公里的岛屿岸线，蕴藏着丰富的资源，包括生物资源、矿产资源、航运资源、旅游资源等。对于丰富的资源，国家有责任实施管理，对于我国辽阔的海域，需要由国家行使管理职能。这些管理，是以海域的国家所有权为法律依据的。

本条明确规定海域属于国家所有。海域使用管理法第3条第1款中规定："海域属于国家所有，国务院代表国家行使海域所有权。任何单位或者个人不得侵占、买卖或者以其他形式非法转让海域。"长期以来，在海域权属问题上存在一些模糊认识，出现了一些不正常的现象。个别地方政府或者有关部门擅自将海域的所有权确定为本地所有或者某集体经济组织所有，用海单位在需要使用海域时直接向乡镇和农民集体经济组织购买或者租用；个别乡镇竟然公开拍卖海域或者滩涂；有的村民认为，祖祖辈辈生活在海边，海就是村里的。这些认识和行为，不仅导致海域使用秩序的混乱，而且损害了国家的所有权权益。因此，物权编明确规定海域属于国家所有。海域属于国家所有，指国家享有对海域的占有、使用、收益和处分的权利。这不仅能正本清源，纠正思想上的错误认识，而且有助于树立海域国家所有的意识和有偿使用海域的观念，使国家的所有权权益能在经济上得到实现。

> **第二百四十八条** 无居民海岛属于国家所有，国务院代表国家行使无居民海岛所有权。

◆ **条文主旨** ◆

本条是关于无居民海岛的国家所有权的规定。

◆ **条文解读** ◆

本条是编纂民法典过程中在物权编中增加的条文。有的意见提出，2009 年全国人大常委会通过的海岛保护法第 2 条中规定："本法所称海岛，是指四面环海水并在高潮时高于水面的自然形成的陆地区域，包括有居民海岛和无居民海岛。"海岛保护法第 4 条规定："无居民海岛属于国家所有，国务院代表国家行使无居民海岛所有权。"为了更好地保护国家对无居民海岛的所有权，同时也为了宣示国家对无居民海岛的主权，有必要在民法典中明确规定无居民海岛属于国家所有。也有的意见认为，对于自然资源的所有权，物权编主要是从自然资源的类别角度进行规范，而非地理的自然形态。物权编已经规定了土地、矿藏、水流、森林、山岭、野生动植物等自然资源的所有权，这些自然资源也可能存在于无居民海岛上。海岛保护法规定无居民海岛属于国家所有，其角度与物权编不同，不宜将这一规定照搬到民法典物权编中。经研究，采纳了第一种意见。

本条规定无居民海岛属于国家所有，国务院代表国家行使无居民海岛所有权。有的意见提出，本法第 246 条已经规定了"国有财产由国务院代表国家行使所有权"，因此本条不要再重复规定"国务院代表国家行使无居民海岛所有权"。也有的意见认为，本法第 246 条第 2 款的规定是："国有财产由国务院代表国家行使所有权。法律另有规定的，依照其规定。"而海岛保护法第 4 条规定："无居民海岛属于国家所有，国务院代表国家行使无居民海岛所有权。"并没有关于法律另有规定的表述。无居民海岛的所有权，也应当由国务院统一代表国家行使。经研究，采纳了第二种意见。

❖ 案例分析 ❖

某旅游公司诉称，2010年2月，其依法取得某岛及某屿和海涂旅游开发、利用、收益、处分权，且一直支付租金。2018年3月底，该公司在某省人民政府等网站上搜索到，原审被告某省海洋与渔业局在其毫不知情的情况下，于2015年12月作出《关于同意开发利用某市某屿无居民海岛的批复》。经该公司进一步调查核实，国家海洋局某海洋环境监测中心站根据涉案批复，未经该公司同意，违法在某屿建造气象观测站，破坏了某屿生态环境和不可再生的生态资源，严重侵犯了该公司的合法权益。故诉请法院确认被告作出的《关于同意开发利用某市某屿无居民海岛的批复》无效，并依法予以撤销。

法院认为，某旅游公司主张与被诉行政行为有利害关系的主要依据是某市某村委会与某服务公司签订的某岛开发合同以及该旅游公司的法定代表人胡某与薛某、郑某等签订的转让合同，据此认为其享有案涉岛屿承包经营权。法院审理认为，某旅游公司的该主张缺乏事实和法律依据，不应予以支持。第一，案涉岛屿某屿属于无居民海岛，对此当事人无争议。2010年3月起施行的海岛保护法第4条和第5条第2款规定，无居民海岛属于国家所有，国务院代表国家行使无居民海岛所有权；国务院海洋主管部门负责全国无居民海岛保护和开发利用的管理工作；沿海县级以上地方人民政府海洋主管部门负责本行政区域内无居民海岛保护和开发利用管理的有关工作。第28条规定，未经批准利用的无居民海岛，应当维持现状；禁止采石、挖海砂、采伐林木以及进行生产、建设、旅游等活动。从上述条款可以看出，无居民海岛的所有权属于国家所有；国家对无居民海岛的开发利用实行严格审批制度，未经依法批准，任何组织或个人不享有无居民海岛的使用权。本案中，某旅游公司没有证据证明其在 2010 年 3 月之后有经依法审批取得案涉岛屿某屿的开发利用权，其对案涉岛屿某屿并不享有法定权利。第二，海岛保护法颁布施行之前，没有法律法规规定无居民海岛的所有权和使用权属于农村村民集体享有，也没有法律法规授权农村集体经济组织或村民委员会可以将无居民海岛的使用权或开发利用权发包给公民、组织承包经营。某市某村委会与某服务公司签订的某岛开发合同，从内容看，主要是对某岛的开发利用等事项达成的租赁协议，某服务公司不能因协议约定取得某屿的相关物权。相应的，上诉人某旅游公司也不能因某服务公司股东的转让行为继受取得某屿的相关物权。故上诉人某旅游公司主张因上述相关合同而享有案涉岛屿某屿的承包经营权或用益物权，缺乏法律依据。第三，上诉人某旅游公司在案涉岛屿某屿上并无林木，也无其投资建设的任何设施或建筑，因此，其在案涉岛屿某屿上也没有任何事实上的权益。综上，原审被告某省海洋与渔业局作出被诉批复，同意国家海洋局某海洋环境监测中心站提出的某屿无居民海岛的使用申请，并不会对某旅游公司的权利义务产生实际影响，某旅游公司与被诉行政行为没有利害关系，不具有提起本案诉讼的原告主体资格。

> **第二百四十九条　城市的土地，属于国家所有。法律规定属于国家所有的农村和城市郊区的土地，属于国家所有。**

❖ **条文主旨** ❖

本条是关于国家所有土地范围的规定。

❖ **条文解读** ❖

本条规定了国家所有土地的范围，国家所有的土地包括：城市的土地；法律规定属于国家所有的农村和城市郊区的土地。

1. 城市的土地属于国家所有。"城市的土地，属于国家所有"即指国家对于城市的土地享有所有权，且城市的土地所有权只属于国家。宪法第10条中规定："城市的土地属于国家所有。"土地管理法第9条第1款中规定："城市市区的土地属于国家所有。"

2. 法律规定属于国家所有的农村和城市郊区的土地属于国家所有。宪法第10条中规定："农村和城市郊区的土地，除由法律规定属于国家所有的以外，属于集体所有。"土地管理法第9条第2款中规定："农村和城市郊区的土地，除由法律规定属于国家所有的以外，属于农民集体所有。"农村和城市郊区的土地，除法律规定属于国家所有的以外，是属于农民集体所有的。但是法律规定属于国家所有的农村和城市郊区的土地属于国家所有。这里所讲的法律是全国人大及其常委会通过的具有法律约束力的规范性文件，包括宪法和其他法律。

> **第二百五十条** 森林、山岭、草原、荒地、滩涂等自然资源，属于国家所有，但是法律规定属于集体所有的除外。

❖ **条文主旨** ❖

本条是关于属于国家所有的森林、草原等自然资源的规定。

❖ **条文解读** ❖

本条有关森林、山岭、草原、荒地、滩涂等自然资源所有权的规定是依据宪法作出的。宪法第 9 条第 1 款规定："矿藏、水流、森林、山岭、草原、荒地、滩涂等自然资源，都属于国家所有，即全民所有；由法律规定属于集体所有的森林和山岭、草原、荒地、滩涂除外。"我国绝大多数自然资源都属于国家所有，这是我国不同于资本主义国家经济制度的基本特征之一。物权编根据宪法和有关法律的规定，对自然资源的归属作出规定，对进一步保护国有自然资源，合理开发利用国有自然资源，具有重要意义。

在立法征求意见过程中，有的建议，删除"等自然资源"的表述。有的认为，"土地"包括"山岭""荒地""滩涂"，建议删除本条中的"山岭""荒地""滩涂"。有的认为，本条中"等"表述易生歧义，建议删除。宪法是我国的根本大法，制定法律要以宪法为依据，因此，本条在文字的表述上依据宪法作出了规定。

根据宪法，我国其他法律对自然资源的国家所有权也作出了相应的规定。森林法第 14 条第 1 款规定："森林资源属于国家所有，由法律规定属于集体所有的除外。"草原法第 9 条中规定："草原属于国家所有，由法律规定属于集体所有的除外。"

> **第二百五十一条　法律规定属于国家所有的野生动植物资源，属于国家所有。**

❖ **条文主旨** ❖

本条是关于属于国家所有的野生动植物资源的规定。

❖ **条文解读** ❖

依据我国野生动物保护法第 2 条第 2 款的规定，野生动物，是指受保护的野生动物，即珍贵、濒危的陆生、水生野生动物和有重要生态、科学、社会价值的陆生野生动物。依据野生植物保护条例第 2 条第 2 款的规定，受保护的野生植物，是指原生地天然生长的珍贵植物和原生地天然生长并具有重要经济、科学研究、文化价值的濒危、稀有植物。

野生动物是我国的一项巨大自然财富。我国野生动物资源十分丰富，不仅经济动物种类繁多，还有不少闻名世界的珍贵稀有鸟兽。野生动物作为自然生态系统的重要组成部分，是人类宝贵的自然资源，为人类的生产和生活提供了丰富的资源，对人类发展有重要的促进作用。我国也是世界上野生植物资源种类最为丰富的国家之一。野生植物是自然生态系统的重要组成部分，是人类生存和社会发展的重要物质基础，是国家重要的资源。野生植物资源作为社会经济发展中一种极为重要的资源，具有生态性、多样性、遗传性和可再生性等特点。

野生动植物是国家宝贵的种质资源，是人类生产生活的重要物质基础，人类的衣食住行都与其密切相关。同时，它还是重要的战略资源，保存着丰富的遗传基因，为人类的生存与发展提供了广阔的空间。野生动植物资源在国民经济和社会发展中具有非常重要的地位。

因此，本条规定，法律规定属于国家所有的野生动植物资源，属于国家所有。这样规定，有利于保护我国的野生动植物资源，有利于更加合理地利用野生动植物资源。

第二百五十二条　无线电频谱资源属于国家所有。

❖ 条文主旨 ❖

本条是关于无线电频谱资源的国家所有权的规定。

❖ 条文解读 ❖

无线电频谱资源是有限的自然资源。为了充分、合理、有效地利用无线电频谱，保证各种无线电业务的正常运行，防止各种无线电业务、无线电台站和系统之间的相互干扰，本条规定无线电频谱资源属于国家所有。无线电频谱资源属于国家所有，是指国家对无线电频谱资源享有占有、使用、收益和处分的权利。无线电管理条例第3条规定："无线电频谱资源属于国家所有。国家对无线电频谱资源实行统一规划、合理开发、有偿使用的原则。"

在立法征求意见过程中，有的认为，规定频谱资源属于国家所有，不利于新技术的开发，会产生争议。无线电管理条例第5条规定："国家鼓励、支持对无线电频谱资源的科学技术研究和先进技术的推广应用，提高无线电频谱资源的利用效率。"因此，规定无线电频谱资源属于国家所有并不会不利于新技术的开发，而会更有利于充分、合理、有效地利用无线电频谱资源。

> **第二百五十三条　法律规定属于国家所有的文物，属于国家所有。**

❖ 条文主旨 ❖

本条是关于属于国家所有文物的规定。

❖ 条文解读 ❖

我国是一个拥有悠久历史和灿烂文化的文明古国，拥有极为丰富的文化遗产。我们的祖先在改造自然、改造社会的长期斗争中，创造了灿烂辉煌的古代文化，为整个人类文明历史作出过重要的贡献。保存在地上地下极为丰富的祖国文物是文化遗产的重要组成部分，是中华民族历史发展的见证。它真实地反映了我国历史各个发展阶段的政治、经济、军事、文化、科学和社会生活的状况，蕴藏着各族人民的创造、智慧和崇高的爱国主义精神，蕴含着中华民族特有的精神价值、思维方式、想象力，体现着中华民族的生命力和创造力，对世世代代的中华儿女都有着强大的凝聚力和激励作用。在建设具有中国特色的社会主义的新时期，在全国各族人民坚持四项基本原则，坚持改革开放总方针的伟大实践中，保护和利用好文物，对于继承和发扬中华民族的优秀文化和革命传统，增进民族团结和维护国家统一，增强民族自信心和凝聚力，促进社会主义物质文明和精神文明建设，团结国内外同胞推进祖国统一大业，以及不断扩大我国人民同世界各国人民的文化交流和友好往来，都具有重要的意义。

本条规定，法律规定属于国家所有的文物，属于国家所有。在此需要明确的是，并不是所有的文物都归国家所有，而是法律规定属于国家所有的文物，属于国家所有。文物的所有者可以是各类民事主体，民事主体可以按照法律规定享有对文物的所有权。依照文物保护法第5条的规定，以下文物属于国家所有：（1）中华人民共和国境内地下、内水和领海中遗存的一切文物，属于国家所有。（2）古文化遗址、古墓葬、石窟寺属于国家所有。国家指定保护的纪念建筑物、古建筑、石刻、壁画、近代现代代表性建筑等不可移动文物，除国家另有规定的以外，属于国家所有。（3）下列可移动文物，属于国家所有：①中国境内出土的文物，国家另有规定的除外；②国有文物收藏单位以及其他国家机关、部队和国有企业、事业组织等收藏、保管的文物；③国家征集、购买的文物；④公民、法人和其他组织捐赠给国家的文物；⑤法律规定属于国家所有的其他文物。文物保护法第 5 条中还规定："属于国家所有的可移动文物的所有权不因其保管、收藏单位的终止或者变更而改变。国有文物所有权受法律保护，不容侵犯。"国家依法享有对法律规定属于国家所有的文物的所有权，也就是国家依法享有对其所有的文物的占有、使用、收益和处分的权利。

> **第二百五十四条　国防资产属于国家所有。**
> **铁路、公路、电力设施、电信设施和油气管道等基础设施，依照法律规定为国家所有的，属于国家所有。**

◆ 条文主旨 ◆

本条是关于国防资产的国家所有权以及属于国家所有的基础设施的规定。

◆ 条文解读 ◆

本条第 1 款规定，国防资产属于国家所有。国防是国家生存与发展的安全保障，是维护国家安全统一，确保实现全面建成小康社会目标的重要保障。建立强大巩固的国防是中国现代化建设的战略任务。规定国防资产的国家所有权对我国的国防建设有重大意义。

本条第 2 款规定铁路、公路、电力设施、电信设施和油气管道等基础设施，依照法律规定为国家所有的，属于国家所有。依据本款的规定，并不是所有的铁路、公路、电力设施、电信设施和油气管道等基础设施，都属于国家所有，而是依照法律规定为国家所有的基础设施才属于国家所有。此处的基础设施也不仅仅是包括铁路、公路、电力设施、电信设施和油气管道这几种，只要是依照法律规定为国家所有的基础设施都被包括在本条之内。

铁路、公路、电力设施、电信设施和油气管道等基础设施都是国家重要的基础设施，建设铁路、公路、电力设施、电信设施和油气管道等基础设施对方便人民生活、提高人民生活水平有重要意义，确保铁路、公路、电力设施、电信设施和油气管道等基础设施的安全对于国民经济发展和保障人民群众生命财产安全意义重大。因此，规定铁路、公路、电力设施、电信设施和油气管道等基础设施，依照法律规定为国家所有的，属于国家所有，对于提高基础设施的建设速度、使用效率和保障基础设施的安全等都有重要意义。

> **第二百五十五条** 国家机关对其直接支配的不动产和动产，享有占有、使用以及依照法律和国务院的有关规定处分的权利。

❖ **条文主旨** ❖

本条是关于国家机关的物权的规定。

❖ **条文解读** ❖

本条是国家机关对其直接支配的物享有的物权的规定，规定国家机关对其直接支配的不动产和动产，享有占有、使用以及依照法律和国务院的有关规定处分的权利。国家机关的财产也是国有资产的重要组成部分。明确国家机关对其直接支配的财产享有的权利，哪些权利必须依照法律和国务院的有关规定行使，这对保护国家机关的财产具有重要意义。民法通则第37 条规定，法人应当具备下列条件：（1）依法成立；（2）有必要的财产或者经费；（3）有自己的名称、组织机构和场所；（4）能够独立承担民事责任。民法通则第 50 条第 1 款规定："有独立经费的机关从成立之日起，具有法人资格。"民法典总则编与民法通则的规定大同小异，规定法人应当依法成立。法人应当有自己的名称、组织机构、住所、财产或者经费。法人成立的具体条件和程序，依照法律、行政法规的规定。法人以其全部财产独立承担民事责任。

　　保护国有财产权，防止国有财产流失，是我国的一项长期任务。除了物权编，还需要制定国有财产管理法，进一步完善国有财产的管理制度。国有财产权作为一种物权，有关这种权利的归属及其内容的基本规则已经在物权编中作出规定，但也要看到，国有财产的行使及其监管又具有特殊性，因而单纯依靠物权编的规定是不够的，还需要制定国有财产管理法，区分经营性财产和非经营性财产，建立不同的管理制度。依据本条规定，国家机关应当依法对其直接支配的财产行使占有、使用和处分的权利。国家机关对其占用的财产的处分必须依照法律和国务院的有关规定中的限制和程序进行，不得擅自处置国有财产。本条对国家机关对其直接支配的国有财产行使占有、使用和处分的权利作出了规定，加强了对国家机关直接占有的国有财产的保护。

> **第二百五十六条**　国家举办的事业单位对其直接支配的不动产和动产，享有占有、使用以及依照法律和国务院的有关规定收益、处分的权利。

◆ **条文主旨** ◆

　　本条是关于国家举办的事业单位的物权的规定。

❖ **条文解读** ❖

国家举办的事业单位对其直接支配的不动产和动产，享有占有、使用以及依照法律和国务院的有关规定收益、处分的权利。国有事业单位的财产也是国有资产的重要组成部分。明确国有事业单位对其直接支配的财产享有的权利，哪些权利必须依照法律和国务院的有关规定行使，这对保护国有事业单位的财产具有重要意义。

对国家举办的事业单位占用的财产，要根据事业单位的类型、财产的特殊性对其收益和处分的权利分别处理：一是国家举办的事业单位对其占用的财产毫无处分权利，比如故宫博物院对其占用的某些财产；二是经过审批，国家举办的事业单位对其占用的财产具有部分处分权利；三是国家举办的事业单位对其占用的财产具有完全的处分权利。这就需要通过以后制定国有财产管理法对国家举办的事业单位如何有效行使、如何处分其占用的财产作出明确规定。

国家举办的事业单位应当依法对其直接支配的财产行使占有、使用、收益和处分的权利，不得擅自处置国有财产。本条对国家举办的事业单位对其直接支配的国有财产行使占有、使用、收益和处分的权利作出了规定，加强了对国家举办的事业单位直接占有的国有财产的保护。

> **第二百五十七条** 国家出资的企业，由国务院、地方人民政府依照法律、行政法规规定分别代表国家履行出资人职责，享有出资人权益。

❖ **条文主旨** ❖

本条是关于国有出资的企业出资人制度的规定。

❖ **条文解读** ❖

　　本条根据党的有关国有资产管理体制改革的政策，对国有企业出资人制度作了规定，即："国家出资的企业，由国务院、地方人民政府依照法律、行政法规规定分别代表国家履行出资人职责，享有出资人权益。"为了更好地理解本条的含义，有以下四个问题需要解释：

　　第一，什么是国家出资的企业。国家出资的企业，不仅仅包括国家出资兴办的企业，如国有独资公司，也包括国家控股、参股有限责任公司和股份有限公司等。当然，国家出资的企业不仅仅是以公司形式，也包括未进行公司制改造的其他企业。

　　第二，谁来代表履行国有企业的出资人职权。本条规定了由国务院和地方人民政府分别代表国家履行出资人职责，享有出资人权益。我国是一个大国，地域辽阔，国有企业众多，即使经过调整、改制，目前还有十几万户分布在各地。为了实现有效管理，都由中央政府直接管理这么多企业是困难的。因此，适宜的做法就是通过资产的划分和权利的划分，由中央政府和地方政府分别代表国家履行出资人的职责。企业国有资产法第11条规定，国务院国有资产监督管理机构和地方人民政府按照国务院的规定设立的国有资产监督管理机构，根据本级人民政府的授权，代表本级人民政府对国家出资企业履行出资人职责。国务院和地方人民政府根据需要，可以授权其他部门、机构代表本级人民政府对国家出资企业履行出资人职责。根据《企业国有资产监督管理暂行条例》的规定，国务院和地方人民政府的具体分工是：国务院代表国家对关系国民经济命脉和国家安全的大型国有及国有控股、国有参股企业，重要基础设施和重要自然资源等领域的国有及国有控股、国有参股企业，履行出资人职责。国务院履行出资人职责的企业，由国务院确定、公布。省、自治区、直辖市人民政府和设区的市、自治州级人民政府分别代表国家对由国务院履行出资人职责以外的国有及国有控股、国有参股企业，履行出资人职责。其中，省、自治区、直辖市人民政府履行出资人职责的国有及国有控股、国有参股企业，由省、自治区、直辖市人民政府确定、公布，并报国务院国有资产监督管理机构备案；其他由设区的市、自治州级人民政府履行出资人职责的国有及国有控股、国有参股企业，由设区的市、自治州级人民政府确定、公布，并报省、自治区、直辖市人民政府国有资产监督管理机构备案。本条规定的目的是充分调动中央和地方两个积极性，使社会生产力得到进一步解放。同时中央政府和地方政府合理分工分别代表国家履行出资人职责，这就界定了各级政府的管理国有资产的权利和责任，改变了过去中央统一管理，地方责、权、利不明确的弊端。这有助于强化管理上的激励和约束机制，克服"出资人主体虚位"的现象。

需要明确的是，国家实行国有企业出资人制度的前提是国家统一所有，国家是国有企业的出资人。中央政府与地方政府都只是分别代表国家履行出资人职责，享有出资人权益。不能把国家所有与政府所有等同起来，更不能把国家所有与地方政府所有等同。

第三，履行出资人职责的法律依据。虽然中央政府和地方政府分别代表国家履行出资人职责，享有所有者权益，但它们都必须在国家统一制定法律法规的前提下行使。有关的法律主要有宪法、公司法等。行政法规主要有《企业国有资产监督管理暂行条例》。

第四，出资人职责和权益内容是什么。简单地说，出资人职责就是股东的职能，履行出资人职责的机构，代表本级人民政府对国家出资企业享有资产收益、重大决策和选择管理者等出资人权益；对国有资产保值、防止国有资产流失负监管责任。需要注意的是，中央政府和地方政府代表国家履行出资人职责时，要尊重、维护国有及国有控股企业经营自主权。宪法第 16 条中规定："国有企业在法律规定的范围内有权自主经营。"企业国有资产法第 14 条第 2 款规定，履行出资人职责的机构应当维护企业作为市场主体依法享有的权利，除依法履行出资人职责外，不得干预企业经营活动。根据宪法等法律和国有资产管理改革所遵循的政企分开的原则，中央政府和地方政府以及其设立的国有资产管理机构不能干预国家出资的企业依法行使自主经营权。

> **第二百五十八条　国家所有的财产受法律保护，禁止任何组织或者个人侵占、哄抢、私分、截留、破坏。**

❖ **条文主旨** ❖

本条是关于国有财产保护的规定。

❖ **条文解读** ❖

国有财产属全民所有，是国家经济、政治、文化、社会发展的物质基础。加大对国有财产的保护力度，切实防止国有财产流失，是巩固和发展公有制经济的重要内容。宪法第 12 条规定："社会主义的公共财产神圣不可侵犯。国家保护社会主义的公共财产。禁止任何组织或者个人用任何手段侵占或者破坏国家的和集体的财产。"民法通则第 73 条规定："国家财产属于全民所有。""国家财产神圣不可侵犯，禁止任何组织或者个人侵占、哄抢、私分、截留、破坏。"在 2007 年物权法立法过程中，有的认为，物权法既然要体现平等保护的原则，那就不宜强调对国有财产的保护。经研究，物权法应当坚持平等保护的原则；同时，从实际情况看，目前经济领域中受侵害最严重的恰恰是国有财产，物权法就加强对国有财产的保护、切实防止国有财产流失作出有针对性的规定，是必要的。因此，本条根据宪法和民法通则的规定，针对国有财产的特点，从物权的角度作出了保护国有财产的一般原则性规定，即："国家所有的财产受法律保护，禁止任何组织或者个人侵占、哄抢、私分、截留、破坏。"

"国家所有的财产"是指依法属于全民所有的财产，不仅包括国家拥有所有权的财产，如矿藏、水流、海域，国有的土地以及森林、山岭、草原、荒地、滩涂等自然资源，野生动植物资源，无线电频谱资源，依法属于国家所有的文物，国有的铁路、公路、电力设施、电信设施和油气管道等基础设施，国家机关和国家举办的事业单位依法直接支配的国有财产，而且包括国家依法投入到企业的动产和不动产。此外，国家的财政收入、外汇储备和其他国有资金也属于国家所有的财产。

这里的"侵占"是指以非法占有为目的，将其经营、管理的国有财产非法占为己有。侵占的客体是国有财产。侵占的主体一般是经营、管理国有财产的单位或者个人，如国有企业、国家举办的事业单位等。构成侵占，还有一个要件是侵占主体要有主观故意，即以非法占有国有财产为目的。

这里的"哄抢"是指以非法占有为目的，组织、参与多人一起强行抢夺国有财产的行为。哄抢的客体是国有财产。哄抢的主体可以是任何的组织或者个人，并且还需要具备非法占有国有财产的主观故意。

这里的"私分"是指违反国家关于国有财产分配管理规定，以单位名义将国有财产按人头分配给单位内全部或者部分职工的行为。例如，违反国家关于国有资金与企业资金的分账比例管理制度，由单位领导班子集体决策或者由单位负责人决定并由直接责任人员经手实施，擅自将国有资金转为企业资金，进而以单位分红、单位发奖金、单位下发的节日慰问费等名义私分国有财产。私分的主体只是单位，一般指负有经营、管理国有财产的国家机关、国有公司、企业、事业单位、人民团体等单位。

这里的"截留"是指违反国家关于国有资金等国有财产拨付、流转的决定，擅自将经手的有关国有财产据为己有或者挪作他用的行为。如有的政府部门将其经手的，应当向农村集体支付的土地征收补偿费不及时支付或者留下挪作他用。截留的主体一般是指经手国有财产的单位或者相关责任人员。

这里的"破坏"是指故意毁坏国有财产，影响其发挥正常功效的行为，如采取爆破的方式毁坏国有铁路，影响国家正常交通运输的行为。破坏的主体可以是任何的组织或者个人，而且需有主观上的毁坏国有财产的故意。

侵占、哄抢、私分、截留、破坏国有财产的，应当承担返还原物、恢复原状、赔偿损失等民事责任；触犯治安管理处罚法和刑法的，还应当承担相应的法律责任。有关组织的责任人也要依法追究行政责任甚至是刑事责任。

本次民法典编纂对本条仅作个别文字修改。

第二百五十九条　履行国有财产管理、监督职责的机构及其工作人员，应当依法加强对国有财产的管理、监督，促进国有财产保值增值，防止国有财产损失；滥用职权，玩忽职守，造成国有财产损失的，应当依法承担法律责任。

违反国有财产管理规定，在企业改制、合并分立、关联交易等过程中，低价转让、合谋私分、擅自担保或者以其他方式造成国有财产损失的，应当依法承担法律责任。

◈ **条文主旨** ◈

本条是关于国有财产管理法律责任的规定。

◈ **条文解读** ◈

加大对国有财产的保护力度，切实防止国有财产流失，是巩固和发展公有制经济的重要内容。从国有财产流失的主要情形看，加大对国有财产的保护力度，切实防止国有财产流失，一方面要加强对国有财产的管理、监督；另一方面要明确规定造成国有财产流失的应承担的法律责任。关于国有财产的管理、监督，以及造成国有财产流失的法律责任，公司法、刑法等法律以及国有财产监管的行政法规和部门规章已经有规定。物权编着重从其调整范围对加大国有财产的保护力度，切实防止国有财产流失作出规定，并与有关国有财产监管的法律作出衔接性的规定。因此，本条第1款对履行国有财产管理、监督职责的机构及其工作人员切实履行职责作了规定，同时第2款针对现实中存在的国有财产流失的突出问题作了规定。

一、关于国有财产管理、监督机构及其工作人员的职责

根据党的十六大和十六届二中全会关于深化国有资产管理体制改革和设立专门国有资产管理监督机构的精神，经十届全国人大一次会议批准，设立了国务院国有资产监督管理委员会。地方政府也组建了相应的国有资产监督管理机构。党的十六届三中全会决定提出："国有资产管理机构对授权监管的国有资本依法履行出资人职责，维护所有者权益，维护企业作为市场主体依法享有的各项权利，督促企业实现国有资本保值增值，防止国有资产流失。"根据上述要求，国务院国有资产监督管理委员会除了根据国务院授权，依照公司法等法律和行政法规履行出资人职责外，还负有以下主要职责：（1）指导推进国有企业改革和重组；对所监管企业国有资产的保值增值进行监督，加强国有资产的管理工作；推进国有企业的现代企业制度建设，完善公司治理结构；推动国有经济结构和布局的战略性调整。（2）代表国家向部分大型企业派出监事会；负责监事会的日常管理工作。（3）通过法定程序对企业负责人进行任免、考核并根据其经营业绩进行奖惩；建立符合社会主义市场经济体制和现代企业制度要求的选人、用人机制，完善经营者激励和约束制度。（4）通过统计、稽核对所监管国有资产的保值增值情况进行监管；建立和完善国有资产保值增值指标体系，拟订考核标准；维护国有资产出资人的权益。（5）起草国有资产管理的法律、行政法规，制定有关规章制度；依法对地方国有资产管理进行指导和监督。还有三点需要注意：其一，履行国有资产管理、监督职责的机构不仅仅是中央政府和地方政府设立的国有财产监督管理委员会（局），而且包括其他机构，比如，财政部门、审计部门、水利部门、外汇管理部门等，还有国家机关和国家举办事业单位内部设立的国有财产管理部门等，都负有一定的国有财产管理、监督职责。其二，国有财产监督管理机构应当支持企业依法自主经营，除履行出资人职责以外，不得干预企业的生产经营活动。其三，本条强调了国有财产管理、监督职责的机构的工作人员的责任。如果滥用职权、玩忽职守，造成国有财产损失的，还要依法承担行政责任、刑事责任等。如刑法第397条规定，国家机关工作人员滥用职权或者玩忽职守，致使公共财产遭受重大损失的，处3年以下有期徒刑或者拘役。

二、违反国有财产管理规定造成国有财产损失的法律责任

据了解，造成国有财产流失的，主要发生在国有企业改制、合并分立、关联交易的过程中。

国有企业改制，是指国有企业通过重组、联合、兼并、租赁、承包经营、合资、转让国有产权和股份制、股份合作制等多种形式，建立符合市场经济规律的以产权为核心的现代企业制度。而今，国有企业的公司化改革已经基本完成，除了部分带有政府职能性质或者占据垄断资源的机构还保留全资国有的产权结构外，绝大部分国有企业均已实现投资主体的多元化，并建立起以股东会、董事会、监事会为主要标志的现代企业管理体系。国有企业改制过程中，必须依法进行清产核资、财务审计、资产评估、公开信息。涉及国有产权转让的，应当采取拍卖、招投标等竞价转让方式以及国家法律法规规定的其他方式。

国有企业的分立是指一个国有企业法人分成两个或者两个以上企业法人。因分立而保留的企业应申请变更登记；因分立而新开办的企业应申请开业登记。国有企业的合并是指两个或两个以上的国有企业法人，合并为一个企业法人或合并为一个新的企业法人。因合并而保留的企业，应申请变更登记，因合并而终止的企业，应申请注销登记；因合并而新开办的企业，应申请开业登记。企业法人分立、合并，它的权利和义务，由分立、合并后法人享有和承担。

本条中的关联交易，就是指企业关联方之间的交易。根据财政部颁布的《企业会计准则第36号——关联方披露》的规定，一方控制、共同控制另一方或对另一方施加重大影响，以及两方或两方以上同受一方控制、共同控制或重大影响的，构成关联方。所谓控制，是指有权决定一个企业的财务和经营政策，并能据以从该企业的经营活动中获取利益。所谓共同控制，是指按照合同约定对某项经济活动所共有的控制，仅在与该项经济活动相关的重要财务和经营决策需要分享控制权的投资方一致同意时存在。所谓重大影响，是指对一个企业的财务和经营政策有参与决策的权力，但并不能够控制或者与其他方一起共同控制这些政策的制定。由于关联交易方可以运用行政力量撮合交易的进行，从而有可能使交易的价格、方式等在非竞争的条件下出现不公正情况，形成对股东或部分股东权益的侵犯。

在上述的国有企业改制、合并分立、关联交易中，造成国有资产损失的有以下常见情形：（1）低价转让。有的不按规定进行国有资产评估或者压低评估价格；有的不把国家划拨的土地计入国有股；有的对专利、商标等无形资产不作评估；有的将国有资产无偿转让或者低价折股、低价出售给非国有单位或者个人；有的在经营活动中高价进、低价出。（2）违反财务制度，合谋私分侵占国有资产。有的将应收账款做成呆账、坏账，有的私设"小金库"或者设立"寄生公司"，以后再提取侵占私分。（3）擅自担保。有的根本不认真调查被担保人的资信情况，未经法定程序和公司章程规定，擅自向非国有单位或个人担保，造成国有财产损失。此外，还包括以下情形：（1）通过管理层持股非法牟利；（2）低估企业财产，虚构企业债务，以降低持股所需资金；有的实际未出资，以拟收购的企业财产作为其融资担保；（3）贪污、挪用国有财产；虚假破产，逃避债务；（4）利用分立重组方式，把债务留在原企业，使原企业变成空壳企业，侵害银行的国有财产；（5）直接负责的主管人员玩忽职守，造成企业破产或者严重亏损等。

本条第 2 款针对上述现实中造成国有财产流失的主要情形，规定上述违反国有财产管理的行为，应当依法承担法律责任，包括赔偿损失等民事责任，纪律处分等行政责任，构成犯罪的，依法追究刑事责任。根据《企业国有资产监督管理暂行条例》第 39 条的规定，对企业国有资产损失负有责任受到撤职以上纪律处分的国有及国有控股企业的企业负责人，5 年内不得担任任何国有及国有控股企业的企业负责人；造成企业国有资产重大损失或者被判处刑罚的，终身不得担任任何国有及国有控股企业的企业负责人。

> **第二百六十条　集体所有的不动产和动产包括：**
> （一）法律规定属于集体所有的土地和森林、山岭、草原、荒地、滩涂；
> （二）集体所有的建筑物、生产设施、农田水利设施；
> （三）集体所有的教育、科学、文化、卫生、体育等设施；
> （四）集体所有的其他不动产和动产。

❖ **条文主旨** ❖

本条是关于集体财产范围的规定。

❖ **条文解读** ❖

宪法第 6 条规定，中华人民共和国的社会主义经济制度的基础是生产资料的社会主义公有制，即全民所有制和劳动群众集体所有制。集体所有根据所有人身份不同，可以分为农村集体所有和城镇集体所有。集体财产是广大人民群众多年来辛勤劳动积累的成果，是发展集体经济和实现共同富裕的重要物质基础。确认集体财产的范围，对保护集体的财产权益，维护广大集体成员的合法财产权益都具有重要意义。宪法和民法通则等法律已经对集体财产的范围作了规定，如宪法第 9 条第 1 款规定："矿藏、水流、森林、山岭、草原、荒地、滩涂等自然资源，都属于国家所有，即全民所有；由法律规定属于集体所有的森林和山岭、草原、荒地、滩涂除外。"第 10 条第 2 款规定："农村和城市郊区的土地，除由法律规定属于国家所有的以外，属于集体所有；宅基地和自留地、自留山，也属于集体所有。"民法通则第 74 条第 1 款规定："劳动群众集体组织的财产属于劳动群众集体所有，包括：（一）法律规定为集体所有的土地和森林、山岭、草原、荒地、滩涂等；（二）集体经济组织的财产；（三）集体所有的建筑物、水库、农田水利设施和教育、科学、文化、卫生、体育等设施；（四）集体所有的其他财产。"物权编保护集体所有权，首先要确定集体所有权的客体，即集体财产的范围，这是维护我国基本经济制度的重要内容，也是物权编的重要内容。因此，本条依据宪法和民法通则等有关法律的规定，以列举加概括的方式，对集体所有的不动产和动产的范围作出了规定。

一、集体是集体财产所有权的主体

在 2007 年物权法立法过程中，曾有意见认为，集体所有的财产可以适用物权法关于共有的规定。经研究，集体所有和共有是不同的。共有是两个以上自然人、法人对一项财产享有权利，如两人出资购买 1 辆汽车，子女共同继承 1 栋房子等。共有人对共有的财产都享有占有、使用、收益和处分的权利，都有权要求分割共有财产。集体所有是公有制的一部分，集体的成员不能独自对集体财产行使权利，离开集体时不能要求分割集体财产。

二、集体所有财产主要包括的内容

1. 法律规定属于集体所有的土地和森林、山岭、草原、荒地、滩涂。土地是人类社会生产和生活的物质基础。对广大农民来说，土地是其可以利用的一切自然资源中最基本、最宝贵的资源，是其安身立命的根本。在我国，土地公有制是我国土地制度的基础和核心，我国土地公有制的法律表现形式是国有土地所有权和集体土地所有权。宪法第 10 条第 2 款规定："农村和城市郊区的土地，除由法律规定属于国家所有的以外，属于集体所有；宅基地和自留地、自留山，也属于集体所有。"土地管理法也作了类似的规定。关于集体所有的土地，有两点需要说明：一是集体所有的土地的所有者只有农民集体，城镇集体没有土地的所有权。二是集体所有的土地主要包括耕地，也包括宅基地和自留地、自留山。除了土地外，根据宪法第9条第1款规定，森林、山岭、草原、荒地、滩涂等自然资源，根据法律规定，也可以属于集体所有。如森林法第14条规定，森林资源属于国家所有，由法律规定属于集体所有的除外。草原法第9条规定，草原属于国家所有，由法律规定属于集体所有的除外。

2. 集体所有的集体企业的厂房、仓库等建筑物；机器设备、交通运输工具等生产设施；水库、农田灌溉渠道等农田水利设施；以及集体所有的教育、科学、文化、卫生、体育等公益设施。需要说明的是，这里集体所有的财产主要有两个来源：一是集体自己出资兴建、购置的财产；二是国家拨给或者捐赠给集体的财产。

3. 除上述几种常见的集体财产外，集体财产还包括集体企业所有的生产原材料、半成品和成品，村建公路、农村敬老院等，本条不可能一一列举，因此还规定了一个兜底条款，即集体所有的其他不动产和动产，以对上述规定的补充。

> **第二百六十一条** 农民集体所有的不动产和动产，属于本集体成员集体所有。
>
> 下列事项应当依照法定程序经本集体成员决定：
>
> （一）土地承包方案以及将土地发包给本集体以外的组织或者个人承包；
>
> （二）个别土地承包经营权人之间承包地的调整；
>
> （三）土地补偿费等费用的使用、分配办法；
>
> （四）集体出资的企业的所有权变动等事项；
>
> （五）法律规定的其他事项。

❖ **条文主旨** ❖

本条是关于农民集体所有财产归属以及重大事项集体决定的规定。

❖ **条文解读** ❖

本条主要有以下几个含义：

一、本集体成员集体所有

农民集体所有的特征就是集体财产集体所有、集体事务集体管理、集体利益集体分享。只有本集体的成员才能享有这些权利。农村集体成员有两个特征：一是平等性，即不分加入集体时间长短，不分出生先后，不分贡献大小，不分有无财产投入等，其成员资格都一律平等。二是地域性和身份性。一般来说农村集体成员往往就是当地的村民，他们所生子女，自出生后自动取得该集体成员资格。此外，也有的成员是通过婚姻或收养关系迁入本集体取得成员资格。也有的是因移民迁入本集体而取得成员资格。

因下列情形，丧失农村集体成员资格：一是死亡，包括自然死亡和宣告死亡。二是因婚姻、收养关系以及因法律或政策的规定迁出本农村集体而丧失。如出嫁城里，取得城市户籍而丧失原集体经济组织成员资格。又如因被录用为国家公务员、全家户口迁入设区的市而丧失原集体成员资格。三是因国家整体征收农民集体土地或者整体移民搬迁等原因，原集体失去继续存在的条件而终止，其成员资格亦当然丧失。需要说明的是，农民只能在一个农民集体内享有成员权利，不能同时享有两个或者多个集体成员权利。

二、农民集体所有的不动产和动产的范围

本条规定的农民集体所有的财产应当在上一条规定的集体

财产范围内，最主要的就是本集体所有的土地，以及法律规定属于集体所有的森林、山岭、草原、荒地、滩涂，集体所有的建筑物、生产设施、农田水利设施以及教育、科学、文化、卫生、体育设施等不动产和动产。

三、重大事项须依法定程序经本集体成员决定

集体所有的特征就要求了民主管理集体事务，涉及集体成员重大利益的事项，必须依照法定程序经本集体成员决定。现实中，往往发生少数村干部擅自决定涉及全体村民利益的大事的情况，群众对此反映十分强烈。为了维护集体成员的合法权益，促进社会的和谐与稳定，本条明确规定了须经集体成员决定的事项：

1. 土地承包方案以及将土地发包给本集体以外的组织或者个人承包。土地承包方案以及将土地发包给本集体以外的组织或者个人承包，直接关系到本集体成员的切身利益，直接关系到以家庭承包经营为基础的双层经营体制的长期稳定。根据农村土地承包法的规定，土地承包应当按照下列程序进行：首先，由本集体经济组织成员的村民会议选举产生承包工作小组；再由该承包工作小组依照法律、法规的规定拟订并公布承包方案；然后依法召开本集体经济组织成员的村民会议，讨论承包方案。承包方案必须经本集体经济组织成员的村民会议2/3以上成员或者2/3以上村民代表同意。

2. 个别土地承包经营权人之间承包地的调整。原则上，在承包期内，发包方不得调整承包地。如果因自然灾害严重毁损承包地等特殊情形需要适当调整的，按照农村土地承包法的规定，必须经本集体经济组织成员的村民会议2/3以上成员或者2/3以上村民代表的同意，并报乡（镇）人民政府和县级人民政府农村、林业和草原等主管部门批准。

3. 土地补偿费等费用的使用、分配办法。根据物权编关

于征收补偿的规定，为了公共利益的需要，依照法律规定的权限和程序，可以征收农村集体所有的土地。征收集体所有的土地，应当支付土地补偿费、安置补助费以及农村村民住宅、其他地上附着物和青苗等的补偿费用。现实中，这部分费用一般支付给被征地的农村集体经济组织，其中大部分费用分配给本集体成员、补偿受影响的土地承包经营权人。因为征收集体土地直接影响被征地农民的生产生活，这部分费用的使用和分配办法必须经集体成员通过村民会议等方式决定。

4. 集体出资的企业的所有权变动等事项。实践中，很多农村集体经济组织都投资兴办企业，一方面实现共同致富，另一方面也解决了大量农业人口的就业问题。集体出资的企业收益属集体成员集体所有。如果将该企业出让或者抵押的，也要经过本集体成员讨论决定，不能由该企业负责人或者本集体管理人擅自做主。

5. 法律规定的其他事项。村民委员会组织法规定，村集体经济项目的立项、承包方案及宅基地的使用方案等涉及村民利益的事项，必须提请村民会议讨论决定，方可办理。

本次民法典编纂对本条仅作个别文字修改。

> **第二百六十二条** 对于集体所有的土地和森林、山岭、草原、荒地、滩涂等，依照下列规定行使所有权：
>
> （一）属于村农民集体所有的，由村集体经济组织或者村民委员会依法代表集体行使所有权；
>
> （二）分别属于村内两个以上农民集体所有的，由村内各该集体经济组织或者村民小组依法代表集体行使所有权；
>
> （三）属于乡镇农民集体所有的，由乡镇集体经济组织代表集体行使所有权。

❖ **条文主旨** ❖

本条是关于由谁来代表农民集体行使所有权的规定。

❖ **条文解读** ❖

根据我国广大农村集体所有权基本形式，本条规定相应的主体来代表集体行使所有权，这样规定与民法通则、土地管理法、农村土地承包法等现行法律的相关规定保持一致，也使得党在农村的政策具有连续性和稳定性，进而保护和调动广大农民的积极性。

关于谁来行使集体所有权，本条的规定分为三种情况：

1. 属于村农民集体所有的，由村集体经济组织或者村民委员会代表集体行使所有权。这里的"村"是指行政村，即设立村民委员会的村，而非自然村。该行政村农民集体所有的土地等集体财产，就由该行政村集体经济组织或者村民委员会来代表集体行使所有权。"村民委员会"就是指村民委员会组织法中所规定的村民委员会（村委会）。村民委员会是在人民公社进行政社分开、建立乡政权的过程中，在全国农村逐步建立起来的农村基层群众性自治组织。农村实行家庭承包经营等责任制形式后，对以"三级所有，队为基础"的人民公社体制进行改革。在改革过程中，在原来生产大队，有的在生产小队的基础上建立了村民委员会。1985年2月，生产大队管理体制的改革在全国全部完成，村民委员会在农村普遍建立起来。

还有一点需要说明，在2007年物权法立法过程中，曾有意见认为，村民委员会是农村基层群众性自治组织，不能代表集体行使所有权。经研究，在实践中，许多村没有集体经济组织或者不健全，难以履行集体所有土地的经营、管理等行使所有权任务，需要由行使自治权的村民委员会来代表行使集体所有权。因此，如果有以村为单位的农村集体经济组织，就由该村集体经济组织经营、管理；如果没有以村为单位的农村集体经济组织，则由村民委员会经营、管理。而且，民法通则、土地管理法和农村土地承包法都从法律上赋予了村民委员会对村集体所有土地等财产进行经营、管理的经济职能。所以，村民委员会行使村集体所有权，不但与农村经济发展的实际情况相适应，而且也符合多年来的法律实践。民法典总则编规定，居民委员会、村民委员会具有基层群众性自治组织法人资格，可以从事为履行职能所需要的民事活动。未设立村集体经济组织的，村民委员会可以依法代行村集体经济组织的职能。

2. 分别属于村内两个以上农民集体所有的，由村内各该集体经济组织或者村民小组代表集体行使所有权。这里"分别属于村内两个以上农民集体所有"主要是指该农民集体所有的土地和其他财产在改革开放以前就分别属于两个以上的生产队，现在其土地和其他集体财产仍然分别属于相当于原生产队的村民小组的农民集体所有。这里的"村民小组"是指行政村内的由村民组成的自治组织。根据村民委员会组织法的规定，村民委员会可以根据居住状况、集体土地所有权关系等分设若干个村民小组。目前，全国多数农村地区在原来的生产大队一级设村民委员会，在原来的生产队一级设村民小组。土地管理法和农村土地承包法都赋予了村民小组对集体土地等财产经营、管理的职能。本条也因此作了类似的规定。根据上述规定，如果村内有集体经济组织的，就由村内的集体经济组织行使所有权；如果没有村内的集体经济组织，则由村民小组来行使。

3. 属于乡镇农民集体所有的，由乡镇集体经济组织代表集体行使所有权。这种情况包括：一是指改革开放以前，原来以人民公社为核算单位的土地，在公社改为乡镇以后仍然属于乡镇农民集体所有；二是在人民公社时期，公社一级掌握的集体所有的土地和其他财产仍然属于乡镇农民集体所有。上述两种情况下，由乡镇集体经济组织来行使所有权。

还需要解释的是"行使所有权"。其一，行使集体所有权的客体，不但包括集体所有的土地和森林、山岭、草原、荒地、滩涂，也包括集体所有的建筑物、生产设施、农田水利设施；集体所有的教育、科学、文化、卫生、体育等设施；以及集体所有的其他不动产和动产。其二，行使所有权的内容就是对集体所有的财产享有占有、使用、收益和处分的权利，例如，对集体所有的土地进行发包，分配宅基地等。其三，农村集体经济组织、村委会和村民小组不是集体财产的所有人，只是依法代表集体行使所有权，并且向所属集体负责，接受其监督。

> 第二百六十三条　城镇集体所有的不动产和动产，依照法律、行政法规的规定由本集体享有占有、使用、收益和处分的权利。

❖ **条文主旨** ❖

本条是关于城镇集体财产权利的规定。

❖ **条文解读** ❖

在物权法立法过程中，有的意见提出，物权法应当明确规定，城镇集体财产属于本集体成员集体所有。经反复研究，我国的城镇集体企业是在计划经济条件下逐步形成的。在几十年的进程中，几经变化，有些集体企业是由国有企业为安排子女就业、知青回城设立的，有些集体企业是国有企业在改制中为分离辅业、安置富余人员设立的。从在北京、上海、江苏和湖南等地调研的情况看，城镇集体企业产生的历史背景和资金构成十分复杂，有些企业最初是由个人现金入股或者实物折价入股的，后来有的退还了原始股，有的未退原始股；有的企业的资金来源主要是借贷，国家和其他方面都没有投资，但国家提供了政策支持。近年来，城镇集体企业通过改制又发生了很大变化，有的改制为股份有限公司，有的改制为职工全体持股，有的实际上已经成为私人企业。目前来看，城镇集体企业改革还在继续深化。鉴于这种历史和现实的情况，而且城镇集体财产不像农村集体财产属于本集体成员所有那样清晰、稳定，城镇集体企业成员也不像农村集体经济组织成员那样相对固定，因而难以不加区别地规定为"属于本集体成员集体所有"。因此，物权法第 61 条从物权的角度作了原则规定，即"城镇集体所有的不动产和动产，依照法律、行政法规的规定由本集体享有占有、使用、收益和处分的权利"。民法典维持这一规定不变。

为了更好地理解本条的含义，有几点需要说明：

第一，本条规定的集体财产权行使的主体是本集体。集体所有、集体管理、集体经营是集体所有制的应有之义，因此，行使城镇集体财产权的只能是该集体，而不能由个别集体成员独断专行。

第二，集体财产权的客体只能是属于该城镇集体所有的不动产和动产。如果城镇集体企业已经改制了，如成为有限责任公司或者股份有限公司、个人独资企业或者合伙企业的，就不适用本条，而分别适用公司法、个人独资企业法或者合伙企业法的有关规定。

第三，城镇集体财产权的内容，包括对本集体所有财产所享有的占有、使用、收益和处分的权利。作为本集体所有财产的所有人，当然享有所有权的"占有、使用、收益和处分"四项权能，全面支配本集体所有的财产。

第四，行使财产权应当依照法律、行政法规的规定。现行法律方面主要是宪法和民法典等有关规定。行政法规目前主要是城镇集体所有制企业条例。今后，随着城镇集体企业改革的不断深入，在实践经验比较成熟时，还会制定或者修改相关的法律、行政法规。

> 第二百六十四条 农村集体经济组织或者村民委员会、村民小组应当依照法律、行政法规以及章程、村规民约向本集体成员公布集体财产的状况。集体成员有权查阅、复制相关资料。

◆ **条文主旨** ◆

本条是关于公布集体财产状况的规定。

◆ **条文解读** ◆

集体所有的财产关系到每一个集体成员的切身利益，因此，每一个集体成员都有权参与对集体财产的民主管理和民主监督。尊重集体成员的民主权利，保障集体成员的财产权益，才能调动劳动群众的积极性，推动集体经济向前发展。现实中，有的集体经济组织的管理人为政不勤、不是尽职尽责地为集体办事，而是以权谋私，挥霍浪费，造成了集体财产巨大的损失，损害了广大集体成员的权益。解决这一问题的根本在于必须建立健全民主管理、监督制度，形成有效的激励、约束、监督机制，充分调动广大集体成员的劳动积极性和创造性，促进集体经济的发展走上规范化和制度化的轨道。因此，本条从广大集体劳动群众普遍关心的和涉及群众切身利益的实际问题入手，规定了集体经济组织等行使集体财产所有权的组织应当向本集体成员公布集体财产的状况，这是完善集体事务民主监督和民主管理的基础。

1. 本条规范的主体是行使集体财产所有权的组织，包括农村集体经济组织、城镇集体企业，也包括代表集体行使所有权的村民委员会、村民小组。

2. 公布的内容是本集体的财产状况，包括集体所有财产总量的变化（如集体财产的收支状况、债权债务状况），所有权变动的情况（如转让、抵押），集体财产使用情况（如农村集体土地承包），集体财产分配情况（征收补偿费的分配）等涉及集体成员利益的重大事项。

3. 公布的要求。本条规定，向本集体成员公布集体财产状况，应当依照法律、行政法规、章程和村规民约。公布集体财产状况，还要做到以下几点：一是公布内容简洁明了，便于集体成员了解。公布的形式和方法可根据实际情况因地制宜、灵活多样，如采用张榜公布、召开集体成员大会或者代表大会等。二是公布要做到及时。可以采取定期的形式，也可以根据集体财产重大变动事项，可以根据进展的不同阶段随时公布。三是公布要做到内容真实。公布的内容要真实可靠，有凭有据，不得谎报、虚报、瞒报。

根据村民委员会组织法第31条的规定，村民委员会不及时公布应当公布的事项或者公布的事项不真实的，村民有权向乡、民族乡、镇人民政府或者县级人民政府及其有关主管部门反映。接到反映意见的乡镇人民政府或者县级人民政府及其有关主管部门，如民政局等政府机关，应当负责调查核实有关情况，责令村民委员会公布，对于经查证核实确有弄虚作假等违法行为的，应当依法追究有关人员的责任。

4. 集体成员有权查阅、复制相关资料。物权法、村民委员会组织法规定了村民委员会实行村务公开制度，但是未明确规定集体成员是否有权主动查阅、是否有权对相关资料进行复制。为了使集体成员可以更好地监督集体财产状况，保障集体财产的安全，本条明确规定"集体成员有权查阅、复制相关资料"。

> 第二百六十五条　集体所有的财产受法律保护，禁止任何组织或者个人侵占、哄抢、私分、破坏。
>
> 农村集体经济组织、村民委员会或者其负责人作出的决定侵害集体成员合法权益的，受侵害的集体成员可以请求人民法院予以撤销。

❖ **条文主旨** ❖

本条是关于集体财产权保护的规定。

❖ **条文解读** ❖

集体经济是社会主义公有制的重要组成部分。集体所有的财产是劳动群众集体多年来通过辛苦劳动创造、积累的物质财富，是发展集体经济、实现共同富裕的物质基础。近年来，集体经济发展迅速，集体资产存量迅速增长，但由于集体资产的管理还相当薄弱等原因，造成集体资产的严重流失，不仅使集体经济遭受了损失，集体生产力受到破坏，而且直接损害劳动群众的切身利益，影响了社会的和谐发展。因此，依法保护集体财产是巩固和发展公有制经济的现实需要，也是物权法应有之义。宪法第12条规定："社会主义的公共财产神圣不可侵犯。国家保护社会主义的公共财产。禁止任何组织或者个人用任何手段侵占或者破坏国家的和集体的财产。"本条第1款根据集体财产保护的特点，依据宪法作了规定："集体所有的财产受法律保护，禁止任何组织或者个人侵占、哄抢、私分、破坏。"

本条规定的集体所有的财产，从内容上，主要是指本法所规定的集体所有的不动产和动产，包括法律规定属于集体所有的土地和森林、山岭、草原、荒地、滩涂；集体所有的建筑物、生产设施、农田水利设施；集体所有的教育、科学、文化、卫生、体育等设施；以及集体所有的其他不动产和动产。从所有者来讲，既包括农民集体所有的财产，也包括城镇集体所有的财产。

针对损害集体财产的主要行为，本条强调了禁止任何组织或者个人侵占、哄抢、私分、破坏集体财产。所谓的"侵占"是指以非法占有为目的，将其经营、管理的集体财产非法占为己有。侵占的客体是集体所有的资产。侵占的主体一般是经营、管理集体资产的组织或者个人。构成侵占，还必须有非法占有集体财产的主观故意。"哄抢"是指以非法占有为目的，组织、参与多人一起强行抢夺集体财产的行为。哄抢的客体是集体财产。哄抢的主体可以是任何的组织或者个人，并且还需要具备非法占有集体财产的主观故意。"私分"是指违反集体财产分配管理规定，擅自将集体财产按人头分配给部分集体成员的行为，如有少数村民委员会干部将应分配给全体村民的征收补偿款擅自分掉据为己有。"破坏"是指故意毁坏集体财产，致使其不能发挥正常功效的行为。如故意毁坏集体企业的机器设备或者农村集体所有的水利设施，影响集体经济组织生产经营的行为。破坏的主体可以是任何的组织或者个人，而且须有毁坏集体财产的主观故意。

侵占、哄抢、私分、破坏集体所有财产的，应当承担返还原物、恢复原状、赔偿损失等民事责任；触犯治安管理处罚法和刑法的，还应当承担相应的法律责任。有关单位的责任人也要依法承担行政甚至是刑事责任。

本条第2款规定了集体成员的撤销权。因为集体成员往往众多，集体所有的财产一般要由集体经济组织经营管理，在村民集体所有的情况下，村民委员会也可以代表集体经营管理村集体所有的财产。因为"集体所有"的性质，集体所有的财产应当采取民主管理的模式，涉及集体成员重大利益的事项，应当依照法定程序或者章程规定，由本集体成员（或者其代表）来共同决定。本集体成员有权参与集体经济组织的民主管理，监督集体经济组织的各项活动和管理人员的工作。现实中，有的集体的负责人违反法定程序或者章程规定，擅自决定或者以集体名义作出决定低价处分、私分、侵占集体所有的财产，严重侵害集体成员的财产权益。针对这种情况，本条第2款赋予了集体成员请求人民法院撤销农村集体经济组织、村民委员会或者其负责人作出的不当决定的权利。关于集体成员的撤销权，主要有以下几个内容：其一，每个农村集体经济组织成员都可以针对集体经济组织（或者村民委员会）及其负责人作出的损害其权益决定，向人民法院请求撤销该决定。其二，提起诉讼的事由，是农村集体经济组织、村民委员会及其负责人作出的决定，侵害了该集体成员的合法财产权益。其三，行使撤销权的期间，本条没有规定。民法典总则编第152条规定："有下列情形之一的，撤销权消灭：（一）当事人自知道或者应当知道撤销事由之日起一年内、重大误解的当事人自知道或者应当知道撤销事由之日起九十日内没有行使撤销权；（二）当事人受胁迫，自胁迫行为终止之日起一年内没有行使撤销权；（三）当事人知道撤销事由后明确表示或者以自己的行为表明放弃撤销权。当事人自民事法律行为发生之日起五年内没有行使撤销权的，撤销权消灭。"

第二百六十六条　私人对其合法的收入、房屋、生活用品、生产工具、原材料等不动产和动产享有所有权。

❖ **条文主旨** ❖

本条是关于私有财产范围的规定。

❖ **条文解读** ❖

改革开放以来，随着经济发展，人民生活水平不断提高，私有财产日益增加，迫切要求切实保护他们通过辛勤劳动积累的合法财产。宪法第 11 条规定，在法律规定范围内的个体经济、私营经济等非公有制经济，是社会主义市场经济的重要组成部分。国家保护个体经济、私营经济等非公有制经济的合法的权利和利益。国家鼓励、支持和引导非公有制经济的发展，并对非公有制经济依法实行监督和管理。宪法第 13 条规定，公民的合法的私有财产不受侵犯。依法保护私有合法财产，既是宪法的规定和党的主张，也是人民群众普遍愿望和迫切要求。完善保护私有财产的法律制度，首先要明确私有财产的范围。本条依据宪法的精神，规定了："私人对其合法的收入、房屋、生活用品、生产工具、原材料等不动产和动产享有所有权。"本条的内容主要有以下几点：

一、所有权的主体——私人

这里的"私人"是与国家、集体相对应的物权主体，不但包括我国的公民，也包括在我国合法取得财产的外国人和无国籍人。不仅包括自然人，还包括个人独资企业、个人合伙等非公有制企业。

二、私有财产的范围

民法通则第 75 条第 1 款规定："公民的个人财产，包括公民的合法收入、房屋、储蓄、生活用品、文物、图书资料、林木、牲畜和法律允许公民所有的生产资料以及其他合法财产。"本条根据上述规定，列举了收入、房屋等最常见、最重要的几类私有的不动产和动产。

1. 收入。是指人们从事各种劳动获得的货币收入或者有价物。主要包括：（1）工资。指定期支付给员工的劳动报酬，包括计时工资、计件工资、职务工资、级别工资、基础工资、工龄工资、奖金、津贴和补贴、加班加点工资和特殊情况下支付的报酬等；（2）从事智力创造和提供劳务所取得的物质权利，如稿费、专利转让费、讲课费、咨询费、演出费等；（3）因拥有债权、股权而取得的利息、股息、红利；（4）出租建筑物、土地使用权、机器设备、车船以及其他财产所得；（5）转让有价证券、股权、建筑物、土地使用权、机器设备、车船以及其他财产取得的所得；（6）得奖、中奖、中彩以及其他偶然所得；（7）从事个体经营的劳动收入、从事承包土地所获得的收益等。

2. 房屋。房屋是我国公民最主要、最基本的生活资料，包括依法购买的城镇住宅，也包括在农村宅基地上依法建造的住宅，也包括商铺、厂房等建筑物。根据我国土地管理法、城市房地产管理法以及本法的规定，房屋仅指在土地上的建筑物部分，不包括其占有的土地，城镇房屋占用的土地属于国家所有，农村宅基地属于农民集体所有。私人可以对房屋享有所有权，对该房屋占用的土地只能依法享有建设用地使用权或者宅基地使用权。

3. 生活用品。是指用于生活方面的物品，包括家用电器、私人汽车、家具和其他用品。

4. 生产工具和原材料。生产工具是指人们在进行生产活动时所使用的器具，如机器设备、车辆、船舶等运输工具。原材料是指生产产品所需的物质基础材料，如矿石、木材、钢铁等。生产工具和原材料是重要的生产资料，是生产所必需的基础物质。

5. 除上述外，私人财产还包括其他的不动产和动产，如图书、个人收藏品、牲畜和家禽等。

三、合法

这里必须强调的是，私人只能对其合法获得的财产才能享有所有权。换句话说，民法典和其他法律只保护私人的合法财产权，以贪污、侵占、抢夺、诈骗、盗窃、走私等方式非法获取的财产，不但不能受到法律的保护，而且行为人还要依法承担没收、返还原物、赔偿损失等法律责任，构成犯罪的，还要依法追究刑事责任。

本次民法典对本条未作修改。

第二百六十七条　私人的合法财产受法律保护，禁止任何组织或者个人侵占、哄抢、破坏。

❖ **条文主旨** ❖

本条是关于私有财产保护的规定。

❖ **条文解读** ❖

改革开放以来，随着整个国民经济高速发展，私人的财富也相应日益增长，同时个体经济、私营经济等非公有制经济也迅速发展，在社会主义市场经济建设中发挥了重要的作用。广大人民群众迫切要求保护他们获得的合法财产。

在法律上明确保护私有财产，不仅可以使财产所有人产生一种制度预期，对自己的财产产生安全感，一方面可以激励人们依法创造财富的积极性；另一方面可以起到鼓励交易，并形成稳定有序的市场秩序，推动市场经济向前发展。我国 1982 年宪法第 13 条就明确规定了，国家保护公民的合法的收入、储蓄、房屋和其他合法财产的所有权，2004 年宪法修正案将该规定作了修改，对私有财产的保护作了进一步的规定："公民的合法的私有财产不受侵犯。""国家依照法律规定保护公民的私有财产权和继承权。"民法通则第75条也明确规定了，公民的合法财产受法律保护，禁止任何组织或者个人侵占、哄抢、破坏或者非法查封、扣押、冻结、没收。物权编依据宪法和民法通则的规定，根据平等保护的原则，在规定"国家所有的财产受法律保护，禁止任何组织或者个人侵占、哄抢、私分、截留、破坏""集体所有的财产受法律保护，禁止任何组织或者个人侵占、哄抢、私分、破坏"的同时，按照私有财产保护的特点作了本条规定："私人的合法财产受法律保护，禁止任何组织或者个人侵占、哄抢、破坏。"

本条的内容主要包括以下几个方面：

一、私有财产的范围

这里的私有财产，是指私人拥有所有权的财产，不但包括合法的收入、房屋、生活用品、生产工具、原材料等不动产和动产，也包括私人合法的储蓄、投资及其收益，以及上述财产的继承权。

二、合法

私有财产受到法律保护的前提是这些财产是合法的财产，非法取得的财产不受法律保护。例如，通过侵占、贪污、盗窃国有、集体资产而取得财产，法律不但不予以保护，而且还要依法追缴。行为人构成犯罪的，还要承担刑事责任。

三、保护内容

保护私有财产的重要内容是私人的合法财产所有权不受侵犯，如非经依照法律规定的权限和程序，不得征收个人的房屋和其他不动产，也不得非法查封、扣押、冻结、没收私人合法的财产。任何组织或者个人不得侵占、哄抢、破坏私人合法的财产。所谓的"侵占"是指以非法占有为目的，将其保管、管理的私人财产非法占为己有。侵占的客体是私人合法的财产。侵占的主体一般是保管、管理他人财产的单位或者个人，并且具有非法占有该财产的主观故意。"哄抢"是指以非法占有为目的，组织、参与多人一起强行抢夺他人财产的行为。哄抢的客体是他人财产。哄抢的主体可以是任何的组织或者个人，并且还需具备非法占有他人财产的主观故意。"破坏"是指故意毁坏他人所有的合法财产，致使其不能发挥正常功效的行为。如故意毁坏他人的车辆、毁坏他人房屋等行为。破坏的主体可以是任何的组织或者个人，而且须有主观上有毁坏他人财产的故意。侵占、哄抢、破坏私人合法财产的，应当承担返还原物、恢复原状、赔偿损失等民事责任；触犯治安管理处罚法和刑法的，还应当承担相应的行政责任、刑事责任。

> **第二百六十八条**　国家、集体和私人依法可以出资设立有限责任公司、股份有限公司或者其他企业。国家、集体和私人所有的不动产或者动产投到企业的，由出资人按照约定或者出资比例享有资产收益、重大决策以及选择经营管理者等权利并履行义务。

❖ **条文主旨** ❖

本条是关于企业出资人权利的规定。

❖ **条文解读** ❖

本条的含义主要有以下几项内容：

一、出资人与出资形式

所谓出资人，就是向企业投入资本的人。在计划经济体制下，我国的所有制结构比较单一，即只存在两种形式的公有制：一是国家所有制；二是集体所有制。在这种情况下，企业的出资主体只有国家和集体。同时，计划经济体制下的企业，投资结构也很单一，都是由国家和集体投资的独资企业。随着计划经济体制向市场经济体制的转变，社会投资结构发生了重大变化，由单一的国家、集体投资变为包括国家、集体、私人等多种所有制经济的投资；对企业的投资也由独资变为主体多元化的投资。

根据本条的规定，出资人可以是国家、集体，也可以是私人。国家作为出资人的，由国务院、地方人民政府依照法律、行政法规规定分别代表国家履行出资人的职责。《企业国有资产监督管理暂行条例》第5条规定，国务院代表国家对关系国民经济命脉和国家安全的大型国有及国有控股、国有参股企业，重要基础设施和重要自然资源等领域的国有及国有控股、国有参股企业，履行出资人职责。省、自治区、直辖市人民政府和设区的市、自治州级人民政府分别代表国家对由国务院履行出资人职责以外的国有及国有控股、国有参股企业，履行出资人职责。以集体资产设立企业的，由本集体作为出资人。随着国家鼓励、支持和引导非公有制经济的发展，私有资本也大量地投资到企业中。作为出资人，私人包括中国的公民，也包括外国的自然人和法人。

国家、集体和私人出资设立企业的主要形式是公司。我国改革开放以来，特别是党的十四大提出建立社会主义市场经济体制、十四届三中全会提出建立现代企业制度以来，许多国有企业进行了公司制改革，由单一投资主体改组为独资公司，多个投资主体依法改组为有限责任公司或者股份有限公司。非国有企业也相当多地采用了公司制的组织形式。根据公司法的规定，公司是企业法人，包括有限责任公司和股份有限公司。有限责任公司是指公司股东对公司以其认缴的出资额承担有限责任的公司；股份有限公司是指公司的资本划分为等额股份，公司股东以其认购的股份为限承担有限责任的公司。由国家单独出资形成的国有独资公司也是一种有限责任公司。

二、出资人的权利和义务

出资人作为股东，按照公司法的规定，依法享有资产收益、参与重大决策和选择经营管理者等权利，本条也从出资人的角度作了同样的规定。

1. 享有资产收益，就是指出资人有权通过企业盈余分配从中获得红利。获得红利是出资人投资的主要目的，只要出资人按照章程或者其他约定，如期、足额地履行了出资义务，就有权向企业请求分配红利。一般而言，出资人应当按照其实缴出资比例或者股东协议、章程等约定分取红利。

2. 参与重大决策。出资人通过股东会或者股东大会等作出决议的方式决定企业的重大行为。企业的重大行为包括：企业资本的变化，如增加或者减少注册资本、利润分配和弥补亏损、公司的预算和决算事项；企业的融资行为，如发行公司债券；企业的对外投资，向他人提供担保、购置或者转让主要资产，变更主要业务等；企业的合并、分立、变更组织形式、解散、清算等；修改企业章程等。上述权利，由出资人按照章程或者法律规定的方式行使。按照公司法的规定，有限责任公司的股东会会议作出公司增加或者减少注册资本、分立、合并、解散或者变更公司形式的决议，必须经代表 2/3 以上表决权的股东通过。企业经营管理者必须尊重和保证出资人决定重大决策的权利，如在国家出资的企业里，国家作为出资人的，享有资产收益、重大决策以及选择经营管理者等权利，企业经营管理者无权决定依照有关法律和企业章程的规定应当由国家作为出资人决定的事项，不得擅自处分企业财产。

3. 选择经营管理者。出资人有权通过股东会或者股东大会作出决议选举或者更换公司的董事或者监事，决定董事或者监事的薪酬，通过董事会来聘任或者解聘经理等企业高级管理人员。

当然以上只是出资人享有的主要权利，除此之外，出资人还享有其他权利，如根据公司法的规定，有限责任公司的股东有权查阅本公司的章程、股东会会议记录、董事会会议决议、财务会计报告；董事、高级管理人员违反法律、行政法规或者章程的规定，损害股东利益的，股东可以向人民法院提起诉讼。

作为出资人，不但享有上述权利，还要履行相应的义务。如按照约定或者章程的规定，按期、足额地缴纳出资；不得滥用出资人的权利干涉企业正常的经营活动等。

> 第二百六十九条　营利法人对其不动产和动产依照法律、行政法规以及章程享有占有、使用、收益和处分的权利。
>
> 营利法人以外的法人，对其不动产和动产的权利，适用有关法律、行政法规以及章程的规定。

❖ **条文主旨** ❖

本条是关于法人财产权的规定。

❖ **条文解读** ❖

民法典总则编规定，法人应当依法成立。法人应当有自己的名称、组织机构、住所、财产或者经费。法人成立的具体条件和程序，依照法律、行政法规的规定。法人以其全部财产独立承担民事责任。各种类型的法人中，以取得利润并分配给股东等出资人为目的成立的法人，为营利法人。营利法人包括有限责任公司、股份有限公司和其他企业法人等。营利法人区别于非营利法人的重要特征，不是"取得利润"，而是"利润分配给出资人"。是否从事经营活动并获取利润，与法人成立的目的没有直接关系，也不影响到营利法人与非营利法人的分类。例如，基金会法人是非营利法人，但为了维持财产价值或者升值，也会将管理的资金用于经营活动。营利法人与非营利法人区分的关键在于利润的分配上，是否归属出资人。如果利润归属于法人，用于实现法人目的，则不是营利法人；如果利润分配给出资人，则属于营利法人。

具备法人条件的企业成为营利法人后，取得法律上独立的民事主体资格，成为自主经营、自负盈亏的生产者和经营者。出资人将其不动产或者动产投到营利法人后，即构成了营利法人独立的财产，营利法人享有法人财产权，即依照法律、行政法规以及章程的规定对该财产享有占有、使用、收益和处分的权利，出资人个人不能直接对其投入的资产进行支配，这是营利法人实现自主经营、自负盈亏，独立承担民事责任的物质基础。营利法人的出资人不得滥用出资人权利损害法人或者其他出资人的利益。滥用出资人权利给法人或者其他出资人造成损失的，应当依法承担民事责任。民法典总则编规定，营利法人的出资人不得滥用法人独立地位和出资人有限责任损害法人的债权人利益。滥用法人独立地位和出资人有限责任，逃避债务，严重损害法人的债权人利益的，应当对法人债务承担连带责任。

本条第2款规定，营利法人以外的法人，对其不动产和动产权利，适用有关法律、行政法规以及章程的规定。

依照民法典总则编的规定，营利法人之外的法人包括非营利法人和特别法人。为公益目的或者其他非营利目的成立，不向出资人、设立人或者会员分配所取得利润的法人，为非营利法人。非营利法人包括事业单位法人、社会团体法人和捐助法人。特别法人包括机关法人、农村集体经济组织法人、城镇农村的合作经济组织法人、基层群众性自治组织法人。

关于非营利法人。民法典总则编规定，具备法人条件，为适应经济社会发展需要，提供公益服务设立的事业单位，经依法登记成立，取得事业单位法人资格；依法不需要办理法人登记的，从成立之日起，具有事业单位法人资格。民法典总则编还规定，具备法人条件，为公益目的以捐助财产设立的基金会、社会服务机构等，经依法登记成立，取得捐助法人资格。依法设立的宗教活动场所，具备法人条件的，可以申请法人登记，取得捐助法人资格。法律、行政法规对宗教活动场所有规定的，依照其规定。基金会、社会服务机构和宗教活动场所在法人属性上具有同质性，我国将其命名为捐助法人，境外大陆法系国家和地区一般称其为"财团法人"，是"社团法人"的对称。社团法人为人的组织休，其成立的基础在人，以成员为要件。而财团法人（捐助法人）为财产的集合体，其成立的基础在财产。捐助法人包括的范围广泛，除基金会、宗教活动场所外，还包括社会服务机构等，比如捐资设立的学校、医院、孤儿院、养老院、图书馆、文化馆、博物馆等。民法典总则编规定，设立捐助法人，应当依法制定法人章程。捐助法人没有会员大会等权力机构，关于捐助法人的组织管理、财产的管理使用，除了法律、行政法规的规定外，是由捐助人制定的捐助章程规定的。在捐助法人成立后，章程便成为独立的文件，约束捐助法人及其决策机构、执行机构的成员等。由此可见，由于捐助法人没有权力机构，相较于其他法人类型，章程的作用尤为重要，对于实现捐助人的捐助目的不可或缺。

关于特别法人。民法典总则编规定，有独立经费的机关和承担行政职能的法定机构从成立之日起，具有机关法人资格，可以从事为履行职能所需要的民事活动。机关法人的财产来源于国家和地方财政拨款。机关法人虽没有自己独立经营的财产，但是有独立的经费。这些独立的经费不来源于社会投资，也不源于国家投资，而是根据其工作需要，由国家和地方财政拨款形成的。因此，其最终责任承担也来源于国家财政经费。机关法人被撤销的，法人终止，其民事权利和义务由继任的机关法人享有和承担；没有继任的机关法人的，由作出撤销决定的机关法人享有和承担。本章规定，国家机关对其直接支配的不动产和动产，享有占有、使用以及依照法律和国务院的有关规定处分的权利。民法典总则编规定，农村集体经济组织依法取得法人资格。法律、行政法规对农村集体经济组织有规定的，依照其规定。城镇农村的合作经济组织依法取得法人资格。法律、行政法规对城镇农村的合作经济组织有规定的，依照其规定。居民委员会、村民委员会具有基层群众性自治组织法人资格，可以从事为履行职能所需要的民事活动。

> **第二百七十条　社会团体法人、捐助法人依法所有的不动产和动产，受法律保护。**

◆ **条文主旨** ◆

本条是关于保护社会团体法人、捐助法人依法所有的不动产和动产的规定。

◆ **条文解读** ◆

关于财产受法律保护，本章规定，国家所有的财产受法律保护，禁止任何组织或者个人侵占、哄抢、私分、截留、破坏。集体所有的财产受法律保护，禁止任何组织或者个人侵占、哄抢、私分、破坏。私人的合法财产受法律保护，禁止任何组织或者个人侵占、哄抢、破坏。同时规定，国家、集体和私人依法可以出资设立有限责任公司、股份有限公司或者其他企业。国家、集体和私人所有的不动产或者动产投到企业的，由出资人按照约定或者出资比例享有资产收益等权利。本条规定，社会团体法人、捐助法人依法所有的不动产和动产，受法律保护。

社会团体法人是非营利法人。民法典总则编规定，具备法人条件，基于会员共同意愿，为公益目的或者会员共同利益等非营利目的设立的社会团体，经依法登记成立，取得社会团体法人资格；依法不需要办理法人登记的，从成立之日起，具有社会团体法人资格。社会团体法人必须拥有会员。社会团体法人包括的范围十分广泛，既有为公益目的设立的，也有为会员共同利益等非营利目的设立的。前者如中华慈善总会、中国红十字会等，后者如商会、行业协会等。

捐助法人也是非营利法人。捐助法人是民法总则增加的法人类型。民法通则根据当时的经济社会发展状况，规定了企业法人、机关法人、事业单位法人和社会团体法人四种法人类型。随着我国经济社会各方面发展，这四种法人类型已不能满足经济社会发展的需求。基金会、社会服务机构无法纳入民法通则确立的法人分类。此外，寺庙等宗教活动场所也无法人资格。民法典第92条规定："具备法人条件，为公益目的以捐助财产设立的基金会、社会服务机构等，经依法登记成立，取得捐助法人资格。依法设立的宗教活动场所，具备法人条件的，可以申请法人登记，取得捐助法人资格。法律、行政法规对宗教活动场所有规定的，依照其规定。"

第六章　业主的建筑物区分所有权

为解决居住问题，包括我国在内的世界各国纷纷兴建高层或者多层建筑物，由此产生一栋建筑物存在多个所有权人的情形。对此，其他国家和地区相继制定建筑物区分所有权的法律或者修改民法典以调整不同所有权人之间的关系。对于建筑物区分所有权，有些国家的民法典作了规定，一些国家有专门立法。

2007 年通过的物权法专章对业主的建筑物区分所有权作了规定。民法典编纂沿用物权法规定，继续设专章对业主的建筑物区分所有权作出规定，并在物权法规定的基础上，针对实践中出现的新情况、新问题，对本章作了修改完善。

本章对业主的建筑物区分所有权作了规定，共十七条，主要对业主对建筑物区分所有权的内容，业主对专有部分行使所有权，对专有部分以外的共有部分的共有和共同管理的权利的享有与行使，车位、车库等的归属，车位、车库应当首先满足业主需要等内容作出了规定。

> **第二百七十一条**　业主对建筑物内的住宅、经营性用房等专有部分享有所有权，对专有部分以外的共有部分享有共有和共同管理的权利。

❖ 条文主旨 ❖

本条是对建筑物区分所有权基本内容的规定。

❖ 条文解读 ❖

业主的建筑物区分所有权是物权上一项重要的不动产权利，是高层或者多层建筑物产生，并在一栋建筑物存在多个所有权人后出现的物权种类。建筑物区分所有权一般是指数人区分一建筑物而各有其专有部分，并就共有部分按其专有部分享有共有的权利。业主是指享有建筑物专有部分所有权的人。

根据本条的规定，业主的建筑物区分所有权包括对其专有部分的所有权、对建筑区划内的共有部分享有的共有和共同管理的权利。

一是业主对专有部分的所有权。即本条规定的，业主对建筑物内的住宅、经营性用房等专有部分享有所有权，有权对专有部分占有、使用、收益和处分。

二是业主对建筑区划内的共有部分的共有的权利。即本条规定的，业主对专有部分以外的共有部分如电梯、过道、楼梯、水箱、外墙面、水电气的主管线等享有共有的权利。本法规定，建筑区划内的道路，属于业主共有，但属于城镇公共道路的除外。建筑区划内的绿地，属于业主共有，但属于城镇公共绿地或者明示属于个人的除外。建筑区划内的其他公共场所、公用设施和物业服务用房，属于业主共有。占用业主共有的道路或者其他场地用于停放汽车的车位，属于业主共有。

三是业主对建筑区划内的共有部分的共同管理的权利。本法规定，业主可以自行管理建筑物及其附属设施，也可以委托物业服务企业或者其他管理人管理。业主可以设立业主大会，选举业主委员会，共同决定制定和修改业主大会议事规则，制定和修改管理规约，选举业主委员会或者更换业主委员会成员，选聘和解聘物业服务企业或者其他管理人，使用建筑物及其附属设施的维修资金，筹集建筑物及其附属设施的维修资金，改建、重建建筑物及其附属设施，改变共有部分的用途或者利用共有部分从事经营活动等。业主大会和业主委员会，对任意弃置垃圾、排放大气污染物或者噪声、违反规定饲养动物、违章搭建、侵占通道、拒付物业费等损害他人合法权益的行为，有权依照法律、法规以及管理规约，要求行为人停止侵害、排除妨害、消除危险、恢复原状、赔偿损失。

第二百七十二条　业主对其建筑物专有部分享有占有、使用、收益和处分的权利。业主行使权利不得危及建筑物的安全，不得损害其他业主的合法权益。

◆ **条文主旨** ◆

本条是关于业主对专有部分行使所有权的规定。

◆ **条文解读** ◆

一、关于专有部分

本法第 271 条中规定，业主对建筑物内的住宅、经营性用房等专有部分享有所有权。根据本法规定，专有部分是指建筑物内的住宅、经营性用房等业主专有的部分。关于专有部分的界定，根据《最高人民法院关于审理建筑物区分所有权纠纷案件适用法律若干问题的解释》第 2 条规定，建筑区划内符合下列条件的房屋，以及车位、摊位等特定空间，应当认定为民法典第二编第六章所称的专有部分：（1）具有构造上的独立性，能够明确区分；（2）具有利用上的独立性，可以排他使用；（3）能够登记成为特定业主所有权的客体。规划上专属于特定房屋，且建设单位销售时已经根据规划列入该特定房屋买卖合同中的露台等，应当认定为前款所称的专有部分的组成部分。

二、业主对建筑物专有部分的权利

业主对建筑物专有部分的权利是所有权的一种。本法第 240 条规定，所有权人对自己的不动产或者动产，依法享有占有、使用、收益和处分的权利。本条是对业主对建筑物专有部分享有所有权的具体权能的规定，即业主对其建筑物专有部分享有占有、使用、收益和处分的权利。按照这一规定，业主对建筑物内属于自己所有的住宅、经营性用房等专有部分可以直接占有、使用，实现居住或者营业的目的；也可以依法出租，获取收益；还可以出借，解决亲朋好友居住之难；或者在自己的专有部分上依法设定负担，例如，为保证债务的履行将属于自己所有的住宅或者经营性用房抵押给债权人，或者抵押给金融机构以取得贷款等；还可以将住宅、经营性用房等专有部分出售给他人，对专有部分予以处分。

三、对专有部分行使权利的限制

业主的专有部分是建筑物的重要组成部分，但与共有部分又不可分离，例如，没有电梯、楼道、走廊，业主就不可能出入自己的居室、经营性用房等专有部分；没有水箱和水、电等管线，业主就无法使用自己的居室、经营性用房等专有部分。因此，建筑物的专有部分与共有部分具有一体性、不可分离性，故业主对专有部分行使专有所有权应受到一定限制，这与建筑物区分所有权的特殊性是分不开的。对此，本条规定，业主行使专有部分所有权时，不得危及建筑物的安全，不得损害其他业主的合法权益。

一是业主行使专有部分所有权时，不得危及建筑物的安全。例如，业主在对专有部分装修时，不得拆除房屋内的承重墙，不得在专有部分内储藏、存放易燃易爆危险等物品，以免危及整个建筑物的安全。

二是业主行使专有部分所有权时，不得损害其他业主的合法权益。本法第286条规定，业主应当遵守法律、法规以及管理规约。业主大会或者业主委员会，对任意弃置垃圾、排放污染物或者噪声、违反规定饲养动物、违章搭建、侵占通道、拒付物业费等损害他人合法权益的行为，有权依照法律、法规以及管理规约，请求行为人停止侵害、排除妨碍、消除危险、恢复原状、赔偿损失。第287条规定，业主对建设单位、物业服务企业或者其他管理人以及其他业主侵害自己合法权益的行为，有权请求其承担民事责任。

第二百七十三条　业主对建筑物专有部分以外的共有部分，享有权利，承担义务；不得以放弃权利为由不履行义务。

业主转让建筑物内的住宅、经营性用房，其对共有部分享有的共有和共同管理的权利一并转让。

❖ **条文主旨** ❖

本条是关于业主对专有部分以外的共有部分权利义务的规定。

❖ **条文解读** ❖

一、关于共有部分

业主专有部分以外的共有部分通常是指，除建筑物内的住宅、经营性用房等专有部分以外的部分，既包括建筑物内的走廊、楼梯、过道、电梯、外墙面、水箱、水电气管线等部分，也包括建筑区划内，由业主共同使用的物业管理用房、绿地、道路、公用设施以及其他公共场所等，但法律另有规定的除外。根据本法规定，建筑区划内的道路，属于业主共有，但属于城镇公共道路的除外。建筑区划内的绿地，属于业主共有，但属于城镇公共绿地或者明示属于个人的除外。建筑区划内的其他公共场所、公用设施和物业服务用房，属于业主共有。占用业主共有的道路或者其他场地用于停放汽车的车位，属于业主共有。

关于共有部分的界定，《最高人民法院关于审理建筑物区分所有权纠纷案件适用法律若干问题的解释》第3条规定："除法律、行政法规规定的共有部分外，建筑区划内的以下部分，也应当认定为民法典第二编第六章所称的共有部分：（一）建筑物的基础、承重结构、外墙、屋顶等基本结构部分，通道、楼梯、大堂等公共通行部分，消防、公共照明等附属设施、设备，避难层、设备层或者设备间等结构部分；（二）其他不属于业主专有部分，也不属于市政公用部分或者其他权利人所有的场所及设施等。建筑区划内的土地，依法由业主共同享有建设用地使用权，但属于业主专有的整栋建筑物的规划占地或者城镇公共道路、绿地占地除外。"

二、业主对共有部分，享有权利，承担义务；不得以放弃权利为由不履行义务

首先，业主对专有部分以外的共有部分享有权利，承担义务。

业主对专有部分以外的共有部分的权利包括两部分内容，即共有和共同管理的权利。一是业主对专有部分以外的共有部分享有共有的权利，即每个业主在法律对所有权未作特殊规定的情形下，对专有部分以外的走廊、楼梯、过道、电梯、外墙面、水箱、水电气管线等共有部分，对物业管理用房、绿地、道路、公用设施以及其他公共场所等共有部分享有占有、使用、收益或者处分的权利。但是，如何行使占有、使用、收益或者处分的权利，还要依据本法及相关法律、法规和建筑区划管理规约的规定。例如，本法第283条规定，建筑物及其附属设施的费用分摊、收益分配等事项，有约定的，按照约定；没有约定或者约定不明确的，按照业主专有部分面积所占比例确定。业主对专有部分以外的共有部分的共有，还包括对共有部分共负义务。同样，业主对共有部分如何承担义务，也要依据本法及相关法律、法规和建筑区划管理规约的规定。二是业主对专有部分以外的共有部分不仅享有共有的权利，还享有共同管理的权利，有权对共用部位与公用设备设施的使用、收益、维护等事项行使管理的权利，同时对共有部分的管理也负有相应的义务。

其次，业主不得以放弃权利为由不履行义务。

由于业主对专有部分以外的共有部分既享有权利，又负有义务，有的业主就可能以放弃权利为由，不履行义务。对此，本条明确规定，业主不得以放弃权利为由不履行义务。例如，除另有约定的外，业主不得以不使用电梯为由，不交纳电梯维修费用。

三、业主转让建筑物内的住宅、经营性用房，其对共有部分享有的共有和共同管理的权利一并转让

业主的建筑物区分所有权是一个集合权，包括对专有部分享有的所有权、对建筑区划内的共有部分享有的共有和共同管理的权利，这些权利具有不可分离性。在这些权利中，业主对专有部分的所有权占主导地位，是业主对专有部分以外的共有部分享有共有和共同管理的权利的前提与基础。没有业主对专有部分的所有权，就无法产生业主对专有部分以外共有部分的共有和共同管理的权利。如果业主丧失了对专有部分的所有权，也就丧失了对共有部分的共有和共同管理的权利。因此本条规定，业主转让建筑物内的住宅、经营性用房，其对共有部分享有的共有和共同管理的权利一并转让。

> **第二百七十四条**　建筑区划内的道路，属于业主共有，但是属于城镇公共道路的除外。建筑区划内的绿地，属于业主共有，但是属于城镇公共绿地或者明示属于个人的除外。建筑区划内的其他公共场所、公用设施和物业服务用房，属于业主共有。

❖ **条文主旨** ❖

本条是关于建筑区划内的道路、绿地、其他公共场所、公用设施和物业服务用房归属的规定。

❖ **条文解读** ❖

根据本条规定，由此可知：

一是建筑区划内的道路，属于业主共有，但是属于城镇公共道路的除外。

2007 年物权法制定过程中，对如何规定建筑区划内道路的归属，存在着不同意见。有的认为，道路是市政设施，应当属于国家所有，业主享有使用权。有的认为，业主购房后对所购房屋拥有的所有权包括两部分：一部分是对建筑物内住宅、经营性用房等专有部分享有的专有的、独立的所有权；另一部分是对专有部分以外的道路、绿地、其他公共场所、公用设施和物业服务用房等共有部分以及建筑物的附属设施享有的共有和共同管理的权利。有的认为，建筑区划内的道路等，应当本着谁投资归谁所有的原则确定。实践中，道路有的归业主所有，有的归市政所有。例如，有的地方规定，建筑区划内 4 米以下宽的道路归业主，4 米以上宽的道路归市政。有些大的建筑区，如北京的天通苑，主干线道路产权归政府。经认真研究，建筑区划内的道路作为建筑物的附属设施原则归业主共有，但是属于城镇公共道路的除外。

二是建筑区划内的绿地，属于业主共有，但是属于城镇公共绿地或者明示属于个人的除外。

2007 年物权法制定过程中，对如何规定建筑区划内绿地的归属，存在着不同意见。有的认为，绿地是土地的一种使用功能，其实质就是土地，城市土地属于国家所有，业主只有使用权，没有所有权。有的认为，城市的土地是国有的，无论是道路还是绿地，所有权只能归国家。有的认为，业主购房后对所购房屋拥有的所有权包括两部分：一部分是对建筑物内住宅、经营性用房等专有部分享有的专有的、独立的所有权；另一部分是对专有部分以外的道路、绿地、其他公共场所、公用设施和物业服务用房等共有部分以及建筑物的附属设施享有的共有和共同管理的权利。经调查研究认为，建筑区划内的绿地作为建筑物的附属设施原则归业主共有，但是属于城镇公共绿地或者明示属于个人的除外。需要说明的是，本条规定的绿地、道路归业主所有，不是说绿地、道路的土地所有权归业主所有，而是说绿地、道路作为土地上的附着物归业主所有。

三是建筑区划内的其他公共场所、公用设施和物业服务用房，属于业主共有。

关于建筑区划内的其他公共场所、公用设施和物业服务用房的归属问题。有的认为，现实中，业主购房通常不支付物业管理用房的价款，对物业管理用房没有权利。有的认为，业主购房后对所购房屋拥有的所有权包括两部分：一部分是对建筑物内住宅、经营性用房等专有部分享有的专有的、独立的所有权；另一部分是对专有部分以外的道路、绿地、其他公共场所、公用设施和物业服务用房等共有部分以及建筑物的附属设施享有的共有和共同管理的权利。有的认为，建筑区划内的其他公共场所、公用设施和物业服务用房所有权的归属，应当本着谁投资归谁所有的原则确定。开发商在售楼时明确将小区的绿地、道路、物业管理用房等费用分摊给买房人的，就归业主共有。没有分摊，归开发商所有。经调查研究认为，建筑区划内的其他公共场所、公用设施和物业服务用房，属于业主共有。

> **第二百七十五条** 建筑区划内，规划用于停放汽车的车位、车库的归属，由当事人通过出售、附赠或者出租等方式约定。
>
> 占用业主共有的道路或者其他场地用于停放汽车的车位，属于业主共有。

❖ **条文主旨** ❖

本条是关于车位、车库归属的规定。

❖ **条文解读** ❖

随着经济社会的快速发展和人民生活水平的不断提高，我国机动车保有量持续快速增长，其中私人轿车拥有量增速明显。机动车保有量的迅猛增加，住宅小区机动车乱停乱放等现象日益严重，停车难、停车乱问题不断突出。车位、车库作为车辆的存放点，已成为私家车主的生活必需品。关于住宅小区车位、车库的归属和停车收费的纠纷日渐增多。

在2007年物权法起草过程中，业主的建筑物区分所有权中，如何规定车位、车库的所有权归属问题涉及广大业主的切身利益，社会普遍关注，争议较大。在征求意见过程中，主要有两种意见。一种意见认为，车位、车库应当归业主共有。主要理由：一是车位、车库已经摊入建筑成本，开发商将其再次买卖或者出租，侵害了业主的利益。二是在房屋销售过程中，开发商处于强势，如果车位、车库的所有权以有约定的按照约定的原则确定归属，对业主不利。另一种意见认为，车位、车库的归属，业主与开发商有约定的，按照约定；没有约定或者约定不明确的，属于业主共有。主要理由：一是从我国目前多数地方商品房销售的实际做法看，对车位、车库的归属，在商品房买卖合同中都有约定；从其他国家和地区看，车位、车库一般也归业主个人所有。二是车位、车库不像电梯、走廊、水箱、道路、绿地等应当共用，规定业主共有很难操作。三是开发商是否把车位、车库摊入成本，和商品房销售价格的高低没有必然联系，而且，也很难证明车库、车位的价值是否包括在建筑成本之中；目前对价格管理部门是否应当公开开发商的建筑成本仍有不同意见。四是对车位、车库的建造比例和车位、车库首先满足小区业主需要，应当作出行政管理的强制性规定，但地下车库和地面上的停车场，作为独立设施，如果不允许开发商销售或者出租，可能影响开发商建造车位、车库的积极性，对业主不利。

经对我国房地产市场的实际做法和存在的问题进行调查研

究，并借鉴国外的通常做法，属于业主共有的财产，应是那些不可分割、不宜也不可能归任何业主专有的财产，如电梯等公用设施、绿地等公用场所。从房地产市场的情况看，一般来说，专门用来停放汽车的车库、车位的归属，是由当事人通过出售、附赠或者出租等方式约定归业主专有或者专用的。这样，既容易操作，也可以避免纠纷。如果规定车库、车位归业主共有，由于车库、车位和住宅的配套比例不同、业主之间享有的住宅面积不同、商品房销售的状况不同等原因，归业主共有很难操作，因此，本法区分不同的情况对车位、车库的归属作了规定：

一是建筑区划内，规划用于停放汽车的车位、车库的归属，由当事人通过出售、附赠或者出租等方式约定。建筑区划内，规划用于停放汽车的车位、车库，即开发商在开发项目前，经政府核发的建设工程规划许可证批准同意，规划用于停放汽车的车位、车库。此类车位、车库，在开发商开发后，通过出售、附赠或者出租等方式，与当事人约定车位、车库的归属和使用。

二是占用业主共有的道路或者其他场地用于停放汽车的车位，属于业主共有。规划外的占用业主共有的道路或者其他场地用于停放汽车的车位、车库，由于属于规划外，且是占用业主共有的道路或者其他场地建设的，较易形成属于业主共有的共识，属于业主共有。

关于车位、车库的归属，一些地方性法规根据实践的发展，在物权法的基础上作出进一步的规范。如《上海市住宅物业管理规定》第 61 条第 1 款规定，物业管理区域内，建设单位所有的机动车停车位数量少于或者等于物业管理区域内房屋套数的，一户业主只能购买或者附赠一个停车位；超出物业管理区域内房屋套数的停车位，一户业主可以多购买或者附赠一个。第 2 款规定，占用业主共有的道路或者其他场地用于停放机动车的车位，属于业主共有。第 3 款规定，建设单位所有的机动车停车位向业主、使用人出租的，其收费标准应当在前期物业合同中予以约定。业主大会成立前，收费标准不得擅自调整；业主大会成立后，需要调整的，建设单位应当与业主大会按照公平、合理的原则协商后，向区房屋行政管理部门备案。

> **第二百七十六条　建筑区划内，规划用于停放汽车的车位、车库应当首先满足业主的需要。**

❖ **条文主旨** ❖

本条是关于车位、车库应当首先满足业主需要的规定。

❖ **条文解读** ❖

现实生活中，不少小区没有车位、车库或者车位、车库严重不足，有的开发商将车位、车库高价出售给小区外的人，有的小区开发商公示车位、车库只售不租。为规范建筑区划内，规划用于停放汽车的车位、车库的使用，最大程度保障业主对车位、车库的需要，本条规定，建筑区划内，规划用于停放汽车的车位、车库应当首先满足业主的需要。

关于"首先满足业主的需要"的含义，物权法和民法典物权编未作明确规定，其含义可以根据总结实践经验不断完善。实践中司法解释和地方性法规根据实际情况的发展作出了一些规范和解释。如根据《最高人民法院关于审理建筑物区分所有权纠纷案件适用法律若干问题的解释》第 5 条第 1 款的规定，建设单位按照配置比例将车位、车库，以出售、附赠或者出租等方式处分给业主的，应当认定其行为符合民法典第276 条有关"应当首先满足业主的需要"的规定。该司法解释第 2 款规定，前款所称配置比例是指规划确定的建筑区划内规划用于停放汽车的车位、车库与房屋套数的比例。《上海市住宅物业管理规定》第 62 条第 1 款规定，物业管理区域内的机动车停车位，应当提供给本物业管理区域内的业主、使用人使用。建设单位尚未出售的停车位，应当出租给业主、使用人停放车辆，不得以只售不租为由拒绝出租。停车位不得转让给物业管理区域外的单位、个人；停车位满足业主需要后仍有空余的，可以临时按月出租给物业管理区域外的单位、个人。《福建省物业管理条例》第 64 条第 3 款规定，物业管理区域规划设置的机动车车位（库）应当首先满足业主需要。建设单位不得将物业管理区域内规划的车位（库）出售给本区域以外的单位或者个人。业主要求承租尚未处置的规划车位（库）的，建设单位不得以只售不租为由拒绝出租。

> **第二百七十七条**　业主可以设立业主大会，选举业主委员会。业主大会、业主委员会成立的具体条件和程序，依照法律、法规的规定。
> 　　地方人民政府有关部门、居民委员会应当对设立业主大会和选举业主委员会给予指导和协助。

❖ **条文主旨** ❖

本条是关于设立业主大会和选举业主委员会的规定。

❖ **条文解读** ❖

一、业主可以设立业主大会，选举业主委员会

房屋的所有权人为业主，业主是建筑区划内的主人。业主大会是业主的自治组织，是基于业主的建筑物区分所有权的行使产生的，由全体业主组成，是建筑区划内建筑物及其附属设施的管理机构。因此，只要是建筑区划内的业主，就有权参加业主大会，行使专有部分以外共有部分的共有以及共同管理的权利，并对小区内的业主行使专有部分的所有权作出限制性规定，以维护建筑区划内全体业主的合法权益。故本条第 1 款首先规定，业主可以设立业主大会。《物业管理条例》第 8 条第 1 款规定，物业管理区域内全体业主组成业主大会；第 2 款规定，业主大会应当代表和维护物业管理区域内全体业主在物业管理活动中的合法权益。此外，一个物业管理区域成立一个业主大会。《物业管理条例》第 9 条第 1 款规定，一个物业管理区域成立一个业主大会；第 2 款规定，物业管理区域的划分应当考虑物业的共用设施设备、建筑物规模、社区建设等因素。具体办法由省、自治区、直辖市制定。

如果建筑区划内业主人数众多的，可以设立本建筑物或者建筑区划内所有建筑物的业主委员会，故本条第 1 款中规定，业主可以选举业主委员会。业主委员会是本建筑物或者建筑区划内所有建筑物的业主大会的执行机构，按照业主大会的决定履行管理的职责。《物业管理条例》第 15 条规定，业主委员会执行业主大会的决定事项，履行下列职责：（1）召集业主大会会议，报告物业管理的实施情况；（2）代表业主与业主大会选聘的物业服务企业签订物业服务合同；（3）及时了解业主、物业使用人的意见和建议，监督和协助物业服务企业履行物业服务合同；（4）监督管理规约的实施；（5）业主大会赋予的其他职责。

二、业主大会、业主委员会成立的具体条件和程序，依照法律、法规的规定

在民法典物权编草案编纂过程中，有的意见提出，实践中，业主大会和业主委员会的成立比例不高，存在业主委员会成立难的问题，建议对业主大会、业主委员会成立的具体条件和程序作出规定。经研究，业主大会、业主委员会成立的具体条件和程序，可以根据各地的实际情况作出规定，不宜由法律统一规定，因此，民法典物权编对业主大会、业主委员会成立的具体条件和程序作出原则性的指引规定，规定业主大会、业主委员会成立的具体条件和程序，依照法律、法规的规定。此处法规包括行政法规和地方性法规，各地可以根据实际情况作出规定。2018 年 8 月审议的民法典各分编草案根据各方意见，增加了此规定。

《物业管理条例》和一些地方性法规对业主大会、业主委员会成立的具体条件和程序作了规定。《物业管理条例》第 9 条第 1 款规定，一个物业管理区域成立一个业主大会；第 2 款规定，物业管理区域的划分应当考虑物业的共用设施设备、建筑物规模、社区建设等因素。具体办法由省、自治区、直辖市制定。

三、地方人民政府有关部门、居民委员会应当对设立业主大会和选举业主委员会给予指导和协助

由于业主大会是业主的自治组织，其成立应由业主自行筹备，自主组建。但是，一个建筑区划内，业主从不同的地方入住，互不相识，入住的时间又有先有后，有的相差几年，因此，成立业主大会和选举业主委员会对于业主来说有一定的难度。业主大会的设立和业主委员会的选举关系着业主如何行使自己的权利，维护自身的合法权益，关系到广大业主的切身利益，关系到建筑区划内的安定团结，甚至关系到社会的稳定，对此，本条第 2 款规定，地方人民政府有关部门、居民委员会应当对设立业主大会和选举业主委员会给予指导和协助。地方人民政府有关部门、居民委员会应当向准备成立业主大会的业主予以指导，提供相关的法律、法规及规章，提供已成立业主大会的成立经验，帮助成立筹备组织，提供政府部门制定的业主大会议事规则、业主管理公约等示范文本，协调业主之间的不同意见，为业主大会成立前的相关活动提供必要的活动场所，积极主动参加业主大会的成立大会等。

2018年8月民法典物权编一次审议后，有的常委委员、地方、部门、法学教学研究机构和社会公众提出，近年来，群众普遍反映业主大会、业主委员会成立难，建议草案对此作出有针对性的规定。2019年4月审议的民法典物权编二次审议稿，在物权法的基础上增加规定：居民委员会应当对设立业主大会和选举业主委员会给予指导和协助。

第二百七十八条　下列事项由业主共同决定：

（一）制定和修改业主大会议事规则；

（二）制定和修改管理规约；

（三）选举业主委员会或者更换业主委员会成员；

（四）选聘和解聘物业服务企业或者其他管理人；

（五）使用建筑物及其附属设施的维修资金；

（六）筹集建筑物及其附属设施的维修资金；

（七）改建、重建建筑物及其附属设施；

（八）改变共有部分的用途或者利用共有部分从事经营活动；

（九）有关共有和共同管理权利的其他重大事项。

业主共同决定事项，应当由专有部分面积占比三分之二以上的业主且人数占比三分之二以上的业主参与表决。决定前款第六项至第八项规定的事项，应当经参与表决专有部分面积四分之三以上的业主且参与表决人数四分之三以上的业主同意。决定前款其他事项，应当经参与表决专有部分面积过半数的业主且参与表决人数过半数的业主同意。

❖ **条文主旨** ❖

本条是关于业主共同决定的重大事项及表决程序的规定。

❖ **条文解读** ❖

本条在 2007 年通过的物权法第 76 条基础上作了修改完善：一是将使用建筑物及其附属设施的维修资金单列一项，并降低通过这一事项的表决要求。二是增加规定"改变共有部分的用途或者利用共有部分从事经营活动"为业主共同决定的重大事项。三是适当降低业主作出决议的门槛。

一、关于业主共同决定的重大事项

本条规定，下列事项由业主共同决定：

（一）制定和修改业主大会议事规则

业主可以共同决定制定和修改业主大会议事规则。业主大会议事规则是业主大会组织、运作的规程，是对业主大会宗旨、组织体制、活动方式、成员的权利义务等内容进行记载的业主自律性文件。业主大会通过业主大会议事规则建立大会的正常秩序，保证大会内业主集体意志和行为的统一。制定和修改业主大会议事规则属于有关共有和共同管理权利的重大事项，需要由业主共同决定。《物业管理条例》第 18 条规定，业主大会议事规则应当就业主大会的议事方式、表决程序、业主委员会的组成和成员任期等事项作出约定。

（二）制定和修改管理规约

业主可以共同决定制定和修改管理规约。管理规约是业主自我管理、自我约束、自我规范的规则约定，规定建筑区划内有关建筑物及其附属设施的使用、维护、管理等事项，是业主对建筑物及其附属设施的一些重大事务的共同约定，涉及每个业主的切身利益，对全体业主具有约束力，属于有关共有和共同管理权利的重大事项，应当由业主共同制定和修改。《物业管理条例》第 17 条规定，管理规约应当对有关物业的使用、维护、管理，业主的共同利益，业主应当履行的义务，违反管理规约应当承担的责任等事项依法作出约定。管理规约应当尊重社会公德，不得违反法律、法规或者损害社会公共利益。管理规约对全体业主具有约束力。

（三）选举业主委员会或者更换业主委员会成员

业主可以共同决定选举业主委员会或者更换业主委员会成员。业主委员会是业主大会的执行机构，具体执行业主大会决定的事项，并就建筑区划内的一般性日常事务作出决定。业主通过业主大会选举能够代表和维护自己利益的业主委员会委员，成立业主委员会。对不遵守管理规约，责任心不强，不依法履行职责的委员予以更换。选举业主委员会或者更换业主委员会成员，属于有关共有和共同管理权利的重大事项，应当由业主共同决定。

（四）选聘和解聘物业服务企业或者其他管理人

业主可以共同决定选聘和解聘物业服务企业或者其他管理人。本法第284条规定，业主可以自行管理建筑物及其附属设施，也可以委托物业服务企业或者其他管理人管理。对建设单位聘请的物业服务企业或者其他管理人，业主有权依法更换。物业服务涉及建筑物及其附属设施的使用、维护、修理、更换，公共秩序、环境卫生、小区治安等诸多方面，物业服务企业或者其他管理人的物业管理水平如何，与业主利益有直接关系。选聘和解聘物业服务企业或者其他管理人，属于有关共有和共同管理权利的重大事项，应当由业主共同决定。本法合同编对业主与物业服务企业或者其他管理人合同解除的具体操作作了规定。

（五）使用建筑物及其附属设施的维修资金

业主可以共同决定使用建筑物及其附属设施的维修资金。《住宅专项维修资金管理办法》第2条第2款规定，本办法所称住宅专项维修资金，是指专项用于住宅共用部位、共用设施设备保修期满后的维修和更新、改造的资金。建筑物及其附属设施的维修资金主要用于业主专有部分以外的共有部分的共用部位、共用设施设备保修期满后的维修、更新、改造、维护等，涉及业主的切身利益。《住宅专项维修资金管理办法》第9条第1款规定，业主交存的住宅专项维修资金属于业主所有。因此，使用建筑物及其附属设施的维修资金，属于有关共有和共同管理权利的重大事项，应当由业主共同决定。

（六）筹集建筑物及其附属设施的维修资金

业主可以共同决定筹集建筑物及其附属设施的维修资金。《住宅专项维修资金管理办法》对首次筹集维修资金作了规定，第7条规定，商品住宅的业主、非住宅的业主按照所拥有物业的建筑面积交存住宅专项维修资金，每平方米建筑面积交存首期住宅专项维修资金的数额为当地住宅建筑安装工程每平方米造价的5%至8%。直辖市、市、县人民政府建设（房地产）主管部门应当根据本地区情况，合理确定、公布每平方米建筑面积交存首期住宅专项维修资金的数额，并适时调整。购买了商品住宅和非住宅的业主需要按照相关规定交存专项维修资金。在专项维修资金使用部分或者全部后，为保障住宅共用部位、共用设施设备保修期满后的维修和更新、改造，就面临着再次筹集建筑物及其附属设施的维修资金的问题。筹集维修资金关系到业主的切身利益，是否筹集以及如何筹集，属于有关共有和共同管理权利的重大事项，应当由业主共同决定。

（七）改建、重建建筑物及其附属设施

业主可以共同决定改建、重建建筑物及其附属设施。建筑物及其附属设施的改建、重建，涉及业主建筑物区分所有权的行使，费用的负担，事情重大，属于有关共有和共同管理权利的重大事项，应当由业主共同决定。

（八）改变共有部分的用途或者利用共有部分从事经营活动

业主可以共同决定改变共有部分的用途或者利用共有部分从事经营活动，本项是民法典物权编编纂过程中增加的规定。在民法典物权编编纂过程中，有的意见提出，2009年《最高人民法院关于审理建筑物区分所有权纠纷案件具体应用法律若干问题的解释》第7条规定，改变共有部分的用途、利用共有部分从事经营性活动、处分共有部分，以及业主大会依法决定或者管理规约依法确定应由业主共同决定的事项，应当认定为物权法第76条第1款第7项规定的有关共有和共同管理权利的"其他重大事项"。这些规定扩展了常见的业主共同决定事项范围，鉴于改变共有部分的用途或者利用共有部分从事经营活动，关涉业主的切身利益，属于有关共有和共同管理权利的重大事项，应当由业主共同决定，建议民法典物权编在总结实践经验的基础上，将其增加规定为应该由业主共同决定的重大事项。2018年8月审议的民法典各分编草案在总结实践经验的基础上，增加规定了本项。

（九）有关共有和共同管理权利的其他重大事项

除上述所列事项外，对建筑区划内有关共有和共同管理权利的其他重大事项，也需要由业主共同决定。例如，如何对物业服务企业的工作予以监督，如何与居民委员会协作，维护好建筑区划内的社会治安等。

二、关于业主共同决定的重大事项的表决程序

本条第2款规定，业主共同决定事项，应当由专有部分面积占比2/3以上的业主且人数占比2/3以上的业主参与表决。决定前款第6项至第8项规定的事项，应当经参与表决专有部分面积3/4以上的业主且参与表决人数3/4以上的业主同意。决定前款其他事项，应当经参与表决专有部分面积过半数的业主且参与表决人数过半数的业主同意。

根据本条第 2 款的规定，业主共同决定重大事项的表决程序如下：

一是表决程序首先要有专有部分面积占比 2/3 以上的业主且人数占比 2/3 以上的业主参与表决。

关于专有部分面积占比和业主人数占比的计算。《最高人民法院关于审理建筑物区分所有权纠纷案件适用法律若干问题的解释》第 8 条规定，民法典第 278 条第 2 款和第 283 条规定的专有部分面积可以按照不动产登记簿记载的面积计算；尚未进行物权登记的，暂按测绘机构的实测面积计算；尚未进行实测的，暂按房屋买卖合同记载的面积计算。《最高人民法院关于审理建筑物区分所有权纠纷案件适用法律若干问题的解释》第 9 条规定，民法典第 278 条第 2 款规定的业主人数可以按照专有部分的数量计算，一个专有部分按一人计算。但建设单位尚未出售和虽已出售但尚未交付的部分，以及同一买受人拥有一个以上专有部分的，按一人计算。第 8 条、第 9 条两条属于表决基数的技术规则，该规则也妥当协调了建设单位、普通业主与大业主的利益关系，有助于明晰民法典所规定的专有部分面积和业主人数两个表决基数规则。

因此，参与表决的业主须同时满足两个条件：一是参与表决的业主的专有部分面积占比 2/3 以上，二是参与表决的业主人数占比 2/3 以上。

二是决定前款第 6 项至第 8 项规定的事项，应当经参与表决专有部分面积 3/4 以上的业主且参与表决人数 3/4 以上的业主同意。

即决定筹集建筑物及其附属设施的维修资金，改建、重建建筑物及其附属设施，改变共有部分的用途或者利用共有部分从事经营活动这些事项时，应当经参与表决专有部分面积 3/4

以上的业主且参与表决人数 3/4 以上的业主同意。筹集建筑物及其附属设施的维修资金，改建、重建建筑物及其附属设施，改变共有部分的用途或者利用共有部分从事经营活动是建筑区划内较为重大的事情，关系到每个业主的切身利益。为了保证对这三类事项决策的慎重，保证决策能够获得绝大多数业主的支持，本条第 2 款规定，决定这三类事项，应当经参与表决专有部分面积 3/4 以上的业主且参与表决人数 3/4 以上的业主同意。

根据本条规定，这三类事项决定的作出，必须同时具备两个条件，才为有效的决定：一是经参与表决专有部分面积 3/4 以上的业主，二是参与表决人数 3/4 以上的业主同意。

三是筹集建筑物及其附属设施的维修资金，改建、重建建筑物及其附属设施，改变共有部分的用途或者利用共有部分从事经营活动外的有关共有和共同管理权利的其他重大事项，属于建筑区划内的一般性、常规性事务，其决定的作出，应当经参与表决专有部分面积过半数的业主且参与表决人数过半数的业主同意。

根据这一规定，建筑区划内的一般性、常规性事务，必须同时符合如下两个条件：一是经参与表决专有部分面积过半数的业主的同意；二是参与表决人数过半数的业主同意。

❖ **案例分析** ❖

一个建筑区划内专有部分总面积为 9 万平方米，业主总人数为 600 人，那么业主共同决定重大事项，参与表决的业主首先需达到专有部分面积 6 万平方米以上且人数 400 人以上的条件。业主共同决定重大事项，参与表决的业主首先需要达到专有部分面积 6 万平方米以上且人数 400 人以上的条件。假设参与表决的业主专有部分面积正好为 6 万平方米，人数正好为

400 人，那此时业主共同决定筹集建筑物及其附属设施的维修资金，改建、重建建筑物及其附属设施，改变共有部分的用途或者利用共有部分从事经营活动这些事项时，需要达到专有部分面积 45000 平方米以上的业主且 300 名以上的业主同意。决定除本条第 1 款第 6 至 8 项之外的重大事项的，需要达到专有部分面积 3 万平方米以上的业主且 200 名以上的业主同意。

> **第二百七十九条**　业主不得违反法律、法规以及管理规约，将住宅改变为经营性用房。业主将住宅改变为经营性用房的，除遵守法律、法规以及管理规约外，应当经有利害关系的业主一致同意。

❖ **条文主旨** ❖

本条是关于将住宅改变为经营性用房的规定。

❖ **条文解读** ❖

一、业主不得违反法律、法规以及管理规约，将住宅改变为经营性用房

将住宅改变为经营性用房，使原本用于居住的房屋改为用于经营的房屋，住宅的性质、用途由居住变为商用。这一改变带来许多弊端，危害性大，主要表现有：一是干扰业主的正常生活，造成邻里不和，引发社会矛盾，这是当前物业小区主要矛盾之一。二是造成小区车位、电梯、水、电等公共设施使用的紧张。三是容易产生安全隐患，例如，来往小区人员过多，造成楼板的承重力过大，外来人员流动快且杂，增加了小区不安全、不安定的因素，防火防盗压力大，隐患多。四是使城市规划目标难以实现。本来某个地区的住宅原规划是用来居住

147

的，但由于将住宅大量改为经营性用房，用于商业目的，结果造成该地区交通拥堵、人满为患。五是造成国家税费的大量流失。因此，《物业管理条例》第49条规定，物业管理区域内按照规划建设的公共建筑和共用设施，不得改变用途。业主依法确需改变公共建筑和共用设施用途的，应当在依法办理有关手续后告知物业服务企业；物业服务企业确需改变公共建筑和共用设施用途的，应当提请业主大会讨论决定同意后，由业主依法办理有关手续。随着这方面实践经验的不断积累和完善，国家有关部门还将对这一问题作出具体的规定。另外，作为业主自我管理、自我约束、自我规范的建筑区划内有关建筑物及其附属设施的管理规约也可以依法对此问题作出规定。

2007年通过的物权法，作为规范业主建筑物区分所有权的基本法律，明确规定，业主不得违反法律、法规以及管理规约，将住宅改变为经营性用房。据此，业主不得随意改变住宅的居住用途，是业主应当遵守的最基本的准则，也是业主必须承担的一项基本义务。

二、业主将住宅改变为经营性用房的，除遵守法律、法规以及管理规约外，应当经有利害关系的业主一致同意

2007年通过的物权法规定，业主将住宅改变为经营性用房的，除遵守法律、法规以及管理规约外，应当经有利害关系的业主同意。即如果业主确实因生活需要，如因下岗无收入来源，生活困难，将住宅改变为经营性用房，一是必须遵守法律、法规以及管理规约的规定。如应要办理相应的审批手续，要符合国家卫生、环境保护要求等。二是在遵守法律、法规以及管理规约的前提下，还必须征得有利害关系的业主同意。这两个条件必须同时具备，才可以将住宅改变为经营性用房，二者缺一不可。

在民法典编纂过程中，有的意见提出，2009 年《最高人民法院关于审理建筑物区分所有权纠纷案件具体应用法律若干问题的解释》第 10 条规定，业主将住宅改变为经营性用房，未按照物权法第 77 条的规定经有利害关系的业主同意，有利害关系的业主请求排除妨害、消除危险、恢复原状或者赔偿损失的，人民法院应予支持。将住宅改变为经营性用房的业主以多数有利害关系的业主同意其行为进行抗辩的，人民法院不予支持。可见，将住宅改变为经营性用房须经有利害关系业主全体一致同意，而非有利害关系业主多数同意，建议业主将住宅改变为经营性用房时应当经有利害关系的业主同意，进一步明晰为有利害关系业主"全体一致"同意。经研究，2018 年 8 月审议的民法典各分编草案将"应当经有利害关系的业主同意"进一步明确为"应当经有利害关系的业主一致同意"。

如何确定业主为有利害关系的业主，因改变住宅为经营性用房的用途不同，影响的范围、程度不同，要具体情况具体分析。总之，不论是否是相邻或者不相邻的业主，凡是因住宅改变为经营性用房受到影响的业主，均是本条所说的有利害关系的业主。《最高人民法院关于审理建筑物区分所有权纠纷案件适用法律若干问题的解释》第 11 条规定，业主将住宅改变为经营性用房，本栋建筑物内的其他业主，应当认定为民法典第 279 条所称"有利害关系的业主"。建筑区划内，本栋建筑物之外的业主，主张与自己有利害关系的，应证明其房屋价值、生活质量受到或者可能受到不利影响。

> **第二百八十条**　业主大会或者业主委员会的决定，对业主具有法律约束力。
>
> 业主大会或者业主委员会作出的决定侵害业主合法权益的，受侵害的业主可以请求人民法院予以撤销。

❖ **条文主旨** ❖

本条是关于业主大会、业主委员会决定效力的规定。

❖ **条文解读** ❖

一、业主大会或者业主委员会的决定，对业主具有法律约束力

根据本法第 277 条的规定，业主可以设立业主大会，选举业主委员会。业主大会是业主的自治组织，是基于业主的建筑物区分所有权的行使产生的，由全体业主组成，是建筑区划内建筑物及其附属设施的管理机构。业主大会依据法定程序作出的决定，反映了建筑区划内绝大多数业主的意志与心声。业主委员会是由业主大会从热心公益事业、责任心强、具有一定组织能力的业主中选举产生出来的，作为业主的代表履行对建筑物及其附属设施的具体管理职责，为全体业主服务的组织。业主委员会作为业主大会的执行机构，具体实施业主大会作出的决定。业主大会或者业主委员会作为自我管理的权力机关和执行机关，其作出的决定，对业主应当具有法律约束力。因此，本条第 1 款规定，业主大会或者业主委员会的决定，对业主具有法律约束力。

对业主具有约束力的业主大会或者业主委员会的决定，必须是依法设立的业主大会、业主委员会作出的，必须是业主大会、业主委员会依据法定程序作出的，必须是符合法律、法规及规章，不违背公序良俗，不损害国家、公共和他人利益的决定。《物业管理条例》第 12 条第 4 款规定，业主大会或者业主委员会的决定，对业主具有约束力。第 19 条第 2 款规定，业主大会、业主委员会作出的决定违反法律、法规的，物业所在地的区、县人民政府房地产行政主管部门或者街道办事处、乡镇人民政府，应当责令限期改正或者撤销其决定，并通告全体业主。业主大会、业主委员会主要对建筑区划内，业主的建筑物区分所有权如何行使，业主的合法权益如何维护等事项作出决定，涉及许多方面，例如，可以对制定和修改业主大会议事规则作出决定，可以对制定和修改管理规约作出决定，可以对选举业主委员会或者更换业主委员会成员作出决定，可以对选聘和解聘物业服务企业或者其他管理人作出决定，可以对使用建筑物及其附属设施的维修资金作出决定，可以对筹集建筑物及其附属设施的维修资金作出决定，可以对改建、重建建筑物及其附属设施作出决定，可以对改变共有部分的用途或者利用共有部分从事经营活动作出决定。业主大会或者业主委员会的决定，对业主具有法律约束力。

二、业主大会或者业主委员会作出的决定侵害业主合法权益的，受侵害的业主可以请求人民法院予以撤销

现实中，有可能有的业主大会或者业主委员会不遵守法律、法规、管理规约，或者不依据法定程序作出某些决定，侵害业主的合法权益，针对这一情形，为了切实保护业主的合法权益，本条第2款规定，业主大会或者业主委员会作出的决定侵害业主合法权益的，受侵害的业主可以请求人民法院予以撤销。这一规定，赋予了业主请求人民法院撤销业主大会或者业主委员会作出的不当决定的权利。业主在具体行使这一权利时，还要依据本法总则编、民事诉讼法等法律的规定。例如，撤销的请求，要向有管辖权的人民法院提出，要有明确的诉讼请求和事实、理由等。《物业管理条例》第12条第5款规定，业主大会或者业主委员会作出的决定侵害业主合法权益的，受侵害的业主可以请求人民法院予以撤销。《最高人民法院关于审理建筑物区分所有权纠纷案件适用法律若干问题的解释》第12条规定，业主以业主大会或者业主委员会作出的决定侵害其合法权益或者违反了法律规定的程序为由，依据民法典第280条第2款的规定请求人民法院撤销该决定的，应当在知道或者应当知道业主大会或者业主委员会作出决定之日起1年内行使。

> 第二百八十一条　建筑物及其附属设施的维修资金，属于业主共有。经业主共同决定，可以用于电梯、屋顶、外墙、无障碍设施等共有部分的维修、更新和改造。建筑物及其附属设施的维修资金的筹集、使用情况应当定期公布。
>
> 紧急情况下需要维修建筑物及其附属设施的，业主大会或者业主委员会可以依法申请使用建筑物及其附属设施的维修资金。

❖ **条文主旨** ❖

本条是关于建筑物及其附属设施的维修基金的归属、用途以及筹集与使用的规定。

❖ **条文解读** ❖

随着我国住房制度改革的不断深入，人民群众的生活水平不断提高，居民个人拥有住宅的比例越来越高，住宅房屋的维修管理责任也相应地由过去的国家、单位承担转移到居民个人承担。而我国的住宅多为高层或者多层的群体建筑，又往往以住宅小区的形式开发建设，这样，建筑物及其附属设施的维修问题就日益凸显出来。建筑物及其附属设施能否正常、及时、顺利地维修，关系到建筑物及其附属设施能否正常使用及业主的安全，关系到全体业主的切身利益，关系到社会的和谐与稳定。因此，有必要对建筑物及其附属设施的维修资金作出规定。

一、建筑物及其附属设施的维修资金的归属

针对实践中业主疑问较多的有关建筑物及其附属设施的维修资金所有权归属问题，本条规定，建筑物及其附属设施的维修资金属于业主共有。《物业管理条例》第 53 条规定，住宅物业、住宅小区内的非住宅物业或者与单幢住宅楼结构相连的非住宅物业的业主，应当按照国家有关规定交纳专项维修资金。专项维修资金属于业主所有，专项用于物业保修期满后物业共用部位、共用设施设备的维修和更新、改造，不得挪作他用。专项维修资金收取、使用、管理的办法由国务院建设行政主管部门会同国务院财政部门制定。2007 年，为加强对住宅专项维修资金的管理和保障住宅共用部位、共用设施设备的维修和正常使用，维护住宅专项维修资金所有者的合法权益，建设部和财政部联合发布《住宅专项维修资金管理办法》，其第 7 条规定，商品住宅的业主、非住宅的业主按照所拥有物业的建筑面积交存住宅专项维修资金，每平方米建筑面积交存首期住宅专项维修资金的数额为当地住宅建筑安装工程每平方米造价的 5% 至 8%。直辖市、市、县人民政府建设（房地产）主管部门应当根据本地区情况，合理确定、公布每平方米建筑面积交存首期住宅专项维修资金的数额，并适时调整。第 9 条规定，业主交存的住宅专项维修资金属于业主所有。从公有住房售房款中提取的住宅专项维修资金属于公有住房售房单位所有。

二、建筑物及其附属设施的维修资金的使用

住房建成后，随着时间的推移，必然面临着共有部分的维修、更新和改造问题，此时就需要使用建筑物及其附属设施的维修资金。关于建筑物及其附属设施的维修资金的用途以及如何使用等问题，本条规定，经业主共同决定，可以用于电梯、

屋顶、外墙、无障碍设施等共有部分的维修、更新和改造。建筑物及其附属设施的维修资金的筹集、使用情况应当定期公布。

一是建筑物及其附属设施的维修资金的使用须经业主共同决定。建筑物及其附属设施的维修资金的使用涉及共有部分、共用设施设备的维修、更新、改造等，涉及业主能否正常使用建筑物及其附属设施，关系着每个业主的切身利益，因此，本条规定建筑物及其附属设施的维修资金的使用应当经业主共同决定。至于业主如何决定建筑物及其附属设施的维修资金的使用，要依据本法第 278 条作出决定。

二是关于建筑物及其附属设施的维修资金的用途，本条规定维修资金可以用于电梯、屋顶、外墙、无障碍设施等共有部分的维修、更新和改造。至于业主专有部分以外的哪些部分为共有部分，哪些设施为建筑物的附属设施，要根据每一栋建筑物、每一个建筑区划的不同情况具体分析。建设部和财政部联合发布的《住宅专项维修资金管理办法》第 3 条规定，本办法所称住宅共用部位，是指根据法律、法规和房屋买卖合同，由单幢住宅内业主或者单幢住宅内业主及与之结构相连的非住宅业主共有的部位，一般包括：住宅的基础、承重墙体、柱、梁、楼板、屋顶以及户外的墙面、门厅、楼梯间、走廊通道等。本办法所称共用设施设备，是指根据法律、法规和房屋买卖合同，由住宅业主或者住宅业主及有关非住宅业主共有的附属设施设备，一般包括电梯、天线、照明、消防设施、绿地、道路、路灯、沟渠、池、井、非经营性车场车库、公益性文体设施和共用设施设备使用的房屋等。第 18 条规定，住宅专项维修资金应当专项用于住宅共用部位、共用设施设备保修期满后的维修和更新、改造，不得挪作他用。

物权法第 79 条规定，经业主共同决定，可以用于电梯、水箱等共有部分的维修。在民法典编纂过程中，有的意见提出，根据相关行政法规，供水设施的维修费用应由供水企业承担，按照《住宅专项维修资金管理办法》的规定，维修资金不只限于维修，还包括更新、改造，建议将"电梯、水箱等共有部分的维修"修改为"电梯、屋顶、外墙、无障碍设施等共有部分的维修、更新和改造"。经研究，2018 年 8 月审议的民法典物权编草案作了相应修改。

三是为便于业主及时了解建筑物及其附属设施维修资金的筹集情况，依法监督维修资金的使用，本条还规定，建筑物及其附属设施的维修资金的筹集、使用情况应当定期公布。

三、紧急情况下建筑物及其附属设施的维修资金的使用

在民法典编纂过程中，有的意见提出，建筑物及其附属设施的维修资金目前主要由住建部门的专门机构管理，在实践中存在的突出问题有：一是收取难，特别是老旧小区存在拖欠维修资金的问题。二是签字表决难，特别是大型小区和业主实际入住不多的小区难以形成多数意见，更难以达到经专有部分占建筑物总面积 2/3 以上的业主且占总人数 2/3 以上的业主签字同意。三是维修资金的使用范围难以界定，新建电梯、维修屋顶等只和部分业主直接相关的维修可否动用全体业主的维修资金，目前有争议。四是提取使用程序繁琐，需要提出申请，提供符合"双过 2/3"的业主签字同意证明，由管理机构抽查核对等，周期太长。五是使用监管难，存在物业或者业主委员会成员浪费、挪用、侵吞维修资金的情况。六是保值增值难。实践中，目前紧急动用维修资金的一般做法是，紧急申请，紧急公示，尽快使用维修，事后再找业主补签同意。建议增加规定紧急情况下维修申请使用建筑物及其附属设施的维修资金的相关规定。

经了解，目前一些地方性法规已经对紧急情况下维修资金

的使用作了特别规定。如《江苏省物业管理条例》第 76 条、《安徽省物业管理条例》第 89 条、《青海省物业管理条例》第 83 条等都对紧急情况下维修资金的使用作了相关规定。

也有的地方，规定以专项维修资金的增值资金建立房屋应急解危专项资金，平衡紧急情况需要使用资金与业主决定使用较难的矛盾。如《天津市物业管理条例》第 57 条规定，专项维修资金的管理费用由市财政部门核定，在专项维修资金的增值资金中列支。专项维修资金增值资金除核定管理费用外，应当建立房屋应急解危专项资金，专项用于房屋应急解危支出。专项维修资金的具体管理办法，由市人民政府规定。

在征求意见过程中，针对一些地方对紧急情况下维修资金的使用作的特别规定，也有的意见提出，维修资金毕竟是业主的，应当经过大多数业主的知晓并同意，坚决反对任何组织未经业主共同决定就申请使用维修资金。如果业主们真的意识到情况紧急，那么应该团结起来，在短时间内完成法定的投票数量要求，绝对不能不经过业主投票，一旦开了这个紧急的口子，将会造成严重的后果。

经研究，2019 年 4 月十三届全国人大常委会十次会议《全国人民代表大会宪法和法律委员会关于〈民法典物权编（草案）〉修改情况的汇报》中提到，有的常委委员、地方、部门、法学教学研究机构和社会公众提出，近年来，群众普遍反映业主大会、业主委员会成立难，公共维修资金使用难，以及物业管理不规范、业主维权难等问题，建议草案对此作出有针对性的规定。据此，宪法和法律委员会建议对该章草案作出如下修改：……三是根据一些地方的实践，在草案第 76 条中增加 1 款规定：紧急情况下需要维修建筑物及其附属设施的，业主大会或者业主委员会可以依法申请使用维修资金。据此，民法典物权编草案二次审议稿增加一款规定。根据本款规定，紧急情况下需要维修建筑物及其附属设施的，业主大会或者业主委员会可以依法申请使用维修资金。此处对紧急情况下需要维修建筑物及其附属设施使用维修资金作了指引性规定，即需"依法申请"，此处的"依法"，既包括法律，也包括行政法规、部门规章和地方性法规等。

> 　　**第二百八十二条**　建设单位、物业服务企业或者其他管理人等利用业主的共有部分产生的收入，在扣除合理成本之后，属于业主共有。

❖ **条文主旨** ❖

本条是关于共有部分产生收益的归属的规定。

❖ **条文解读** ❖

本条是本次民法典编纂新增加的条文。在民法典编纂过程中，有的意见建议，吸收司法解释的相关规定，增加规定："建设单位、物业服务企业或者其他管理人利用共有部分进行经营性活动的，业主可以请求行为人将扣除合理成本之后的收益用于补充专项维修资金或者业主共同决定的其他用途。" 2009年《最高人民法院关于审理建筑物区分所有权纠纷案件具体应用法律若干问题的解释》第14条规定，建设单位或者其他行为人擅自占用、处分业主共有部分、改变其使用功能或者进行经营性活动，权利人请求排除妨害、恢复原状、确认处分行为无效或者赔偿损失的，人民法院应予支持。属于前款所称擅自进行经营性活动的情形，权利人请求行为人将扣除合理成本之后的收益用于补充专项维修资金或者业主共同决定的其他用途的，人民法院应予支持。行为人对成本的支出及其合理性承担举证责任。

2018 年 8 月，十三届全国人大常委会五次会议《关于〈民法典各分编（草案）〉的说明》中提到，加强对建筑物业主权利的保护。……第三，明确共有部分产生的收益属于业主共有（草案第 77 条）。民法典各分编草案第 77 条规定，建设单位、物业服务企业或者其他管理人等利用业主的共有部分产生的收益，在扣除合理成本之后，属于业主共有。

民法典各分编草案在征求意见过程中，有的意见提出，收益的含义本身就包含收入扣除成本的意思，为更加准确，避免实践操作中的歧义，建议将本条中的"收益"修改为"收入"。2019 年 4 月审议的民法典物权编草案吸收了这一意见。

根据本条规定，建设单位、物业服务企业或者其他管理人等利用业主的共有部分产生的收入，在扣除合理成本之后，属于业主共有。例如，很多小区会在业主的共有部分设置广告，这些广告收入，在扣除合理成本之后，应该属于业主共有。再如，占有业主共有的道路或者其他场地设置的车位，出租车位的租金收入，在扣除合理的成本之后，也应该属于业主共有。《最高人民法院关于审理建筑物区分所有权纠纷案件适用法律若干问题的解释》第 17 条规定，本解释所称建设单位，包括包销期满，按照包销合同约定的包销价格购买尚未销售的物业后，以自己名义对外销售的包销人。《物业管理条例》第 54 条规定，利用物业共用部位、共用设施设备进行经营的，应当在征得相关业主、业主大会、物业服务企业的同意后，按照规定办理有关手续。业主所得收益应当主要用于补充专项维修资金，也可以按照业主大会的决定使用。

第二百八十三条 建筑物及其附属设施的费用分摊、收益分配等事项，有约定的，按照约定；没有约定或者约定不明确的，按照业主专有部分面积所占比例确定。

❖ **条文主旨** ❖

本条是关于建筑物及其附属设施费用分摊、收益分配的规定。

❖ **条文解读** ❖

在民法典编纂过程中，有的意见提出，物权法第80条中规定，没有约定或者约定不明确的，按照业主专有部分占建筑物总面积的比例确定。其中关于建筑物总面积的计算，2009年《最高人民法院关于审理建筑物区分所有权纠纷案件具体应用法律若干问题的解释》第8条规定，物权法第76条第2款和第80条规定的专有部分面积和建筑物总面积，可以按照下列方法认定：（1）专有部分面积，按照不动产登记簿记载的面积计算；尚未进行物权登记的，暂按测绘机构的实测面积计算；尚未进行实测的，暂按房屋买卖合同记载的面积计算；（2）建筑物总面积，按照前项的统计总和计算。此处"建筑物总面积"应该是"建筑物专有部分总面积"，建议修改。2018年8月审议的民法典各分编草案吸收了这一意见，将"按照业主专有部分占建筑物总面积的比例确定"修改为"按照业主专有部分所占比例确定"。2019年4月审议的民法典物权编草案，进一步修改为"按照业主专有部分面积所占比例确定"。

本条规定，建筑物及其附属设施的费用分摊、收益分配等事项，有约定的，按照约定；没有约定或者约定不明确的，按照业主专有部分面积所占比例确定。

一是建筑物及其附属设施的费用分摊，有约定的，按照约定；没有约定或者约定不明确的，按照业主专有部分面积所占比例确定。如果管理规约对建筑物及其附属设施的费用如何分摊有约定的，首先按照约定进行分摊。如果没有约定或者约定不明确的，则可以按照业主专有部分面积所占比例确定费用。例如，对业主共有的建筑物及其附属设施如公用设施和物业服务用房等进行维修，其费用问题，如果管理规约等有约定的，先按照约定，如果没有约定或者约定不明确的，按照业主专有部分面积所占比例确定。

二是建筑物及其附属设施的收益分配，有约定的，按照约定；没有约定或者约定不明确的，按照业主专有部分面积所占比例确定。建筑物及其附属设施不仅存在着养护、维修的问题，还存在着经营收益如何分配的问题。例如，业主大会决定，将建筑物楼顶出租给企业做广告，广告收入如何分配，是居住顶层的业主多拿一些，还是业主平均分配；是作为业主大会、业主委员会的活动经费，还是作为维修资金用于建筑物及其附属设施的维修。按照本条规定，建筑物及其附属设施的收益分配，有约定的，按照约定；没有约定或者约定不明确的，按照业主专有部分面积所占比例确定。《物业管理条例》第54条规定，利用物业共用部位、共用设施设备进行经营的，应当在征得相关业主、业主大会、物业服务企业的同意后，按照规定办理有关手续。业主所得收益应当主要用于补充专项维修资金，也可以按照业主大会的决定使用。

如何规定业主对建筑物及其附属设施的费用负担、收益分配的问题，在2007年物权法立法过程中有不同的看法。有的认为，应当按照业主所有的专有部分的面积占建筑物总面积的比例确定；有的认为，应当按照业主专有部分占建筑物的价值比例确定；还有的提出，这一比例应当考虑业主专有部分的面积、楼层、朝向、购买时的价钱等综合因素。鉴于现实中情况复杂，各地及每个建筑区划的具体情况不同。业主如何负担建筑物及其附属设施的费用，如何分配建筑物及其附属设施的收益，是业主行使建筑物区分所有权的问题，业主可以依法处分，故本条规定，建筑物及其附属设施的费用分摊、收益分配等事项，有约定的，按照约定。对建筑物及其附属设施的费用分摊、收益分配等事项，没有约定或者约定不明确的，本条作了原则性、指导性规定，即按照业主专有部分面积所占比例确定。

> **第二百八十四条** 业主可以自行管理建筑物及其附属设施，也可以委托物业服务企业或者其他管理人管理。
>
> 对建设单位聘请的物业服务企业或者其他管理人，业主有权依法更换。

❖ 条文主旨 ❖

本条是对建筑物及其附属设施管理的规定。

❖ 条文解读 ❖

一、业主可以自行管理建筑物及其附属设施，也可以委托物业服务企业或者其他管理人管理

实践中，对建筑物及其附属设施进行管理主要有两种形式：一是业主委托物业服务企业或者其他管理人管理；二是业主自行管理。故本条第 1 款规定，业主可以自行管理建筑物及其附属设施，也可以委托物业服务企业或者其他管理人管理。

（一）业主可以委托物业服务企业或者其他管理人管理建筑物及其附属设施

物业服务企业通常是指符合法律规定，依法向业主提供物业服务的民事主体（市场主体），包括物业公司以及向业主提供服务的其他组织。物业公司，是指依法设立、具有独立法人资格，从事物业服务活动的企业。《物业管理条例》第 32 条规定，从事物业管理活动的企业应当具有独立的法人资格。

根据本条规定，业主委托物业服务企业或者其他管理人管理建筑物及其附属设施。《物业管理条例》对物业服务企业作了相关规定，如第 3 条规定，国家提倡业主通过公开、公平、公正的市场竞争机制选择物业服务企业。第 39 条规定，物业服务企业可以将物业管理区域内的专项服务业务委托给专业性服务企业，但不得将该区域内的全部物业管理一并委托给他人。

（二）业主可以自行管理建筑物及其附属设施

对建筑物及其附属设施进行管理，并非必须委托物业服务企业或者其他管理人，除委托物业服务企业或者其他管理人外，也有业主自行管理的。根据本条规定，业主可以自行管理建筑物及其附属设施。大多发生在只有一个业主或者业主人数较少的建筑区划。随着经济的发展、科技的进步，建筑领域不断出现新技术、新产品，建筑物及其附属设施的科技含量也越来越高，管理更为复杂，业主自行管理有一定难度，所以还是提倡选择专业化、市场化、社会化的物业管理公司对建筑物及其附属设施进行管理为好。《物业管理条例》第 4 条规定，国家鼓励采用新技术、新方法，依靠科技进步提高物业管理和服务水平。

二、对建设单位聘请的物业服务企业或者其他管理人，业主有权依法更换

通常情况下，一栋楼或者一个住宅小区建好后，就要对建筑物及其附属设施进行管理，但业主们是陆陆续续迁入居住的，业主大会尚未成立，不能及时委托物业管理公司。在这种情况下，只能由建设单位选聘物业管理公司对建筑物及其附属设施进行管理。本法第 939 条规定，建设单位依法与物业服务人订立的前期物业服务合同，以及业主委员会与业主大会依法选聘的物业服务人订立的物业服务合同，对业主具有法律约束力。《物业管理条例》第三章专章规定了前期物业管理，对前期物业服务企业的选聘等制定了一些规定。如第 24 条规定，国家提倡建设单位按照房地产开发与物业管理相分离的原则，通过招投标的方式选聘具有相应资质的物业服务企业。住宅物业的建设单位，应当通过招投标的方式选聘物业服务企业；投标人少于 3 个或者住宅规模较小的，经物业所在地的区、县人民政府房地产行政主管部门批准，可以采用协议方式选聘物业服务企业。第 26 条规定，前期物业服务合同可以约定期限；但是，期限未满、业主委员会与物业服务企业签订的物业服务合同生效的，前期物业服务合同终止。对于建设单位前期选聘的物业服务企业或者管理人，业主可能满意，也可能不满意，如果不满意，业主都入住后，有权对建设单位选聘的物业服务企业或者其他管理人进行更换。故本条第 2 款规定，对建设单位聘请的物业服务企业或者其他管理人，业主有权依法更换。

> **第二百八十五条**　物业服务企业或者其他管理人根据业主的委托，依照本法第三编有关物业服务合同的规定管理建筑区划内的建筑物及其附属设施，接受业主的监督，并及时答复业主对物业服务情况提出的询问。
>
> 物业服务企业或者其他管理人应当执行政府依法实施的应急处置措施和其他管理措施，积极配合开展相关工作。

❖ **条文主旨** ❖

本条是关于物业服务企业或者其他管理人与业主关系以及物业服务企业或者其他管理人执行政府依法实施的管理措施的义务的规定。

❖ **条文解读** ❖

一、物业服务企业或者其他管理人与业主关系

本条第 1 款规定，物业服务企业或者其他管理人根据业主的委托，依照本法第三编有关物业服务合同的规定管理建筑区划内的建筑物及其附属设施，接受业主的监督，并及时答复业主对物业服务情况提出的询问。

第一，业主与物业服务企业或者其他管理人之间是一种合同关系。

根据本法第 284 条的规定，业主可以选择物业服务企业或者其他管理人对建筑区划内的建筑物及其附属设施进行管理。选聘物业服务企业或者其他管理人的办法、程序等，应当依据本法第 278 条的规定由业主共同决定。业主选好物业服务企业或者其他管理人后，应当签订物业管理合同，将自己对建筑物及其附属设施的管理权利委托给选聘的物业服务企业或者其他管理人。《物业管理条例》第 34 条第 1 款规定，业主委员会应当与业主大会选聘的物业服务企业订立书面的物业服务合同。因此，业主与物业服务企业或者其他管理人之间是一种合同关系。本次民法典编纂过程中，根据合同实践的发展，在民法典合同编典型合同中，专章增加规定了物业服务合同，对物业服务合同的内涵、权利义务关系等作了规定。

在物业服务合同中，业主应当对自己委托物业服务企业或者其他管理人的权限范围、双方的权利义务、合同期限、违约责任等作出规定。本法第 938 条规定，物业服务合同的内容一般包括服务事项、服务质量、服务费用的标准和收取办法、维修资金的使用、服务用房的管理和使用、服务期限、服务交接等条款。物业服务人公开作出的有利于业主的服务承诺，为物业服务合同的组成部分。物业服务合同应当采用书面形式。

《物业管理条例》第 34 条第 2 款规定，物业服务合同应当对物业管理事项、服务质量、服务费用、双方的权利义务、专项维修资金的管理与使用、物业管理用房、合同期限、违约责任等内容进行约定。

第二，物业服务企业或者其他管理人根据业主的委托，依照本法第三编有关物业服务合同的规定管理建筑区划内的建筑物及其附属设施。

物业服务企业或者其他管理人与业主签订委托合同后，应当根据业主的委托，依照本法合同编有关物业服务合同的规定和合同的约定向业主提供相应的服务。本次民法典编纂在合同编增加规定了物业服务合同一章，对物业服务合同的内容、权利义务等作出了明确规定，因此，民法典编纂过程中，在本条"管理建筑区划内的建筑物及其附属设施"前增加"依照本法第三编有关物业服务合同的规定"，对合同内容以及权利义务作出进一步的指引性规定。

本法以及行政法规总结实践经验，对物业服务企业或者其他管理人的管理行为作了一些规范性的规定。如本法合同编规定，物业服务人将物业服务区域内的部分专项服务事项委托给专业性服务组织或者其他第三人的，应当就该部分专项服务事项向业主负责。物业服务人不得将其应当提供的全部物业服务转委托给第三人，或者将全部物业服务肢解后分别转委托给第三人。物业服务人应当按照约定和物业的使用性质，妥善维修、养护、清洁、绿化和经营管理物业服务区域内的业主共有部分，维护物业服务区域内的基本秩序，采取合理措施保护业主的人身、财产安全。对物业服务区域内违反有关治安、环保、消防等法律法规的行为，物业服务人应当及时采取合理措施制止、向有关行政主管部门报告并协助处理。《物业管理条例》规定，物业服务企业应当按照物业服务合同的约定，提供相应的服务。物业服务企业未能履行物业服务合同的约定，导致业主人身、财产安全受到损害的，应当依法承担相应的法律责任。物业服务企业可以将物业管理区域内的专项服务业务委托给专业性服务企业，但不得将该区域内的全部物业管理一并委托给他人。物业使用人在物业管理活动中的权利义务由业主和物业使用人约定，但不得违反法律、法规和管理规约的有关规定。物业服务企业可以根据业主的委托提供物业服务合同约定以外的服务项目，服务报酬由双方约定。物业管理区域内，供水、供电、供气、供热、通信、有线电视等单位应当向最终用户收取有关费用。物业服务企业接受委托代收前述有关费用的，不得向业主收取手续费等额外费用。对物业管理区域内违反有关治安、环保、物业装饰装修和使用等方面法律、法规规定的行为，物业服务企业应当制止，并及时向有关行政管理部门报告。有关行政管理部门在接到物业服务企业的报告后，应当依法对违法行为予以制止或者依法处理。物业服务企业应当协助做好物业管理区域内的安全防范工作。发生安全事故时，物业服务企业在采取应急措施的同时，应当及时向有关行政管理部门报告，协助做好救助工作。物业服务企业雇请保安人员的，应当遵守国家有关规定。保安人员在维护物业管理区域内的公共秩序时，应当履行职责，不得侵害公民的合法权益。此外，本法合同编还对合同期限届满前后及合同终止如何处理作了规定。

第三，物业服务企业或者其他管理人管理建筑区划内的建筑物及其附属设施，接受业主的监督。

物业管理是否符合合同约定，涉及建筑区划内的建筑物及其附属设施能否正常有效地运转，建筑区划内的治安、环保、卫生、消防等许多方面，涉及每个业主的切身利益，关系着社会的和谐与安定，因此，在履行物业服务合同的过程中，物业服务企业或者其他管理人应当接受业主的监督。《物业管理条例》规定，业主可以监督物业服务企业履行物业服务合同，对物业共用部位、共用设施设备和相关场地使用情况享有知情权和监督权。业主委员会应当及时了解业主、物业使用人的意见和建议，监督和协助物业服务企业履行物业服务合同。业主对物业服务企业或者其他管理人的监督具体可以采取如下不同形式，如对物业服务企业履行合同的情况提出批评、建议，查询物业服务企业在履行合同中形成的有关物业管理的各种档案材料。查询物业服务企业的收费情况等。业主对物业服务企业的监督有利于其更好地向业主提供服务，履行好合同规定的义务。此外，本法第 943 条规定，物业服务人应当定期将服务的事项、负责人员、质量要求、收费项目、收费标准、履行情况，以及维修资金使用情况、业主共有部分的经营与收益情况等以合理方式向业主公开并向业主大会、业主委员会报告。

第四，物业服务企业或者其他管理人应当及时答复业主对物业服务情况提出的询问。

在民法典编纂过程中，有的意见提出，2009 年《最高人民法院关于审理建筑物区分所有权纠纷案件具体应用法律若干问题的解释》第 13 条规定，业主请求公布、查阅下列应当向业主公开的情况和资料的，人民法院应予支持：（1）建筑物及其附属设施的维修资金的筹集、使用情况；（2）管理规约、业主大会议事规则，以及业主大会或者业主委员会的决定及会议记录；（3）物业服务合同、共有部分的使用和收益情况；（4）建筑区划内规划用于停放汽车的车位、车库的处分情况；（5）其他应当向业主公开的情况和资料。建议增加业主知情权的相关规定。因此，本条第 1 款规定，业主有权对物业服务企业或者其他管理人询问物业服务情况，业主对物业服务情况提出询问的，物业服务企业或者其他管理人应当及时答复。

二、物业服务企业或者其他管理人执行政府依法实施的管理措施的义务

本条第 2 款规定，物业服务企业或者其他管理人应当执行政府依法实施的应急处置措施和其他管理措施，积极配合开展相关工作。本款是 2020 年 5 月提交大会审议的民法典草案增加的内容。在新冠肺炎疫情防控中，广大物业服务企业执行政府依法实施的防控措施，承担了大量具体工作，得到了社会普遍认可，还在近期的有关地方立法中引发关注。在民法典编纂过程中，有的意见提出，应该在民法典草案中增加相关规定。2020 年 5 月《关于〈中华人民共和国民法典（草案）〉的说明》中提到，结合疫情防控工作，明确物业服务企业和业主的相关责任和义务，增加规定物业服务企业或者其他管理人应当执行政府依法实施的应急处置措施和其他管理措施，积极配合开展相关工作，业主应当依法予以配合。

因此，本条增加一款规定，物业服务企业或者其他管理人的责任和义务，物业服务企业或者其他管理人应当执行政府依法实施的应急处置措施和其他管理措施，积极配合开展相关工作。

第二百八十六条　业主应当遵守法律、法规以及管理规约，相关行为应当符合节约资源、保护生态环境的要求。对于物业服务企业或者其他管理人执行政府依法实施的应急处置措施和其他管理措施，业主应当依法予以配合。

业主大会或者业主委员会，对任意弃置垃圾、排放污染物或者噪声、违反规定饲养动物、违章搭建、侵占通道、拒付物业费等损害他人合法权益的行为，有权依照法律、法规以及管理规约，请求行为人停止侵害、排除妨碍、消除危险、恢复原状、赔偿损失。

业主或者其他行为人拒不履行相关义务的，有关当事人可以向有关行政主管部门报告或者投诉，有关行政主管部门应当依法处理。

❖ **条文主旨** ❖

本条是关于业主有关义务、制止损害他人合法权益行为并追究其法律责任以及向有关行政主管部门报告或者投诉的规定。

❖ **条文解读** ❖

一、业主应当遵守法律、法规和管理规约以及业主的配合义务

（一）业主应当遵守法律、法规以及管理规约，相关行为应当符合节约资源、保护生态环境的要求

遵守法律、法规以及管理规约是居住于建筑区划内的业主应当履行的最基本的义务。业主首先应当遵守法律、法规，法律、法规对业主的义务作了一些规定，如本法第944条规定，业主应当按照约定向物业服务人支付物业费。物业服务人已经按照约定和有关规定提供服务的，业主不得以未接受或者无需接受相关物业服务为由拒绝支付物业费。业主违反约定逾期不支付物业费的，物业服务人可以催告其在合理期限内支付；合理期限届满仍不支付的，物业服务人可以提起诉讼或者申请仲裁。本法第272条中规定，业主行使权利不得危及建筑物的安全，不得损害其他业主的合法权益。《物业管理条例》第7条规定，业主在物业管理活动中，履行下列义务：（1）遵守管理规约、业主大会议事规则；（2）遵守物业管理区域内物业共用部位和共用设施设备的使用、公共秩序和环境卫生的维护

等方面的规章制度；（3）执行业主大会的决定和业主大会授权业主委员会作出的决定；（4）按照国家有关规定交纳专项维修资金；（5）按时交纳物业服务费用；（6）法律、法规规定的其他义务。

此外，业主还应当遵守管理规约。根据本法第278条规定，业主共同决定制定和修改管理规约。《物业管理条例》第17条规定，管理规约应当对有关物业的使用、维护、管理，业主的共同利益，业主应当履行的义务，违反管理规约应当承担的责任等事项依法作出约定。管理规约应当尊重社会公德，不得违反法律、法规或者损害社会公共利益。管理规约对全体业主具有约束力。此外，建设单位在销售物业之前，可以制定临时管理规约，业主也应该遵守，如果建设单位制定的临时管理规约侵害业主的合法权益或者业主认为不合适，可以依法修改。

（二）业主对物业服务企业或者其他管理人依法实施的应急处理措施和其他管理措施的配合义务

本条第1款中规定，对于物业服务企业或者其他管理人执行政府依法实施的应急处置措施和其他管理措施，业主应当依法予以配合。此规定是2020年5月提交大会审议的民法典草案增加的内容。在新冠肺炎疫情防控中，广大物业服务企业执行政府依法实施的防控措施，承担了大量具体工作，得到了社会普遍认可，还在近期的有关地方立法中引发关注。在民法典编纂过程中，有的意见提出，应该在民法典草案中增加相关规定。2020年5月《关于〈中华人民共和国民法典（草案）〉的说明》中提到，结合疫情防控工作，明确物业服务企业和业主的相关责任和义务，增加规定物业服务企业或者其他管理人应当执行政府依法实施的应急处置措施和其他管理措施，积极配合开展相关工作，业主应当依法予以配合。

二、业主大会或者业主委员会制止损害他人合法权益行为并追究其法律责任

有的建筑区划内的个别业主，不遵守法律、法规以及管理规约的规定，任意弃置垃圾、排放污染物或者噪声、违反规定饲养动物、违章搭建、侵占通道、拒付物业费，损害了部分业主甚至是全体业主的合法权益，对这些侵权行为，由谁予以制止，是否可以追究其侵权的民事责任。业主大会、业主委员会是否可以提起诉讼，在哪些方面享有诉讼资格，可以成为诉讼主体。对这些问题，在2007年物权法研究起草过程中有着不同的看法。有的提出，对建筑区划内个别业主实施的侵权行为，业主大会、业主委员会有责任也有义务予以劝阻、制止，业主大会、业主委员会还可以提起诉讼，物权法应当赋予业主大会、业主委员会诉讼主体资格。有的提出，业主大会、业主委员会提起诉讼后，如果败诉，诉讼后果应由全体业主承担，这在理论上说得通，但在实践中行不通。有的提出，业主大会、业主委员会是由业主组成的。业主大会、业主委员会对侵权行为予以处置，影响邻里关系，容易产生矛盾，宜由物业公司或者国家有关部门予以制止。物业公司提出，物业公司根据业主的要求，对建筑区划内的违法行为予以劝阻、制止，但当事人根本不听，物业公司也没有办法。物业公司是受业主委托，向业主提供服务的企业。没有政府的授权，对这些违法行为无权管，管了也没用。

在物权法起草过程中，立法部门经调查研究认为，为了维护业主的共同权益，应当对业主大会、业主委员会的起诉和应诉资格作出规定，对此物权法草案三次审议稿第87条曾规定："对侵害业主共同权益等行为，业主会议经三分之二以上业主同意，可以以业主会议的名义提起诉讼、申请仲裁。"对此，有的提出，这一条的规定对于切实维护业主权益是必要的，但

需经 2/3 以上业主同意规定的比例过高，建议降低比例。有的提出，现实生活中维护业主共同权益的许多工作是由业主委员会承担的，经业主授权，业主委员会也可以提起诉讼、申请仲裁。对此，立法部门将这一条修改为，"对侵害业主共同权益的行为，对物业服务机构等违反合同发生的争议，经专有部分占建筑物总面积过半数的业主或者占总人数过半数的业主同意，可以以业主大会或者业主委员会的名义提起诉讼、申请仲裁；业主也可以以自己的名义提起诉讼、申请仲裁"（草案四次审议稿第 86 条）。对这一修改，有的常委委员和业主委员会提出，业主大会或者业主委员会没有独立的财产，难以承担败诉后的民事责任，建议删去这一规定。立法部门经调查研究认为，业主大会是业主的自治性组织，业主委员会是业主大会的执行机构，业主大会或者业主委员会享有的权利、承担的义务都要落在业主身上，目前许多小区没有成立业主大会或者业主委员会，对业主大会或者业主委员会提起诉讼、申请仲裁的权利以暂不作规定为妥；对侵害业主共同权益的纠纷，可以通过民事诉讼法规定，推选代表人进行诉讼。

对任意弃置垃圾、排放污染物或者噪声、违反规定饲养动物、违章搭建、侵占通道、拒付物业费等损害他人合法权益的行为如何处置，本条规定了以下几种办法：一是业主大会、业主委员会依照法律、法规以及管理规约的规定，要求其停止侵害、消除危险、排除妨碍、赔偿损失。二是受到侵害的业主个人依据民事诉讼法等法律的规定，向人民法院提起诉讼。三是共同受到侵害的业主，推选代表人，依据民事诉讼法等法律的规定，向人民法院提起诉讼。本次民法典编纂过程中，对此未作修改。

关于"损害他人合法权益的行为"的界定，《最高人民法院关于审理建筑物区分所有权纠纷案件适用法律若干问题的解释》第 15 条规定，业主或者其他行为人违反法律、法规、国家相关强制性标准、管理规约，或者违反业主大会、业主委员会依法作出的决定，实施下列行为的，可以认定为民法典第286条第2款所称的其他"损害他人合法权益的行为"：（1）损害房屋承重结构，损害或者违章使用电力、燃气、消防设施，在建筑物内放置危险、放射性物品等危及建筑物安全或者妨碍建筑物正常使用；（2）违反规定破坏、改变建筑物外墙面的形状、颜色等损害建筑物外观；（3）违反规定进行房屋装饰装修；（4）违章加建、改建，侵占、挖掘公共通道、道路、场地或者其他共有部分。

三、业主或者其他行为人拒不履行相关义务的，有关当事人可以向有关行政主管部门报告或者投诉，有关行政主管部门应当依法处理

在民法典编纂过程中，有的意见提出，除要求行为人承担民事责任外，有关当事人还可以向有关行政主管部门投诉，建议增加相关内容。经研究，2019年4月，十三届全国人大常委会十次会议《全国人民代表大会宪法和法律委员会关于〈民法典物权编（草案）〉修改情况的汇报》中提到，加强对业主维权的保障，在草案第81条中增加1款规定：在建筑区划内违反规定饲养动物、违章搭建、侵占通道等的行为人拒不履行相关义务的，有关当事人可以向有关行政主管部门投诉，有关行政主管部门应当依法处理。例如，行为人违章搭建的，有关当事人可以依法向住建部门投诉，相关部门应当依法处理。2020年5月提交大会审议的民法典草案进一步将"投诉"修改为"报告或者投诉"，并将"行为人"修改为"业主或者行为人"。

第二百八十七条　业主对建设单位、物业服务企业或者其他管理人以及其他业主侵害自己合法权益的行为，有权请求其承担民事责任。

173

❖ **条文主旨** ❖

本条是关于业主对侵害自己合法权益的行为,有权请求承担民事责任的规定。

❖ **条文解读** ❖

本条是在 2007 年通过的物权法第 83 条第 2 款中"业主对侵害自己合法权益的行为,可以依法向人民法院提起诉讼"的规定基础上的修改完善,将业主对侵害自己合法权益行为有权请求承担民事责任的规定单列一条作了规定。在民法典编纂过程中,有的意见提出,物权法第 83 条规定的是业主的有关义务、业主大会和业主委员会制止损害他人合法权益行为,建议对业主对侵害自己合法权益的行为作单独规定。2018 年 8 月审议的民法典各分编草案吸收了这一意见,单列一条并作了修改完善。

法律及行政法规等规定了一些业主的权利,如本法第 274 条规定,建筑区划内的道路,属于业主共有,但是属于城镇公共道路的除外。建筑区划内的绿地,属于业主共有,但是属于城镇公共绿地或者明示属于个人的除外。建筑区划内的其他公共场所、公用设施和物业服务用房,属于业主共有。第 275 条第 2 款规定,占用业主共有的道路或者其他场地用于停放汽车的车位,属于业主共有。第 280 条第 2 款规定,业主大会或者业主委员会作出的决定侵害业主合法权益的,受侵害的业主可以请求人民法院予以撤销。第 281 条规定,建筑物及其附属设施的维修资金,属于业主共有。第 282 条规定,建设单位、物业服务企业或者其他管理人等利用业主的共有部分产生的收入,在扣除合理成本之后,属于业主共有。《物业管理条例》第 6 条中规定,业主在物业管理活动中,享有下列权利:(1)按照物业服务合同的约定,接受物业服务企业提供的服务;(2)提议召开业主大会会议，并就物业管理的有关事项提出建议；（3）提出制定和修改管理规约、业主大会议事规则的建议；（4）参加业主大会会议，行使投票权；（5）选举业主委员会成员，并享有被选举权；（6）监督业主委员会的工作；（7）监督物业服务企业履行物业服务合同；（8）对物业共用部位、共用设施设备和相关场地使用情况享有知情权和监督权；（9）监督物业共用部位、共用设施设备专项维修资金的管理和使用；（10）法律、法规规定的其他权利。同时也规定了一些建设单位、物业服务企业或者其他管理人以及其他业主的义务。根据本条规定，业主对建设单位、物业服务企业或者其他管理人以及其他业主侵害自己合法权益的行为，有权请求其承担民事责任。具体的民事责任，可以依据本法第179条的相关规定。

第七章　相邻关系①

本章共九条。对处理相邻关系的原则、用水与排水、通行、通风、采光和日照等相邻关系作了规定。相邻关系是指不动产的相邻各方因行使所有权或者用益物权而发生的权利义务关系。

> **第二百八十八条**　不动产的相邻权利人应当按照有利生产、方便生活、团结互助、公平合理的原则，正确处理相邻关系。

❖ **条文主旨** ❖

本条是关于处理相邻关系原则的规定。

---

① 相邻关系，是指不动产的相邻各方因行使所有权或者用益物权而发生的权利义务关系。

❖ **条文解读** ❖

本条是 2007 年通过的物权法第 84 条的规定，本次民法典编纂对本条未作修改。

本条首先要回答的是"不动产的相邻权利人"的范围。这里有以下几个问题：

第一，相邻的不动产不仅指土地，也包括附着于土地的建筑物。相邻土地权利人之间的相邻关系的内容是非常丰富的，例如，通行、引水、排水，以及临时占用邻人土地修建建筑物等。但相邻的建筑物权利人之间的相邻关系也是同样内容丰富的，无论是在农村还是在城市，建筑物之间的通风、采光等相邻关系直接关系到人们的生活。特别是随着城市化的进一步发展，建筑物区分所有人之间的相邻关系迫切需要法律作出调整。

第二，不动产的相邻关系一般指相互毗邻的不动产权利人之间的关系，但也并不尽然。例如，河流上游的权利人排水需要流经下游的土地，当事人之间尽管土地并不相互毗邻，但行使权利是相互邻接的。

第三，相邻的不动产权利人，不仅包括不动产的所有人，而且包括不动产的用益物权人和占有人。

法律设立不动产相邻关系的目的是尽可能确保相邻的不动产权利人之间的和睦关系，解决相邻的两个或者多个不动产所有人或使用人因行使权利而发生的冲突，维护不动产相邻各方利益的平衡。在现代社会，世界各国的立法取向更加注重不动产所有权的"社会性义务"，给不动产所有权提出了更多的限制性要求。人们逐渐认识到对不动产所有权的行使不能是绝对的，为避免所有权人绝对行使权利而妨碍社会的进步和公共利益的需要，有必要对所有权的行使，特别是不动产物权的行使加以必要的限制。基于相邻关系的规定，如果甲是一个不动产权利人，这种限制来自两个方面：一是，甲不能在其"一亩三分地"内胡作非为，从而影响邻人对自己不动产的正常使用及安宁。二是，甲对其"一亩三分地"行使所有权时，要为邻人对自己不动产的使用提供一定的便利，即容忍邻人在合理范围内使用自己的不动产。

我国早在 1986 年通过的民法通则就规定了处理不动产相邻关系的原则。民法通则第 83 条规定："不动产的相邻各方，应当按照有利生产、方便生活、团结互助、公平合理的精神，正确处理截水、排水、通行、通风、采光等方面的相邻关系。给相邻方造成妨碍或者损失的，应当停止侵害，排除妨碍，赔偿损失。"虽然民法通则对相邻关系的规定仅此一条，但却揭示了相邻关系的本质特征。相邻关系是法定的，一是体现在不动产权利人对相邻不动产权利人的避免妨害之注意义务；二是体现在不动产权利人在非使用邻地就不能对自己的不动产进行正常使用时，有权在对邻地损害最小的范围内使用邻地，邻地权利人不能阻拦。这就是"团结互助、公平合理"的原则要求。

处理相邻关系的原则，不仅是人们在生产、生活中处理相邻关系应遵从的原则，也是法官审理相邻关系纠纷案件应遵从的原则。特别是在法律对相邻关系的某些类型缺乏明确规定的情况下，需要法官以处理相邻关系的一般原则评判是非。例如，我国民法典物权编对树木根枝越界的相邻关系问题没有作出规定。在我国农村此类纠纷还是常见的。

❖ **案例分析** ❖

例如，甲家树木的枝蔓越界到乙家，乙家认为该越界枝蔓影响了其采光，从而起诉到法院，要求甲家砍断越界的枝蔓。

法官在审理此案时，首先要看当地的习惯对此类纠纷如何处理。如果当地也没有相应的习惯，法官要依我国法律规定的处理相邻关系的一般原则审理此案。法官要查证越界枝蔓是否对乙家的生活造成了严重影响，也要查明砍断越界枝蔓对甲家的生产会产生多少影响，因为该树可能是经济价值较高的果树。如果法官认定越界枝蔓严重妨害了乙家的采光，同时砍断越界枝蔓对甲家的生产损失不大，则判决甲家砍断越界枝蔓；反之，如果法官认定越界枝蔓对乙家的生活影响不大，但砍断越界枝蔓可能对甲家的生产造成较大损失，可以判决保留越界枝蔓，而由甲家给乙家一定补偿。

> **第二百八十九条** 法律、法规对处理相邻关系有规定的，依照其规定；法律、法规没有规定的，可以按照当地习惯。

❖ **条文主旨** ❖

本条是关于处理相邻关系依据的规定。

❖ **条文解读** ❖

本条是 2007 年通过的物权法第 85 条的规定，本次民法典编纂对本条未作修改。

需要用法律调整的相邻关系的种类很多，随着社会经济的发展，其范围还在不断扩大。因此，民法典物权编不可能对需要调整的相邻关系一一列举，只能择其主要，作出原则性规定。世界各国对相邻关系种类的规定也是有繁有简。但是在现实生活中，基于相邻关系发生的纠纷的种类很多，人民法院或者其他有权调解、处理的机关在处理纠纷时，又必须依据一定的规范，所以本条规定：法律、法规对处理相邻关系有规定的，依照其规定；法律、法规没有规定的，可以按照当地习惯。

我国有些法律、法规对处理相邻关系作出了规定。例如，我国建筑法对施工现场相邻建筑物的安全、地下管线的安全，以及周围环境的安全都提出了要求。该法第39条第2款规定："施工现场对毗邻的建筑物、构筑物和特殊作业环境可能造成损害的，建筑施工企业应当采取安全防护措施。"第40条规定："建设单位应当向建筑施工企业提供与施工现场相关的地下管线资料，建筑施工企业应当采取措施加以保护。"第41条规定："建筑施工企业应当遵守有关环境保护和安全生产的法律、法规的规定，采取控制和处理施工现场的各种粉尘、废气、废水、固体废物以及噪声、振动对环境的污染和危害的措施。"

处理民事关系，首先应当依照民事法律的规定。在民事法律未作规定的情况下，法官在处理民事纠纷时，依习惯作出判断。本法第10条规定，处理民事纠纷，应当依照法律；法律没有规定的，可以适用习惯，但是不得违背公序良俗。

平等主体之间的财产关系和人身关系的种类和内容极其广泛和复杂，调整这些关系的民法是难以涵盖全部的。因此，有的民事关系在没有相应法律进行调整时，适用当地风俗习惯或者交易惯例是一种必然要求。在法治社会里，民事主体之间发生了某种纠纷，不能说由于没有相应法律作为依据，法院就拒绝审理，这不利于社会的和谐与稳定。

作为审案依据的"习惯"必须是当地多年实施且为当地多数人所遵从和认可的习惯，这种习惯已经具有"习惯法"的作用，在当地具有类似于法律一样的约束力。同时，这种习惯以不违背公序良俗为限。因此，当邻里因为不动产的使用而发生纠纷时，如果没有相应的民事法律进行调整，在是否适用习惯作为审案的依据，以及适用何种习惯作为审案的依据问题上，法官具有自由裁量权。

在整个民法体系中，处理相邻关系需要以习惯作为依据所占的比例是比较大的。理由就是相邻关系的种类繁多且内容丰富。由于本法对相邻关系的规定比较原则和抽象，因此，更是大量需要以习惯作为标准来判决基于相邻关系而产生的纠纷的是与非。

> **第二百九十条** 不动产权利人应当为相邻权利人用水、排水提供必要的便利。
>
> 对自然流水的利用，应当在不动产的相邻权利人之间合理分配。对自然流水的排放，应当尊重自然流向。

❖ **条文主旨** ❖

本条是关于用水、排水相邻关系的规定。

❖ **条文解读** ❖

相邻的不动产权利人基于用水、排水而发生的相邻关系的内容非常丰富，我国水法第 28 条规定："任何单位和个人引水、截（蓄）水、排水，不得损害公共利益和他人的合法权益。"根据水法并参考国外或地区立法例，关于水的相邻关系的内容大概有以下几项：

一、对自然流水的规定

1. 尊重自然流水的流向及低地权利人的承水、过水义务。例如，法国、意大利、瑞士、日本等国民法典和我国台湾地区"民法"规定，从高地自然流至之水，低地权利人不得妨阻。

2. 水流地权利人变更水流或者宽度的限制。例如，《日本民法典》和我国台湾地区"民法"规定，水流地权利人，如对岸的土地属于他人时，不得变更水流或者宽度。两岸的土地均属于一个权利人时，该权利人可以变更水流或者宽度，但应给下游留出自然水路。当地对此有不同习惯的，从其习惯。

3. 对自然流水使用上的合理分配。我国对跨行政区域的河流实行水资源配置制度。我国水法第 45 条第 1 款规定："调蓄径流和分配水量，应当依据流域规划和水中长期供求规划，以流域为单元制定水量分配方案。"法国、意大利、瑞士等国民法典和我国台湾地区"民法"规定，自然流水为低地所必需的，高地权利人纵因其需要，也不得妨堵其全部。

二、蓄水、引水、排水设施损坏而致邻地损害时的修缮义务

例如，《日本民法典》和我国台湾地区"民法"规定，土地因蓄水、引水、排水所设置的工作物破溃、阻塞，致损及他人的土地，或者有损害发生的危险时，土地权利人应以自己的费用进行必要的修缮、疏通和预防。但对费用的承担另有习惯的，从其习惯。

三、排水权

《日本民法典》和我国台湾地区"民法"规定，高地权利人为使其浸水之地干涸，或者排泄家用、农工业用水至公共排水通道时，可以使其水通过低地。但应选择于低地损害最小的处所和方法为之。在对低地仍有损害的情况下，应给予补偿。

《日本民法典》和我国台湾地区"民法"规定，水流因事变在低地阻塞时，高地权利人为保障自己的排水，有权以自己的费用在低地建造疏通流水的必要工事。但对费用的承担另有习惯的，从其习惯。

四、土地权利人为引水或排水而使用邻地水利设施的权利

《日本民法典》和我国台湾地区"民法"规定，土地权利人为引水或排水，可以使用邻地的水利设施。但应按其受益的程度，负担该设施的设置及保存费用。

五、用水权

由于我国法律规定水资源属于国家所有，所以我国水法第48条第1款规定："直接从江河、湖泊或者地下取用水资源的单位和个人，应当按照国家取水许可制度和水资源有偿使用制度的规定，向水行政主管部门或者流域管理机构申请领取取水许可证，并缴纳水资源费，取得取水权。但是，家庭生活和零星散养、圈养畜禽饮用等少量取水的除外。"

《法国民法典》和我国台湾地区"民法"规定，河流两岸、水井所在地等水源地的权利人有自由用水权，但公法对水资源的利用有特别规定的除外。

我国台湾地区"民法"规定，土地权利人因家用或者土地利用所必须，自己取水则费用、劳力过于巨大，可以通过支付偿金的方式使用邻地权利人的有余之水。

六、水源地权利人的物上请求权

例如，《瑞士民法典》和我国台湾地区"民法"规定，他人因建筑等行为而使水源地的水资源造成损害，如使水资源减少或受到污染，无论其出于故意还是过失，水源地权利人都可以请求损害赔偿。如果该水资源属于饮用水或者利用土地所必须的，并可以请求恢复原状。

七、堰的设置与利用

《日本民法典》和我国台湾地区"民法"规定，水流地权利人有设堰的必要时，如对岸土地属于他人的，可以使其堰附着于对岸。但对于因此而发生的损害，应支付偿金。对岸土地的权利人，可以使用此堰，但是应当按其受益程度，负担该堰的设置及保存费用。关于设堰，如法律另有规定或者当地另有习惯的，从其规定或习惯。

> **第二百九十一条**　不动产权利人对相邻权利人因通行等必须利用其土地的，应当提供必要的便利。

◆ **条文主旨** ◆

本条是关于相邻关系中通行权的规定。

◆ **条文解读** ◆

不动产权利人原则上有权禁止他人进入其土地，但他人因通行等必须利用或进入其土地的，不动产权利人应当提供必要的便利。这些情形是：

第一，他人有通行权的。不动产权利人必须为相邻"袋地"的权利人提供通行便利。"袋地"是指土地被他人土地包围，与公路没有适宜的联络，致使不能正常使用的，土地权利人可以通行周围的土地以到达公路。但应选择损害最小的处所及方法通行，仍有损害的，应支付补偿金。

袋地的形成如是因土地的分割或者一部的让与而致不通公路时，袋地的权利人只能通行受让人或者让与人的土地，而且无需支付偿金。

第二，依当地习惯，许可他人进入其未设围障的土地刈取杂草，采集枯枝、枯干，采集野生植物，或放牧牲畜等。

第三，他人物品或者动物偶然失落其土地时，应允许他人进入其土地取回。

> **第二百九十二条**　不动产权利人因建造、修缮建筑物以及铺设电线、电缆、水管、暖气和燃气管线等必须利用相邻土地、建筑物的，该土地、建筑物的权利人应当提供必要的便利。

❖ **条文主旨** ❖

本条是关于利用相邻土地的规定。

❖ **条文解读** ❖

本条规定的使用邻地包括两种情形，一是因建造、修缮建筑物而临时使用邻地；二是在邻地上安设管线。

一、因建造、修缮建筑物而临时使用邻地

土地权利人因建造、修缮建筑物暂时而且有必要使用相邻的土地、建筑物的，相邻的土地、建筑物的权利人应当提供必要的便利。例如，甲要在自己的建设用地使用权范围内建筑自己的房屋，有必要将脚手架临时搭在相邻的乙的土地范围内，乙不能阻拦，而应提供必要的便利。

二、在邻地上安设管线

从建筑工程学角度上讲，土地权利人，非经过邻人的土地而不能安设电线、水管、煤气管等管线，而此等管线又为土地权利人所必需，该土地权利人有权通过邻人土地的上下安设，但应选择损害最小的处所及方法安设，仍有损害的，应支付偿金。

> 第二百九十三条　建造建筑物，不得违反国家有关工程建设标准，不得妨碍相邻建筑物的通风、采光和日照。

❖ **条文主旨** ❖

本条是关于通风、采光和日照的规定。

❖ **条文解读** ❖

通风、采光和日照是衡量一个人居住质量的重要标准之一。随着城市化的发展，在现代都市，建筑物的通风、采光和日照问题日益成为社会关注的问题之一。由于城市土地价值的提升，导致建筑物之间的距离比过去缩小，高层建筑进一步普及，这些变化使得建筑物之间通风、采光和日照的矛盾越来越多，因此，2007年通过的物权法在民法通则规定的基础上，对通风、采光和日照的问题作进一步规定。本次民法典编纂仅作个别文字修改。

由于我国地域辽阔，各地经济发展很不平衡，所以在民法典物权编中很难规定具体的标准。又由于不同社会发展阶段，对建设工程标准的要求也有所不同，因此不宜在民法典物权编中规定具体的标准。所以本条只是原则规定，"建造建筑物，不得违反国家有关工程建设标准，不得妨碍相邻建筑物的通风、采光和日照。"2012年住建部颁布《建筑采光设计标准》，2018年住建部发布《城市居住区规划设计标准》。按照该规范规定，旧区改造住宅日照标准按照大寒日的日照时数不低于1小时执行。

> **第二百九十四条**　不动产权利人不得违反国家规定弃置固体废物，排放大气污染物、水污染物、土壤污染物、噪声、光辐射、电磁辐射等有害物质。

❖ **条文主旨** ❖

本条是关于相邻不动产之间排放、施放污染物的规定。

❖ **条文解读** ❖

在现代社会，人们生活环境的质量日益受到社会的重视，各国政府都在加大环境保护的力度，其中重要的举措就是加强有关环境保护方面的立法。但是保护环境不能只靠环境保护法，在与环境有关的相邻关系，以及侵害环境的民事责任等方面，则是民法的重要任务之一。

大陆法系多数国家都把"不可称量物质侵入"的禁止性规定作为相邻关系一章的重要内容。所谓"不可称量物质侵入"是指煤气、蒸汽、热气、臭气、烟气、灰屑、喧嚣、振动，以及其他类似物质侵入相邻不动产。大陆法系多数国家或地区的民法中都规定了不可称量物质侵入相邻不动产时，如何调整、处理双方的相邻关系，只不过论述的角度有所不同。

相邻关系中的容忍义务，即遭受来自于相邻不动产的污染物侵害时，此种侵害如果是轻微的，或者按地方习惯认为不构成损害的，则应当容忍，不能阻止相邻不动产排放或施放污染物。只有此种侵害超过必要的限度或者可容忍的限度时，就可以通过法律途径要求相邻不动产权利人停止侵害、消除危险、排除妨害，以及赔偿损失。这样规定的目的是维持相邻不动产之间的和睦关系，因为一个人不可能生活在真空里，来自于相邻不动产的污染物的侵入是不可避免的，但这种侵害不能超过一个合理的度。

本条规定的大气污染物，主要包括燃煤的煤烟污染；废气、粉尘和恶臭污染；机动车船的尾气污染等。我国大气污染防治法第8条规定，国务院生态环境主管部门或者省、自治区、直辖市人民政府制定大气环境质量标准，应当以保障公众健康和保护生态环境为宗旨，与经济社会发展相适应，做到科学合理。第9条规定，国务院生态环境主管部门或者省、自治区、直辖市人民政府制定大气污染物排放标准，应当以大气环境质量标准和国家经济、技术条件为依据。第12条规定，大气环境质量标准、大气污染物排放标准的执行情况应当定期进行评估，根据评估结果对标准适时进行修订。例如，目前我国北方城市大气总悬浮颗粒物的50%来自扬尘，其中建筑施工是扬尘的重要来源。如果某一居民区的旁边是一个施工现场，该居民区的居民认为该施工现场的粉尘超过国家规定的标准的，可以要求其停止侵害、消除危险、排除妨害，以及赔偿损失。

水是一种基本的环境因素，也是重要的资源。它的开发、利用和保护的情况如何，不仅直接关系到农业生产和工业生产的发展，而且直接关系到人民生活和整个国民经济的发展。水污染是我国环境保护中的一个突出问题。随着工业生产的增长和城市的发展，排向江河、湖泊的污水量不断增加，特别是未经处理的工业废水带入大量的有毒、有害污染物质，排放到自然水体，造成了水体污染，破坏了生态平衡。我国水污染防治法对防治水污染作了相关规定。

随着我国工业化、城市化的发展以及人民生活水平的提高，固体废物污染防治工作面临着许多新的情况和问题，主要表现在以下几个方面：一是固体废物产生量持续增长，工业固体废物每年增长7%，城市生活垃圾每年增长4%；二是固体废物处置能力明显不足，导致工业固体废物（很多是危险废物）长年堆积，垃圾围城的状况十分严重；三是固体废物处置标准不高，管理不严，不少工业固体废物仅仅做到简单堆放，城市生活垃圾无害化处置率仅达到20%左右；四是农村固体废物污染问题日益突出，畜禽养殖业污染严重，大多数农村生活垃圾没有得到妥善处置；五是废弃电器产品等新型废物不断增长，造成新的污染。我国固体废物污染环境防治法第14条规定，国务院生态环境主管部门应当会同国务院有关部门根据国家环境质量标准和国家经济、技术条件，制定固体废物鉴别标准。在相邻关系中，不动产权利人不得违反国家规定的标准，向相邻不动产倾倒、堆放、丢弃、遗撒固体废物。

我国环境保护法第42条规定，排放污染物的企业事业单位和其他生产经营者，应当采取措施，防治在生产建设或者其他活动中产生的废气、废水、废渣、医疗废物、粉尘、恶臭气体、放射性物质以及噪声、振动、光辐射、电磁辐射等对环境的污染和危害。

在相邻关系中，不动产向相邻不动产施放噪声是难免的，但是要控制施放噪声的分贝以及施放噪声的时间，不得影响相邻不动产正常的生产、生活。随着城市化的发展，高层建筑的玻璃幕墙造成的光污染，以及霓虹灯等造成的光污染越来越多。解决此类纠纷，一是要求建筑单位在建筑物设计上，要考虑相邻不动产可能遭受的损害，二是要给受损害的相邻不动产充分、合理的补偿。随着近代无线电技术的发展，电磁波污染日益受到社会的重视。我国《广播电视设施保护条例》第11条规定："广播电视信号发射设施的建设，应当符合国家有关电磁波防护和卫生标准；在已有发射设施的场强区内，兴建机关、工厂、学校、商店、居民住宅等设施的，除应当遵守本条例有关规定外，还应当符合国家有关电磁波防护和卫生标准。"

◆ **案例分析** ◆

一群人共同居住在一栋建筑物，甲在装修时释放的噪音势必对其邻居造成一定的侵害，但其上下左右的邻居为维持和睦的邻里关系，应当负容忍义务，因为谁家都可能需要装修，并且装修总是能在一段时间之内完成的，此种噪音侵害并不是永久的，所以应当是可以容忍的。但是甲也应当遵守建筑物的管理规约，不得在邻居晚上休息时释放施工噪音。

> **第二百九十五条** 不动产权利人挖掘土地、建造建筑物、铺设管线以及安装设备等，不得危及相邻不动产的安全。

❖ **条文主旨** ❖

本条是关于维护相邻不动产安全的规定。

❖ **条文解读** ❖

不动产权利人有权在自己具有使用权的土地范围内进行工程建设，但是要注意相邻不动产的安全，避免对相邻不动产造成不应有的损害。

所谓"不得危及相邻不动产的安全"主要包括以下几个方面：

第一，在自己的土地上开挖地基时，要注意避免使相邻土地的地基发生动摇或有动摇之危险，致使相邻土地上的建筑物受到损害。

第二，在与相邻不动产的疆界线附近处埋设水管时，要预防土沙崩溃、水或污水渗漏到相邻不动产。

第三，不动产权利人在自己的土地范围内种植的竹木根枝伸延，危及另一方建筑物的安全和正常使用时，应当消除危险，恢复原状。

第四，不动产权利人在相邻土地上的建筑物有倒塌的危险从而危及自己土地及建筑物安全时，有权要求相邻不动产权利人消除危险。

我国建筑法对施工现场相邻建筑物的安全、地下管线的安全提出了明确要求。该法第 39 条第 2 款规定："施工现场对毗邻的建筑物、构筑物和特殊作业环境可能造成损害的，建筑施工企业应当采取安全防护措施。"第 40 条规定："建设单位应当向建筑施工企业提供与施工现场相关的地下管线资料，建筑施工企业应当采取措施加以保护。"

> 第二百九十六条　不动产权利人因用水、排水、通行、铺设管线等利用相邻不动产的，应当尽量避免对相邻的不动产权利人造成损害。

❖ **条文主旨** ❖

本条是关于在使用相邻不动产时避免造成损害的规定。

❖ **条文解读** ❖

在行使相邻权的同时，也要负尽量避免对被使用的相邻不动产的权利人造成损害的义务。

利用相邻土地引水、排水可能无法避免给相邻土地的权利人造成损失，但应选择损害最小的处所或方法进行引水或者排水，仍有损害的情况下，要给予相邻土地的权利人以补偿。参照我国台湾地区"民法"的规定，关于用水、排水的补偿有以下几项：

一是高地所有人，因使浸水之地干涸，或排泄家用、农工业用之水，以至河渠或沟道，得使其水通过低地。但应择于低地损害最少之处所及方法为之。前项情形，高地所有人，对于低地所受之损害，应支付偿金（我国台湾地区"民法"第779条）。

二是土地所有人，因使其土地之水通过，得使用高地或低地所有人所设之工作物。但应按其受益之程度，负担该工作物设置及保存之费用（我国台湾地区"民法"第780条）。

三是水源地或井之所有人，对于他人因工事杜绝、减少或污秽其水者，得请求损害赔偿。如其水为饮用，或利用土地所必要者，并得请求回复原状；但不能回复原状者，不在此限（我国台湾地区"民法"第782条）。

四是土地所有人因其家用或利用土地所必要，非以过巨之费用及劳力不能得水者，得支付偿金，对邻地所有人，请求给予有余之水（我国台湾地区"民法"第783条）。

利用相邻土地通行，一般都会对相邻土地的权利人造成损害，特别是在相邻土地上开路的情况下，损害是避免不了的，享有通行权的人必须给予补偿。

关于必须利用相邻不动产铺设管线的，应选择相邻不动产损害最小之处所或方法进行，并按照损害的大小，给予补偿。我国台湾地区"民法"第786条规定："土地所有人，非通过他人之土地，不能安设电线、水管、煤气管或其他筒管，或虽能安设而需费过巨者，得通过他人土地之上下而安设。但应择其损害最少之处所及方法为之，并应支付偿金。"

关于在自己的土地上进行建筑活动，而有必要临时使用相邻土地、建筑物，如有损害，应当对相邻土地、建筑物的权利人给予补偿。我国台湾地区"民法"第792条规定："土地所有人，因邻地所有人在其疆界或近旁，营造或修缮建筑物或其他工作物有使用其土地之必要，应许邻地所有人使用其土地，但因而受损害者，得请求偿金。"

物权法第92条规定，不动产权利人因用水、排水、通行、铺设管线等利用相邻不动产的，应当尽量避免对相邻的不动产权利人造成损害；造成损害的，应当给予赔偿。根据该条规定，在无法避免造成损害的情况下，要给予赔偿，这也是公平合理原则的体现。民法典编纂过程中，有的意见提出，造成损害的，应当给予赔偿，可以由侵权责任法调整，无需在本条作出特别规定。经研究，2018年8月审议的民法典各分编草案删除了"造成损害的，应当给予赔偿"的规定，删除此规定，并非是造成损害无需赔偿，而是如果造成损害，可以依据侵权责任法的规定请求损害赔偿。

第八章　共　有

本章是关于共有的规定，共十四条。区分按份共有和共同共有，对共有物的管理及费用负担、共有物的处分及重大修缮、共有物的分割、共有的内部关系和外部关系等内容作了规定。

> **第二百九十七条　不动产或者动产可以由两个以上组织、个人共有。共有包括按份共有和共同共有。**

❖ **条文主旨** ❖

本条是关于共有概念和共有形式的规定。

❖ **条文解读** ❖

一、关于共有的概念

共有是指多个权利主体对一物共同享有所有权。共有的主体称为共有人，客体称为共有财产或共有物。各共有人之间因财产共有形成的权利义务关系，称为共有关系。

财产的所有形式可分为单独所有和共有两种形式。单独所有是指财产所有权的主体是单一的，即一个人单独享有对某项财产的所有权。所谓共有，是指某项财产由两个或两个以上的权利主体共同享有所有权，换言之，是指多个权利主体对一物共同享有所有权。例如，两个人共同所有一艘船舶。我国海商法第 10 条规定："船舶由两个以上的法人或者个人共有的，应当向船舶登记机关登记；未经登记的，不得对抗第三人。"

在共有的概念中要区分共有与公有的关系问题。共有和公有不同。"公有"是指社会经济制度，即公有制。就公有财产权来说，它和共有在法律性质上的不同，主要表现在：第一，共有财产的主体是多个共有人，而公有财产的主体是单一的，在我国为国家或集体组织。全民所有的财产属于国家所有，集体所有的财产则属于某集体组织成员集体所有。第二，公有财产已经脱离个人而存在，它既不能实际分割为个人所有，也不能由个人按照一定的份额享有财产权利。在法律上，任何个人都不能成为公有财产的权利主体。所以，有人认为集体所有是一种共同共有的观点是不对的，集体所有是一种抽象的概念，集体所有的财产不能量化到集体经济组织的成员。而在共有的情况下，特别是在公民个人的共有关系中，财产并没有脱离共有人而存在。共有财产在归属上为共有人所有，是共有人的财产。所以，单个公民退出或加入公有组织并不影响公有财产的完整性，但是，公民退出或加入共有组织（如合伙），就会对共有财产发生影响。

二、关于共有的形式

根据本条规定，共有包括按份共有和共同共有。按份共有和共同共有的区别在于，按份共有人对共有的不动产或者动产按照其份额享有所有权，共同共有人对共有的不动产或者动产共同享有所有权。

> **第二百九十八条** 按份共有人对共有的不动产或者动产按照其份额享有所有权。

❖ **条文主旨** ❖

本条是关于按份共有的规定。

❖ **条文解读** ❖

按份共有，又称分别共有，是与共同共有相对应的一项制度。指数人按应有份额对共有物共同享有权利和分担义务的共有。

在按份共有中，各共有人对共有物享有不同的份额。各共有人的份额，又称应有份，其具体数额一般是由共有人约定明确的。在按份共有中，每个共有人对共有财产享有的权利和承担的义务，是依据其不同的份额确定的。共有人的份额决定了其权利义务的范围。共有人对共有物持有多大的份额，就对共有物享有多大权利和承担多大义务，份额不同，共有人对共有财产的权利义务也不同。

按份共有与分别所有是不同的。在按份共有中，各个共有人的权利不是局限在共有财产的某一部分上，或就某一具体部分单独享有所有权，而是各共有人的权利均及于共有财产的全部。当然，在许多情况下，按份共有人的份额可以产生和单个所有权一样的效力，如共有人有权要求转让其份额，但是各个份额并不是一个完整的所有权，如果各共有人分别单独享有所有权，则共有也就不复存在了。

❖ **案例分析** ❖

例1：甲、乙合购一辆汽车，甲出资3万元，乙出资2万元，甲、乙各按出资的份额对汽车享有权利、分担义务。在按份共有中，各共有人的应有份必须是明确的，如果按份共有人对共有的不动产或者动产享有的份额，没有约定或者约定不明确的，依照本法第309条规定，按照出资额确定；不能确定出资额的，视为等额享有。

例2：甲、乙二人共同出资购买一处房屋，甲出资7万元，乙出资3万元。甲、乙二人共同决定将该房屋出租获取收益。在租金的分配上，甲有权获得租金总额的70%，乙则获得租金总额的30%。反之，在对该房屋维修费用的负担上，甲应负担70%，而乙则承担30%。

> **第二百九十九条　共同共有人对共有的不动产或者动产共同享有所有权。**

❖ **条文主旨** ❖

本条是关于共同共有的规定。

❖ **条文解读** ❖

共同共有是指两个或两个以上的民事主体，根据某种共同关系而对某项财产不分份额地共同享有权利并承担义务。共同共有的特征是：第一，共同共有根据共同关系而产生，以共同关系的存在为前提，例如，夫妻关系、家庭关系；第二，在共同共有关系存续期间内，共有财产不分份额。这是共同共有与按份共有的主要区别；第三，在共同共有中，各共有人平等地对共有物享受权利和承担义务。

关于共同共有的形式，我国学界普遍认为共同共有包括"夫妻共有""家庭共有""遗产分割前的共有"。

一、夫妻共有

共同共有最典型的形式就是夫妻共有。根据本法第1062条规定，夫妻在婚姻关系存续期间所得的下列财产，为夫妻的共同财产，归夫妻共同所有：（1）工资、奖金、劳务报酬；（2）生产、经营、投资的收益；（3）知识产权的收益；（4）继承或者受赠的财产，但是本法第1063条第3项规定的除外；（5）其他应当归共同所有的财产。夫妻对共同财产，有平等的处理权。例如，夫妻双方出卖、赠与属于夫妻共有的财产，应取得一致的意见。夫妻一方明知另一方处分财产而未作否定表示的，视为同意。夫妻财产制是婚姻制度的组成部分，夫妻共有财产的范围、夫妻共有财产权的行使、夫妻共有财产的分割等问题，均应遵守本法婚姻家庭编的相关规定。如本法第 1066 条规定，婚姻关系存续期间，有下列情形之一的，夫妻一方可以向人民法院请求分割共同财产：（1）一方有隐藏、转移、变卖、毁损、挥霍夫妻共同财产或者伪造夫妻共同债务等严重损害夫妻共同财产利益的行为；（2）一方负有法定扶养义务的人患重大疾病需要医治，另一方不同意支付相关医疗费用。

二、家庭共有

家庭共有财产是指家庭成员在家庭共同生活关系存续期间，共同创造、共同所得的财产。例如，家庭成员交给家庭的财产，家庭成员共同受赠的财产，以及在此基础上购置和积累起来的财产等。概言之，家庭共有财产是家庭成员的共同劳动收入和所得。家庭共有财产和家庭财产的概念是不同的。家庭财产是指家庭成员共同所有和各自所有的财产的总和，包括家庭成员共同所有的财产、夫妻共有财产和夫妻个人财产、成年子女个人所有的财产、其他家庭成员各自所有的财产等。家庭共有财产则不包括家庭成员各自所有的财产。

区分家庭共有财产与家庭成员个人财产的主要意义在于：（1）本法第 1153 条第 2 款规定，遗产在家庭共有财产之中的，遗产分割时，应当先分出他人的财产。家庭共有财产的某一共有人死亡，财产继承开始时，必须把死者在家庭共有财产中的应有部分分出，作为遗产继承，而不能把家庭共有财产都作为遗产继承。（2）我国个人独资企业法第 18 条规定，个人独资企业投资人在申请企业设立登记时明确以其家庭共有财产作为个人出资的，应当依法以家庭共有财产对企业债务承担无限责任。《个人独资企业登记管理办法》第 10 条第 2 款规定，个人独资企业投资人以个人财产出资或者以其家庭共有财产作为个人出资的，应当在设立申请书中予以明确。

三、遗产分割前的共有

本法第 1121 条第 1 款规定，继承从被继承人死亡时开始。被继承人死亡的，其遗产无论在谁的占有之下，在法律上皆作为遗产由继承人所有，但有数个继承人且在遗产未分割前，理论上由其继承人共有。因遗产分割前，不能确定各继承人对遗产的份额，理论上认为该共有为共同共有。本法第 1151 条规定，存有遗产的人，应当妥善保管遗产，任何组织或者个人不得侵吞或者争抢。

> **第三百条** 共有人按照约定管理共有的不动产或者动产；没有约定或者约定不明确的，各共有人都有管理的权利和义务。

❖ **条文主旨** ❖

本条是关于共有物管理的规定。

❖ **条文解读** ❖

多人共有一物的，对共有物的管理是事关各共有人的大事，所以也是关于共有的法律规范中的重要内容。

本条规定的对共有物的"管理"是一个外延宽泛的大概念。包括共有人对共有物的保存、使用方法和简易修缮。对共有物的处分和重大修缮则不属于对共有物管理的内容，在本章中另条规定。另外，本条没有区分按份共有、共同共有而对共有物的管理分别作出规定，应当说按份共有人与共同共有人对共有物的管理的权利、义务上还是略有区别的。

一、按份共有人对共有物的管理

（一）按份共有人对共有物的保存

对共有物的保存是指以维持共有物的现状为目的，保持共有物的完好状态，通过相应的管理措施，避免共有物的毁损、灭失。

（二）按份共有人对共有物的使用方法

按份共有人对共有物的使用与按份共有人决定对共有物的使用方法是两个性质不同的问题。按份共有人对共有物的使用及收益分配是本法第298条调整的内容，即各共有人按照其份额对共有物享有所有权。而按份共有人商定对共有物的使用方法则属于对共有物管理的内容。因为对共有物的使用方法决定着共有物的状态及使用寿命。例如，全体共有人可以约定以下几种对共有物的使用方法：一是各共有人对共有物分部分或者分时间使用；二是将共有物交个别共有人使用，由使用的共有人对不使用的共有人给予补偿；三是将共有物出租，租金在共有人中按各自的份额分配。

（三）按份共有人对共有物的简易修缮

对共有物的简易修缮与对共有物的重大修缮不同。对共有物的简易修缮是出于对共有物的保存目的，即保持共有物现有的状态。例如，给共有的房屋破损的玻璃换上好的玻璃等。而对共有物作重大修缮，目的往往是增加共有物的效用或价值。例如，将共有居住房屋改造成商业用房出租。对共有物的重大修缮，往往需费过巨，依照本法第301条的规定，需要在按份共有人中间实行多数决定通过。而对共有物的简易修缮，往往需费甚少，按本条规定，只需共有人按约定办理。如果没有约定或者约定不明确的，各共有人都有义务对共有物作简易修缮。

二、共同共有人对共有物的管理

共同共有人对共有物享有共同的权利，承担共同的义务。在对共有物的管理上，也主要体现在以下三个方面：

第一，在对共有物的保存上，有约定的按约定办理。没有约定或者约定不明确的，各共有人都有妥善保存的权利和义务。所谓对共有物保存的约定，主要是对共有物保存方式的约定，使共有物处于良好状态，以至于共有物对全体共有人发挥更大的功效。例如，夫妻可以对共有的汽车商定如何保养、存放，以避免汽车毁损、灭失。有约定的依约定，没有约定的，夫妻当中主要使用汽车的一方要妥善保存。

第二，在对共有物的使用方法上，也要遵循有约定的依约定，没有约定的，共有人在各自使用时，要尽合理的注意义务，以避免共有物毁损。

第三，在对共有物简易修缮问题上，共有人要商量确定。商量不通的，各共有人都有权利和义务进行修缮。因为共有物的有些小毛病如不及时修理，可能导致损失进一步扩大，对全体共有人都是不利的。

❖ **案例分析** ❖

例1：甲、乙二人共购一辆出租汽车并获得运营权。甲、乙二人在共同经营这辆出租汽车时，可以就如何维护、保养这辆汽车进行约定，如该车每跑5000公里必须做保养；每晚停止营运后要置放于某安全地点以避免被盗等内容。甲、乙二人应当遵守双方关于保存该车的规定。如果甲、乙二人没有就该车如何保存作出约定，那么甲和乙各自应尽自己妥善保存的义务。

例2：甲、乙二人共同出资购买一处房屋，甲出资6万元，乙出资4万元。甲、乙二人共同决定将该房屋出租获取收益。在租金的分配上，甲有权获得租金总额的60%，乙则获得租金总额的40%。

> **第三百零一条**　处分共有的不动产或者动产以及对共有的不动产或者动产作重大修缮、变更性质或者用途的，应当经占份额三分之二以上的按份共有人或者全体共同共有人同意，但是共有人之间另有约定的除外。

❖ **条文主旨** ❖

本条是关于共有物处分或者重大修缮、变更性质或者用途的规定。

❖ **条文解读** ❖

在民法典编纂过程中，有的意见提出，考虑到对共有物实施转让、抵押等处分或者变更共有物的性质或用途，对按份共有人的利益影响巨大，建议增加相关规定。经研究，2018 年 8 月审议的民法典各分编草案将本条中的"重大修缮"修改为"重大修缮、变更性质或者用途"。

本条区分按份共有和共同共有，对共有物的处分或者重大修缮、变更性质或者用途问题作出了不同的规定。

一、对按份共有物的处分或者重大修缮、变更性质或者用途

根据本条规定，处分按份共有的不动产或者动产以及对共有的不动产或者动产重大修缮、变更性质或者用途的，应当经占份额 2/3 以上的按份共有人同意，但是共有人之间另有约定的除外。

（一）对按份共有物的处分

本法在对按份共有物的处分问题上兼顾效益原则和公平原则，实行"多数决"原则。即：占份额 2/3 以上的按份共有人同意，即可处分共有物。传统民法从公平原则出发，规定只有在全体按份共有人同意的前提下，才能对共有物进行处分。在 2007 年物权法起草过程中，经过对此问题深入细致地研究，认为传统民法的规定存在一定弊端，并不能适应新时代对物尽其用的要求。全体同意原则不仅使按份共有人之间易滋生矛盾，丧失合作信心，也阻碍物之及时有效的利用。在当今社会，机会稍纵即逝，很多情况下，等到每个共有人都首肯，机会早已丧失，使物不能尽其用。因此，物权法在对按份共有的共有物处分问题上采用"多数决"的原则。但如果按份共有人约定对共有物的处分应经全体共有人一致同意，则应当依照约定行事。本次民法典编纂沿用了物权法的规定，未作修改。

为了提高共有物的使用效率，按份共有人可以转让其在共有物上的财产份额，当然可以用自己在共有物上的份额设定负担。

（二）对按份共有物的重大修缮、变更性质或者用途

按份共有人对共有物的重大修缮，在我国台湾地区被称为对共有物的改良。对共有物的重大修缮或改良行为，是在不改变共有物性质的前提下，提高共有物的效用或者增加共有物的价值。例如，甲、乙、丙兄弟三人决定将共有的房屋重建。由于对共有物的重大修缮较对共有物的保存而言需费较大，需要各共有人按照自己所占共有物份额的比例支付重大修缮费用，因此为维护多数共有人的利益，本法对共有物作重大修缮的行为规定实行"绝对多数决"的原则，即占共有物 2/3 以上份额的共有人同意，才能对共有物作重大修缮。对按份共有物的变更性质或者用途对共有人的利益影响重大，也应经占共有物 2/3 以上份额的共有人同意。

经查大陆法系有些国家或地区的立法，对共有物的改良实行"相对多数决"原则。例如，我国台湾地区"民法"第820条第3款规定："共有物之改良，非经共有人过半数，并其应有部分合计已过半数者之同意不得为之。"由此可以看出，我国台湾地区立法对共有物的改良实行"相对多数决"原则，但是其强调不但份额过半数，共有人的人数也要过半数的前提下，才能对共有物进行改良。本条只是规定占份额 2/3 以上共有人同意，即可对共有物进行重大修缮、变更性质或者用途。

应当说这样规定是有其合理性的。因为既能体现物尽其用的原则，又能兼顾多数共有人的利益，可以说是兼顾了效率原则与公平原则。

二、对共同共有物的处分或者重大修缮、变更性质或者用途

根据本条规定，处分共同共有的不动产或者动产以及对共有的不动产或者动产重大修缮、变更性质或者用途的，应当经全体共同共有人同意，但是共有人之间另有约定的除外。

（一）对共同共有物的处分

共同共有根据共同关系而产生，以共同关系的存在为前提。共同共有最重要的特征之一就是各共有人平等地对共有物享受权利和承担义务。因此，处分共有物必须经全体共同共有人同意。例如，甲乙二人为夫妻关系，甲乙二人共同共有一辆汽车。在对这辆汽车的转让问题上，必须在甲乙二人一致同意转让的前提下，才能将该车转让。

法律规定对共有物的处分须经全体共同共有人同意，但共有人另有约定的除外。例如，甲乙二人为夫妻关系，甲乙二人可以对共有财产约定一个各自可以处分的财产范围，如对价值100元以下的共有财产的处分，可以不经过另一共有人的同意。如果双方有此约定，则依约定行事。

（二）对共同共有物的重大修缮、变更性质或者用途

无论是夫妻共有财产，还是家庭共有财产，对共有财产作重大修缮、变更性质或者用途，特别是对价值较大的共有财产作重大修缮、变更性质或者用途，往往事关各共有人的利益，一般需要从共有财产中支付费用，还可能基于修缮而使共有人在一段时间内不能使用，或者影响共有物所创造的价值。所以本条规定，在对共有物作重大修缮、变更性质或者用途的，须经全体共同共有人一致同意，但共有人另有约定的除外。

（三）关于对共同共有物规定"一致决"的理论基础

共同共有以法律规定的或者合同约定的共同关系为前提，而这种共有关系的当事人之间在多数情况下具有一定的人身关系，如婚姻关系或者亲属关系。家庭是社会的细胞，家庭成员之间除具有人身关系之外，还具有一定的财产关系，而共同共有则属于家庭财产的一个常态。法律为了维护家庭关系的稳定，有必要对夫妻共有、家庭共有等共有形式的共有人之间的权利义务作出明确规定，在保护各共有人利益的同时，也维护共有人之间的和睦。

共同共有最重要的特征之一就是各共有人平等地对共有物享受权利和承担义务。本法第 1062 条第 2 款规定："夫妻对共同财产，有平等的处理权。"平等地对共有物行使所有权是共同共有的本质特征。我国是一个有 2000 多年封建历史的国家，封建的父权主义、夫权主义在一些家庭中还有所表现。在对共同共有物的处分及行使其他权利的问题上，侵害妇女或其他共有人利益的情况仍然很多。男女平等是我国婚姻法的基本原则，在对夫妻共同财产或者家庭共同财产的处分等权利方面，也必须贯彻平等的原则。

❖ **案例分析** ❖

甲、乙、丙兄弟三人各出资 30 万元购置一套房屋。甲乙二人因生意缺钱，可以以二人在该房屋上的份额向银行质押并获得贷款 60 万元。如果甲乙二人到期不能归还银行借款，丙对甲乙二人在该房屋上的份额有优先购买权，丙可以向甲乙二人各支付 30 万元，甲乙二人在向银行还贷的同时，也消灭了与丙的按份共有关系。

> 第三百零二条　共有人对共有物的管理费用以及其他负担，有约定的，按照其约定；没有约定或者约定不明确的，按份共有人按照其份额负担，共同共有人共同负担。

❖ **条文主旨** ❖

本条是关于共有物管理费用负担的规定。

❖ **条文解读** ❖

对共有物的管理费用主要包括以下几项：

第一，对共有物的保存费用，即为保持共有物免于毁损、灭失，处于良好安全状态或使用状态而支付的费用。例如，对共有的汽车在1年中支付的保险费、养路费、车船使用税、保养费、存放费等。

第二，对共有物作简易修缮或者重大修缮所支出的费用，如修理共有的电视机所支付的修理费；装修共有的房屋所支付的费用。

对共有物的其他负担，例如，因为共有物对共有人以外的人造成损害，而向受害人支付的偿金。如共有的房屋倒塌造成他人损害，而向受害人赔偿的医疗费、误工损失费等。

在按份共有中，对共有物的管理费用以及其他负担，有约定的，按照约定；没有约定或者约定不明确的，按份共有人按照其份额负担。

在共同共有中，对共有物的管理费用以及其他负担，原则上由共同共有人共同负担，即由其他的共有财产，如共有的积蓄支付。但是共同共有人另有约定的，依照其约定。我国允许夫妻约定财产制，夫妻可以把家庭财产，部分约定为共同所有，部分约定为各自所有。

❖ **案例分析** ❖

甲乙二人为夫妻，双方在结婚之时约定婚后各自的工资收入为各自所有，奖金收入为共同共有。同时约定对家庭生活所必需的生活用品的购买实行 AA 制。婚后甲乙二人商定共买一辆汽车，约定双方各出资 10 万元，同时约定所购汽车为夫妻共同财产。在购买汽车后，在对汽车的费用支出问题上，如果甲乙二人有约定，则依约定行事。如甲乙二人约定对该车的所有管理费用支出也实行 AA 制，则依此约定。如果甲乙二人没有对该车的管理费用支出作出约定，则由二人共同负担，即从二人共有的奖金中支付该车的管理费用。

> **第三百零三条** 共有人约定不得分割共有的不动产或者动产，以维持共有关系的，应当按照约定，但是共有人有重大理由需要分割的，可以请求分割；没有约定或者约定不明确的，按份共有人可以随时请求分割，共同共有人在共有的基础丧失或者有重大理由需要分割时可以请求分割。因分割造成其他共有人损害的，应当给予赔偿。

❖ **条文主旨** ❖

本条是关于共有财产分割原则的规定。

❖ **条文解读** ❖

分割共有财产的基本原则本条规定有三：

一、依据共有人约定分割的原则

无论是按份共有，还是共同共有，共有人对共有财产的分割有约定的依其约定。共有人约定不得分割共有的不动产或者动产，以维持共有关系的，应当按照约定，但共有人有重大理由需要分割的，可以请求分割。例如，没有经济收入的某个共有人的父亲病重，需要分割共有财产，获得给父亲看病的钱。在这种情形下，虽然共有人有不能分割共有财产的约定，但共有人的父亲患病属于本条规定的有重大理由需要分割共有财产的情形。

二、依法分割的原则

共有人对共有财产是否可以分割，在什么情况下可以分割没有约定，或者约定不明确的，应当依据本法的规定予以分割。即本条规定的，按份共有人可以随时请求分割，共同共有人在共有的基础丧失或者有重大理由需要分割时可以请求分割。

1. 按份共有人可以随时请求分割。按份共有是各共有人按照确定的份额对共有财产享有权利承担义务的共有。按份共有人对其应有份额享有相当于分别所有的权利。因此，按份共有关系存续期间，按份共有人有权请求从共有财产中分割出属于自己的份额。这种请求不需要征得其他共有人的同意，只要共有人提出请求，就会产生分割的后果。

2. 共同共有人在共有的基础丧失或者有重大理由需要分割时可以请求分割。共同共有是共有人对全部共有财产不分份额地享有权利承担义务的共有。在共有关系存续期间，各共有人对共有财产没有确定的份额，无论在权利的享有上还是在义务的负担上都无份额比例之分。那么，在共有人对共有财产的分割没有约定的情况下，通常共有人只有在共同共有关系消灭时才能协商确定各自的财产份额，对共有财产予以分割。因此，本条规定共同共有人在共有的基础丧失或者有重大理由需要分割时可以请求分割共有财产。共同共有人共有的基础丧失，如夫妻财产的共同共有，因婚姻关系的解除而失去了共有的基础，在这种情况下，夫或者妻一方可以请求分割共有的财产。有重大理由需要分割，如在婚姻关系存续期间，夫妻二人约定由原来的夫妻共同财产制，改变为夫妻分别财产制，在这种情况下，夫或者妻一方也可以请求分割共有的财产。本次民法典编纂还增加规定了婚姻关系存续期间，夫妻一方可以向人民法院请求分割共同财产的情形。本法第1066条规定，婚姻关系存续期间，有下列情形之一的，夫妻一方可以向人民法院请求分割共同财产：（1）一方有隐藏、转移、变卖、毁损、挥霍夫妻共同财产或者伪造夫妻共同债务等严重损害夫妻共同财产利益的行为；（2）一方负有法定扶养义务的人患重大疾病需要医治，另一方不同意支付相关医疗费用。在这些情形发生时，夫妻一方可以依法向人民法院请求分割共同财产。

三、损害赔偿的原则

共有财产关系的客体为一项特定的统一的财产，如图书馆，其功能、作用、价值是确定的。因某些法定的特殊原因，共有人分割共有财产，会使共有财产的功能丧失或者削弱，降低它的价值，有可能给其他共有人造成损害，因此本条规定，因分割对其他共有人造成损害的，应当给予赔偿。

> **第三百零四条** 共有人可以协商确定分割方式。达不成协议，共有的不动产或者动产可以分割且不会因分割减损价值的，应当对实物予以分割；难以分割或者因分割会减损价值的，应当对折价或者拍卖、变卖取得的价款予以分割。
>
> 共有人分割所得的不动产或者动产有瑕疵的，其他共有人应当分担损失。

❖ **条文主旨** ❖

本条是关于共有物分割方式的规定。

❖ **条文解读** ❖

一、关于共有物的分割方式

分割共有的不动产或者动产，可以采取各共有人间协商确定的方式。协商的内容，由共有人自由决定，当然须得共有人全体的同意。当无法达成协议时，共有人可提请法院进行裁判分割。裁判分割应遵循本条关于实物分割、变价分割或者折价赔偿的原则规定：（1）实物分割。在不影响共有物的使用价值和特定用途时，可以对共有物进行实物分割。例如，甲乙二人共有房屋两间，或甲乙共有粮食若干吨，即可采取实物分割的方式，每人分得一间房屋或数吨粮食。（2）变价分割。如果共有物无法进行实物分割，例如，甲乙共有一头牛或者一辆汽车，实物分割将减损物的使用价值或者改变物的特定用途时，应当将共有物进行拍卖或者变卖，对所得价款进行分割。还有一种情形，也适用变价分割的方式，即各共有人都不愿接受共有物，这时也可采取将共有物出卖，分割价金的方式。例如，甲乙二人共有奶牛 50 头，实物分割是可行的，但甲乙二人都不愿接受，因此只能先将 50 头奶牛变卖，对所得价金进行分割。（3）折价赔偿。折价赔偿的分割方式主要存在于以下情形，即对于不可分割的共有物或者分割将减损其价值的，如果共有人中的一人愿意取得共有物，可以由该共有人取得共有物，并由该共有人向其他共有人作价赔偿。

二、共有人分割所得的不动产或者动产有瑕疵的，其他共有人应当分担损失

本条第 2 款规定，共有人分割所得的不动产或者动产有瑕疵的，其他共有人应当分担损失，即所谓瑕疵担保责任，包括权利的瑕疵担保责任和物的瑕疵担保责任。前者指共有人应担保第三人就其他共有人分得之物不得主张任何权利；后者指共有人对其他共有人应担保其分得部分于分割前未隐含瑕疵。本款的规定是为了防止共有物分割后，共有人发现权利或者利益受到侵害而得不到赔偿的情况发生。此种瑕疵担保责任，应同于合同法中出卖人对买受人所负的瑕疵担保责任。

> **第三百零五条**　按份共有人可以转让其享有的共有的不动产或者动产份额。其他共有人在同等条件下享有优先购买的权利。

❖ **条文主旨** ❖

本条是关于按份共有人的优先购买权的规定。

❖ **条文解读** ❖

在按份共有关系中，因同一物之上同时存在着两个以上共有人，为了减少共有人的人数，简化或消除共有关系，提高共有物的利用效率，大陆法系的民事立法大都规定，在按份共有人将共有份额转让给第三人时，其他按份共有人有权行使优先购买权。

一、按份共有人可以转让其享有的共有份额

本条第一句规定了在共有关系存续期间，按份共有人有权转让其享有的共有的不动产或者动产份额。民法通则第78条第3款中规定，按份共有财产的每个共有人有权要求将自己的份额分出或者转让。

规定各共有人有权处分其份额有如下原因：一是按份共有中各共有人的所有权可划分为份额，各共有人拥有其份额，自然有权将其份额进行处分，这是买卖自由原则的体现，也是所有权的本质所决定的。二是我国现行法的规定也未限制共有人处分其份额的权利。

共有人转让共有份额后，受让人可能继续与其他原共有人共有，或者分割共有份额。共有人请求分割共有物的行为是一种单方法律行为，一经作出即生效力。分割共有物的方法依据当事人约定，如果当事人没有约定或约定不明时，则按照以下方法加以分割：（1）如果共有物能够分割，则将共有物按照共有人各自的份额加以分配；（2）如果共有物不适合分割，如分割会减少共有物的价值，则可以将共有物拍卖或变卖而分割其价金，或者共有人之一人取得共有物，向其他共有人按照各自的份额支付相应的对价。

在一般情况下，按份共有人转让其享有的共有份额，无需得到其他共有人同意。但各共有人不得侵害其他共有人的利益，并受法律的限制。法律有特别规定的，共有人处分其份额应遵守法律的规定。如海商法第16条第1款规定："船舶共有人就共有船舶设定抵押权，应当取得持有三分之二以上份额的共有人的同意，共有人之间另有约定的除外。"城市房地产管理法第38条中规定，共有房地产，未经其他共有人书面同意的，不得转让。此外，在共有关系中有禁止共有人出让其份额的约定的，对共有人应当具有约束力。共有人之一不按照约定处分自己应有份额的，应当无效。但是这种约定是对所有关系的特别限制，不能对抗善意第三人，如果第三人受让其份额为善意无过失，发生共有份额所有权转移的后果。

二、共有人转让其份额时其他共有人享有优先购买权

本条第二句规定了共有人转让其份额时其他共有人在同等条件下享有优先购买权。法律规定其他共有人优先购买权，是为了简化共有关系，防止因外人的介入而使共有人内部关系趋于复杂。此处优先购买权是共有人相对于非共有人而言的，在共有人之间并无优先的问题。此种优先购买权仅具有债的效力，不得对抗善意第三人。而且共有人有相反的约定的，依其约定。关于共有人的优先购买权，民法通则第 78 条中规定，按份共有财产的每个共有人有权要求将自己的份额分出或者转让。但在出售时，其他共有人在同等条件下，有优先购买的权利。本法第 860 条第 1 款规定，合作开发完成的发明创造，申请专利的权利属于合作开发的当事人共有；当事人一方转让其共有的专利申请权的，其他各方享有以同等条件优先受让的权利。但是，当事人另有约定的除外。

根据本条规定，按份共有人行使优先购买权有以下条件：

首先，行使优先购买权应是在"同等条件"下。其次，行使优先购买权需作出购买的民事法律行为。此处"同等条件下"是指其他共有人就购买该份额所给出的价格等条件与欲购买该份额的非共有人相同。即当其他共有人与此外的其他人出价相同时，其他共有人有优先购买的权利。《最高人民法院关于适用〈中华人民共和国民法典〉物权编的解释（一）》对如何判断"同等条件"作了规定。第 10 条规定，民法典第 305 条所称的"同等条件"，应当综合共有份额的转让价格、价款履行方式及期限等因素确定。第 12 条规定，按份共有人向共有人之外的人转让其份额，其他按份共有人根据法律、司法解释规定，请求按照同等条件购买该共有份额的，应予支持。其他按份共有人的请求具有下列情形之一的，不予支持：（1）未在本解释第 11 条规定的期间内主张优先购买，或者虽主张优先购买，但提出减少转让价款、增加转让人负担等实质性变更要求；（2）以其优先购买权受到侵害为由，仅请求撤销共有份额转让合同或者认定该合同无效。

此外，本条仅规定按份共有人将其享有的共有的不动产或者动产份额转让给按份共有人之外的人时，其他共有人在同等条件下享有优先购买的权利，未规定按份共有人之间转让其享有的共有份额的，其他共有人是否也在同等条件下享有优先购买的权利。物权法实施后，相关司法解释对此作了规定。《最高人民法院关于适用〈中华人民共和国民法典〉物权编的解释（一）》第13条规定，按份共有人之间转让共有份额，其他按份共有人主张根据民法典第305条规定优先购买的，不予支持，但按份共有人之间另有约定的除外。

> 第三百零六条 按份共有人转让其享有的共有的不动产或者动产份额的，应当将转让条件及时通知其他共有人。其他共有人应当在合理期限内行使优先购买权。
>
> 两个以上其他共有人主张行使优先购买权的，协商确定各自的购买比例；协商不成，按照转让时各自的共有份额比例行使优先购买权。

❖ 条文主旨 ❖

本条是关于共有人行使优先购买权的规定。

❖ 条文解读 ❖

本条规定是编纂民法典新增加的条文，物权法未规定本条内容。在民法典编纂过程中，有的意见提出，物权法第101条规定了按份共有人的优先购买权，但对按份共有人如何行使共有权，以及如果有两个以上共有人都主张行使优先购买权的，如何行使优先购买权问题没有明确规定，实践中有需求，建议增加相关规定予以明确。

虽然物权法未规定上述问题，物权法实施后，相关司法解释对此问题作了具体规定。2016年《最高人民法院关于

适用〈中华人民共和国物权法〉若干问题的解释（一）》第
10 条至第 14 条对按份共有人的优先购买权的实现作了明确
规定。在总结司法实践经验的基础上，民法典物权编增加了
本条规定。

一、按份共有人优先购买权的行使

首先，按份共有人转让其享有的共有的不动产或者动产份
额的，应当将转让条件及时通知其他共有人。按份共有人欲转
让其享有的共有的不动产或者动产份额的，其他共有人决定是
否行使同等条件下的优先购买权，前提是其知道欲转让份额的
按份共有人的转让条件，这是按份共有人可以行使优先购买权
的前提条件，因此，根据本条规定，按份共有人首先应当将转
让条件及时通知其他共有人。

其次，其他共有人应当在合理期限内行使优先购买权。根
据本条规定，其他共有人知道了转让条件后，应当在合理期限
内行使优先购买权。因具体的行使期限情况比较复杂，本条未
规定具体的期限，只规定了其他共有人应当在"合理期限"
内行使优先购买权，实践中如何确定"合理期限"，可以参考
司法解释的相关规定。《最高人民法院关于适用〈中华人民共
和国民法典〉物权编的解释（一）》第 11 条规定，优先购买
权的行使期间，按份共有人之间有约定的，按照约定处理；没
有约定或者约定不明的，按照下列情形确定：（1）转让人向
其他按份共有人发出的包含同等条件内容的通知中载明行使期
间的，以该期间为准；（2）通知中未载明行使期间，或者载
明的期间短于通知送达之日起 15 日的，为 15 日；（3）转让人
未通知的，为其他按份共有人知道或者应当知道最终确定的同
等条件之日起 15 日；（4）转让人未通知，且无法确定其他按
份共有人知道或者应当知道最终确定的同等条件的，为共有份
额权属转移之日起 6 个月。

二、两个以上共有人主张行使优先购买权

如果三人以上按份共有，其中一个按份共有人欲转让其享有的共有的不动产或者动产份额，其他两个以上共有人都主张行使优先购买权的，如何处理。根据本条第 2 款的规定，首先两个以上其他共有人主张行使优先购买权的，协商确定各自的购买比例。如果协商不成的，按照转让时各自的共有份额比例行使优先购买权。例如，甲、乙、丙三人按份共有一房屋，甲占 50%，乙占 20%，丙占 30%。如果甲欲转让其享有的共有房屋份额，乙丙都想购买，都主张行使优先购买权的，按照本条规定，先协商确定各自的购买比例，如果协商不成，就按照转让时各自的共有份额比例行使优先购买权，即乙可以优先购买甲的份额的 40%，丙可以优先购买甲的份额的 60%。

> **第三百零七条** 因共有的不动产或者动产产生的债权债务，在对外关系上，共有人享有连带债权、承担连带债务，但是法律另有规定或者第三人知道共有人不具有连带债权债务关系的除外；在共有人内部关系上，除共有人另有约定外，按份共有人按照份额享有债权、承担债务，共同共有人共同享有债权、承担债务。偿还债务超过自己应当承担份额的按份共有人，有权向其他共有人追偿。

❖ **条文主旨** ❖

本条是关于因共有财产产生的债权债务关系的对外以及对内效力的规定。

❖ **条文解读** ❖

一、因共有财产产生的债权债务关系的对外效力

本条第一句中规定了因共有财产产生的债权债务关系的对外效力。按照本条规定，不论是按份共有还是共同共有，只要是因共有的不动产或者动产产生的债权债务，在对外关系上，共有人对债权债务享有连带债权、承担连带债务，但法律另有规定或者第三人知道共有人不具有连带债权债务关系的除外。连带的方法，是共有人享有连带债权时，任一共有人都可向第三人主张债权，共有人承担连带债务时，第三人可向任一共有人主张债权。合伙企业法第38条规定，合伙企业对其债务，应先以其全部财产进行清偿。第39条规定，合伙企业不能清偿到期债务的，合伙人承担无限连带责任。

本条对因共有财产产生的债权债务关系的对外效力不区分按份共有和共同共有，是为了保护善意第三人的权益，对于第三人来说，很难获知共有人的共有关系的性质，此种情形下若不使各共有人承担连带义务，很容易发生共有人推托履行义务的可能，对债权人不利。在第三人不知道共有人内部关系的情况下，法律规定共有人对其享有连带债权、承担连带债务，第三人即可向共有人中的任何一共有人主张其债权，保护了善意第三人的权利。

但是，当法律另有规定或者第三人知道共有人不具有连带债权债务关系时，共有人不用承担连带责任而是按照约定或者共有人享有的份额各自享有债权、承担债务。

二、因共有财产产生的债权债务关系的对内效力

本条第一句还规定了因共有财产产生的债权债务关系的对内效力。按照本条规定，因共有财产产生的债权债务关系，在共有人内部关系上，除共有人另有约定外，按份共有人按照份额享有债权、承担债务，共同共有人共同享有债权、承担债务。

按份共有人按照其份额对共有的物享有所有权，在内部关系上，除共有人另有约定外，按份共有人按照其份额享有权利，承担义务。共同共有人共同对共有的物享有所有权。在内部关系上，共同共有人共同享有权利、承担义务。

三、共有人的追偿权

偿还债务超过自己应当承担份额的按份共有人，有权向其他共有人追偿。这样规定的理论基础是按份共有人在内部关系上是按照其份额承担义务的。合伙企业法第40条规定："合伙人由于承担无限连带责任，清偿数额超过本法第三十三条第一款规定的其亏损分担比例的，有权向其他合伙人追偿。"

> **第三百零八条** 共有人对共有的不动产或者动产没有约定为按份共有或者共同共有，或者约定不明确的，除共有人具有家庭关系等外，视为按份共有。

❖ 条文主旨 ❖

本条是关于共有关系不明时对共有关系性质推定的规定。

❖ 条文解读 ❖

在2007年物权法征求意见过程中，有的认为，按照传统民法共有人对共有的不动产或动产没有约定为按份共有或者共同共有，或者约定不明确的，应视为共同共有。有的建议，删除本条"除共有人具有家庭关系等外"中的"等"字，不宜将推定的共同共有范围扩大到家庭关系之外的其他社会关系。

共同共有是指共有人对全部共有财产不分份额地享受权利

和承担义务的共有。共同共有的共有人只有在共有关系消灭时才能协商确定各自的份额。当共有人对共有的不动产或动产没有约定为按份共有或者共同共有，或者约定不明确的，如果推定为共同共有，共有人对共有财产的份额还是不明确的。因此，本法规定：共有人对共有的不动产或者动产没有约定为按份共有或者共同共有，或者约定不明确的，除共有人具有家庭关系等外，视为按份共有。这样规定，在共有人对共有的不动产或者动产没有约定为按份共有或者共同共有，或者约定不明确时，就能很明确地确定各共有人享有的份额。

> **第三百零九条**　按份共有人对共有的不动产或者动产享有的份额，没有约定或者约定不明确的，按照出资额确定；不能确定出资额的，视为等额享有。

❖ **条文主旨** ❖

本条是关于按份共有人份额不明时份额的确定原则的规定。

❖ **条文解读** ❖

按份共有，是指数人按照各自的份额，对共有财产分享权利，分担义务。按份共有的主体须为二人以上，称为共有人；客体须为物，称为共有物；共有人所享有的权利，为所有权。但此处的所有权不是数个，而是一个。即数个所有权人对一个物共同享有一个所有权。

所谓份额，即各共有人对其所有权在分量上应享有的比例。这个份额是抽象的，并不是指共有物具体的或实体的部分，它既不是对共有物在量上的划分，也不是就共有物划分使用部分。份额是对共有物的所有权在观念上的划分，只是确定各共有人行使权利的比例或者范围而已。各按份共有人有权依其应有份额，对共有物的全部行使权利。如两人共同出资购买了一套房屋，每人的应有份额为1/2，并非每人对这套房屋享有所有权，而是在这套房屋上只有一个所有权，每人对这套房屋都享有1/2的所有权。又如A、B二人共有一头羊，二者的份额相等，不能说羊头和腿属于A，羊的其他部分属于B，只能是在对羊的利用上，二者享有同等权利，或平均分配卖羊所得的价金。

按份共有人对共有的不动产或者动产享有的份额，有约定时，按照其约定确定份额，没有约定或者约定不明确时，首先按照出资额确定按份共有人享有的份额，在不能确定出资额的情况下，推定为等额享有。按份共有依共有人意思而成立，共有人应有份额依共有人的约定而定；没有特别约定，但共有关系基于有偿行为而发生的，按其出资比例而确定。既然共有关系的成立是当事人意思自治的结果，那么各共有人应有份额也应贯彻同样原则，即由当事人约定，当事人没有约定应有份额时则依出资比例确定共有份额，在不能确定出资额的情况下，推定为等额享有，不仅易于操作，且能简化当事人之间的法律关系，符合社会生活中最基本的公平正义。

> **第三百一十条** 两个以上组织、个人共同享有用益物权、担保物权的，参照适用本章的有关规定。

❖ **条文主旨** ❖

本条是关于用益物权和担保物权的准共有的规定。

❖ **条文解读** ❖

民法典物权编中的共有制度是专为所有权的共有而规定

的，但实际生活中，并非只有所有权才能共有，其他财产权，如他物权、知识产权等财产权均可共有。比如二人以上共同享有一块土地的建设用地使用权。此种情况就是两个以上的主体共同享有用益物权。如甲、乙、丙三人分别借款给债务人丁，三人同时就丁所有的房屋设定一个抵押权，份额为均等，并办理一个抵押权登记时，就发生抵押权的准共有。此种情况就是两个以上的主体共同享有担保物权。本条对用益物权和担保物权的准共有作出了规定。两个以上的主体共同享有用益物权和担保物权的按份共有或共同共有，在性质上与对所有权的共有没有差别，为了条文的简约以及对实践中这种情况的处理，本条规定两个以上组织、个人共同享有用益物权、担保物权的，参照本章规定。

所谓准共有是指数人按份共有或者共同共有数人共同共有所有权以外的财产权。准共有具有以下特征：（1）准共有的标的物是所有权之外的财产权，包括用益物权、担保物权等。（2）准共有即准用共有的有关规定，各人就所有权之外的财产究竟是准用共同共有还是按份共有，应当视其共有关系而定。（3）准共有准用按份共有或共同共有的前提，是规范该财产权的法律没有特别规定。如果有，则应首先适用该特别规定。

第九章　所有权取得的特别规定

本章共十二条，所有权取得可分为一般取得和特别取得，善意取得、拾得遗失物等财产取得方式是所有权的特别取得。本章规定善意取得、拾得遗失物等所有权取得的特别方式。

讲所有权的特别取得须先讲物权的取得。物权的取得又作物权的发生，物权的取得可分为原始取得和继受取得，原始取得指非基于他人的权利和意志取得物权，继受取得指基于他人的权利和意志取得物权。继受取得又分为移转取得和创设取得，移转取得指按原状取得他人物权，创设取得指于他人所有权上设定用益物权。

物权的取得可细分为不动产物权的取得、动产物权的取得、用益物权的取得。某些法律事实能够引起这三种物权的发生，某些法律行为仅能引起其中一种或两种物权的发生。

能够取得不动产物权、动产物权、用益物权的法律事实主要有以下行为和事实：（1）合同。通过买卖、互易、赠与取得物权。（2）善意取得。受让人基于对不动产登记、动产占有的信赖，以对价善意受让不动产、动产的物权，纵使出让人无转让的权利，受让人依然能够取得该不动产、动产的物权。（3）继承、遗赠。自然人死亡后，继承人、受遗赠人取得遗产的物权。自然人死亡的时间，是继承人、受遗赠人取得遗产物权的时间。（4）赔偿、补偿。通过获得赔偿、补偿取得物权。（5）判决、裁决。通过人民法院判决、仲裁机构裁决取得物权。判决、裁决生效的时间是当事人取得物权的时间。（6）划拨。通过划拨取得物权。（7）时效。通过取得时效取得物权。

能够取得一种或两种物权的法律事实主要有以下行为和事实：（1）生产。通过生产劳动取得物的所有权。产品成就的时间是当事人取得产品所有权的时间。（2）先占。通过先占取得动产所有权。（3）添附。通过添附取得动产所有权。（4）收归。将无主物、无人认领的遗失物等、无人继承又无人受遗赠的遗产收归国有，将无人继承又无人受遗赠的遗产收归集体所有。（5）征收。通过征收税费和政府有偿征收，取得物的所有权。（6）没收。通过没收从事违法活动的财产，取得物的所有权。（7）罚款。通过罚款取得金钱所有权。

　　财产权的取得还可分为合法取得和违法取得。财产权的合法取得，指财产权的取得符合法律规定。本法第8条规定，民事主体从事民事活动，不得违反法律，不得违背公序良俗。所有权的取得，应当符合法律规定。财产权的违法取得，指财产权的取得违反法律规定。对于违法取得的偷盗物、抢劫物、抢夺物、贪污物，偷盗人、抢劫人、抢夺人、贪污人不能取得物的所有权，这些物品的所有人不变。

> 　　**第三百一十一条**　无处分权人将不动产或者动产转让给受让人的，所有权人有权追回；除法律另有规定外，符合下列情形的，受让人取得该不动产或者动产的所有权：
>
> 　　（一）受让人受让该不动产或者动产时是善意；
>
> 　　（二）以合理的价格转让；
>
> 　　（三）转让的不动产或者动产依照法律规定应当登记的已经登记，不需要登记的已经交付给受让人。
>
> 　　受让人依据前款规定取得不动产或者动产的所有权的，原所有权人有权向无处分权人请求损害赔偿。
>
> 　　当事人善意取得其他物权的，参照适用前两款规定。

❖ **条文主旨** ❖

　　本条是关于善意取得的规定。

❖ **条文解读** ❖

　　本条是2007年通过的物权法第106条的规定，本次民法典编纂对本条仅作了个别文字修改。

　　善意取得，指受让人以财产所有权转移为目的，善意、对价受让且占有该财产，即使出让人无转移所有权的权利，受让人仍取得其所有权。善意取得既适用于动产，又可适用于不动产。

一、善意取得制度的适用条件

根据本条第 1 款的规定，无处分权人将不动产或者动产转让给受让人的，所有权人有权追回；除法律另有规定外，符合本法规定的条件的，受让人取得该不动产或者动产的所有权。即根据本条善意取得制度的规定，即使处分物的处分人为无处分权人，其将不动产或者动产转让的，所有权人有权追回该不动产或者动产，但是如果符合本条规定的条件，此时，除法律另有规定外，由受让人取得该不动产或者动产的所有权。例如，甲将实际所有权是乙的房屋以合理的价格出卖给丙并办理了过户登记，丙如果对甲并非房屋所有人，没有房屋处分权的事不知情，此时，虽然甲无权处分该房屋，但是根据本条规定，丙可以善意取得本房屋的所有权。

有的意见认为，善意取得对所有权人保护不利。善意取得对所有权人是有一定限制，但善意取得基于占有的公信力，旨在维护交易安全，这项制度的存在是必要的。根据本条规定，产生善意取得的法律后果，须符合以下条件，三项条件必须同时具备，否则不构成善意取得：

（一）受让人受让该不动产或者动产时是善意

适用善意取得制度，首先受让人受让该不动产或者动产时须是善意的，即受让人受让该不动产或者动产时不知道出让人是无处分权人，否则不构成善意取得。在上文所举的例子中，丙在受让该房屋时必须是不知道甲是无权处分人的。关于如何认定"善意"，《最高人民法院关于适用〈中华人民共和国民法典〉物权编的解释（一）》第 14 条规定，受让人受让不动产或者动产时，不知道转让人无处分权，且无重大过失的，应当认定受让人为善意。真实权利人主张受让人不构成善意的，应当承担举证证明责任。第 15 条规定，具有下列情形之一的，应当认定不动产受让人知道转让人无处分权：（1）登记簿上存在有效的异议登记；（2）预告登记有效期内，未经预告登记的权利人同意；（3）登记簿上已经记载司法机关或者行政机关依法裁定、决定查封或者以其他形式限制不动产权利的有关事项；（4）受让人知道登记簿上记载的权利主体错误；（5）受让人知道他人已经依法享有不动产物权。真实权利人有证据证明不动产受让人应当知道转让人无处分权的，应当认定受让人具有重大过失。第 16 条规定，受让人受让动产时，交易的对象、场所或者时机等不符合交易习惯的，应当认定受让人具有重大过失。关于如何认定"受让该不动产或者动产时"，《最高人民法院关于适用〈中华人民共和国民法典〉物权编的解释（一）》第 17 条规定，民法典第 311 条第 1 款第 1 项所称的"受让人受让该不动产或者动产时"，是指依法完成不动产物权转移登记或者动产交付之时。当事人以民法典第二百二十六条规定的方式交付动产的，转让动产民事法律行为生效时为动产交付之时；当事人以民法典第二百二十七条规定的方式交付动产的，转让人与受让人之间有关转让返还原物请求权的协议生效时为动产交付之时。法律对不动产、动产物权的设立另有规定的，应当按照法律规定的时间认定权利人是否为善意。

（二）以合理的价格转让

适用善意取得制度，第二个条件是以合理的价格转让，即受让人是以合理的价格，以符合一般人认知的正常的市场价格受让该不动产或者动产。在上文所举的例子中，丙必须以合理的价格受让该房屋。因为建立善意取得制度的意义之一是保障正常的市场秩序，降低交易成本，善意取得制度可以通过制度保证受让人在善意、对价受让时取得交易物。关于如何认定"以合理的价格"，《最高人民法院关于适用〈中华人民共和国民法典〉物权编的解释（一）》第18条规定，民法典第311第1款第2项所称"合理的价格"，应当根据转让标的物的性质、数量以及付款方式等具体情况，参考转让时交易地市场价格以及交易习惯等因素综合认定。

（三）转让的不动产或者动产依照法律规定应当登记的已经登记，不需要登记的已经交付给受让人

适用善意取得制度，第三个条件是转让的不动产或者动产依照法律规定应当登记的已经登记，不需要登记的已经交付给受让人，即交易的不动产或者动产已经依法发生了物权变动的效力。本法第209条第1款规定，不动产物权的设立、变更、转让和消灭，经依法登记，发生效力；未经登记，不发生效力，但是法律另有规定的除外。第224条规定，动产物权的设立和转让，自交付时发生效力，但是法律另有规定的除外。《最高人民法院关于适用〈中华人民共和国民法典〉物权编的解释（一）》对特殊动产如何适用善意取得作了规定，第19条规定，转让人将民法典第225条规定的船舶、航空器和机动车等交付给受让人的，应当认定符合民法典第311条第1款第3项规定的善意取得的条件。

此外，《最高人民法院关于适用〈中华人民共和国民法典〉物权编的解释（一）》对善意取得制度适用的排除作了规定，第20条规定，具有下列情形之一，受让人主张根据民法典第311条规定取得所有权的，不予支持：（1）转让合同被认定无效；（2）转让合同被撤销。

善意取得既适用于动产，又可适用于不动产。当事人出于善意，从无处分权人手中购买了房屋并登记过户，善意人取得房屋所有权。善意取得制度常被认为仅适用于动产，其实不

然，不动产也适用善意取得制度。

善意取得与可追认的无处分权人处分财产行为有别。善意取得制度中的出让人与可追认的无处分权人处分财产行为中的出让人均是无处分权人，故善意取得是无处分权人处分财产行为的特别规定。善意取得中的受让人是善意第三人，善意取得行为自始有效，无需权利人追认。可追认的无处分权人处分财产行为中的受让人非善意第三人，其知出让人无处分权仍受让财产，故该行为是可追认的行为。权利人追认的，让与行为自始有效；权利人不追认的，让与行为自始无效。

二、受让人依据善意取得规定取得不动产或者动产的所有权的，原所有权人有权向无处分权人请求损害赔偿

受让人依照善意取得制度的规定取得不动产或者动产的所有权的，原所有权人会因为无权处分人的处分行为丧失不动产或者动产的所有权，那么此时，如何处理原所有权人与无权处分人之间的关系，如何保护原所有权人的权利。本条第 2 款规定，受让人依据善意取得规定取得不动产或者动产的所有权的，原所有权人有权向无处分权人请求损害赔偿。例如，甲将实际所有权是乙的房屋以合理的价格出卖给丙并办理了过户登记，丙为善意受让人，此时，虽然甲无权处分该房屋，但是丙根据善意取得的规定取得了本房屋的所有权，此时乙因此受到的损失，有权向甲请求损害赔偿。

三、当事人善意取得其他物权的，参照适用前两款规定

本条第 3 款规定，当事人善意取得其他物权的，参照适用前两款规定。根据本条规定，当事人可以参照适用本条第 1、2 款的规定，善意取得其他物权。

第三百一十二条　所有权人或者其他权利人有权追回遗失物。该遗失物通过转让被他人占有的，权利人有权向无处分权人请求损害赔偿，或者自知道或者应当知道受让人之日起二年内向受让人请求返还原物；但是，受让人通过拍卖或者向具有经营资格的经营者购得该遗失物的，权利人请求返还原物时应当支付受让人所付的费用。权利人向受让人支付所付费用后，有权向无处分权人追偿。

◆ **条文主旨** ◆

本条是关于遗失物的善意取得的规定。

◆ **条文解读** ◆

遗失物的善意取得是善意取得的特殊问题，本法规定，遗失物通过转让被他人占有的，权利人有权向无处分权人请求损害赔偿，或者自知道或者应当知道受让人之日起 2 年内向受让人请求返还原物。

动产的善意取得亦受限制。出让人让与的动产若是货币或者无记名有价证券之外的遗失物，遗失人有权向善意取得人请求返还原物。善意取得人应当返还，善意取得人返还后可以向让与人追偿。倘若该遗失物是由善意取得人在拍卖市场、公共市场或者在贩卖与其物同类之物的商人处购得的，遗失人须偿还其购买之价金，方能取回其物。遗失物若是货币或者无记名有价证券，遗失人无权向善意取得人请求返还原物，只能向出让人请求返还同种类物或者请求其他赔偿。

对善意取得的另一意见，是认为应当规定盗赃物的善意取得。本法不规定盗赃物的善意取得，立法考虑是，对被盗、被抢的财物，所有权人主要通过司法机关依照刑法、刑事诉讼法、治安管理处罚法等有关法律的规定追缴后退回。在追赃过程中，如何保护善意受让人的权益，维护交易安全和社会经济秩序，可以通过进一步完善有关法律规定解决，2007 年的物权法对此未作规定。本次民法典编纂对此未作修改。

> **第三百一十三条**　善意受让人取得动产后，该动产上的原有权利消灭。但是，善意受让人在受让时知道或者应当知道该权利的除外。

❖ **条文主旨** ❖

本条是关于善意受让人取得动产后，该动产上的原有权利消灭的规定。

❖ **条文解读** ❖

善意受让人取得动产后，该动产上的原有权利消灭。例如，该动产上有抵押的权利，抵押权消灭。但是，善意受让人取得动产时，知道该动产已被抵押，抵押权不消灭。

> **第三百一十四条**　拾得遗失物，应当返还权利人。拾得人应当及时通知权利人领取，或者送交公安等有关部门。

❖ **条文主旨** ❖

本条是关于拾得遗失物返还的规定。

❖ **条文解读** ❖

拾得遗失物应当返还，民法通则第 79 条规定：所有人不明的埋藏物、隐藏物，归国家所有。接收单位应当对上缴的单位或者个人，给予表扬或者物质奖励。拾得遗失物、漂流物或者失散的饲养动物，应当归还失主，因此而支出的费用由失主偿还。《铁路旅客运输规程》第55条规定：对旅客的遗失物品应设法归还原主。如旅客已经下车，应编制客运记录，注明品名、件数等移交下车站。不能判明时，移交列车终点站。

遗失物是非故意抛弃而丢失的物品。遗失物与废弃物不同，废弃物是故意抛弃之物。丢失遗失物的人，称遗失物丢失人。拾得遗失物，是发现并占有遗失物。拾得遗失物的人，称拾得人。

拾得人拾得遗失物，知道遗失物所有人的，应当及时通知其领取，或者送交遗失物。

拾得人拾得遗失物，不知道遗失物丢失人的，可以张贴招领告示，寻找遗失物丢失人。也可以将遗失物上缴公安机关或者有关单位。例如，学生将捡到的手套交给学校。

> 第三百一十五条　有关部门收到遗失物，知道权利人的，应当及时通知其领取；不知道的，应当及时发布招领公告。

❖ **条文主旨** ❖

本条是关于有关部门收到遗失物的处理的规定。

❖ **条文解读** ❖

有关部门收到遗失物，应当查找遗失物丢失人，请其认领。无人认领的，上缴公安机关。

公安机关收到遗失物，应当查找遗失物丢失人，请其认领。或者存放遗失物品招领处，待人认领。自公安机关收到遗失物发布招领公告之日起 1 年内无人认领的，遗失物归国家所有。公安机关可以拍卖、变卖遗失物，所得价金上缴国库。

> **第三百一十六条**　拾得人在遗失物送交有关部门前，有关部门在遗失物被领取前，应当妥善保管遗失物。因故意或者重大过失致使遗失物毁损、灭失的，应当承担民事责任。

❖ **条文主旨** ❖

本条是关于遗失物保管的规定。

❖ **条文解读** ❖

拾得人拾得遗失物，在返还失主或者送交有关部门前，应当妥善保管遗失物。有关部门收到遗失物后在遗失物被领取前，也应当妥善保管遗失物。拾得人或者有关部门因故意或者重大过失致使遗失物损坏灭失的，应当承担民事责任。

遗失物不易保管或者保管费用过高的，公安机关可以及时拍卖、变卖，保存价金。拾得人和有关单位不能自行拍卖、变卖遗失物。

> **第三百一十七条**　权利人领取遗失物时，应当向拾得人或者有关部门支付保管遗失物等支出的必要费用。
>
> 权利人悬赏寻找遗失物的，领取遗失物时应当按照承诺履行义务。
>
> 拾得人侵占遗失物的，无权请求保管遗失物等支出的费用，也无权请求权利人按照承诺履行义务。

❖ **条文主旨** ❖

本条是关于拾金不昧的规定。

❖ **条文解读** ❖

一、权利人领取遗失物时，应当向拾得人或者有关部门支付保管遗失物等支出的必要费用

拾得人拾得遗失物，有人主张拾得人应获得报酬，遗失物所有人不支付酬金的，拾得人享有留置权。2007 年制定的物权法未采纳这种意见。路不拾遗、拾金不昧是崇高的道德风尚，立法要有价值取向，弘扬中华传统美德。拾得人因拾得遗失物、寻找遗失物丢失人、保管遗失物而实际支付的费用，可以按无因管理请求遗失物所有人偿还。无人认领的，由公安机关在上缴国库前支付。因此，本条第 1 款规定，权利人领取遗失物时，应当向拾得人或者有关部门支付保管遗失物等支出的必要费用。

二、权利人悬赏寻找遗失物的，领取遗失物时应当按照承诺履行义务

本条第 2 款规定，权利人悬赏寻找遗失物的，领取遗失物时应当按照承诺履行义务。例如，甲丢失一贵重物品，登报承诺如果有人拾得该物并归还，愿意支付人民币 5000 元作为报酬，此时，如有人拾得该物并归还，其应当按照承诺履行支付人民币 5000 元的义务。本法第 499 条规定，悬赏人以公开方式声明对完成特定行为的人支付报酬的，完成该行为的人可以请求其支付。

三、拾得人侵占遗失物的，无权请求保管遗失物等支出的费用，也无权请求权利人按照承诺履行义务

本条第 3 款规定，拾得人侵占遗失物的，无权请求保管遗失物等支出的费用，也无权请求权利人按照承诺履行义务。拾得人隐匿遗失物据为己有的，构成侵犯所有权。遗失物所有人可以请拾得人偿还，公安机关可以责令拾得人缴出。拾得人丧失报酬和费用请求权。拾得人将数额较大的遗失物占为己有，拒不交出的，构成犯罪，依刑法惩处。

> **第三百一十八条　遗失物自发布招领公告之日起一年内无人认领的，归国家所有。**

❖ **条文主旨** ❖

本条是关于无人认领的遗失物归国家所有的规定。

❖ **条文解读** ❖

本条在 2007 年通过的物权法第 113 条的基础上作了修改完善，将物权法第 113 条中规定的"六个月"修改为"一年"。

无人认领的遗失物归国家所有，民事诉讼法第 192 条规定，人民法院受理申请后，经审查核实，应当发出财产认领公告。公告满 1 年无人认领的，判决认定财产无主，收归国家或者集体所有。海关法第 51 条规定，进出境物品所有人声明放弃的物品、在海关规定期限内未办理海关手续或者无人认领的物品，以及无法投递又无法退回的进境邮递物品，由海关依照海关法第 30 条的规定处理。第 30 条规定，进口货物的收货人自运输工具申报进境之日起超过 3 个月未向海关申报的，其进口货物由海关提取依法变卖处理，所得价款在扣除运输、装卸、储存等费用和税款后，尚有余款的，自货物依法变卖之日起 1 年内，经收货人申请，予以发还；其中属于国家对进口有限制性规定，应当提交许可证件而不能提供的，不予发还。逾期无人申请或者不予发还的，上缴国库。确属误卸或者溢卸的进境货物，经海关审定，由原运输工具负责人或者货物的收发货人自该运输工具卸货之日起3个月内，办理退运或者进口手续；必要时，经海关批准，可以延期3个月。逾期未办手续的，由海关按前款规定处理。前两款所列货物不宜长期保存的，海关可以根据实际情况提前处理。收货人或者货物所有人声明放弃的进口货物，由海关提取依法变卖处理；所得价款在扣除运输、装卸、储存等费用后，上缴国库。邮政法第33条规定，邮政企业对无法投递的邮件，应当退回寄件人。无法投递又无法退回的信件，自邮政企业确认无法退回之日起超过6个月无人认领的，由邮政企业在邮政管理部门的监督下销毁。无法投递又无法退回的其他邮件，按照国务院邮政管理部门的规定处理；其中无法投递又无法退回的进境国际邮递物品，由海关依照海关法的规定处理。

公安机关收到遗失物，应当查找遗失物丢失人，请其认领。或者存放遗失物品招领处，待人认领。自公安机关收到遗失物发布招领公告之日起1年内无人认领的，遗失物归国家所有。公安机关可以拍卖、变卖遗失物，所得价金上缴国库。

物权法第113条规定，遗失物自发布招领公告之日起6个月内无人认领的，归国家所有。在民法典编纂过程中，有的意见提出，6个月的时间过短，不利于物归还主，建议延长。2018年8月，提交审议的民法典各分编草案将本条中的"六个月"修改为"一年"。

> **第三百一十九条** 拾得漂流物、发现埋藏物或者隐藏物的，参照适用拾得遗失物的有关规定。法律另有规定的，依照其规定。

❖ **条文主旨** ❖

本条是关于拾得漂流物、发现埋藏物或者隐藏物的规定。

❖ **条文解读** ❖

关于拾得漂流物、发现埋藏物或者隐藏物的处理，我国法律法规有不少规定。民法通则第79条第1款规定："所有人不明的埋藏物、隐藏物，归国家所有。接收单位应当对上缴的单位或者个人，给予表扬或者物质奖励。"河道管理条例第33条规定，在河道中流放竹木，不得影响行洪、航运和水工程安全，并服从当地河道主管机关的安全管理。在汛期，河道主管机关有权对河道上的竹木和其他漂流物进行紧急处置。刑法第270条规定，将代为保管的他人财物非法占为己有，数额较大，拒不退还的，处2年以下有期徒刑、拘役或者罚金；数额巨大或者有其他严重情节的，处2年以上5年以下有期徒刑，并处罚金。将他人的遗忘物或者埋藏物非法占为己有，数额较大，拒不交出的，依照前款的规定处罚。本条罪，告诉的才处理。

漂流物、埋藏物和隐藏物的现实问题非常复杂，应当区别情况分别处理：

1. 拾得漂流物或者失散的饲养动物，应当归还失主，因此而支出的费用由失主偿还。拾得漂流物、失散的饲养动物，可参照拾得遗失物的相关规定。漂流物是指漂流在水上的遗失物。失散的饲养动物是指走失的他人饲养的动物。

2. 发现埋藏物。埋藏物是指埋藏于地下的物品。埋藏物品的人，称埋藏人。发现埋藏物的人，称发现人。发现人发现埋藏物，可视情况分别处理：一是能够判定埋藏人，且埋藏物不易为他人发现，发现人可以不挖取埋藏物，并将埋藏物继续掩埋好，且将发现情况告知埋藏人。二是能够判定埋藏人，且埋藏物易为他人发现，发现人可依前种情形处理，也可以将埋藏物挖出，交还埋藏人。三是不能判定埋藏人，且埋藏物不易为他人发现，发现人可以不挖取埋藏物，并将埋藏物继续掩埋好。发现人可以将发现情况告知有关单位或者公安机关。四是不能判定埋藏人，且埋藏物易为他人发现，发现人可依前种情形处理，也可以挖取埋藏物，按拾得不知遗失物丢失人的遗失物的办法处理。发现人发现的埋藏物倘若是文物，应依文物保护法处理。

3. 发现隐藏物。隐藏物是隐藏于他物之中的物品，如隐藏于夹墙中的物品。隐藏物品的人，称隐藏人，发现隐藏物的人，称发现人。发现隐藏物适用发现埋藏物的相关规定。

4. 漂流物、埋藏物、隐藏物与文物保护法的适用。由于漂流物、埋藏物和隐藏物的概念在外延上同"文物"的概念存在交义，在如何处理埋藏物和隐藏物的问题上，有的意见认为，埋藏物和隐藏物的问题复杂，近期的埋藏物、隐藏物可视为遗失物处理，但历史上的埋藏物，属于文物。根据文物保护法的规定，中华人民共和国境内地下、内水和领海中遗存的一切文物，属于国家所有。一切考古发掘工作，必须履行报批手续；从事考古发掘的单位，应当经国务院文物行政部门批准。地下埋藏的文物，任何单位或者个人都不得私自发掘。文物保护法第32条规定，在进行建设工程或者在农业生产中，任何单位或者个人发现文物，应当保护现场，立即报告当地文物行政部门，文物行政部门接到报告后，如无特殊情况，应当在24小时内赶赴现场，并在7日内提出处理意见。文物行政部门可以报请当地人民政府通知公安机关协助保护现场；发现重要文物的，应当立即上报国务院文物行政部门，国务院文物行政部门应当在接到报告后15日内提出处理意见。依照前款规定发现的文物属于国家所有，任何单位或者个人不得哄抢、私分、藏匿。

考虑到文物保护法中对构成文物的物（包括漂流物、埋藏物和隐藏物）的权属及处理程序作了详细规定，因此对于文物的处理不宜笼统参照拾得遗失物的有关规定，所以本条规定但书"法律另有规定的，依照其规定"。此外，由于遗失物、漂流物、埋藏物和隐藏物的概念在外延上同"文物"的概念存在交叉，无论是遗失物、漂流物、埋藏物或者隐藏物，只要构成"文物"，文物保护法的规定将优先适用。

> **第三百二十条　主物转让的，从物随主物转让，但是当事人另有约定的除外。**

❖ **条文主旨** ❖

本条是关于从物随主物转让的规定。

❖ **条文解读** ❖

主物与从物的划分规则，是指在两个以上的物发生互相附着或者聚合而且在经济上发生密切的关联之后，当物上的权利发生变动时，为确定物的归属所适用的规则。物的主从关系的划分并非人为拟制，而是经济实践的反映。现实中的物常常是由许多单一物结合在一起组成的物。当物上的权利发生变动时，必须考虑各部分是否也随之发生权利的变动，因此制定主物与从物之间的关系规则非常必要。

要准确把握本条关于主物转让的，从物随主物转让的一般规则，需要首先对主物和从物的概念进行理解。首先，主物、从物的概念不同于物的整体与其重要成分之间的关系。物的重要成分是物的组成部分，而主物和从物在聚合之前分别为独立的物，例如，自行车与车锁，在聚合之前为独立的物。在聚合之后，根据它们的作用可以决定主从关系，并决定权利的变动。但物的重要成分与物的整体本身就是一个物，例如，汽车与其发动机，如果没有发动机的作用，汽车就不成之为汽车，也就无法发挥物的整体的效用。因此法律上的规则是，不许可在物的整体上和该物的重要成分上分设两个独立的权利；而主物从物之间的关系却不同，在从物随主物转让的一般规则下，均承认当事人例外约定的效力。例如，甲将自行车出售给乙，完全可以约定自行车车锁不售仍由甲所有。

正是基于对主物、从物仍为两物的认识，各国立法例均作出规定，许可原权利人依特别的约定对从物进行处分。这一考虑的基本原因在于：主物和从物毕竟是两个物，从物附着于主物一般也有其可分性，从物与主物的分离并不妨碍主物的经济效用的发挥。

最后一点需要说明的是，在主物和从物的关系中，必须有从物附着于主物的事实，即主物和从物必须发生空间上的联系，并且从物对主物需发挥辅助性的作用。

> 第三百二十一条　天然孳息，由所有权人取得；既有所有权人又有用益物权人的，由用益物权人取得。当事人另有约定的，按照其约定。
> 　　法定孳息，当事人有约定的，按照约定取得；没有约定或者约定不明确的，按照交易习惯取得。

❖ **条文主旨** ❖

本条是关于天然孳息及法定孳息归属的规定。

❖ **条文解读** ❖

孳息是与原物相对而言的，指由原物而产生的物，包括天然孳息与法定孳息。

一、天然孳息的概念和归属

天然孳息是指依物的自然属性所产生的物。天然孳息的范围非常广，主要来源于种植业和养殖业，如耕作土地获得粮食和其他出产物，种植果树产生果实，包括竹木的枝根，养殖牲畜获得各种子畜和奶产品等。天然孳息是原物的出产物，一方面人们占有使用原物并对其进行生产劳动，其目的就是获得出产物、收获物，因此法律规定天然孳息的归属，实际上就是对劳动的保护；另一方面，日常生活中也常发生原物在脱离所有权人的情况下而产生孳息的情形，因此确定孳息的归属尤显必要。

天然孳息，自从与原物脱离后，会立即产生归属的问题，但是天然孳息的处理原则，民法中甚为复杂。对天然孳息，罗马法的处理原则是"生根的植物从属于土地"，即原物的所有权人取得孳息的权利，但是法律允许其他人提出可以对抗原物所有权人的抗辩。考察德国、日本及我国台湾地区立法例，关于天然孳息归属的基本规则，是在承认原物的所有权人有取得权利的大前提下，同时许可他人享有排斥原物所有权人的取得权利。他人的这一权利可以基于物权产生，例如，基于用益物权；也可因债权产生，例如，因当事人约定而取得孳息。因此，本法明确规定，天然孳息，由所有权人取得；既有所有权人又有用益物权人的，由用益物权人取得；当事人另有约定的，按照约定。

二、法定孳息的概念和归属

法定孳息是指依一定的法律关系由原物所生的物，是原物的所有权人进行租赁、投资等特定的民事法律活动而应当获得的合法收益。如房屋出租所得的租金，依股本金所得的股息等。在《德国民法典》中，法定孳息被称为权利的孳息，确定法定孳息的归属，是对产生法定孳息的民事法律关系的承认和保护。

法定孳息（利息、租金等），按照一般的交易规则，利息应由债权人取得，租金应由出租人取得，但也不排除其他情形的存在。如在德国民法中还有为第三人设定的专以取得孳息为目的的物权类型，即动产（特指有价证券）的用益权。因此关于法定孳息的归属，原则上更为变通。本法规定，当事人有约定的，按照约定取得；没有约定或者约定不明确的，按照交易习惯取得。

> 第三百二十二条 因加工、附合、混合而产生的物的归属，有约定的，按照约定；没有约定或者约定不明确的，依照法律规定；法律没有规定的，按照充分发挥物的效用以及保护无过错当事人的原则确定。因一方当事人的过错或者确定物的归属造成另一方当事人损害的，应当给予赔偿或者补偿。

❖ **条文主旨** ❖

本条是关于添附的规定。

❖ **条文解读** ❖

本条是本次民法典编纂新增加的规定。

一、添附的含义

加工、附合、混合统称添附，是指不同所有人的物被结合、混合在一起成为一个新物，或者利用别人之物加工成为新物的事实状态。其中附合、混合为物与物相结合，加工为劳力与他人之物相结合。添附的发生有的基于人的行为，也有的基于自然的偶然因素。添附包括三种情况：

一是加工。加工是指将他人的物加工制造成新物。加工是一种事实行为，是劳动与动产的结合，包括劳力、知识技术与时间的投入。比如在他人的纸张上作画成为艺术品，或将他人的树根进行雕刻成为根雕艺术品等。值得注意的是，本条中的加工是一种事实行为，加工他人材料制造成新物，不包括存在加工承揽合同的情况。

关于加工物的归属问题，有材料主义与加工主义两种观点。材料主义认为，有材料才能加工，加工后虽形式发生改变，但材料的本质并未变化，因此应由材料所有人取得加工物的所有权。加工主义认为，加工物的形成是加工人劳动的成果，应由加工人取得所有权。其他国家和地区有两种立法例，一种是以材料主义为原则，以加工主义为例外，如法国、日本和我国台湾地区。另一种是以加工主义为原则，以材料主义为例外，如德国和瑞士。

二是附合。附合是指不同所有人的物密切结合在一起而成为一种新物。比如误将他人的漆刷了自己的墙。

三是混合。混合是指不同所有人的物掺合、融合在一起而成为新物。比如误将两人的米混合在一起、误将两人的油混合在一起等。无法识别，或者虽有办法识别分离，但识别分离经济上不合理。混合和附合不同在于，混合后各所有人的原物已达不能凭视觉识别的程度。

民法典出台前，我国法律没有关于添附制度的规定。民法典物权编草案编纂过程中，有的意见提出，添附是非常重要的所有权取得方式，物权编应该对添附制度作出规定。2018年8月，十三届全国人大常委会五次会议审议的民法典各分编草案第117条增加了添附制度的规定，即本条规定的内容。本条内容在物权法草案三次审议稿的基础上将"赔偿"修改为"赔偿或者补偿"。这个修改主要是在物权编草案征求意见稿征求意见的过程中，有的意见提出，在双方都无过错的情况下，不应当进行赔偿，而应当由获得物的一方补偿另一方当事人，建议将"赔偿"修改为"赔偿或者补偿"。

二、因添附产生的物的归属

添附是所有权取得的一种方式,在多数国家立法例中,法律通常规定由一人取得添附物的所有权,或共有合成物,目的在于防止对物进行不经济的分离。

(一)因添附产生的物的归属的确定

根据本条规定,因加工、附合、混合而产生的物的归属,按照以下原则确定:

首先,有约定的,按照约定。当事人之间如果就因添附产生的物的归属有约定的,确定因添附产生的物的归属时,先按照当事人的约定。

其次,没有约定或者约定不明确的,依照法律规定。如果当事人未就因添附产生的物的归属事先作约定,或者事先约定了,但约定不明确的,依照法律规定确定物的归属。

最后,法律没有规定的,按照充分发挥物的效用以及保护无过错当事人的原则确定。如果当事人未就因添附产生的物的归属事先作出约定,也没有相应的法律规定的,按照两个原则确定物的归属:

一是充分发挥物的效用原则。法律把添附作为取得所有权的一种根据,其原因就在于添附发生后,要恢复各物之原状事实上已不可能,或者虽有可能但经济上很不合理,因此有必要使添附物归一方所有或各方共有。确定添附物的归属时,应以充分发挥物的效用为原则。一般情况下,加工他人的动产的,加工物的所有权属于材料的所有权人。但是,因加工致使其价值显著大于原材料价值的,可以由加工人取得该加工物的所有权。动产因附合而为不动产的重要成分,可以由不动产所有权人取得该动产的所有权。

二是保护无过错当事人原则。在考虑充分发挥物的效用确定添附物的同时，还须考虑当事人是否有过错。如一般情况下，加工他人的动产的，加工物的所有权属于材料的所有权人。但是，因加工致使其价值显著大于原材料价值的，可以由加工人取得该加工物的所有权。如果加工人明知被加工的物是他人之物，故意对原材料进行加工，即使加工价值显著大于原材料价值，也可以综合考虑充分发挥物的效用和保护无过错当事人原则，将添附物判决由材料的所有权人所有。

（二）当事人之间的赔偿或者补偿

将添附物确定归一方所有，会造成另一方的损害。根据本条规定，因一方当事人的过错或者确定物的归属造成另一方当事人损害的，应当给予赔偿或者补偿。例如，加工的情况下，确定添附物归加工人所有的，所有人应支付材料的原所有者相当的价款，确定添附物归材料所有人所有的，所有人应支付给加工人其加工的劳动报酬。再如误将他人的漆刷了房屋的墙，此种情况下，漆的所有权只能归房屋所有人，但应支付他人漆的价款。一方当事人有过错，造成另一方当事人损害的，应当给予赔偿；一方当事人无过错，因确定物的归属造成另一方当事人损害的，应当给予补偿。

第三分编　用益物权

第十章　一般规定

本章共七条。

> **第三百二十三条**　用益物权人对他人所有的不动产或者动产，依法享有占有、使用和收益的权利。

❖ **条文主旨** ❖

本条是关于用益物权人享有的基本权利的规定。

❖ **条文解读** ❖

用益物权是权利人对他人所有的不动产或者动产，依法享有占有、使用和收益的权利。用益物权是以对他人所有的物为使用、收益的目的而设立的，因而被称作"用益"物权。用益物权制度是物权法律制度中一项非常重要的制度，与所有权制度、担保物权制度等一同构成了物权制度的完整体系。

一、用益物权人的基本权利

依照本条规定，用益物权人对他人所有的不动产或者动产，依照法律规定享有占有、使用和收益的权利。

1. 占有的权利。"占有"是对物的实际控制。用益物权作为以使用、收益为目的的物权，自当以权利人对物的实际占有为必要。利用他人之物为使用、收益，必然要对物予以实际支配。没有占有就不可能实现对物的直接利用。

2. 使用、收益的权利。"使用"是依物的自然属性、法定用途或者约定的方式，对物进行实际上的利用。"收益"是通过对物的利用而获取经济上的收入或者其他利益。用益物权的设立目的是对物的使用和收益。比如在他人的土地上自建房屋以供居住；在他人的土地上耕种、畜牧以供自用或出售而获得收益；在他人土地上建造楼宇用以出售、出租以取得收益等。

二、用益物权的特征

作为物权体系的重要组成部分，用益物权具备物权的一般特征，同时还具有自身的特性，除了以对物的实际占有为前提、以使用、收益为目的以外，还有以下几个方面的特征：

1. 用益物权是由所有权派生的物权。所有权是权利人对自己的不动产或者动产，依法享有占有、使用、收益和处分的权利，包括在自己的财产上设立用益物权或担保物权的权利。用益物权则是在他人所有的财产上设立的权利，即对他人的财产享有占有、使用和收益的权利。因此，用益物权被作为"他物权"，以相对于所有权的"自物权"。

2. 用益物权是受限制的物权。相对于所有权而言，用益物权是不全面的、受一定限制的物权。因此，用益物权属于"定限物权"，以区别于所有权的"完全物权"。其一，所有权是物权权利种类中最完全、也是最充分的权利。所有权的权利人对自己的财产，依法享有完全的直接支配力，包括占有、使用、收益和处分。而用益物权只具有所有权权能的一部分权能，其权利人享有的是对财产占有、使用和收益的权利。虽然权利人依法可以将其享有的用益物权予以转让、抵押等，但不具有对财产的所有权进行处分的权利。其二，所有权具有恒久性，只要所有物存在，所有权人对所有物便享有永久的权利。而用益物权则具有期限性。虽然设定的期限往往较长，但不是永久期限，期限届满时，用益物权人应将占有、使用之物返还于所有权人。其三，用益物权人必须根据法律的规定及合同的约定正确行使权利。用益物权人应当保护和合理利用所有权人的不动产或者动产，按照设定权利时约定的用途和使用方法利用所有权人的财产，不得损害所有权人的权益。

3. 用益物权是一项独立的物权。用益物权是对所有权有所限制的物权。用益物权虽由所有权派生，以所有权为权源，并属于"他物权""定限物权"，但用益物权一经设立，便具有独立于所有权而存在的特性。所有权对物的支配力受到约束，对物占有、使用和收益的权能由用益物权人行使，所有权人不得干涉。所有权人不得随意收回其财产，不得妨碍用益物权人依法行使权利。用益物权具有对物的直接支配性和排他性，可以对抗所有权人的干涉。同时，用益物权的义务人包括任何第三人，用益物权可以对抗所有第三人的侵害，包括干预、占有和使用客体物等。因此，用益物权是一项独立的物权。

4. 用益物权一般以不动产为客体。用益物权多以不动产尤其是土地为使用收益的对象。由于不动产特别是土地的稀缺性、不可替代性且价值较高，以及土地所有权依法不可移转性，使在土地等不动产上设立用益物权成为经济、社会发展的必然要求。而动产的特性决定了通常可以采用购买、租用等方式获得其所有权和使用权。

三、建立用益物权制度的意义

用益物权制度的建立，对社会、经济发展有着重要意义。归结起来，一是促进资源的有效利用，二是维护资源的有序利用。

1. 促进资源的有效利用。随着社会、经济的发展，人们对物质尤其是对土地等资源的需求不断扩大，而土地等资源相对稀缺、不可替代。为了社会和经济的持续发展，必然要提高对土地等资源的有效利用，充分发挥其效用。在对资源的利用过程中，通过建立对物的利用予以保障的机制，以实现资源有效、充分利用的目的，便成为物权尤其是用益物权法律制度的任务之一。用益物权法律制度，可以在不能取得土地等资源的所有权或不必取得他人之物的所有权时，使得用益物权人可以通过对他人所有之物的占有、使用而获得收益，同时为社会提供财富。而对于所有人，也可以通过设定用益物权，将其所有的土地等资源交由他人使用收益，由此，所有人可以不必直接使用其所有物也能获得收益。所有权人和用益物权人都可取得相应利益，表明资源的使用价值得到了更为有效、充分的实现。对整个社会而言，社会的资源得到有效利用，社会的整体利益也就得到了最大程度的实现和满足。

2. 维护资源的有序利用。维护资源的有序利用，有以下四层含义：

首先，通过用益物权制度，确定所有权人与用益物权人之间的权利义务，以达到权利人之间的利益平衡。用益物权制度并非是单纯为维护用益物权人的利益而建立的制度，而是在维护用益物权人权利的同时，兼顾所有权人利益的制度。所以说，用益物权制度是平衡用益物权人和所有权人之间利益保障的法律制度。

其次，用益物权制度所规定的所有权人与用益物权人之间的权利义务，是法定的权利义务，当事人不得随意变更。这样就避免了一方利用其社会或者经济上的优势地位，迫使对方放弃权利，或者无端地增加本不应由对方履行的义务。以此来保障双方权利义务关系的长久与稳定。

再次，用益物权一般需要通过登记的公示方法将土地等资源上的权利状态昭示社会。通过公示来保障用益物权人的权利不为他人所侵害，并保障交易的安全。同时，通过对用益物权的设立目的、土地等资源的用途等进行登记，防止用益物权人任意改变土地等资源的原有用途。

最后，用益物权制度赋予了权利人对土地等资源的占有、使用和收益的权利。同时，还要求权利人在行使权利时，应当承担保护和合理开发利用资源的义务。这对保护和合理开发利用土地等资源，促进社会经济的可持续发展有重要意义。

四、用益物权的权利类型

用益物权的权利类型，在不同的国家有不同的制度安排，这主要是根据一国的政治、经济、历史和文化的不同背景而决定的。通常来说以传统民法上的地上权、地役权和永佃权最具代表性。我国的用益物权制度，是根据我国的社会主义基本经济制度决定的。民法典物权编专章规定的用益物权种类有土地承包经营权、建设用地使用权、宅基地使用权、居住权和地役权。

第三百二十四条　国家所有或者国家所有由集体使用以及法律规定属于集体所有的自然资源，组织、个人依法可以占有、使用和收益。

❖ **条文主旨** ❖

本条是关于国有和集体所有的自然资源，组织和个人可以取得用益物权的规定。

❖ **条文解读** ❖

在我国，国家对土地等资源实行公有制，它是我国生产资料社会主义公有制的重要组成部分。我国宪法第 10 条第 1 款、第 2 款规定："城市的土地属于国家所有。农村和城市郊区的土地，除由法律规定属于国家所有的以外，属于集体所有；宅基地和自留地、自留山，也属于集体所有。"根据宪法的规定，土地公有制有两种形式：一是国家所有；二是集体所有。城市市区的土地属于国家所有即全民所有。随着社会主义建设事业的不断发展，城市作为政治、经济和文化的中心，在国家和社会生活中具有突出作用。城市中各种形式的用地十分重要和宝贵。因此，城市的土地属于国家所有。在农村和城市郊区，土地是从事农业生产的主要生产资料，是农村劳动群众集体所有制的重要物质基础。为了促进农村各项事业的发展，保障农村和城市郊区劳动者的合法权益，农村和城市郊区的土地除法律规定属于国家所有的以外，一律属于集体所有。宅基地和自留地、自留山，虽然由农民个人使用，但也属于农民集体所有。

土地等自然资源的公有制，决定了组织、个人利用土地等资源，必然要在国家所有或者集体所有的土地等资源上取得用益物权。

物权制度具有较强的本土性，与一国的基本经济制度密切相关。用益物权制度也概莫能外。从国外的法律规定看，凡实行计划经济体制的国家，其民法典上没有物权法编，没有用益物权制度，仅规定所有权制度且非常简单。这是因为，实行计划经济体制的国家，一般运用行政手段组织经济运行。国有土地的使用关系采取无偿的划拨方式，作为国有土地所有者的国家将国有土地划拨给国有企业无偿使用。农村土地则由作为所有者的集体自己使用，农户在集体所有的土地上进行生产劳动，按劳取酬，不发生所有权与使用权的分离。无论是国有土地还是集体所有的土地的使用，都不采取设立用益物权的方式，因而不需要用益物权制度。实行市场经济体制的国家，其民法典上都有物权法编，都规定了完备的所有权制度和用益物权制度。建立较为完备的所有权、用益物权等物权制度，也是实行社会主义市场经济的基本法律保障。

民法典物权编上的用益物权，是不动产所有权与不动产使用权分离的法律形式。凡实行市场经济体制的国家，均有用益物权制度。但用益物权制度所发挥的作用及其意义，又因实行土地公有制或者土地私有制，而在一定程度上有所差别。在资本主义的市场经济国家，土地归私人所有，土地所有者自己使用土地，是土地使用关系的主要形式；土地所有者自己不使用而交给他人使用，是土地使用关系的次要形式。我国是在土地公有制基础上实行社会主义市场经济，城市土地归国家所有，农村土地归集体所有。作为土地所有者的国家自己不使用土地而交给各类企业等使用，是国有土地使用关系的主要形式；作为土地所有者的农民集体自己不使用土地而交给农户使用，是农村土地使用关系的主要形式。因此，用益物权制度，对于实行社会主义市场经济的我国所具有的意义和所发挥的作用，要远远超过对于实行资本主义市场经济的国家所具有的意义和所发挥的作用。

民法典物权编根据我国的基本经济制度，以及建立和完善社会主义市场经济体制的要求，在用益物权分编中设专章分别规定了土地承包经营权、建设用地使用权、宅基地使用权等用益物权。

土地承包经营权是指权利人依法对农民集体所有和国家所有由农民集体使用的耕地、林地、草地等享有占有、使用和收益的权利，有权从事种植业、林业、畜牧业等农业生产。民法典物权编明确将农村土地承包经营权规定为用益物权，赋予了农民长期而有保障的土地使用权。本法对承包经营权人的基本权利、承包经营权的期限和期满后的继续承包、承包经营权的流转、承包地的调整和收回、承包地被征收的补偿等作了规定。

建设用地使用权是指权利人依法对国家所有的土地享有占有、使用和收益的权利，有权利用该土地建造建筑物、构筑物及其附属设施。建设用地使用权是用益物权中的一项重要权利。建设用地使用权人通过出让或者划拨的方式取得对国家所有的土地使用和收益的权利，有权利用该土地建造建筑物、构筑物及其附属设施。本法对建设用地使用权的取得方式、分层设立建设用地使用权、建设用地使用权的转让和出资或者抵押、建设用地使用权期满后的续期等作了规定。

宅基地使用权是指权利人依法对集体所有的土地享有占有和使用的权利，有权依法利用该土地建造住宅及其附属设施。本法对宅基地使用权的取得、行使和转让等作了原则性的规定。

第三百二十五条　国家实行自然资源有偿使用制度，但是法律另有规定的除外。

❖ **条文主旨** ❖

本条是关于我国自然资源使用制度的规定。

❖ **条文解读** ❖

对他人所有的土地等不动产的使用和收益一直是世界各国用益物权制度的主要内容。随着社会经济的发展，土地资源、矿产资源、水资源等自然资源的使用和收益问题日益成为用益物权制度的重要课题。

土地等自然资源一方面是整个社会赖以存续的共同物质基础，具有社会性；另一方面又只能在具体的使用中实现价值，使用权属必须确定。在资本主义制度下，通过用益物权制度，所有权人之外的权利人也可以就土地等自然资源进行使用和分享收益，这在一定程度上克服了私有制的狭隘局限，有利于物尽其用。我国是社会主义公有制国家，自然资源主要归国家所有即全民所有。国家通过自然资源的有偿使用制度，适应社会主义市场经济发展的客观要求，为合理利用资源打下了基础。

一、我国的自然资源使用制度

我国的自然资源使用制度是建立在社会主义公有制基础上，适应社会主义市场经济发展的，按照土地管理法、矿产资源法、水法等法律以及国务院的有关规定，对自然资源实行有偿使用为原则、无偿使用为例外的制度。

（一）自然资源的有偿使用制度

自然资源有偿使用制度，是指国家以自然资源所有者和管理者的双重身份，为实现所有者权益，保障自然资源的可持续利用，向使用自然资源的组织和个人收取自然资源使用费的制度。目前，法律规定了土地资源、矿产资源、水资源等自然资源的有偿使用制度，例如，土地管理法第 2 条第 5 款规定："国家依法实行国有土地有偿使用制度。但是，国家在法律规定的范围内划拨国有土地使用权的除外。"矿产资源法第 5 条规定："国家实行探矿权、采矿权有偿取得的制度；但是，国家对探矿权、采矿权有偿取得的费用，可以根据不同情况规定予以减缴、免缴。具体办法和实施步骤由国务院规定。开采矿产资源，必须按照国家有关规定缴纳资源税和资源补偿费。"水法第 7 条规定："国家对水资源依法实行取水许可制度和有偿使用制度。但是，农村集体经济组织及其成员使用本集体经济组织的水塘、水库中的水的除外。国务院水行政主管部门负责全国取水许可制度和水资源有偿使用制度的组织实施。"

之所以对于土地资源、矿产资源、水资源等自然资源实行有偿使用制度，是因为：（1）在社会主义公有制条件下，只有实行自然资源有偿使用制度，才能使自然资源所有权在经济上更充分地得到实现，从而真正保障社会主义公有制的主体地位。自然资源是巨大的社会财富，随着经济和社会的发展，其价值日益上升。只有收益归公有，才能充分体现自然资源的社会主义公有制。在自然资源使用制度改革前，国家曾长期以行政手段无偿提供土地资源、水资源等自然资源给企业、事业单位使用。本应归公的大量资源收益留在使用者手中，国家缺乏调剂余缺的力量，难以实现自然资源在社会化生产中的优化配置，自然资源的公有制在很大程度上被虚化。通过改革，推行自然资源的有偿使用制度，国家代表全体人民掌握了自然资源的收益，就有了足够的财力进行宏观调控，组织社会生产。（2）在社会主义市场经济条件下，只有实行自然资源有偿使用制度，才能充分发挥市场对经济发展的积极作用。社会主义市场经济是一个包括了生产资料市场、消费品市场以及资金、劳动力、自然资源等生产要素使用权市场的完整体系。重要自然资源作为基本的生产要素，其使用权不进入市场流通，社会主义市场体系就不完善，难以充分发挥市场优化配置、公平竞争的作用。在过去的使用制度下，自然资源使用者既没有压力，也没有动力，多占少用、早占晚用、占优用劣、占而不用甚至乱占滥用，严重浪费了宝贵的自然资源。同时，占有资源较多且质量优越的企业，与占有较少、质量较差的企业实际上处于不平等竞争的地位。通过有偿、能流动的自然资源使用制度，将自然资源的使用权作为生产要素交市场调节，才能合理配置自然资源，实现最大的资源利用效益。

（二）自然资源的无偿使用

土地管理法、水法等法律同时规定了自然资源的无偿使用作为有偿使用基本原则的例外。例如，土地管理法第 2 条、水法第 7 条的例外条款。

之所以在自然资源使用制度改革后仍然保留无偿使用自然资源的例外情况，主要是因为：（1）通过划拨等方式无偿取得土地等自然资源的使用权的情况仍然有存在的必要性。一些公益事业、公共建设仍然需要有相应的扶持。（2）农村集体经济组织和农民已有的使用水资源等自然资源的权益应当得到维护，以避免增加农民负担。这也是促进农业和农村持续、稳定、健康发展，实现全面建成小康社会的目标以及构建和谐社会所必需的。

无偿使用作为自然资源使用制度中的例外和补充，其适用范围和条件是受到严格限制的。以划拨取得土地使用权为例：土地管理法第 54 条，对划拨土地明确规定为四种情形。城市房地产管理法第 40 条，对划拨取得土地使用权的房地产的转让规定了限制条件。对自然资源的无偿使用必须严格遵守法律规定的范围和条件，发挥对自然资源有偿使用制度的有益补充作用。

二、自然资源使用制度和用益物权制度的关系

以有偿使用为基本原则，以无偿使用为例外和补充的自然资源使用制度是民法典物权编用益物权制度的重要基础。要准确把握自然资源使用制度和用益物权制度的关系还应当注意以下几点：

1. 自然资源使用制度与用益物权制度的基础是一致的。它们都建立在社会主义公有制基础上，并且服务于社会主义市场经济的发展。

2. 尽管自然资源使用制度和用益物权制度是相通的，但是它们各自属于不同的法律部门，有各自独特的领域。自然资源使用制度属于经济法的范畴，用益物权制度中除了与自然资源使用制度相关的权利，还有地役权这样独有的权利类型。自然资源使用制度和用益物权制度在各自的领域内，按照各自的内在规律发挥作用并且互相协调，才能全面调整相应的社会关系。

> **第三百二十六条** 用益物权人行使权利，应当遵守法律有关保护和合理开发利用资源、保护生态环境的规定。所有权人不得干涉用益物权人行使权利。

❖ **条文主旨** ❖

本条是关于用益物权人应当保护和合理开发利用资源，以及所有权人不得干涉用益物权人行使权利的规定。

❖ **条文解读** ❖

本条分别从用益物权人和所有权人的角度，规定了两个方面的内容。一是用益物权人行使权利，应当遵守法律有关保护和合理开发利用资源的规定；二是所有权人不得干涉用益物权人行使权利。

一、用益物权人行使权利，应当遵守法律有关保护和合理开发利用资源的规定

用益物权是在他人所有的不动产或者动产上享有的占有、使用和收益的权利。在我国，多为在国家所有或者集体所有的土地上设立建设用地使用权、农村土地承包经营权和宅基地使用权，以及行使对国家所有的矿产资源、水资源等自然资源开发利用的权利。用益物权人在行使权利的同时，应当履行遵守法律有关保护和合理开发利用土地等资源的规定的义务。

土地、矿产、水资源等自然资源，具有不可再生性或者稀缺匮乏性。拿土地资源来说，土地是人类可利用的一切自然资源中最基本、最宝贵的资源，是人类最基本的生产资料。我国人多地少，特别是耕地少，是我国的基本国情。我国国土总面积约 960 万平方公里，居世界第三位。但人均占有国土面积不到世界人均占有量的 1/3。而在我国国土总面积中，不能或者难以利用的沙漠、戈壁等又占去相当大一部分。我国目前的可耕地为 18.4 亿亩，人均 1.4 亩。耕地资源还存在着几个突出的问题：一是人均占有耕地的数量少；二是耕地总体质量差，生产水平低，抗自然灾害的能力差；三是耕地退化严重；四是耕地后备资源匮乏。我国每年因各项建设占用以及自然灾害毁损等还在造成耕地不断减少，而我国的人口却还在不断增长。人增地减的趋势已经成为我国经济社会发展中的一个重大问题和严峻挑战。因此，十分珍惜、合理利用土地和切实保护土地特别是耕地，是我国的基本国策。合理开发土地，保护土地资源是促进社会经济可持续发展的基本要求。强化土地等资源的保护，保证对土地等资源的永续利用，是资源利用中一个特别重要的问题。因此，本条明确要求：用益物权人行使权利，应当遵守法律有关保护和合理开发利用资源的规定。

对保护和合理开发利用资源，我国相关法律都作出了明确规定。比如土地管理法规定，十分珍惜、合理利用土地和切实保护耕地是我国的基本国策。各级人民政府应当采取措施，全面规划，严格管理，保护、开发土地资源，制止非法占用土地的行为。使用土地的单位和个人必须严格按照土地利用总体规划确定的用途使用土地。国家保护耕地，严格控制耕地转为非耕地。非农业建设必须节约使用土地，可以利用荒地的，不得占用耕地；可以利用劣地的，不得占用好地。禁止占用耕地建窑、建坟或者擅自在耕地上建房、挖砂、采石、采矿、取土等。禁止占用永久基本农田发展林果业和挖塘养鱼。

又如农村土地承包法规定，农村土地承包经营应当遵守法律、法规，保护土地资源的合理开发和可持续利用。未经依法批准不得将承包地用于非农建设。国家鼓励增加对土地的投入，培肥地力，提高农业生产能力。承包人承担维持土地的农业用途，不得用于非农建设；依法保护和合理利用土地，不得给土地造成永久性损害的义务。

再如矿产资源法规定，国家保障矿产资源的合理开发利用。禁止任何组织或者个人用任何手段侵占或者破坏矿产资源。各级人民政府必须加强矿产资源的保护工作。开采矿产资源，必须采取合理的开采顺序、开采方法和选矿工艺。矿山企业的开采回采率、采矿贫化率和选矿回收率应当达到设计要求。在开采主要矿产的同时，对具有工业价值的共生和伴生矿产应当统一规划，综合开采，综合利用，防止浪费；对暂时不能综合开采或者必须同时采出而暂时还不能综合利用的矿产以及含有有用成分的尾矿，应当采取有效的保护措施，防止损失破坏。开采矿产资源，应当节约用地。耕地、草原、林地因采矿受到破坏的，矿山企业应当因地制宜地采取复垦利用、植树种草或者其他利用措施。

作为相关的用益物权人，在享有权利的同时，应当严格遵守有关法律，积极保护和合理开发利用自然资源。

二、所有权人不得干涉用益物权人行使权利

所有权人不得干涉用益物权人行使权利，是由所有权与用益物权、所有权人与用益物权人之间的关系决定的。用益物权虽由所有权派生，但它是一项独立的物权，当事人依法取得用益物权后对所有人的不动产或动产享有占有、使用、收益和依法转让该用益物权的权利。用益物权具有直接支配性和排他性，可以依法直接行使权利，不受第三人的侵害和所有权人的干涉。比如农村土地承包经营权人依法享有承包地使用、收益和土地承包经营权流转的权利，有权自主组织生产经营和处置产品。发包人应当尊重承包人的生产经营自主权，不得干涉承包人依法进行正常的生产经营活动。土地承包经营权流转的主体是承包人，承包人有权依法自主决定土地承包经营权是否流转和流转的方式。承包期内发包人不得调整承包地。因自然灾害严重毁损承包地等特殊情形，需要适当调整承包的耕地和草地的，应当依照农村土地承包法等法律规定办理。承包期内发包人不得收回承包地。农村土地承包法等法律另有规定的依照其规定。

所有权人不得干涉用益物权人行使权利，是用益物权人正常行使权利的基本保障。当然，如果用益物权人在行使权利时存在违背法律规定、未合理利用和保护资源等损害所有权人权益的行为，所有权人有权依法制止，并要求其赔偿损失。

> 第三百二十七条　因不动产或者动产被征收、征用致使用益物权消灭或者影响用益物权行使的，用益物权人有权依据本法第二百四十三条、第二百四十五条的规定获得相应补偿。

❖ 条文主旨 ❖

本条是关于用益物权人因征收、征用有权获得补偿的规定。

❖ 条文解读 ❖

用益物权是当事人依照法律规定，对他人所有的不动产享有占有、使用和收益的权利。用益物权虽由所有权派生出来，但它是一项独立的物权。用益物权人是对他人所有的物享有占有、使用和收益的权利人，虽然不是物的所有权人，但也是具有独立物权地位的权利人。在他人的不动产或者动产被征收、征用，致使所有权消灭或者影响所有权行使的，应当依法给予所有权人补偿。同时，因他人的不动产或者动产被征收、征用致使用益物权消灭或者影响用益物权行使的，用益物权人也有权依法获得相应的补偿。

我国宪法第 10 条第 3 款规定："国家为了公共利益的需要，可以依照法律规定对土地实行征收或者征用并给予补偿。"这一规定表明征收和征用，应当遵循三个原则：

一是公共利益需要的原则。实施征收、征用，必须是出于公共利益的需要，这是征收、征用的前提条件。公共利益通常是指全体社会成员的共同利益和社会的整体利益。

二是依照法定程序的原则。征收、征用在一定程度上限制了他人的财产权。为了防止这种手段的滥用，平衡他人财产保护和公共利益需要的关系，征收、征用必须严格依照法律规定的程序进行。

三是依法给予补偿的原则。尽管征收和征用是为了公共利益需要，但都不能采取无偿剥夺的方式，必须依法给予补偿。补偿的方式应视财产的类别而加以区别对待。在征收过程中，征收的对象一般都是不动产，并且是所有权的改变，一般都要给予金钱补偿、相应的财产补偿或者其他形式的补偿。在征用过程中，如果是非消耗品，使用结束后，原物还存在的，应当返还原物，对于物的价值减少的部分要给予补偿；如果是消耗品，通常要给予金钱补偿。

征收主要是针对不动产，而不动产中又以征收集体所有的土地最具代表性，因此，对征收集体土地，如何对所有权人即农民集体和用益物权人即承包经营权人给予补偿，就显得尤为重要。

本法第243条第2款规定，征收集体所有的土地，应当依法及时足额支付土地补偿费、安置补助费以及农村村民住宅、其他地上附着物和青苗等的补偿费用，并安排被征地农民的社会保障费用，保障被征地农民的生活，维护被征地农民的合法权益。该款明确规定了要给予集体所有土地的用益物权人补偿。而具体补偿范围和标准，则要根据土地管理法的规定办理。在适用土地管理法第48条的规定时，应当把握以下几点：

一是征地补偿和安置补助的原则是征收土地应当给予公平、合理的补偿，保障被征地农民原有生活水平不降低、长远生计有保障。征收土地后通过补偿和采取各项安置措施，要使被征地农民的生活水平达到征地前的生活水平。如果达不到，应当采取相应的措施，包括提高补偿标准。

二是征收土地应当依法及时足额支付土地补偿费、安置补助费以及农村村民住宅、其他地上附着物和青苗等的补偿费用，并安排被征地农民的社会保障费用。

三是征收农用地的土地补偿费、安置补助费标准由省、自治区、直辖市通过制定公布区片综合地价确定。制定区片综合地价应当综合考虑土地原用途、土地资源条件、土地产值、土地区位、土地供求关系、人口以及经济社会发展水平等因素，并至少每 3 年调整或者重新公布一次。

四是征收农用地以外的其他土地、地上附着物和青苗等的补偿标准，由省、自治区、直辖市制定。对其中的农村村民住宅，应当按照先补偿后搬迁、居住条件有改善的原则，尊重农村村民意愿，采取重新安排宅基地建房、提供安置房或者货币补偿等方式给予公平、合理的补偿，并对因征收造成的搬迁、临时安置等费用予以补偿，保障农村村民居住的权利和合法的住房财产权益。

五是县级以上地方人民政府应当将被征地农民纳入相应的养老等社会保障体系。被征地农民的社会保障费用主要用于符合条件的被征地农民的养老保险等社会保险缴费补贴。被征地农民社会保障费用的筹集、管理和使用办法，由省、自治区、直辖市制定。

本法第 245 条规定，因抢险救灾、疫情防控等紧急需要，依照法律规定的权限和程序可以征用组织、个人的不动产或者动产。被征用的不动产或者动产使用后，应当返还被征用人。组织、个人的不动产或者动产被征用或者征用后毁损、灭失的，应当给予补偿。根据这一规定，组织、个人的不动产或者动产被征用或者征用后毁损、灭失，致使用益物权消灭，或者影响用益物权行使的，应当对用益物权人给予补偿。

第三百二十八条　依法取得的海域使用权受法律保护。

❖ **条文主旨** ❖

本条是关于海域使用权的规定。

❖ **条文解读** ❖

海洋被称为"蓝色国土"，在人类文明的发展史上起着重要的作用。根据本法第247条的规定，海域属于国家所有。国家是海域所有权的唯一主体。海域与土地具有相同的属性，随着海洋科学技术的发展，海域可以通过技术手段加以区分并进行排他性的使用，海域越来越成为被人类利用的重要资源。1993年财政部和国家海洋局颁布的《国家海域使用管理暂行规定》第一次规定了海域使用权制度。此后，一些沿海省市也先后出台了有关海域使用权方面的地方性政府规章。2001年我国颁布了海域使用管理法，从法律上确立了海域使用权制度。该法规定的海域是指我国内水、领海的水面、水体、海床和底土，范围从海岸线开始到领海外部界线为止。

海域使用权是指组织或者个人依法取得对国家所有的特定海域排他性使用权。组织和个人使用海域，必须依法取得海域使用权。海域使用权取得的方式主要有三种：一是组织和个人向海洋行政主管部门申请；二是招标；三是拍卖。有关组织和个人使用海域的申请被批准或者通过招标、拍卖方式取得海域使用权后，海域使用权人应当办理登记手续。依照法律规定属于国务院批准用海的，由国务院海洋行政主管部门登记造册，向海域使用权人颁发海域使用权证书；属于地方人民政府批准用海的，由地方人民政府登记造册，向海域使用权人颁发海域使用权证书。根据使用海域不同的用途，海域使用权最高期限分别为：养殖用海15年；拆船用海20年；旅游、娱乐用海25年；盐业、矿业用海30年；公益事业用海40年；港口、修造船厂等建设工程用海 50 年。海域作为国家重要的自然资源实行有偿使用制度。组织和个人使用海域,应当按照国务院的规定缴纳海域使用金。为了切实保护养殖用海渔民的利益,目前海域主管部门在实际工作中对有争议的海域、海洋自然保护区、渔业资源保护区、传统赶海区等涉及公共利益的海域不进行招标和拍卖。同时,对于专业渔民使用海域从事养殖生产的,可以在规定的面积内减缴或者免缴海域使用金。海域使用权作为一项重要的财产权利,可以依法转让、继承。

海域使用管理法颁布后,海域使用权制度日趋完善。海域使用权制度在维护海域使用权人的合法权益,规范海洋开发利用秩序,促进海域的合理开发和海洋产业的健康发展等方面取得了良好的效果。海域使用权已成为与建设用地使用权等性质相同的用益物权。

在 2007 年物权法起草过程中,有人提出,海域使用权应与建设用地使用权等并列为用益物权,建议专章规定海域使用权,强化海域使用权的物权特点,增加海域使用权抵押以及设立海域使用权时优先考虑渔民利益等内容。物权法没有对海域使用权专章规定,主要是考虑到海域使用权是一个综合性的权利,包括利用海域从事建设工程、海水养殖、海底探矿采矿、旅游等多种活动。物权法有关用益物权的规定,是根据土地的不同用途产生的不同法律关系分别规定为土地承包经营权、建设用地使用权和宅基地使用权,没有综合规定为土地使用权。因此,如果将海域使用权专章规定,会造成物权法用益物权编体系的不平衡。所以,强化海域使用权的物权特点,弥补现行海域使用管理法不足的问题,还是应当留待修改海域使用管理法时一并解决。因此,本条只是对海域使用权作了原则性的规定,确立了海域使用权用益物权的属性,任何组织和个人使用海域必须依法取得海域使用权，依法取得的海域使用权受法律保护。根据特别法优先于普通法的原则，海域使用权首先应当适用海域使用管理法的规定；海域使用管理法没有规定的，适用物权法的有关规定。

> **第三百二十九条** 依法取得的探矿权、采矿权、取水权和使用水域、滩涂从事养殖、捕捞的权利受法律保护。

❖ **条文主旨** ❖

本条是关于探矿权、采矿权、取水权和使用水域、滩涂从事养殖、捕捞权利的规定。

❖ **条文解读** ❖

我国对自然资源实行有偿使用制度。矿产资源法、水法、渔业法分别对组织和个人利用自然资源的权利作出了规定。探矿权、采矿权、取水权和从事养殖、捕捞的权利具有自身的特点，与一般的用益物权有所不同。用益物权一般是通过合同设立，探矿权、采矿权、取水权和从事养殖、捕捞的权利是经行政主管部门许可设立。考虑到探矿权、采矿权、取水权和从事养殖、捕捞的权利主要是对国家自然资源的利用，权利人取得这些权利后，即享有占有、使用和收益的权利，其权能与用益物权是一致的，同时也需要办理登记并进行公示，符合物权的公示的原则。因此，2007 年制定的物权法对这些权利作了原则性、衔接性的规定。

一、探矿权、采矿权

1986 年颁布的矿产资源法曾规定，"勘查矿产资源，必须依法登记。开采矿产资源，必须依法申请取得采矿权"。但是，在当时计划经济体制下，探矿权人、采矿权人是无偿取得探矿权和采矿权的。之后修改的矿产资源法规定国家实行探矿权、采矿权有偿使用的制度。根据矿产资源法的规定，勘查、开采矿产资源，必须依法分别申请、经批准取得探矿权、采矿权，并办理登记。矿产资源法第 5 条规定，国家实行探矿权、采矿权有偿取得的制度；但是，国家对探矿权、采矿权有偿取得的费用，可以根据不同情况规定予以减缴、免缴。具体办法和实施步骤由国务院规定。开采矿产资源，必须按照国家有关规定缴纳资源税和资源补偿费。

关于探矿权、采矿权的转让问题，1986 年颁布的矿产资源法曾明确规定，采矿权不得买卖、出租，不得用作抵押。买卖、出租采矿权或者将采矿权用作抵押的，没收违法所得，处以罚款，吊销采矿许可证。修改后的矿产资源法虽然仍规定禁止将探矿权、采矿权倒卖牟利，但是已经允许探矿权、采矿权进行有条件的转让，探矿权、采矿权财产权的特征得到了进一步的明确。根据矿产资源法的规定，探矿权、采矿权的转让应当符合以下条件：（1）探矿权人有权在划定的勘查作业区内进行规定的勘查作业，有权优先取得勘查作业区内矿产资源的采矿权。探矿权人在完成规定的最低勘查投入后，经依法批准，可以将探矿权转让他人。（2）已取得采矿权的矿山企业，因企业合并、分立，与他人合资、合作经营，或者因企业资产出售以及有其他变更企业资产产权的情形而需要变更采矿权主体的，经依法批准可以将采矿权转让他人采矿。

二、取水权

1988 年颁布的水法对取水权作出了规定。当时主要是从资源配置和行政管理的角度规范取水权制度的。修改后的水法，进一步明确了国家对水资源实行有偿使用制度，并完善了取水许可制度。对水利用的方式主要有三种：一是直接从江河、湖泊或者地下取用水资源的组织和个人，应当按照国家取水许可制度和水资源有偿使用制度的规定，向水行政主管部门或者流域管理机构申请领取取水许可证，并缴纳水资源费，取得取水权。二是农村集体经济组织及其成员使用本集体经济组织的水塘、水库中的水的，不需要申请取水许可。三是家庭生活和零星散养、圈养畜禽饮用等少量取水，不需要申请取水许可。国务院水行政主管部门负责全国取水许可制度和水资源有偿使用制度的组织实施。

申请取水权应当按照以下程序：在建设项目立项前，应当先提出取水许可预申请，经审批后才能立项。在建设项目经批准后，再提出取水许可申请。提取地下水的，在打水前应当提出取水许可预申请，然后根据抽水试验，批准取水权。取水权有优先顺序的规定。首先应当满足城乡居民生活用水，并兼顾农业、工业、生态环境用水以及航运等需要。在干旱和半干旱地区开发、利用水资源，应当充分考虑生态环境用水需要。取水许可证有效期限一般为 5 年，最长不超过 10 年。有效期届满，需要延续的，取水组织或者个人应当在有效期届满 45 日前向原审批机关提出申请，原审批机关应当在有效期届满前，作出是否延续的决定。

目前我国法律对取水权能否转让未作规定。实践中正对取水权转让的问题进行研究和探索。

三、从事养殖、捕捞的权利

我国渔业法对从事养殖和捕捞的权利作出了规定。根据渔业法的规定，国家对水域利用进行统一规划，确定可以用于养殖业的水域和滩涂。组织和个人使用国家规划确定用于养殖业的全民所有的水域、滩涂的，使用者应当向县级以上地方人民政府渔业行政主管部门提出申请，由本级人民政府核发养殖证，许可其使用该水域、滩涂从事养殖生产。核发养殖证的具体办法由国务院规定。

我国对于捕捞业实行捕捞许可证制度。渔业捕捞许可证是国家批准从事捕捞生产的证书。从事捕捞生产的组织和个人，必须向县级以上主管部门提出申请，取得渔业捕捞许可证后，方准进行作业。县级以上渔业行政主管部门，按不同作业水域、作业类型、捕捞品种和渔船马力大小，实行分级审批发放。捕捞许可证也有一定的期限，比如，内陆水域捕捞许可证的有效期限为5年。需要指出的是，本法规定的捕捞活动应当是发生在国家享有所有权的水域进行的，对于在公海、经济毗连区等我国不享有国家所有权的水域从事的捕捞行为，渔业法可以对此进行调整，但不属于本法调整的范畴。

从以上规定可以看到，矿产资源法、水法、渔业法等单行法律对相关的权利都作了较为全面的规定。但是，由于这些法律多是从行政管理的角度对权利进行规范的，这些权利的物权属性并不明确，财产权利的内容并不完善，更缺少对这些权利相应的民事救济措施。因此实践中也出现了一些侵犯权利人合法权益的行为，比如内水的传统捕捞区被改变用途后，从事捕捞的渔民无法得到相应的补偿和安置。所以，民法典物权编有必要作出衔接性的规定，明确这些权利受物权以及相关法律的保护。至于进一步完善这些权利的问题，可以通过修改相关法律加以解决。根据特别法优于普通法适用的原则，探矿权、采矿权，取水权，利用水域、滩涂从事养殖、捕捞的权利，应当首先适用矿产资源法、水法和渔业法等法律的规定；矿产资源法、水法和渔业法等法律没有规定的，适用本法的有关规定。

第十一章　土地承包经营权

本章共十四条，规定了农村土地承包经营权这种用益物权。物权法对土地承包经营权作了规定。民法典作为民事基本法，物权编是关于物权的基本规则，对于涉及数亿农村人口根本利益的农村土地承包经营权这一重要的用益物权，必须根据农村的新情况、农业的新发展、农民的新需求作出相应的修改，以满足实施乡村振兴战略的需要。在起草民法典物权编的过程中，主要是围绕落实党中央的改革要求，结合农村土地承包法的修改，对物权法有关农村土地承包经营权的规定作了相应的修改。

> **第三百三十条** 农村集体经济组织实行家庭承包经营为基础、统分结合的双层经营体制。
>
> 农民集体所有和国家所有由农民集体使用的耕地、林地、草地以及其他用于农业的土地，依法实行土地承包经营制度。

❖ **条文主旨** ❖

本条是对农村集体经济组织实行家庭承包经营为基础、统分结合的双层经营体制的规定。

❖ **条文解读** ❖

一、家庭承包经营为基础、统分结合的双层经营体制

长期稳定和不断完善以家庭承包经营为基础、统分结合的双层经营体制，是党在农村的基本政策。农村集体经济组织实行家庭承包经营为基础、统分结合的双层经营体制，是我国宪法确立的农村集体经济组织的经营体制。"双层经营"包含了两个经营层次：一是家庭分散经营层次。家庭分散经营是指农村集体经济组织的每一个农户家庭全体成员为一个生产经营单位，承包集体农村土地后，以家庭为单位进行的农业生产经营。二是集体统一经营层次。集体统一经营就是农村集体经济组织以村或者村民小组（或者乡镇）为生产经营单位，对集体所有的土地、房屋等集体资产享有、行使集体所有权，并组织本集体经济组织成员开展统一的生产经营。需要注意的是，双层经营的基础是家庭承包，但必须统分结合，不能因为家庭经营而忽略集体经营，特别是必须强调对农村土地的集体所有权，承包方享有的仅仅是对农村土地的用益物权。

四十多年来的农村改革的实践证明，实行家庭承包经营，符合生产关系要适应生产力发展要求的规律，使农户获得了充分的经营自主权，充分调动了亿万农民的生产积极性，极大地解放和发展农村生产力。实现了我国农业的巨大发展和农村经济的全面繁荣，使广大农民的生活从温饱迈向小康。正因如此，本条第 1 款规定，农村集体经济组织实行家庭承包经营为基础、统分结合的双层经营体制。将农村集体经济组织的双层经营体制再一次写入民法典中。

二、农村土地承包的方式

本条第 2 款规定，农民集体所有和国家所有由农民集体使用的耕地、林地、草地以及其他用于农业的土地，依法实行土地承包经营制度。

土地承包经营权作为一种用益物权，属于他物权，这种他物权是针对特定对象而设定的，即是农民集体所有和国家所有由农民集体使用的农村土地。农村土地是指农民集体所有和国家所有依法由农民集体使用的耕地、林地、草地，以及其他依法用于农业的土地。因此，能够设立土地承包经营权的土地仅仅是农村土地，排除了城市的国有建设用地。还需要说明的是，这里的农村土地与我们通常所说农民集体所有的土地不是一个概念，二者的范围有所不同。一般所说的农民集体所有的土地是指所有权归集体的全部土地，其中主要有农业用地、农村建设用地等。而根据农村土地承包法的规定，能够设定土地承包经营权的土地只能是农业用地，主要包括以下几种类型：一是农民集体所有的耕地、林地、草地。农民集体所有的耕地、林地、草地是指所有权归集体的耕地、林地、草地。用于农业的土地中数量最多，涉及面最广，与每一个农民利益最密切的是耕地、林地和草地，这些农村土地，多采用人人有份的家庭承包方式，集体经济组织成员都有承包的权利。二是国家所有依法由农民集体使用的耕地、林地、草地。国家所有依法由农民集体使用的耕地、林地、草地与农民集体所有的耕地、林地、草地的区别在于所有权属于国家，但依法由农民集体使用。三是其他依法用于农业的土地。用于农业的土地，主要有耕地、林地和草地，还有一些其他依法用于农业的土地，如养殖水面、菜地等。养殖水面主要是指用于养殖水产品的水面，养殖水面属于农村土地不可分割的一部分，也是用于农业生产的，所以也包括在本条所称的农村土地的范围之中。此外，还有荒山、荒丘、荒沟、荒滩等"四荒地"，"四荒地"依法是要用于农业的，也属于本条所称的农村土地。

　　根据农村土地承包法的规定，对于不同的农村土地，应采取的承包方式是不同的。农村土地承包经营制度，包括两种承包方式，即家庭经营方式的承包和以招标、拍卖、公开协商等方式的承包。第一种就是农村集体经济组织内部的家庭承包方式。所谓家庭承包方式是指，以农村集体经济组织的每一个农户家庭为一个生产经营单位，作为承包人承包农民集体的耕地、林地、草地等农业用地，对于承包地按照本集体经济组织成员是人人平等地享有一份的方式进行承包。其主要特点：一是集体经济组织的每个人，不论男女老少，都平均享有承包本农民集体的农村土地的权利，除非他自己放弃这个权利。也就是说，这些农村土地对本集体经济组织的成员来说，是人人有份的，任何组织和个人都无权剥夺他们的承包权。二是以户为生产经营单位承包，也就是以一个农户家庭的全体成员作为承包方，与本集体经济组织或者村民委员会订立一个承包合同，享有合同中约定的权利，承担合同中约定的义务。承包户家庭中的成员死亡，只要这个承包户还有其他人在，承包关系仍不变，由这个承包户中的其他成员继续承包。三是承包的农村土地对每一个集体经济组织的成员是人人有份的，这主要是指耕地、林地和草地，但不限于耕地、林地、草地，凡是本集体经济组织的成员应当人人有份的农村土地，都应当实行家庭承包的方式。第二种就是其他方式的承包。由于有些农业用地并不是本集体经济组织成员都能均分，如菜地、养殖水面等由于数量少，在本集体经济组织内做不到人人有份，只能由少数农户来承包；有的"四荒地"虽多，但本集体经济组织成员有的不愿承包，有的根据自己的能力承包的数量不同。这些不宜采取家庭承包方式的农村土地，可以采取招标、拍卖、公开协商等方式承包。不论是采取哪种方式承包，都必须按照农村土地承包法规定的原则、程序和方式进行。

> **第三百三十一条**　土地承包经营权人依法对其承包经营的耕地、林地、草地等享有占有、使用和收益的权利，有权从事种植业、林业、畜牧业等农业生产。

❖ 条文主旨 ❖

本条是土地承包经营权人享有的基本权利的规定。

❖ 条文解读 ❖

本条进一步明确了土地承包经营权的物权性质，明确规定了土地承包经营权人依法对其承包经营的耕地、林地、草地等享有占有、使用和收益的权利，有权从事种植业、林业、畜牧业等农业生产。

一、承包经营权人的基本权利

本条规定了承包人对承包地享有的占有、使用和收益这几项最基本、最重要的权利。

1. 依法享有对承包地占有的权利。占有的权利是土地承包经营权人对本集体所有的土地直接支配和排他的权利。

2. 依法享有对承包地使用的权利。农村土地承包经营权设立的目的，就在于让承包人在集体的土地上进行耕作、养殖或者畜牧等农业生产。因此，承包人在不改变土地的农业用途的前提下，有权对其承包的土地进行合理且有效的使用。

3. 依法获取承包地收益的权利。收益权是承包人获取承包地上产生的收益的权利，这种收益主要是从承包地上种植的农林作物以及畜牧中所获得的利益。例如，粮田里产出的粮食，果树产生的果实等。承包人还有权自由处置产品，可以自由决定农林牧产品是否卖、如何卖、卖给谁等。

二、承包经营权人的其他权利

承包经营权人的上述权利，体现了作为用益物权的承包经营权的最基本的权利，还有一些权利内容也体现了承包经营权的物权性质。这些权利有的是由物权编规定，有些则在农村土地承包法中有进一步的明确规定。主要包括以下内容：

1. 承包期及承包期届满后的延期。根据农村土地承包法和物权编的相关规定，耕地的承包期为 30 年，草地的承包期为 30—50 年，林地的承包期为 30—70 年。并进一步明确，耕地的承包期届满后可以再延长 30 年，林地、草地的承包期相应延长。

2. 依法互换、转让土地承包经营权。承包方承包土地后，可以行使承包经营权自己经营；也可以将承包地依法互换、转让。农村集体经济组织根据本地的特点，将承包地划分发包。

各地地形地势不同，历史使用原因不同，与农户居住的远近等生活便利条件不同。农户承包土地后，可以依法进行互换。农户依法互换、转让土地承包权的，任何组织和个人不得强迫或限制，依法互换、转让土地承包经营权的收益归农户所有。

3. 依法流转土地经营权。在农村土地承包法修改过程中，重要任务之一就是贯彻"三权分置"改革要求。所谓"三权分置"就是要坚持农村土地集体所有权，稳定农户承包权，放活土地经营权。"三权分置"改革的核心问题是家庭承包的承包户在经营方式上发生转变，即由农户自己经营，转变为保留土地承包权，允许承包方将承包地流转给他人经营，实现土地承包经营权和土地经营权的分离。关于"三权分置"改革的具体要求和土地经营权流转，民法典物权编第339条作了进一步的规定。

4. 承包期内，发包人不得收回承包地。农村土地承包法进一步明确规定，国家保护进城农户的土地承包经营权。不得以退出土地承包经营权作为农户进城落户的条件；承包期内，承包农户进城落户的，引导支持其按照自愿有偿原则依法在本集体经济组织内转让土地承包经营权或者将承包地交回发包方，也可以鼓励其流转土地经营权；承包期内，承包方交回承包地或者发包方依法收回承包地时，承包方对其在承包地上投入而提高土地生产能力的，有权获得相应的补偿。

5. 承包地被依法征收、征用、占用的，有权依法获得相应的补偿。土地承包经营权作为一种用益物权，这种他物权是受到法律保护的。但是根据宪法和物权编及其他法律的有关规定，国家为了公共利益的需要，可以依照法律规定对土地实行征收或者征用并给予补偿。征收土地是国家为了社会公共利益的需要，将集体所有的土地转变为国有土地的一项制度。征用是国家强制使用组织、个人的财产。不论是征收还是征用，都必须基于公共利益的需要，按照法定程序进行，给予补偿。

6. 法律、行政法规规定的其他权利。其他法律、行政法规对土地承包经营权人所享有的权利作了规定的，土地承包经营权人即享有这些权利。例如，农村土地承包法第 32 条规定，承包人应得的承包收益，依照继承法的规定继承。林地承包的承包人死亡，其继承人可以在承包期内继续承包。此外，农业法、渔业法、草原法、森林法等法律也对土地承包经营权人所享有的权利作了规定。

> 第三百三十二条　耕地的承包期为三十年。草地的承包期为三十年至五十年。林地的承包期为三十年至七十年。
>
> 前款规定的承包期限届满，由土地承包经营权人依照农村土地承包的法律规定继续承包。

❖ **条文主旨** ❖

本条是关于土地承包期限的规定。

❖ **条文解读** ❖

土地承包经营权是一种他物权，他物权与所有权相比的一个差别就是，他物权一般都是有期限的物权，本条规定的就是土地承包经营权的期限，即承包期限。承包期限是指农村土地承包经营权存续的期间，在这个期间内，承包方享有土地承包经营权，依照法律的规定和合同的约定，行使权利，承担义务。承包期限是土地承包制度的一项重要内容，它关系到农民是否可以得到更加充分而有保障的土地权利，关系到以家庭承包经营为基础、统分结合的双层经营体制的稳定和完善，关系到农业、农村经济发展和农村社会稳定。

本条规定与修改后的农村土地承包法的规定保持了一致，与物权法的规定相比，主要是删除了第 1 款中"特殊林木的林地承包期，经国务院林业行政主管部门批准可以延长"的规定，并对第 2 款作了衔接性修改。

一、耕地、草地、林地的承包期

我国对土地实行用途管理制度。土地管理法按照土地的用途，将土地划分为农用地、建设用地和未利用地，其中的农用地又包括耕地、林地、草地、农田水利用地和养殖水面等。本条第 1 款根据我国农村土地家庭承包的实际情况，对不同用途的土地的承包期限作出规定。

（一）耕地的承包期

耕地是指种植农作物的土地，包括灌溉水田、望天田（又称天水田）、水浇地、旱地和菜地。我国农村实行土地承包经营制度的土地主要是耕地。

承包期限对于农户的土地承包经营权而言至关重要。土地承包期限的长短，应考虑到我国农村的实际情况，根据农业生产经营的特点，农业经济的发展趋势以及当前的农业承包经营政策等因素确定。2002 年制定农村土地承包法时，将耕地的承包期确定为 30 年，符合当时有关法律的规定和农村的实际做法，同当时国家政策的规定也是一致的。党的十八大以来，党中央在诸多文件中，一再强调要"稳定承包权"，并强调"保持土地承包关系稳定并长久不变"。因此，本条第 1 款仍保留物权法、农村土地承包法的规定，继续明确耕地的承包期为 30 年，这是同党的十九大精神和中央有关文件的规定相一致的。

（二）草地、林地的承包期

对于草地、林地的承包期限，在 2002 年制定农村土地承包法之前，其他法律没有明确规定。2002 年制定农村土地承包法时，根据国家关于"营造林地和'四荒'地等开发性生产的承包期可以更长"的政策精神和我国农村土地承包的实际做法，在第 20 条对草地和林地的承包期作出了规定，即草地的承包期为 30 年至 50 年。林地的承包期为 30 年至 70 年；特殊林木的林地承包期，经国务院林业行政主管部门批准可以延长。

物权法也作了同样的规定。修改后的农村土地承包法，对这一条规定没有作出大的改动，只是删除了"特殊林木的林地承包期，经国务院林业行政主管部门批准可以延长"这一句话，主要是由于农村土地承包法施行十多年来，实践中基本没有出现国务院主管部门批准延长的情况，这一规定实际上从未真正落地过。物权编根据农村土地承包法修改情况，对物权法的规定也作了相应的修改。因此，本条第 1 款规定"耕地的承包期为三十年。草地的承包期为三十年至五十年。林地的承包期为三十年至七十年"。

二、土地承包期届满后的延长

第 2 款规定，前款规定的承包期限届满，由土地承包经营权人依照农村土地承包的法律规定继续承包。本款规定，主要是为了与修改后的农村土地承包法相衔接。

党的十九大提出，保持土地承包关系稳定并长久不变，第二轮土地承包到期后再延长 30 年。2019 年 11 月，《中共中央、国务院关于保持土地承包关系稳定并长久不变的意见》进一步明确规定：第二轮土地承包到期后再延长 30 年；现有承包地在第二轮土地承包到期后由农户继续承包，承包期再延长 30 年，以各地第二轮土地承包到期为起点计算。为了贯彻落实党的十九大精神，保持土地承包关系稳定并长久不变，修改后的农村土地承包法增加规定"前款规定的耕地承包期届满后再延长三十年"，即第二轮土地承包到期后再延长 30 年。

为了保持草地、林地承包关系的稳定，修改后的农村土地承包法增加规定："草地、林地承包期届满后依照前款规定相应延长。"根据这一规定，草地、林地的承包期届满后，比照耕地承包期届满后再延长 30 年的规定，作相应延长。

根据物权编本款的规定，承包期限届满后，由土地承包经营权人依照农村土地承包的法律规定继续承包。所谓"依照农村承包的法律规定"所指的就是农村土地承包法的有关规定，继续承包就是承包期限的延长。

> **第三百三十三条** 土地承包经营权自土地承包经营权合同生效时设立。
>
> 登记机构应当向土地承包经营权人发放土地承包经营权证、林权证等证书，并登记造册，确认土地承包经营权。

❖ **条文主旨** ❖

本条是关于土地承包经营权设立和登记的规定。

❖ **条文解读** ❖

一、土地承包经营权的设立

本条第 1 款规定，土地承包经营权自土地承包经营权合同生效时设立。根据本款规定，土地承包经营权的设立，不以登记为生效的要件，土地经营权的设立以土地承包合同生效为准。

因此，要确定取得土地承包经营权的时间，就必须根据承包合同的生效时间判断。根据合同法的基本原则，合同的生效必须以合同的成立为基础。合同的成立是指订约当事人就合同的主要内容形成合意。对于合同的成立时间，合同法及民法典合同编都有规定，一般而言，承诺生效时合同成立。合同编还对书面形式合同的成立作出了规定，即当事人采用合同书形式订立合同的，自双方当事人签名、盖章或者按指印时成立。农村土地承包法明确规定土地承包合同应当采用书面形式。因此，承包合同成立的时间应当是当事人签名、盖章或者按指印之时。农村土地承包法第 23 条规定，承包合同自成立之日起生效。

二、土地经营权的登记

物权法上的登记制度，是土地等不动产物权公示的方法。其功能是对物权的设立、变更、转让或者消灭产生公示作用。登记不仅可以表彰物权的设立，明确归属而且有助于解决物权的冲突。物权法第 127 条第 2 款规定："县级以上地方人民政府应当向土地承包经营权人发放土地承包经营权证、林权证、草原使用权证，并登记造册，确认土地承包经营权。"物权编起草过程中，有的意见提出，应当根据农村土地承包法的修改情况，对物权法的规定加以修改。因此，将物权法前款规定修改为"登记机构应当向土地承包经营权人发放土地承包经营权证、林权证等证书，并登记造册，确认土地承包经营权"。该款规定就是与农村土地承包法第 24 条第 1 款规定相衔接。

农村土地承包法第 24 条第 1 款规定，国家对耕地、林地和草地等实行统一登记，登记机构应当向承包方颁发土地承包经营权证或者林权证等证书，并登记造册，确认土地承包经营权。土地承包经营权登记制度通过国家登记机构对土地承包经营权予以确认，有利于明确权利归属，稳定土地承包关系，也有利于维护农村土地承包经营权互换、转让和土地经营权流转的安全。

物权编根据修改后农村土地承包法的规定，再次明确登记机构应当向承包方颁发土地承包经营权证或者林权证等证书，并登记造册，对土地承包经营权予以确认。土地承包经营权证书、林权证等证书，是承包方享有土地承包经营权的法律凭证。承包方签订承包合同，取得土地承包经营权后，登记机构应当颁发土地承包经营权证或者林权证等证书，并登记造册，将土地的使用权属、用途、面积等情况登记在专门的簿册上，以确认土地承包经营权。

> **第三百三十四条** 土地承包经营权人依照法律规定，有权将土地承包经营权互换、转让。未经依法批准，不得将承包地用于非农建设。

❖ **条文主旨** ❖

本条是关于土地承包经营权互换、转让的规定。

❖ **条文解读** ❖

根据本条规定，土地承包经营权人有权将土地承包经营权互换、转让，但是必须依照法律规定，且不得将承包地用于非农建设。这里的依照法律规定，主要就是依照农村土地承包法的相关规定。农村土地承包法第33条、第34条对土地承包经营权的互换、转让作了明确规定。

一、土地承包经营权的互换

土地承包经营权互换，是土地承包经营权人将自己的土地承包经营权交换给他人行使，自己行使从他人处换来的土地承包经营权。互换从表面上看是地块的交换，但从性质上看，是由交换承包的土地引起的权利本身的交换。权利交换后，原有的发包方与承包方的关系，变为发包方与互换后的承包方的关系，双方的权利义务同时作出相应的调整。互换土地承包经营权，是农户在自愿的基础上，在同一集体经济组织内部，对人人有份的承包经营权进行的交换。该种交换改变了原有的权利分配，涉及承包义务的履行，因此，应当报发包方备案。由于土地承包经营权互换通常都是对等的，也未剥夺互换双方的土地承包经营权，因此，只要不违反法律，侵害他人的合法权益，发包方就不应干涉。

二、土地承包经营权的转让

土地承包经营权转让，指土地承包经营权人将其拥有的未到期的土地承包经营权以一定的方式和条件移转给他人的行为。农村土地承包法第 34 条规定，经发包方同意，承包方可以将全部或者部分的土地承包经营权转让给本集体经济组织的其他农户，由该农户同发包方确立新的承包关系，原承包方与发包方在该土地上的承包关系即行终止。土地承包经营权转让不同于土地承包经营权互换。互换土地承包经营权，承包方与发包方的关系虽有变化，但互换土地承包经营权的双方只不过是对土地承包经营权进行了置换，并未丧失该权利。而转让土地承包经营权，承包方与发包方的土地承包关系即行终止，转让方也不再享有土地承包经营权。根据农村土地承包法第 34 条的规定，转让土地承包经营权的条件是：

第一，程序上，转让土地承包经营权需要征得发包方的同意。征得发包方同意，是完全有必要的。首先，从合同原理而言，承包方转让土地承包经营权，意味着其与发包方所签订的承包合同的权利义务要一并转移给他人，也是需要征得相对方同意的。其次，从土地所有权的角度而言，发包方作为集体土地所有权的代表方，代表集体行使土地所有权，用益物权人发生变动，征得其同意也是合理的。再次，从管理的角度看，为了避免转让方与受让方日后因为转让发生争议，经过发包方同意确认双方转让了土地承包经营权，也有助于避免纠纷。

第二，主体上，转让方为承包方，受让方必须是本集体经济组织的其他农户。需要注意的是，与原农村土地承包法的规定有所不同。原农村土地承包法对转让方有一定限制的，要求转让方必须是"有稳定的非农职业或者有稳定的收入来源"，即不是任何承包方都可以转让，必须有了稳定的非农收入的承包方才可以。转让方根据自己的情况自主决定是否转让土地承包经营权，只要依法、自愿，法律不再限制。原农村土地承包法规定，受让方只要是从事农业生产经营的农户即可。修改后的农村土地承包法规定，受让方必须是本集体经济组织的农户。因此，不允许再将土地承包经营权转让给本集体经济组织以外的人。

第三，后果上，受让方与发包方成立新的承包关系，转让方与发包方的原承包关系终止。土地承包经营权转让后，意味着承包方将土地承包合同的所有权利义务转移给受让方，承包方与发包方之间的权利义务关系也就终止了。土地承包经营权转让后，出让方的全部权利义务转移给受让方，在受让方和发包方之间形成新的承包关系。需要注意的是，承包人转让的土地承包经营权，可以是全部也可以是部分，对于已经转让的，不论是全部转让还是部分转让，受让方都应与发包人确立新的承包关系。对于未转让的部分，原承包人与发包人应重新确立承包关系，变更原有的承包合同。

三、未经依法批准，不得将承包地用于非农建设

土地承包经营权转让，应当按照土地的原有用途使用土地，不得改变承包地的原有用途。承包地应当用于种植业等农业生产，不得改变农用土地的用途，将其用于非农业建设。比如不得在承包地上建窑、建坟或者擅自在承包地上建房、挖砂、采石、取土等。

❖ **案例分析** ❖

2008年2月27日，同村村民李甲与李乙签订"兑地协议"，约定李甲以其承包的1亩承包地块A兑换李乙承包的1.4亩承包地块B，协议签订时找村民委员会主任签字见证，同时加盖村民委员会公章。同年10月31日，双方签订补充协议，约定李甲与李乙再向对方提供其他地块的承包地5平方米，同时约定，李甲须将所提供地块C中的水井填平，李乙须将所提供承包地D中的果树清除，若乙方反悔，须承担违约金5000元。2009年4月，李甲开始在兑换的B地块耕种，李乙也在兑换的A地块种植蔬菜，并实际利用C地块。2009年9月，由于李乙在D地块上耕作近一年的果树所结果子即将成熟，不舍得立即将果树清除，表示收获果实后将立即清除。李甲认为李乙反悔，故要求李乙退还所兑换的A地块和C地块，并赔偿其违约金5000元。李乙不同意。双方遂到镇土地承包仲裁委员会要求处理并解决此纠纷。

镇土地承包仲裁委员会受理后认为，根据法律规定，土地承包经营权人有权将土地承包经营权互换。李甲与李乙签订的兑地协议和补充协议，实质上为两份不同的土地承包经营权互换合同，且两份合同均已成立且生效。关于第一份土地承包经营权互换合同，双方已经实际履行，李甲已实际耕种B地块，李乙也实际耕种A地块，双方均不存在违约问题。关于第二份土地承包经营权互换合同，李甲已经实际履行，李乙未按照合同约定及时清除果树，虽违反约定，但是考虑到耕种的实际情况，且李乙同意在收获后继续履行合同约定。仲裁委员会组织双方调解，由李乙将从D地块所收获的果实的一半交给李甲，并在收获后即按照补充协议约定履行义务。李甲与李乙均同意该方案，双方达成和解协议。

> **第三百三十五条** 土地承包经营权互换、转让的，当事人可以向登记机构申请登记；未经登记，不得对抗善意第三人。

❖ 条文主旨 ❖

本条是关于互换、转让土地承包经营权时登记的规定。

❖ 条文解读 ❖

对土地承包经营权的互换、转让进行登记，指互换、转让土地承包经营权的当事人，申请国家有关登记部门将土地承包经营权互换、转让的事项记载于不动产登记簿上。登记的主要目的在于将土地承包经营权变动的事实予以公示，使他人明确土地承包经营权的权利人。

登记制度是不动产物权制度的基石，具有极其重要的意义，但各国立法对于不动产登记有不同的态度：一是采用登记生效主义，即不动产物权的设立、变动不登记不生效；二是采用登记对抗主义，即不登记不得对抗善意第三人。本条对于土地承包经营权的互换、转让采用登记对抗主义，也就是说，当事人签订土地承包经营权的互换、转让合同，并经发包方备案或者同意后，该合同即发生法律效力，不强制当事人登记。这样规定，一方面是从中国农村的实际出发，农民承包的是本集体经济组织所有的土地，承包方案又是经村民会议通过的，聚集而居的农户对于自己和本集体经济组织的其他农户的承包地的情况应当是清楚的，实际上已经起到公示作用。另一方面，考虑到在某些情况下，土地承包经营权互换、转让后，如果并未将变动的事实通过登记的方式予以公示，他人比较难以了解到土地承包经营权发生了变动，会由此受到损害。因此，本法将登记的决定权交给农民，当事人要求登记的，可以登记。未经登记，不能对抗善意第三人。也就是说，不登记将产生不利于土地承包经营权受让人的法律后果。比如承包户 A 将某块土地的土地承包经营权转让给 B，但没有办理变更登记。之后，A 又将同一块地的土地承包经营权转让给 C，同时办理了变更登记。如果 B 与 C 就该块土地的承包经营权发生纠纷，由于 C 取得土地承包经营权进行了登记，他的权利将受到保护。B 将不能取得该地块的土地承包经营权。因此，土地承包经营权的受让人为更好地维护自己的权益，要求办理登记更为可靠。

根据本条规定，土地承包经营权互换、转让的，当事人要求登记的，应当向登记机构申请办理登记。申请登记时，应当提交土地变更登记申请书及相关资料，内容包括：转让人与受让人的姓名、住所，土地坐落、面积、用途，土地承包合同、土地承包经营权转让或者互换合同、土地承包经营权证书，以及登记部门要求提供的其他文件。登记部门收到变更登记的申请及上述文件后，经调查、审核，符合变更登记规定的，变更注册登记，更换或者更改土地承包经营权证书。

> **第三百三十六条**　承包期内发包人不得调整承包地。
>
> 因自然灾害严重毁损承包地等特殊情形，需要适当调整承包的耕地和草地的，应当依照农村土地承包的法律规定办理。

❖ **条文主旨** ❖

本条是关于承包地能否调整的规定。

❖ **条文解读** ❖

一、发包人不得调整承包地

赋予农民长期而有保障的土地使用权，保持农村土地承包关系的长期稳定，是将土地承包经营权物权化的立法宗旨和指导思想。不论是物权法，还是新旧农村土地承包法都明确规定，承包期内发包方不得调整承包地。2019 年 11 月，《中共中央、国务院关于保持土地承包关系稳定并长久不变的意见》再次明确要求，"农户承包地要保持稳定，发包方及其他经济组织和个人不得违法调整"。

物权编保留了此款规定，再次明确承包期内发包方不得调整承包地。在民法典中明确发包人在承包期内不得随意调整承包地，维护了土地承包关系的长期稳定，再次给农民吃了定心丸。发包方在承包期内不得调整承包地：一是发包方不得单方要求调整承包地。发包方一般不得以任何理由要求承包方调整承包地。当然，如果承包方自己有合理理由，请求发包方适当调整，只要符合有关规定，发包方是可以调整的；二是在承包期内，发包方不得调整。这里的承包期既包括二轮承包期，也包括根据法律规定延长后的承包期，都不得调整；三是发包方只有在符合法律规定的情形下，根据第 2 款的规定才可以适当调整承包地。

二、关于承包地的调整

考虑到在几十年的承包期内，农村的情况会发生很大的变化，完全不允许调整承包地也难以做到。如果出现个别农户因自然灾害严重毁损承包地等特殊情形，仍然不允许对承包地进行小调整，将使一部分农民失去土地。在农村的社会保障制度尚不健全、实现非农就业尚有困难的情况下，使这部分农民失去最基本的生活来源，既有悖于社会公平，也不利于社会稳定。因此，在特殊情形下，应当允许按照法律规定的程序对个别农户之间的承包地进行必要的小调整。2019 年 11 月，《中共中央、国务院关于保持土地承包关系稳定并长久不变的意见》明确规定，第二轮土地承包到期后应坚持延包原则，不得将承包地打乱重分，确保绝大多数农户原有承包地继续保持稳定；对少数存在承包地因自然灾害毁损等特殊情形且群众普遍要求调地的村组，届时可按照大稳定、小调整的原则，由农民集体民主协商，经本集体经济组织成员的村民会议 2/3 以上成员或者 2/3 以上村民代表同意，并报乡（镇）政府和县级政府农业等行政主管部门批准，可在个别农户间作适当调整，但要依法依规从严掌握。

本条第 2 款规定，因自然灾害严重毁损承包地等特殊情形，需要适当调整承包的耕地和草地的，应当依照农村土地承包的相关法律规定办理。农村土地承包法第 28 条第 2 款规定，"承包期内，因自然灾害严重毁损承包地等特殊情形对个别农户之间承包的耕地和草地需要适当调整的，必须经本集体经济组织成员的村民会议三分之二以上成员或者三分之二以上村民代表的同意，并报乡（镇）人民政府和县级人民政府农业农村、林业和草原等主管部门批准。承包合同中约定不得调整的，按照其约定"。

> **第三百三十七条**　承包期内发包人不得收回承包地。法律另有规定的，依照其规定。

❖ **条文主旨** ❖

本条是关于承包地能否收回的规定。

❖ **条文解读** ❖

本条首先规定："承包期内发包人不得收回承包地。"这一规定对保持土地承包关系稳定并长久不变具有重要意义。赋予农民长期而有保障的土地使用权，维护农村土地承包关系的长期稳定，是土地承包经营权立法的重要指导思想。其原因在于我国农村人多地少，大部分地区经济还比较落后，第二、三产业不够发达，大多数农民难以实现非农就业，仍然从事农业生产，农民对土地的依赖性较强，在相当长的时期内，土地仍是农民的基本生产资料和最主要的生活来源。因此，必须保持土地承包关系的长期稳定，不得随意收回和调整承包地。在中国特色社会主义进入新时代的关键时期，全面贯彻党的十九大和十九大二中、三中、四中全会精神，应保持土地承包关系稳定并长久不变，赋予农民更加充分而有保障的土地权利。继续明确发包方不得随意收回承包地对推动实施乡村振兴战略、保持农村社会和谐稳定都具有重大意义。根据本条规定，除法律对承包地的收回有特别规定外，在承包期内，无论承包方发生什么样的变化，只要作为承包方的家庭还存在，发包方都不得收回承包地。如承包方家庭中的一人或者数人死亡的；子女升学、参军或者在城市就业的；妇女结婚，在新居住地未取得承包地的；承包方在农村从事各种非农产业的等，只要作为承包方的农户家庭没有消亡，发包方都不得收回其承包地。但因家庭成员全部死亡而导致承包方消亡的，发包方应当收回承包地，另行发包。

当然，承包地并非一律不得收回，根据有关规定，在符合法律规定的情形下，也是可以收回的。农村土地承包法第27条第2、3、4款分别规定：国家保护进城农户的土地承包经营权。不得以退出土地承包经营权作为农户进城落户的条件；承包期内，承包农户进城落户的，引导支持其按照自愿有偿原则依法在本集体经济组织内转让土地承包经营权或者将承包地交回发包方，也可以鼓励其流转土地经营权；承包期内，承包方交回承包地或者发包方依法收回承包地时，承包方对其在承包地上投入而提高土地生产能力的，有权获得相应的补偿。

❖ **案例分析** ❖

1996 年，吴甲与 A 村第二村民小组签订农村土地承包合同，约定承包田心、塘下、牛坑、月亮山等地共 5.6 亩水田，承包期 30 年。吴甲由于长期在外打工，2003 年初，遂将所承包的部分田心、牛坑的水田 3 亩交由本村村民周乙代为耕种，将塘下、月亮山的耕地 2 亩交由潘丙代为耕种，双方并未签订合同，仅口头约定周乙、潘丙仅需替吴甲缴纳所耕种农田的相应农业税费即可。2008 年，周乙也外出打工，导致其承包的承包地以及代吴甲耕种的 2 块水田均撂荒。廖丁见吴甲的 2 块水田撂荒，觉得可惜，遂于 2012 年与合并后的 B 村委会协商。B 村村委会主任遂决定将此 2 块水田交由廖甲耕种。2015 年，B 村开展承包地确权颁证工作。由于吴甲长期在外联系不上，B 村村委会遂决定将吴甲所承包的 5.6 亩耕地收回。同时，考虑到潘丙、廖丁等人实际耕种该等土地，故将田心、牛坑的 3 亩水田确权给潘丙，将塘下、月亮山的 2 亩耕地确权给廖丁；考虑到本村修路曾占沈戊的部分承包地，故将其余 0.6 亩耕地调整、重新确权给沈戊。B 村村委会与潘丙、廖丁、沈戊签订了承包合同，统一上报后由县农业局为潘丙、廖丁、沈戊颁发了农村土地承包经营权证。2017 年，吴甲返乡后，发现自己原来的承包地已由他人耕种，遂到 B 村村委会主张权利。B 村村委会提出，由于吴甲的承包地长期撂荒，村委会已经决定收回，另行发包给本村其他村民承包。潘丙提出，自己所耕种的田心、牛坑的 3 亩水田此前确实是吴甲所承包的，后来村委会已重新确权并颁证给自己，自己也不能随便退还给吴甲。廖丁认为，自己所耕种的土地已经取得了土地承包经营权证，合法有效，拒绝退还给吴甲。沈戊认为，村里修路占了自己原来的承包地，将 0.6 亩耕地调整后重新确权给自己承包合情合理，自己是合法的承包方。吴甲无奈，只能将 B 村村委会、潘丙、廖丁、沈戊诉至法院。

人民法院审理后认为，首先，根据法律的规定，诉争的田心、塘下、牛坑、月亮山等 5.6 亩耕地的所有权属于 A 村第二村民小组。虽然整村合并后 A 村并入 B 村，但是行政关系的合并并不必然导致集体所有权的合并，涉案的 5.6 亩耕地的所有权仍归该村民小组所有。其次，根据法律规定，农村土地承包经营权自土地承包经营权合同生效时设立。1996 年吴甲已与 A 村第二村民小组签订了农村土地承包合同，且该合同已经生效，故吴甲已经取得了涉案 5.6 亩耕地的土地承包经营权。根据承包合同的约定，承包期为 30 年，故吴甲的土地承包经营权尚在有效期内。再次，根据法律规定，承包期内，发包方不得调整承包地，也不得收回承包地。因此，B 村村委会无权收回已经发包给吴甲的承包地，也不得违法调整。因此，法院判决认定 B 村村委会与潘丙、廖丁、沈戊就涉案地块所签订的土地承包经营权合同无效，涉案地块应重新确权给吴甲。

第三百三十八条　承包地被征收的，土地承包经营权人有权依据本法第二百四十三条的规定获得相应补偿。

❖ **条文主旨** ❖

本条是关于承包地被征收，土地承包经营权人有权获得补偿的规定。

❖ **条文解读** ❖

土地承包经营权是在集体所有的土地上派生出来的用益物权，土地承包经营权人是享有用益物权的权利人。农村土地承包法规定，承包方的权利之一就是，承包地被依法征收、征用、占用的，有权依法获得相应的补偿。因此，承包人对承包的土地依法享有在承包期内占有、使用、收益等权利，承包地被依法征收的，承包人有权依法获得相应的补偿。

我国宪法规定，国家为了公共利益的需要，可以依照法律规定对土地实行征收或者征用并给予补偿。本条明确规定，承包地被征收的，土地承包经营权人有权依据本法第243条的规定获得相应补偿。相应的补偿包括哪些呢？这需要结合物权编第243条及土地管理法的相关规定判断。物权编第243条第1款规定，为了公共利益的需要，依照法律规定的权限和程序可以征收集体所有的土地和组织、个人的房屋以及其他不动产。第2款规定，征收集体所有的土地，应当依法及时足额支付土地补偿费、安置补助费以及农村村民住宅、其他地上附着物和青苗等的补偿费用，并安排被征地农民的社会保障费用，保障被征地农民的生活，维护被征地农民的合法权益。关于补偿的标准，土地管理法有相应的规定。土地管理法第48条第1款规定，征收土地应当给予公平、合理的补偿，保障被征地农民原有生活水平不降低、长远生计有保障。第2款规定，征收土地应当依法及时足额支付土地补偿费、安置补助费以及农村村民住宅、其他地上附着物和青苗等的补偿费用，并安排被征地农民的社会保障费用。第3款规定，征收农用地的土地补偿费、安置补助费标准由省、自治区、直辖市通过制定公布区片综合地价确定。制定区片综合地价应当综合考虑土地原用途、土地资源条件、土地产值、土地区位、土地供求关系、人口以及经济社会发展水平等因素，并至少每 3 年调整或者重新公布一次。因此，征地补偿的具体标准，由各省、自治区、直辖市根据当地的具体情况制定。

> **第三百三十九条　土地承包经营权人可以自主决定依法采取出租、入股或者其他方式向他人流转土地经营权。**

❖ **条文主旨** ❖

本条是关于土地经营权流转的规定。

❖ **条文解读** ❖

一、关于"三权分置"改革

2013 年 7 月，习近平总书记在武汉农村综合产权交易所调研时指出，深化农村改革，完善农村基本经营制度，要好好研究农村土地所有权、承包权、经营权三者之间的关系。2014年中央一号文件《关于全面深化农村改革加快推进农业现代化的若干意见》提出，要在落实农村土地集体所有权的基础上，稳定农户承包权、放活土地经营权。2016 年 10 月制定的《中共中央办公厅、国务院办公厅关于完善农村土地所有权承包权经营权分置办法的意见》指出，改革开放之初，在农村实行家庭联产承包责任制，将土地所有权和承包经营权分设，所有权归集体，承包经营权归农户，极大地调动了亿万农民积极性，有效解决了温饱问题，农村改革取得重大成果。现阶段深化农村土地制度改革，顺应农民保留土地承包权、流转土地经营权的意愿，将土地承包经营权分为承包权和经营权，实行所有权、承包权、经营权"三权分置"并行，着力推进农业现代化，是继家庭联产承包责任制后农村改革又一重大制度创新。

根据党中央、国务院出台的一系列关于"三权分置"的文件精神，"三权"分别是指集体所有权、农户承包权和土地经营权，"三权分置"就是要落实集体所有权，稳定农户承包权，放活土地经营权，充分发挥"三权"的各自功能和整体效用，形成层次分明、结构合理、平等保护的格局。"三权"中，农村土地集体所有权是土地承包经营权的前提，是农村基本经营制度的根本，必须得到充分体现和保障。农户享有土地承包权是农村基本经营制度的基础，是集体所有的具体实现形式，要稳定现有土地承包关系并保持长久不变。在土地流转中，从承包方的土地承包经营权中派生出土地经营权。赋予流转受让方更有保障的土地经营权，是完善农村基本经营制度的关键。

二、"三权分置"的法律安排

"三权分置"改革的核心问题是家庭承包的承包户在经营方式上发生转变，即由农户自己经营，转变为将承包地流转给他人经营，实现土地承包经营权和土地经营权的分离。"三权分置"是农村土地经营方式在改革过程中两次"两权"分离的结果：第一次"两权"分离，农户通过家庭承包的方式，从集体土地所有权中分离出土地承包经营权，实现了集体统一经营向承包方家庭经营的转变；第二次"两权"分离，承包方通过出租（转包）、入股等方式，将承包地流转给他人经营，从土地承包经营权中分离出土地经营权，实现了从承包方直接经营到交由他人经营的转变。

1. 承包方享有土地承包经营权。第一次"两权"分离后，承包方从集体土地所有权中分离获得土地承包经营权。土地承包经营权是一种用益物权。承包方享有的土地承包经营权的具体权利包括：依法享有直接支配和排他占有承包地的权利；依法享有承包地使用、收益的权利，有权自主组织生产经营和处置产品；依法互换、转让土地承包经营权；依法流转土地经营权；等等。

2. 承包方自己经营。承包方取得土地承包经营权这种用益物权后，最直接的目的就是占有并使用承包地，开展农业生产经营，这是最直接的经营方式，也是法律赋予其土地承包经营权这一用益物权的根本价值和目的所在。自己经营就是承包户以家庭成员为主要劳动力，在自己所承包的农村土地上直接从事农业生产经营。这是农村土地最主要的经营方式。

3. 承包方保留土地承包权，流转土地经营权。承包方除自己经营外，还可以通过与他人签订合同，将土地经营权流转给他人，由他人经营。土地经营权是从土地承包经营权中派生出来的新的权利。从法律性质上而言，土地承包经营权人流转土地经营权后，其所享有的土地承包经营权并未发生改变，正如在集体土地所有权上设定土地承包经营权后，集体土地所有权的性质并未发生改变一样。因此，在经营方通过流转取得土地经营权后，承包方享有的土地承包经营权的法律性质并未改变，只是承包方行使土地承包经营权的方式发生了改变而已，从直接行使转变为间接行使。需要特别说明的是，物权法规定的流转对象为土地承包经营权，流转的方式包括转包、出租、互换、转让和其他方式。在物权编起草过程中，根据农村土地承包法的修改，相应地对"流转"的法律性质进行了修改，流转的对象仅限于土地经营权，不再包括土地承包经营权；流转的方式限于转包（出租）、入股或者其他方式，而不再包括互换和转让。土地承包经营权仍可以在本集体经济组织内部互换或者转让。

4. 受让方享有土地经营权。承包方采取出租（转包）、入股或者其他方式流转土地经营权后，受让方即获得土地经营权。土地经营权人有权在合同约定的期限内占有农村土地，自主开展农业生产经营并取得收益。

三、土地经营权的设立

土地经营权作为一种新的权利类型，不是凭空产生的，需要特定主体通过一定民事法律行为，依照法律规定的原则和方式，按照法律程序设立。

1. 土地经营权设立的主体。土地经营权流转有双方当事人，一方是作为出让方的土地承包经营权人，另一方是作为受让方的土地经营权人，就是通过流转获得土地经营权的个人或者组织。设立土地经营权的主体就是承包方和受让方，双方经过协商一致以合同方式设立土地经营权。由于家庭承包是以户为单位的，绝大多数承包户的家庭成员都是有数人的。因此，土地经营权设立的出让方就是承包方，而不是承包农户的个别家庭成员。在具体设立过程中，代表出让方的可能是承包家庭成员代表。土地经营权流转的受让方范围很广，既可以是本集体经济组织的成员，也可以是非本集体经济组织的成员；既可以是个人，也可以是合作社、公司等组织；既可以是法人，也可以是非法人组织。当然，土地经营权流转的受让方并非毫无限制，根据农村土地承包法规定，受让方必须具有农业经营能力或者资质，特别是工商企业作为土地经营权的受让方，还需要通过相应的资格审查。因此，承包方不是可以随意选择受让方的，也需要对受让方经营能力进行必要的审查。

2. 土地经营权设立的客体。土地经营权的客体就是农村土地。根据农村土地承包法第 2 条的规定，农村土地是指农民集体所有和国家所有依法由农民集体使用的耕地、林地、草地，以及其他依法用于农业的土地。土地经营权的客体包括耕地、林地、草地，以及其他依法用于农业的土地，比如养殖水面、荒山、荒丘、荒沟、荒滩等。农村的建设用地，比如宅基地则不能成为土地经营权的客体。

3. 土地经营权设立的原则。土地承包经营权是设立土地经营权的前提和基础，设立土地经营权的原则就是应当由承包方自主决定、依法设立。所谓自主决定，是指承包方是否设立土地经营权应当由其自己决定，自愿参与土地经营权的流转。土地经营权设立的时间、对价及其给付方式、设立方式、期限长短等，都应当由承包方自主决定，与受让方协商一致后确定。集体经济组织、基层群众自治组织以及有关政府部门都不得干预。所谓依法设立，就是承包方设立土地经营权应当根据农村土地承包法和相关法律规定的程序、实体要求设立，不能违反法律的强制性要求。比如，土地经营权的设立应当确保土地的农业用途；土地经营权的设立应当向发包方备案等。

4. 土地经营权流转的方式。根据本条的规定，承包方可以采取出租、入股或者其他方式向他人流转土地经营权。具体而言，土地经营权流转的方式主要有三种：

第一种是出租。出租就是承包方以与非本集体经济组织成员的受让方签订租赁合同的方式设立土地经营权，由受让方在合同期限内占有、使用承包地，并按照约定向承包方支付租金。

第二种是入股。入股就是承包方将土地经营权作为出资方式，投入农民专业合作社、农业公司等，并按照出资协议约定取得分红。承包方以土地经营权入股后，即成为农民专业合作社的成员或者公司的股东，享有法律规定的合作社成员或公司股东的权利，可以参与合作社、公司的经营管理，与其他成员、股东一道共担风险、共享收益。为了促进和规范土地经营权入股行为，农业农村部等部门 2018 年 12 月出台了《关于开展土地经营权入股发展农业产业化经营试点的指导意见》，对土地经营权入股的基本原则、入股的实现形式、运行机制、风险防范等作了详细规定。

第三种为其他方式。其他方式就是出租、入股之外的方式，比如根据农村土地承包法第47条的规定，承包方可以用承包地的土地经营权向金融机构融资担保。这也是一种设立土地经营权的方式。在当事人以土地经营权设定担保物权时，一旦债务人未能偿还到期债务，担保物权人就有权就土地经营权优先受偿。

> **第三百四十条　土地经营权人有权在合同约定的期限内占有农村土地，自主开展农业生产经营并取得收益。**

❖ **条文主旨** ❖

本条是关于土地经营权人享有的基本权利的规定。

❖ **条文解读** ❖

一、土地经营权的含义

土地经营权是受让方根据流转合同的约定对承包方承包的农村土地依法占有，利用其开展农业生产经营并取得收益的权利。

1. 权利的主体。土地经营权的权利主体就是根据土地经营权流转合同取得土地经营权的自然人或者组织。在承包方设立土地经营权后，受让方即成为土地经营权人。土地经营权人可以是自然人，也可以是法人；可以是本集体经济组织的自然人，也可以是非本集体经济组织的自然人；可以是农民专业合作社，也可以是从事农业生产经营的公司。要成为土地经营权人，还必须具备一定的条件，即具有农业经营能力或者资质。土地经营权人如果没有农业经营能力，获得土地经营权后，难以充分有效利用农业用地，无疑会造成农业用地的资源浪费，不利于维护承包方的利益，也不利于农业的发展。

2. 权利的客体。土地经营权的客体就是农村土地。农村土地是指农民集体所有和国家所有依法由农民集体使用的耕地、林地、草地，以及其他依法用于农业的土地。土地经营权的客体包括耕地、林地、草地，以及其他依法用于农业的土地，比如养殖水面、荒山、荒丘、荒沟、荒滩等。

3. 权利的取得。土地经营权是由承包方通过一定的民事法律行为设立的，这种民事法律行为就是与受让方签订土地经营权流转合同。根据合同编的规定，合同的订立需要经过要约、承诺等阶段，双方意思表示达成一致方能成立。要取得土地经营权，必须经过双方协商一致，并签订书面的流转合同。

4. 权利的期限。土地承包经营权是一种用益物权，而且是有期限物权。所谓有期限物权，是指权利的存续是有一定的期限的。根据法律的规定，耕地的承包期为 30 年，草地的承包期为 30 年至 50 年，林地的承包期为 30 年至 70 年。因此，土地承包经营权是有期限的。土地经营权作为土地承包经营权所派生的权利，也是有期限的。根据农村土地承包法的规定，土地经营权流转的期限不得超过承包期的剩余期限。这里的不得超过就是最长期限，当事人可以在合同中约定设定土地经营权的期限，可以是 1 年、2 年、3 年、5 年或者 10 年等，只要不超过承包期的剩余期限即可。

5. 权利的消灭。土地经营权是有期限的权利，因此，一旦双方约定的流转期限届满，土地经营权人的权利自然因到期而消灭。土地经营权也可能因为土地经营权流转合同的解除、被撤销或者宣告无效等事由而解除。如果土地经营权流转合同存在被撤销或者无效事由，经人民法院或者仲裁机构宣告被撤销或者无效后，所取得的土地经营权当然随之消灭。

二、土地经营权的权利内容

本条规定，土地经营权人有权在合同约定的期限内占有农村土地，自主开展农业生产经营并取得收益。根据物权编及农村土地承包法等相关法律规定，土地经营权人的权利具体包括以下几个方面：

1. 占有权。土地经营权人取得土地经营权后，即有权占有承包方的承包地。所谓占有，就是对承包地享有支配权并排除他人非法干涉。土地经营权人对承包地的占有是直接占有，是对承包地的实际控制。土地经营权人占有承包地是合法占有，这项权利受到侵害时，土地经营权人有权要求侵权人承担排除妨碍、停止侵权、赔偿损失等民事责任。占有的客体就是承包地，包括耕地、林地、草地。

2. 使用权。使用权，是指按照物的属性和功能，不损毁或改变物的性质，对物加以生产或生活上的利用。土地经营权人对承包地享有使用权，就是利用承包地开展农业生产经营的权利。土地经营权人不得将农业用地转为非农用地，不得用来建设房屋、工场等。对于土地经营权人的使用权，双方当事人应当在流转合同中依法约定土地的性质、种类和用途，确保土地经营权人依法按照合同约定使用承包地。

3. 收益权。土地经营权人占有、使用流转取得的承包地，最终目的就是取得农业生产经营的收益。比如，利用耕地种植粮食作物、经济作物，产出粮食等农产品；利用林地种植林木后，依法砍伐林木；利用草地放牧牛羊等。这些收益权都属于土地经营权人，任何人不得侵害。此外，土地经营权人也有权利用农业生产设施，开展附随性的经济活动，比如开农家乐、果蔬采摘等商业经营获取收益，这些收益权同样也受法律保护。

4. 改良土壤、建设附属设施的权利。农村土地承包法第

43 条规定，经承包方同意，受让方可以依法投资改良土壤，建设农业生产附属、配套设施，并按照合同约定对其投资部分获得合理补偿。因此，土地经营权人经承包方同意，可以对承包地进行改良。比如通过平整土地、培肥地力、修缮沟渠等，建设高标准农田，提升改良耕地的品质。土地经营权人还可以建设农业生产附属、配套设施，比如安装建设农业生产所需的大棚、自动喷灌系统等。土地经营权人进行改良土壤、建设设施的，在土地经营权到期后，还可以根据合同约定获得合理补偿，承包方应当根据约定向其支付相应的补偿费。

5. 再流转的权利。农村土地承包法第 46 条规定，经承包方书面同意，并向本集体经济组织备案，受让方可以再流转土地经营权。根据此规定，土地经营权人可以再次流转其土地经营权。这种再流转受到几方面限制：一是在程序上，既要征得承包方的书面同意，还必须向发包方备案；二是再次流转的权利义务应当与承包方所签流转合同约定保持一致，不能超出原合同约定的权利范围；三是在流转期限上，再次流转的期限不得超过原流转期限的剩余期限。

6. 以土地经营权融资担保的权利。农村土地承包法第 47 条第 1 款规定，受让方通过流转取得的土地经营权，经承包方书面同意并向发包方备案，可以向金融机构融资担保。根据此规定，土地经营权人可以以土地经营权提供担保向金融机构融资。需要注意的是，土地经营权人以土地经营权设定担保同样要征得承包方的书面同意，并且向发包方备案。

7. 其他权利。土地经营权人还可以根据法律规定或者合同约定享有其他权利。比如，在流转合同有约定的情况下，承包地被依法征收或者征用时，土地经营权人可以获得相应补偿等。

当然，土地经营权人依法享有权利的同时，也应当遵守法律规定和合同约定的义务，比如按照合同约定支付流转价款、按照法律规定利用承包地等。

> **第三百四十一条** 流转期限为五年以上的土地经营权，自流转合同生效时设立。当事人可以向登记机构申请土地经营权登记；未经登记，不得对抗善意第三人。

❖ **条文主旨** ❖

本条是关于土地经营权设立与登记的规定。

❖ **条文解读** ❖

一、土地经营权设立的时间

土地经营权设立需要双方就流转事项达成一致，这种一致的意思需要通过一定的载体予以体现，即土地经营权流转合同。土地经营权流转合同涉及在农村土地上设定权利义务，事关重大，且大多土地经营权流转期限较长。采用书面形式签订土地承包经营权流转合同，有利于明确记载双方的权利义务，便于事后留存证据备查，能够有效避免因合同内容而引发的纠纷。根据农村土地承包法的有关规定，土地经营权流转还需要报发包方备案，因此，双方当事人签订土地经营权流转合同后，还应当报送作为发包方的本集体经济组织或者村民委员会备案。

根据本条的规定，流转期限为 5 年以上的土地经营权，自流转合同生效时设立。一般而言，合同成立之时即生效，因此，一旦双方当事人签订的土地经营权流转合同成立并生效，土地经营权即设立。

二、土地经营权的登记

在"三权分置"改革实践中，不同类型的土地经营权人对于土地经营权的需求存在差异：从事经济作物、大棚蔬菜种植的经营者，开展观光农业、休闲农业的经营者等，由于前期基础投入较大，获得收益的期限较长，因此希望能长期稳定获得土地经营权；由于水稻等粮食农作物都是一年一收，且粮食价格波动较大，从事粮食种植的经营者觉得短期获得土地经营权是可以的。法律不宜简单规定土地经营权的性质，应当赋予当事人选择权：当事人希望获得长期稳定保障的，可以就土地经营权申请登记，登记后即可以对抗善意第三人；当事人不希望获得长期的土地经营权的，双方根据合同约定行使权利义务即可。在"两权"抵押改革试点中，金融机构希望政府部门能建立土地经营权登记制度，这样能够更好地保护债权人利益。因此，本条规定，土地经营权流转期限为5年以上的，当事人可以向登记机构申请土地经营权登记。

本条规定，土地经营权未经登记不得对抗善意第三人。根据本条的规定，土地经营权登记后，可以对抗任何人，包括善意第三人。所谓善意第三人就是不知道也不应当知道承包地上设有土地经营权的人。物权具有排他效力、优先效力。所谓排他效力就是在同一标的物上不得同时成立两个以上不相容的物权。物权的优先效力就是物权优先于债权的效力，以及物权相互之间也有的优先效力。对于土地经营权而言，受让方一旦在流转的承包地上申请土地经营权登记后，其他人就不得再在同一地块上申请土地经营权登记，包括土地承包经营权人本人。登记后的土地经营权相对于债权而言同样具有优先效力。比如，甲将自己的承包地流转给乙后，乙未申请土地经营权登记。事后，甲又与丙签订土地经营权流转合同，丙对于甲已经与乙签订流转合同并不知情，丙申请土地经营权登记。之后，当事人之间因为土地使用发生纠纷。此时，丙的土地经营权因申请登记具有对抗效力，因此，可以对抗乙的债权。从权利保护的角度而言，申请土地经营权登记对于土地经营权人具有更强的保护力。当然，由于土地经营权登记必然会对承包方的土地承包经营权形成更大的限制，受让方登记土地经营权后，由于物权排他性，这就意味着承包方自己将不能在承包地设定其他的土地经营权，承包方也就无法以该承包地的土地经营权向金融机构融资担保。

> **第三百四十二条** 通过招标、拍卖、公开协商等方式承包农村土地，经依法登记取得权属证书的，可以依法采取出租、入股、抵押或者其他方式流转土地经营权。

❖ **条文主旨** ❖

本条是关于以其他方式承包取得的土地经营权流转的规定。

❖ **条文解读** ❖

根据农村土地承包法的规定，我国的农村土地承包制度包括"农村集体经济组织内部的家庭承包方式"和"其他方式的承包"：以家庭方式取得的承包地的承包方，可以自主决定依法采取出租、入股或者其他方式向他人流转土地经营权；以其他方式承包农村土地的，承包方取得土地经营权。这两种土地经营权存在诸多区别，本法在其流转的规定方面也有较大不同。根据农村土地承包法的规定，通过家庭方式承包取得土地承包经营权后，登记机构应当向承包方颁发土地承包经营权证或者林权证等证书，并登记造册，确认土地承包经营权。承包方在此基础上，可以直接向他人流转土地经营权。但是，以招标、拍卖、公开协商等方式取得的土地经营权，承包方有的与发包人是债权关系，比如承包菜地，约定承包期为3年，其间是一种合同关系；而承包"四荒地"，由于期限较长，投入又大，双方需要建立一种物权关系，以便更好地得到保护。因此应当依法登记，取得权属证书。在此前提下，土地经营权才具备流转的基础，承包方才可以依法向他人流转土地经营权。须注意的是，通过其他方式承包所取得的土地经营权是通过市场化的行为并支付一定的对价获得的，其流转无需向发包人备案或经发包人同意。对受让方也没有特别限制，接受流转的一方可以是本集体经济组织以外的个人、农业公司等。

> **第三百四十三条** 国家所有的农用地实行承包经营的，参照适用本编的有关规定。

❖ **条文主旨** ❖

本条是关于国有农用地实行承包经营的法律适用的规定。

❖ **条文解读** ❖

我国宪法和相关法律规定，森林、山岭、草原、荒地、滩涂等自然资源，属于国家所有，但法律规定属于集体所有的除外。法律规定属于国家所有的农村和城市郊区的土地，属于国家所有。土地管理法规定，国家所有依法用于农业的土地可以由单位或者个人承包经营，从事种植业、林业、畜牧业、渔业生产。本条规定，国家所有的农用地实行承包经营的，参照本法的有关规定。

对于国家所有用于农业的土地，有的由农民集体长期使用，实行农村土地承包经营制度；有的由单位（包括集体）或者个人承包经营；有的通过组建国有农场、林场等进行生产经营；有的还没有完全开发利用。对交由农民集体使用以外的国有农用地实行承包经营的，可以根据实际情况，在承包方式、承包期限、承包的权利义务等方面参照本法的有关规定执行，以促进国有农用地资源的合理开发利用，维护承包人的合法权益。

第十二章　建设用地使用权

本章共十八条。主要规定了建设用地使用权设立的方式，建设用地使用权出让合同的内容，建设用地使用权的登记，建设用地使用权转让、互换、出资或者赠与时当事人的权利和义务，建设用地使用权届满前收回建设用地的补偿原则，建设用地使用权届满后续期以及集体土地作为建设用地的原则等内容。

第三百四十四条　建设用地使用权人依法对国家所有的土地享有占有、使用和收益的权利，有权利用该土地建造建筑物、构筑物及其附属设施。

❖ **条文主旨** ❖

本条是关于建设用地使用权概念的规定。

❖ **条文解读** ❖

建设用地使用权是用益物权中的一项重要权利。出让人通过设立建设用地使用权，使建设用地使用权人对国家所有的土地享有了占有、使用和收益的权利，建设用地使用权人可以利用该土地建造建筑物、构筑物及其附属设施。建设用地包括住宅用地、公共设施用地、工矿用地、交通水利设施用地、旅游用地、军事设施用地等。本条中的建筑物主要是指住宅、写字楼、厂房等。构筑物主要是指不具有居住或者生产经营功能的人工建造物，比如道路、桥梁、隧道、水池、水塔、纪念碑等；附属设施主要是指附属于建筑物、构筑物的一些设施。

在2007年物权法的起草过程中，有人建议，用"土地使用权"代替"建设用地使用权"的概念。本章没有采用"土地使用权"的概念，是因为根据土地管理法的规定，我国的土地分为农用地、建设用地和未利用地。"土地使用权"是一个广义的概念，包括农用地使用权、建设用地使用权等权利。如果采取"土地使用权"的概念，就需要把土地承包经营权、建设用地使用权和宅基地使用权放入一章规定，而土地承包经营权、建设用地使用权和宅基地使用权在权利的设立、利用等方面有着较大的区别，当事人的权利和义务也不尽相同，比如，建设用地使用权一般是有偿取得，宅基地使用权是无偿取得；建设用地使用权可以依法转让和抵押，宅基地使用权的转让和抵押有严格的限制。因此，物权法根据土地的用途，将土地使用权分解为土地承包经营权、建设用地使用权和宅基地使用权，并分章对这些权利作出了规定。本次民法典编纂沿用了物权法的规定，本章主要是规定当事人如何通过出让和划拨方式取得建设用地使用权，以及取得建设用地使用权后的权利和义务，同时也对集体土地作为建设用地的问题作出了原则性规定。

建设用地使用权类似于大陆法系国家和地区民法中的地上权制度，但也有所区别。地上权主要是指在他人土地上建造建筑物而取得使用该土地的权利。一些国家和地区的地上权还包括在他人土地上种植竹木的权利。我国的建设用地使用权仅包括在国家所有的土地上建造建筑物、构筑物和其他附属物的权利。另外，在土地私有的国家，土地所有权可以进行流转，设立地上权主要是以地上权人使用为目的。而我国的土地所有权不允许流转，建设用地使用权可以流转。

> **第三百四十五条　建设用地使用权可以在土地的地表、地上或者地下分别设立。**

❖ **条文主旨** ❖

本条是关于建设用地使用权分层设立的规定。

❖ **条文解读** ❖

土地资源具有稀缺性和不可再生性，如何充分发掘土地的价值，是各国共同面临的课题。随着人类社会的进步和发展，特别是现代化专业技术的进步，分层次开发土地成了土地利用的新趋势。我国一些地区也出现利用地下空间建造地下商场、车库等设施，利用地上空间建造空中走廊、天桥等情况。对于空间利用的问题，我国有的地方在出让土地时也进行过探索：将建设用地使用权人对空间享有的权利通过出让土地的四至、建筑物的高度和深度加以确定，其中建筑物的高度根据规划确定；深度根据技术指标确定的建筑物的基底位置确定。确定范围之外的土地使用权仍属于国家，国家可以再次出让。由于我国现行法律、行政法规未对土地分层出让的问题作出规定，实践中，对于专门利用地下或者地上空间的权利性质仍不明确，造成一些土地登记机构无法办理登记手续，相关设施权利人的权利得不到确认和法律上的保护。因此，2007年制定物权法时，对土地分层次利用的权利进行规范就势在必行。

如何在物权法中规定空间利用的权利，在2007年物权法起草过程中有不同的意见。有人建议，在用益物权一编对"空间利用权"设专章，对空间利用权的设定、期限、转让、抵押等问题作出规定；有人建议，空间权可分为空间基地使用权、空间农地使用权、空间邻地利用权等，因此，应当把这些权利放入物权法相应的章节里分别规定。

我国城市的土地属于国家所有，农村的土地属于集体所有。土地的性质决定了土地上下空间的所有权属于国家和集体，当事人只能通过设定建设用地使用权等用益物权的方式取得对土地以及上下空间的使用。目前，集体土地需要征收为国家所有后才能出让，国家在出让建设用地使用权时，只要对建筑物的四至、高度、建筑面积和深度作出明确的规定，那么该建筑物占用的空间范围是可以确定的。根据本法第 348 条第 2 款第 3 项的规定，建设用地使用权出让时，应当在合同中明确规定建筑物、构筑物及其附属设施占用的空间范围。这样建设用地使用权人对其取得的建设用地的范围就能界定清楚。比如，同一块土地地下 10 米至地上 70 米的建设用地使用权出让给甲公司建写字楼；地下 20 米—40 米的建设用地使用权出让给乙公司建地下商场。在分层出让建设用地使用权时，不同层次的权利人是按照同样的规定取得土地使用权的，在法律上他们的权利和义务是相同的，只不过其使用权所占用的空间范围有所区别。所以，建设用地使用权的概念完全可以解决对不同空间土地的利用问题，物权法没有引入空间利用权的概念。本次民法典编纂沿用了物权法的规定。因此，本条规定，建设用地使用权可以在土地的地表、地上或者地下分别设立。

> **第三百四十六条** 设立建设用地使用权，应当符合节约资源、保护生态环境的要求，遵守法律、行政法规关于土地用途的规定，不得损害已经设立的用益物权。

❖ **条文主旨** ❖

本条是关于设立建设用地使用权的规定。

❖ **条文解读** ❖

一、设立建设用地使用权应当符合节约资源、保护生态环境的要求

在民法典编纂过程中，有的意见提出，民法总则第9条对绿色原则作了规定，民事主体从事民事活动，应当有利于节约资源、保护生态环境。为进一步体现绿色原则，设立建设用地使用权也应当符合节约资源、保护生态环境的要求，建议增加相关规定。经研究，2018年8月审议的民法典各分编草案将物权法第136条第二句单列一条，并增加了相关规定。

节约资源、保护生态环境的要求，在我国宪法和许多法律中都有规定。例如，宪法第9条第2款规定，国家保障自然资源的合理利用，保护珍贵的动物和植物，禁止任何组织或者个人用任何手段侵占或者破坏自然资源。民法通则第124条规定，违反国家保护环境防止污染的规定，污染环境造成他人损害的，应当依法承担民事责任。本法侵权责任编第七章专门规定了环境污染和生态破坏的民事法律责任，对举证责任分配、第三人过错等内容进行了明确规定。环境保护法第6条规定，一切单位和个人都有保护环境的义务。地方各级人民政府应当对本行政区域的环境质量负责。企业事业单位和其他生产经营者应当防止、减少环境污染和生态破坏，对所造成的损害依法承担责任。公民应当增强环境保护意识，采取低碳、节俭的生活方式，自觉履行环境保护义务。消费者权益保护法第5条中规定，国家倡导文明、健康、节约资源和保护环境的消费方式，反对浪费。

绿色原则是贯彻宪法关于保护环境的要求，同时也是落实党中央关于建设生态文明、实现可持续发展理念的要求。在本条中增加规定设立建设用地使用权应当符合节约资源、保护生态环境的要求也是本法总则编绿色原则的具体体现。

二、设立建设用地使用权应当遵守法律、行政法规关于土地用途的规定

我国法律、行政法规有很多关于土地用途的规定，如土地管理法第4条规定："国家实行土地用途管制制度。国家编制土地利用总体规划，规定土地用途，将土地分为农用地、建设用地和未利用地。严格限制农用地转为建设用地，控制建设用地总量，对耕地实行特殊保护。前款所称农用地是指直接用于农业生产的土地，包括耕地、林地、草地、农田水利用地、养殖水面等；建设用地是指建造建筑物、构筑物的土地，包括城乡住宅和公共设施用地、工矿用地、交通水利设施用地、旅游用地、军事设施用地等；未利用地是指农用地和建设用地以外的土地。使用土地的组织和个人必须严格按照土地利用总体规划确定的用途使用土地。"第21条中规定，城市建设用地规模应当符合国家规定的标准，充分利用现有建设用地，不占或者尽量少占农用地。因此，本条规定，设立建设用地使用权应当遵守法律、行政法规关于土地用途的规定。

三、设立建设用地使用权，不得损害已设立的用益物权

如果在同一土地上已经设立了用益物权，又要在这块土地上设立建设用地使用权，如何调整同一块土地不同用益物权人之间的关系呢？本法第345条规定，建设用地使用权可以在土地的地表、地上或者地下分别设立。根据本法的规定，不动产的权利人根据相邻关系的规定，应当为相邻各权利人提供必要的便利，并在其权利受到损害时，可以请求相邻权利人补偿。不动产的权利人想提高自己土地的便利和效益，可以通过设定地役权取得对他人土地的利用。以上规定完全适用于

分层设立的建设用地使用权。在土地分层出让的情况下，不同层次的建设用地使用权人之间应当适用相邻关系的规定。如果建设用地使用权人一方需要利用另一方的建设用地，同样可以通过设定地役权来解决。本法第 378 条规定，土地所有权人享有地役权或者负担地役权的，设立土地承包经营权、宅基地使用权等用益物权时，该用益物权人继续享有或者负担已经设立的地役权。总之，本法所有适用于"横向"不动产之间的相邻关系和地役权等规定都适用于"纵向"不动产之间。新设立的建设用地使用权，不得损害已设立的用益物权。

> **第三百四十七条**　设立建设用地使用权，可以采取出让或者划拨等方式。
>
> 　　工业、商业、旅游、娱乐和商品住宅等经营性用地以及同一土地有两个以上意向用地者的，应当采取招标、拍卖等公开竞价的方式出让。
>
> 　　严格限制以划拨方式设立建设用地使用权。

❖ **条文主旨** ❖

本条是关于建设用地使用权出让方式的规定。

❖ **条文解读** ❖

一、设立建设用地使用权，可以采取出让或者划拨等方式

建设用地使用权出让的方式主要有两种：有偿出让和无偿划拨。有偿出让是建设用地使用权出让的主要方式，是指出让人将一定期限的建设用地使用权出让给建设用地使用权人使用，建设用地使用权人向出让人支付一定的出让金。有偿出让的方式主要包括拍卖、招标和协议等。划拨是无偿取得建设用地使用权的一种方式，是指县级以上人民政府依法批准，在建设用地使用权人缴纳补偿、安置等费用后将该幅土地交付其使用，或者将建设用地使用权无偿交付给建设用地使用权人使用的行为。划拨土地没有期限的规定。

我国在计划经济时期，土地出让主要是采取单一的无偿划拨的方式。1988年修改的土地管理法规定，"国家依法实行国有土地有偿使用制度"。1990年颁布的城镇国有土地使用权出让和转让暂行条例规定，国有土地使用权实行有偿出让和转让制度。1994年颁布的城市房地产管理法和1998年修订的土地管理法基本确立了国有土地的使用采取有偿出让和无偿划拨两种方式。在物权法起草过程中，有人提出，为了保护国家的土地资源，应当取消以划拨方式出让建设用地，不论什么用途，都应当采取有偿出让的方式。那么，2007年制定的物权法为什么仍然将划拨作为建设用地出让的方式呢？因为我国土地管理法和城市房地产管理法对于采用划拨方式设立建设用地使用权的范围有严格的限制。根据土地管理法第54条的规定，下列建设用地，经县级以上人民政府依法批准，可以以划拨方式取得：（1）国家机关用地和军事用地；（2）城市基础设施用地和公益事业用地；（3）国家重点扶持的能源、交通、水利等基础设施用地；（4）法律、行政法规规定的其他用地。由于国家机关用地和军事用地等情况会长期存在，完全取消以划拨方式设立建设用地使用权不现实，划拨方式还会在相当长的时期存在。但是，这并不表明属于以上划拨范围的用地，就当然可以采取划拨的方式。划拨方式应当是"确属必需的"才能采取。通过划拨方式取得的建设用地使用权，没有期限的规定，但是该权利仍是一项独立的财产权利，其性质属于用益物权，应当适用"建设用地使用权"一章的规定。考虑到划拨建设用地的特殊性，有关法律对划拨建设用地的用途、转让条件和抵押等方面都有一些限制性规定。比如，城市房地产管理法规定，设定房地产抵押权的土地使用权是以划拨方式取得的，依法拍卖该房地产后，应当从拍卖所得的价款中缴纳相当于应缴纳的土地使用权出让金的款额后，抵押权人方可优先受偿。随着我国土地管理制度的改革和深化，划拨建设用地的范围和程序更趋严格和规范。近年来，国务院就划拨土地的问题多次作出规定，明确要严格控制划拨用地范围，经营性基础设施用地要逐步实行有偿使用。运用价格机制抑制多占、滥占和浪费土地。经依法批准利用原有划拨土地进行经营性开发建设的，应当按照市场价补缴土地出让金。经依法批准转让原划拨土地使用权的，应当在土地有形市场公开交易，按照市场价补缴土地出让金；低于市场价交易的，政府应当行使优先购买权。为了切实加强土地调控，制止违法违规用地行为，作为民事基本法律的物权编也对划拨建设用地的问题作出了明确规定："严格限制以划拨方式设立建设用地使用权。"

二、采取招标、拍卖等公开竞价的方式出让

本条第 2 款规定，工业、商业、旅游、娱乐和商品住宅等经营性用地以及同一土地有 2 个以上意向用地者的，应当采取招标、拍卖等公开竞价的方式出让。

招标、拍卖等公开竞价的方式，具有公开、公平和公正的特点，能够充分体现标的物的市场价格，是市场经济中较为活跃的交易方式。我国土地资源的稀缺性，决定了采取公开竞价的方式能够最大程度体现土地的市场价值。从保护土地资源和国家土地收益的大局看，采取公开竞价的方式不仅是必要的，而且其适用范围应当不断扩大。城市房地产管理法第 13 条规定，土地使用权出让，可以采取拍卖、招标或者双方协议的方式。商业、旅游、娱乐和豪华住宅用地，有条件的，必须采取拍卖、招标方式；没有条件，不能采取拍卖、招标方式的，可以采取双方协议的方式。采取双方协议方式出让土地使用权的出让金不得低于按国家规定所确定的最低价。近年来，由于建设用地总量增长过快，工业用地出现的问题日益突出，低成本工业用地过度扩张，违法违规用地、滥占耕地的现象屡禁不止。2004年，在《国务院关于深化改革严格土地管理的决定》中提出，工业用地要创造条件逐步实行招标、拍卖、挂牌出让。2006年8月，《国务院关于加强土地调控有关问题的通知》规定，国家根据土地等级、区域土地利用政策等，统一制定并公布各地工业用地出让最低价标准。工业用地出让最低价标准不得低于土地取得成本、土地前期开发成本和按规定收取的相关费用之和。工业用地必须采用招标、拍卖、挂牌方式出让，其出让价格不得低于公布的最低价标准。低于最低价标准出让土地，或以各种形式给予补贴或返还的，属非法低价出让国有土地使用权的行为，要依法追究有关人员的法律责任。本条根据现行法律的规定，并结合现实中土地出让的新情况，进一步扩大了采取公开竞价出让建设用地的范围，从"豪华住宅"扩大到"商品住宅"，并把"工业用地"纳入公开竞价出让方式的范围，同时明确对于同一土地有两个以上意向用地者的，一律采取公开竞价的方式。该规定已发展了现行城市房地产管理的规定，符合国家利用土地的政策。

建设用地使用权有偿出让的方式中招标和拍卖都属于公开竞价的方式。协议是出让人和建设用地使用权人通过协商方式有偿出让土地使用权。协议的方式由于没有引入竞争机制，相对缺乏公开性，现实中，一些地区和部门为了招商引资，将本来应当采取的公开竞价方式改为协议方式，或者压低协议出让的价格，随意减免土地出让金，造成土地资源收益的流失，严重损害国家的利益。因此，有人提出，应当取消协议方式出让土地。但是，一些需要扶持的行业和大型设施用地，仍较适宜采取协议的方式出让，协议的出让方式还是有存在的必要。为了防止协议出让土地时可能滋生的腐败行为，严格土地出让秩序，城市房地产管理法规定，采取双方协议方式出让土地使用权的出让金不得低于按国家规定所确定的最低价。国务院、国土资源部也曾多次颁布相关文件，要求各级人民政府要依照基准地价制订并公布协议出让土地最低价标准。协议出让土地除必须严格执行规定程序外，出让价格不得低于最低价标准。违反规定出让土地造成国有土地资产流失的，要依法追究责任；情节严重的，依照刑法的规定，以非法低价出让国有土地使用权罪追究刑事责任。2007 年制定的物权法虽然保留了协议出让方式，但是由于扩大了公开竞价出让方式的范围，因此，协议出让的适用范围已经越来越窄，程序则更趋严格。本次民法典编纂对此未作修改。

有人提出，现实中除招标、拍卖的方式外，还有挂牌等公开竞价出让建设用地的方式，建议增加相关内容。挂牌出让方式是指市、县国土资源管理部门发布挂牌公告，按公告规定的期限将拟出让宗地的交易条件在指定的土地交易场所挂牌公布，接受竞买人的报价申请并更新挂牌价格，根据挂牌期限截止时的出价结果或现场竞价结果确定土地使用者的行为。挂牌方式可以说是土地主管部门将拍卖和招标的特点相结合创设的一项土地出让制度。由于现行法律还没有对挂牌出让方式作出规定，该方式在法律上如何定性和规范，还需要根据实践经验不断完善。我国土地制度正在改革阶段，今后可能还会出现一些新的公开竞价的出让方式，因此，本法仅列举了现行法律中已作规定的拍卖和招标两种出让方式，没有对现实中存在的公开竞价方式——列举，但这并不表明出让土地时不能采取挂牌或者其他公开竞价方式。

第三百四十八条　通过招标、拍卖、协议等出让方式设立建设用地使用权的，当事人应当采用书面形式订立建设用地使用权出让合同。

建设用地使用权出让合同一般包括下列条款：

（一）当事人的名称和住所；

（二）土地界址、面积等；

（三）建筑物、构筑物及其附属设施占用的空间；

（四）土地用途、规划条件；

（五）建设用地使用权期限；

（六）出让金等费用及其支付方式；

（七）解决争议的方法。

❖ **条文主旨** ❖

本条是对建设用地使用权出让合同内容的规定。

❖ **条文解读** ❖

以出让方式设立建设用地使用权的，不论是采取拍卖、招标等公开竞价方式，还是采取协议的方式，双方当事人应当签订建设用地使用权出让合同，以明确双方当事人的权利和义务。建设用地使用权合同属于民事合同，虽然各级人民政府代表国家，以土地所有人的身份与建设用地使用权人签订出让合同，但是该合同属于国家以民事主体的身份与其他主体从事的交易行为。

建设用地使用权出让合同的内容主要包括：

1. 当事人的名称和住所。当事人的名称和住所是合同最基本的要件。如果不写明当事人，合同由谁履行就不明确，当事人的权利和义务更无从谈起。虽然出让的土地属于国家所有，但是在出让合同中，国家并不列为出让人。目前，一般是由市、县人民政府土地行政主管部门代表国家作为出让人。实践中，曾出现过经济开发区管理委员会作为出让人的情况。根据 2005 年《最高人民法院关于审理涉及国有土地使用权合同纠纷案件适用法律问题的解释》的规定，开发区管理委员会作为出让人与受让方签订的出让合同在该司法解释实施后是无效的。

2. 土地界址、面积等。建设用地出让合同中应当明确标明出让建设用地的具体界址、面积等基本的用地状况。为了准确界定建设用地的基本数据，建设用地使用权合同一般会附"出让宗地界址图"，标明建设用地的位置、四至范围等，该附件须经双方当事人确认。

3. 建筑物、构筑物及其附属设施占用的空间。根据本法第 345 条的规定，建设用地使用权可以在土地的地表、地上或者地下分别设立。因此，在分层设立建设用地使用权的情况下，必须界定每一建设用地使用权具体占用的空间，即标明建设用地占用的面积和四至，建筑物、构筑物以及附属设施的高度和深度，使建设用地使用权人行使权利的范围得以确定。

4. 土地用途、规划条件。土地用途是建设用地使用权合同的重要内容。土地用途可以分为工业、商业、娱乐、住宅等用途。我国对建设用地实行用途管制，不同用途的建设用地的使用期限是不同的。为了保证建设用地使用权人按照约定的用途使用建设用地，在合同期限内，建设用地使用权人不得擅自改变建设用地的用途；需要改变建设用地使用权用途的，应当征得出让人的同意并经土地行政主管部门和城市规划行政主管部门批准，重新签订或者更改原有的建设用地使用权出让合同，调整土地出让金，并办理相应的登记。2007 年物权法仅规定了"土地用途"，在民法典编纂过程中，有的意见提出，实践中还应在合同中注明规划条件，建议增加相关内容。2018年8月，提请审议的民法典各分编草案增加规定了"规划条件"。

5. 建设用地使用权期限。以出让方式设立的建设用地使用权都有期限的规定。比如，居住用地 70 年；工业用地 50 年；教育、科技、文化、卫生、体育用地 50 年；商业、旅游、娱乐用地 40 年；综合或者其他用地 50 年。建设用地使用权出让的期限自出让人向建设用地使用权人实际交付土地之日起算，原划拨土地使用权补办出让手续的，出让年限自合同签订之日起算。

6. 出让金等费用及其支付方式。以出让方式取得建设用地使用权是有偿的，建设用地使用权人应当按照约定支付出让金等费用。出让金等费用及其支付方式，土地管理法和城市房地产管理法对此都作了规定，明确规定应当按照国务院规定的标准和办法，缴纳土地使用权出让金等土地有偿使用费和其他费用后，方可使用土地。同时，也明确了合同双方当事人的违约责任。建设用地使用权人未按照出让合同约定支付出让金等费用的，出让人有权解除合同，并可以请求违约赔偿。建设用地使用权人按照出让合同约定支付出让金的，市、县人民政府土地行政主管部门必须按照出让合同约定，提供出让的土地；未按照出让合同约定提供出让的土地的，土地使用者有权解除合同，由土地行政主管部门返还出让金，土地使用者并可以请求违约赔偿。根据最高人民法院相关司法解释的规定，经市、县人民政府批准同意以协议方式出让的土地使用权，土地使用权出让金低于订立合同时当地政府按照国家规定确定的最低价的，应当认定土地使用权出让合同约定的价格条款无效。关于出让金的支付方式，根据城镇国有土地使用权出让和转让暂行条例的规定，土地使用者应当在签订出让合同后 60 日内，支付全部土地使用权出让金。不过，目前对于采取拍卖、招标等公开竞价方式设立的建设用地使用权，其出让金的支付方式可以采取一次性支付或者分期支付的办法。逾期未全部支付的，出让人有权解除合同，并可请求违约赔偿。

7. 解决争议的方法。因履行建设用地使用权合同发生争议的，出让人和建设用地使用权人可以双方协商解决，协商不成的，提交双方当事人指定的仲裁委员会仲裁，或者依法向人民法院起诉。

> **第三百四十九条**　设立建设用地使用权的，应当向登记机构申请建设用地使用权登记。建设用地使用权自登记时设立。登记机构应当向建设用地使用权人发放权属证书。

❖ **条文主旨** ❖

本条是关于建设用地使用权登记的规定。

❖ **条文解读** ❖

建设用地使用权登记是指县级以上人民政府将土地的权属、用途、面积等基本情况登记在登记簿上，并向建设用地使用权人颁发使用权证书。设立建设用地使用权，建设用地使用权人应当向登记机构申请建设用地使用权登记。登记机构应当向建设用地使用权人发放权属证书。建设用地使用权适用登记生效的原则，经登记生效。

以划拨方式设立建设用地使用权的，根据目前的规定，当事人不需要签订合同，而是通过"国有土地划拨决定书"的形式，将建设用地使用权交给建设用地使用权人使用。划拨土地应当按照以下规定办理登记手续：新开工的大中型建设项目使用划拨国有土地的，建设用地使用权人应当在接到县级以上人民政府发给的建设用地批准书之日起 30 日内，持建设用地批准书申请土地预告登记，建设项目竣工验收后，建设单位应当在该建设项目竣工验收之日起 30 日内，持建设项目竣工验收报告和其他有关文件申请建设用地使用权登记；其他项目使用划拨国有土地的，建设用地使用权人应当在接到县级以上人民政府批准用地文件之日起 30 日内，持批准用地文件申请建设用地使用权登记。

目前，我国的土地登记是以宗地为基本单元。使用 2 宗以上建设用地的建设用地使用权人应当分宗申请登记。2 个以上建设用地使用权人共同使用一宗建设用地的，应当分别申请登记。跨县级行政区使用土地的，应当分别向建设用地所在地县级以上地方人民政府土地管理部门申请登记。

> **第三百五十条　建设用地使用权人应当合理利用土地，不得改变土地用途；需要改变土地用途的，应当依法经有关行政主管部门批准。**

❖ **条文主旨** ❖

本条是关于土地用途的规定。

❖ **条文解读** ❖

土地资源的重要性和稀缺性要求建设用地使用权人必须合理地利用土地。加强对土地用途的管制，是我国土地管理的重要内容。现行有关土地管理的法律、法规以及规范性文件，对土地用途有相关的规定。加强对土地用途的管制，也一直是我国土地行政主管部门对土地市场进行整治的内容之一。

我国法律对以划拨方式使用建设用地的用途有明确的规

定，建设用地使用权人应当严格依照土地用途使用土地。以出让方式设立的建设用地使用权，不同的土地用途其出让金是不同的。建设用地使用权出让合同中对土地用途需要作出明确的规定，擅自改变约定的土地用途不仅是一种违约行为，而且也是违法行为。

建设用地使用权人以无偿或者有偿方式取得建设用地使用权后，确需改变土地用途的，应当向土地行政主管部门提出申请。土地行政主管部门经过审查后，认为改变的土地用途仍符合规划，同意对土地用途作出调整的，根据目前的规定，还需要报县、市人民政府批准，然后出让人和建设用地使用权人应当重新签订建设用地使用权出让合同或者变更合同相应的条款，并按照规定补交不同用途和容积率的土地差价。如果是将以划拨方式取得的建设用地使用权改为有偿使用方式的，在改变土地用途后，建设用地使用权人还应当补缴出让金。以变更合同条款的形式改变土地用途的，要依法到登记机构办理变更登记；签订新的建设用地使用权合同的，应办理登记手续。

> **第三百五十一条　建设用地使用权人应当依照法律规定以及合同约定支付出让金等费用。**

❖ **条文主旨** ❖

本条是关于建设用地使用权人支付出让金等费用的义务的规定。

❖ **条文解读** ❖

我国实行土地公有制，建设用地使用权人使用国家所有的土地，国家收取土地出让金等费用，是国家所有权在经济上的体现。

一、应当支付土地出让金等费用的情形

1. 在取得建设用地使用权时，采用出让等有偿使用方式的，应当支付出让金等费用。土地管理法第 2 条第 5 款规定："国家依法实行国有土地有偿使用制度。但是，国家在法律规定的范围内划拨国有土地使用权的除外。"第 55 条第 1 款规定："以出让等有偿使用方式取得国有土地使用权的建设单位，按照国务院规定的标准和办法，缴纳土地使用权出让金等土地有偿使用费和其他费用后，方可使用土地。"根据有关规定，划拨取得建设用地使用权的，在取得使用权时国家不收取出让金。

2. 在建设用地使用权转让时，通过划拨取得的建设用地使用权应当补缴出让金。城市房地产管理法第 40 条规定："以划拨方式取得土地使用权的，转让房地产时，应当按照国务院规定，报有批准权的人民政府审批。有批准权的人民政府准予转让的，应当由受让方办理土地使用权出让手续，并依照国家有关规定缴纳土地使用权出让金。以划拨方式取得土地使用权的，转让房地产报批时，有批准权的人民政府按照国务院规定决定可以不办理土地使用权出让手续的，转让方应当按照国务院规定将转让房地产所获收益中的土地收益上缴国家或者作其他处理。"此外，城市房地产管理法第 51 条规定："设定房地产抵押权的土地使用权是以划拨方式取得的，依法拍卖该房地产后，应当从拍卖所得的价款中缴纳相当于应缴纳的土地使用权出让金的款额后，抵押权人方可优先受偿。"

二、支付土地出让金等费用的意义

出让金等费用的本质是应当归国家所有的土地收益。这一本质是由我国的土地有偿使用制度决定的。在过去很长一段时期内，国有土地是由国家以行政手段无偿交给用地单位使用

的。这种土地使用制度有很多弊端：（1）土地资源配置效益差，利用效率低，土地资源浪费严重，国家却缺乏调节余缺的机制。（2）国有土地收益大量流失，土地收益留在了用地者的手中，国家的土地所有权虚置。（3）市场机制缺失，土地作为生产力要素其价值得不到正常体现，导致市场主体实际上的不平等地位。由于不同企业都从政府无偿得到不同位置和数量的土地，拥有较多土地且位置优越的企业，与缺乏土地、位置较差的企业，实际上处于不平等的竞争地位。

旧体制严重的弊端，使实行国有土地有偿使用制度，收取出让金等费用具有了重要意义。（1）土地公有制是社会主义公有制的重要组成部分，在市场经济条件下，实行国有土地有偿使用制度，通过收取出让金等费用取得土地收益，才能使国家对土地的所有权在经济上得到实现，才能真正保障社会主义公有制的主体地位。（2）土地是巨大的社会财富，而且会随着经济和社会的发展不断增值。国家掌握了国有土地的收益，就有足够的财力组织社会化大生产，更好地实现社会主义国家的经济职能。（3）土地是基本的生产要素，通过收取或者补交出让金使土地使用权进入市场，有助于形成包括消费品市场、生产资料市场和资金、劳动力、土地等生产要素市场的完整的社会主义市场体系。通过充分发挥市场调节的作用，合理配置土地资源，可以实现最大的土地利用效益，进而推进社会主义市场经济的健康发展。

三、不交纳出让金等费用的法律责任

正是因为交纳出让金等费用对国家和社会意义重大，法律、行政法规对不交纳出让金等费用的行为规定了相应的法律责任。例如，城市房地产管理法第 67 条规定，违反城市房地产管理法第 40 条第 1 款的规定转让房地产的，由县级以上人民政府土地管理部门责令缴纳土地使用权出让金，没收违法所

得，可以并处罚款。在有出让合同的情况下，不支付出让金的行为同时还是一种违约行为。因此，除行政法上的责任外，法律、行政法规还规定了相应的违约责任。例如，城市房地产管理法第 16 条规定："土地使用者必须按照出让合同约定，支付土地使用权出让金；未按照出让合同约定支付土地使用权出让金的，土地管理部门有权解除合同，并可以请求违约赔偿。"城镇国有土地使用权出让和转让暂行条例第 14 条规定："土地使用者应当在签订土地使用权出让合同后六十日内，支付全部土地使用权出让金。逾期未全部支付的，出让方有权解除合同，并可请求违约赔偿。"

总之，通过支付出让金等费用，向国家上缴土地收益，是国家土地有偿使用制度的重要内容，也是土地管理法、城市房地产管理法等有关法律、行政法规中规定的法定义务。本法第348 条已经将出让金等费用及其支付方式列为建设用地使用权出让合同的条款之一，按时、足额支付出让金，更是建设用地使用权人的合同义务，应当秉持诚实信用原则，认真履行。

> **第三百五十二条** 建设用地使用权人建造的建筑物、构筑物及其附属设施的所有权属于建设用地使用权人，但是有相反证据证明的除外。

❖ **条文主旨** ❖

本条是关于建设用地使用权人建造的建筑物、构筑物及其附属设施权属的规定。

❖ **条文解读** ❖

关于建筑物、构筑物及其附属设施的归属，土地私有制的国家一般通过土地权利吸收地上物权利的原则来解决。例如，在德国，在地上权范围内建造的建筑物、构筑物及其附属设施被视为地上权的组成部分，在地上权消灭时，满足法定条件，建筑物、构筑物及其附属设施作为土地的添附，转归土地所有权人。我国是社会主义公有制国家，建筑物、构筑物及其附属设施的所有权具有相对独立性。建设用地使用权人依法取得国有土地的使用权后，就有权利用该土地建造建筑物、构筑物及其附属设施。根据本法第231条的规定，合法建造房屋的，自事实行为成就时取得建筑物的所有权。在多数情况下，建设用地使用权人建造的建筑物、构筑物及其附属设施的所有权属于建设用地使用权人。

建设用地使用权人建造的建筑物、构筑物及其附属设施由建设用地使用权人所有作为通常情况，但仍然存在以下例外：目前，一部分市政公共设施，是开发商和有关部门约定，由开发商在房地产项目开发中配套建设的，但是所有权归国家。这部分设施，其性质属于市政公用，其归属就应当按照有充分的证据证明的事先约定来确定，而不是当然地归建设用地使用权人。后续通过房地产交易成为建设用地使用权人的权利人也应当尊重这种权属划分。

掌握本条规定还应当注意，这里规定的建筑物、构筑物及其附属设施必须是合法建造产生的。对于非法占地、违规搭建，土地管理法第74条、第77条、第83条以及其他法律法规的有关规定都明确规定了制裁措施，这种违章建筑会被没收和强制拆除，更不会产生合法的所有权，因此，并不在本条的调整范围内。

第三百五十三条　建设用地使用权人有权将建设用地使用权转让、互换、出资、赠与或者抵押，但是法律另有规定的除外。

❖ **条文主旨** ❖

本条是关于建设用地使用权流转方式的规定。

❖ **条文解读** ❖

一、关于建设用地使用权流转的法律依据

同支付出让金等费用一样，建设用地使用权的依法流转，也是我国土地有偿使用制度的重要内容。有关法律、行政法规对此已经有了明确的规定，例如，土地管理法第 2 条第 3 款规定："任何单位和个人不得侵占、买卖或者以其他形式非法转让土地。土地的使用权可以依法转让。"城市房地产管理法第 37 条规定："房地产转让，是指房地产权利人通过买卖、赠与或者其他合法方式将其房地产转移给他人的行为。"第 48 条规定："依法取得的房屋所有权连同该房屋占用范围内的土地使用权，可以设定抵押权。以出让方式取得的土地使用权，可以设定抵押权。"城镇国有土地使用权出让和转让暂行条例第 4 条规定："依照本条例的规定取得土地使用权的土地使用者，其使用权在使用年限内可以转让、出租、抵押或者用于其他经济活动。合法权益受国家法律保护。"第 19 条第 1 款规定："土地使用权转让是指土地使用者将土地使用权再转移的行为，包括出售、交换和赠与。"

根据这些法律、行政法规的规定，建设用地使用权可以依法转让、互换、出资、赠与或者抵押。

二、关于对建设用地使用权流转的限制

法律、行政法规还规定了对建设用地使用权流转的限制。对于划拨取得的建设用地使用权，其流转受到一定限制。本条规定的除外条款所指的就是这些限制性规定。

1. 关于划拨取得的建设用地的流转。根据法律、行政法

规的规定，对于划拨取得的建设用地，其流转要通过行政审批，并缴纳相应土地出让金或者土地收益。例如，城市房地产管理法第 40 条规定："以划拨方式取得土地使用权的，转让房地产时，应当按照国务院规定，报有批准权的人民政府审批。有批准权的人民政府准予转让的，应当由受让方办理土地使用权出让手续，并依照国家有关规定缴纳土地使用权出让金。以划拨方式取得土地使用权的，转让房地产报批时，有批准权的人民政府按照国务院规定决定可以不办理土地使用权出让手续的，转让方应当按照国务院规定将转让房地产所获收益中的土地收益上缴国家或者作其他处理。"第 51 条规定："设定房地产抵押权的土地使用权是以划拨方式取得的，依法拍卖该房地产后，应当从拍卖所得的价款中缴纳相当于应缴纳的土地使用权出让金的款额后，抵押权人方可优先受偿。"此外，城镇国有土地使用权出让和转让暂行条例中也有相应的规定。

2. 关于以出让方式取得的建设用地使用权流转的限制。根据法律和行政法规的规定，即便是以出让方式取得的建设用地使用权，在有些情况下也是不能直接进入流转的。例如，城市房地产管理法第 38 条规定："下列房地产，不得转让：（一）以出让方式取得土地使用权的，不符合本法第三十九条规定的条件的；（二）司法机关和行政机关依法裁定、决定查封或者以其他形式限制房地产权利的；（三）依法收回土地使用权的；（四）共有房地产，未经其他共有人书面同意的；（五）权属有争议的；（六）未依法登记领取权属证书的；（七）法律、行政法规规定禁止转让的其他情形。"第 39 条规定："以出让方式取得土地使用权的，转让房地产时，应当符合下列条件：（一）按照出让合同约定已经支付全部土地使用权出让金，并取得土地使用权证书；（二）按照出让合同约定进行投资开发，属于房屋建设工程的，完成开发投资总额的百分之二十五以上，属于成片开发土地的，形成工业用地或者其他建设用地条件。转让房地产时房屋已经建成的，还应当持有房屋所有权证书。"城镇国有土地使用权出让和转让暂行条例第19条第2款规定："未按土地使用权出让合同规定的期限和条件投资开发、利用土地的，土地使用权不得转让。"总之，建设用地使用权的流转及其限制，在有关法律、行政法规中已经有了比较完备的规定。在本条的贯彻和执行中要注意吸取已有规定在贯彻实施中的成果和经验，使建设用地使用权的流转更为有序，实现地尽其利。

> **第三百五十四条** 建设用地使用权转让、互换、出资、赠与或者抵押的，当事人应当采用书面形式订立相应的合同。使用期限由当事人约定，但是不得超过建设用地使用权的剩余期限。

❖ **条文主旨** ❖

本条是关于建设用地使用权人处分建设用地使用权的合同形式和期限的规定。

❖ **条文解读** ❖

一、建设用地使用权的流转应当采用书面形式

城市房地产管理法第15条第1款规定，土地使用权出让，应当签订书面出让合同。根据城市房地产管理法第15条以及有关法律法规的规定，土地使用权出让应当采用书面合同。本条规定，建设用地使用权转让、互换、出资、赠与或者抵押的，当事人应当采用书面形式订立相应的合同。

在合同法理论上，必须采取书面形式的合同属于一种要式合同，要式合同一般适用于交易复杂、涉及利益巨大的情形。

建设用地使用权流转之所以必须采用书面形式的要式合同，是因为建设用地使用权涉及对土地这种重要自然资源的利用，关系到国家、社会和用地人的重大利益，采用书面形式可以有效地明确权利、义务，避免潜在争议。不仅我国现有法律作了这样的规定，其他国家和地区关于土地等不动产的交易也都要求采用书面形式。本条规定不但与我国的现有规定是一致的，也符合国际通行做法。

二、建设用地使用权流转的使用期限不得超过建设用地使用权的剩余期限

这也是符合现有法律规定的。城市房地产管理法第 43 条规定："以出让方式取得土地使用权的，转让房地产后，其土地使用权的使用年限为原土地使用权出让合同约定的使用年限减去原土地使用者已经使用年限后的剩余年限。"其他国家关于地上权的规定中也有类似的时间限制。之所以作出这样的限制，是因为，建设用地使用权本身就是一种有时限的权利，从理论上说，建设用地使用权人不能超出自己的权利范围流转权利。现实中也不允许用益物权人这样扩张权利，侵害作为所有权人的国家的利益。所以在建设用地使用权期间确定的情况下，建设用地使用权的流转必须受到该时限的限制。

> **第三百五十五条　建设用地使用权转让、互换、出资或者赠与的，应当向登记机构申请变更登记。**

❖ **条文主旨** ❖

本条是关于建设用地使用权流转后变更登记的规定。

❖ **条文解读** ❖

本法第 214 条规定："不动产物权的设立、变更、转让和消灭，依照法律规定应当登记的，自记载于不动产登记簿时发生效力。"建设用地使用权作为重要的用益物权，不但其取得需要登记，其流转也需要及时变更登记。否则该流转行为就无法发生法律效力，权利人的利益就得不到充分保障。

《土地登记规则》第 34 条至第 47 条针对国有土地使用权变更的不同情况对变更登记作了规定，主要包括以下内容：

1. 国有土地使用权的转让。有下列情形之一的，土地使用权转让双方当事人应当在转让合同或者协议签订后 30 日内，涉及房产变更的，在房产变更登记发证后 15 日内，申请变更登记：（1）依法转让土地使用权的；（2）因买卖、转让地上建筑物、附着物等一并转移土地使用权的。房屋所有权变更而使土地使用权变更的，在申请变更登记时，应当提交变更后的房屋所有权证书。

2. 划拨改出让。划拨土地使用权依法办理土地使用权出让手续的，土地使用者应当在缴纳土地使用权出让金后 30 日内，申请变更登记。

3. 企业入股。企业将通过出让或者国家入股等形式取得的国有土地使用权，再以入股方式转让的，转让双方当事人应当在入股合同签订之日起 30 日内，申请变更登记。

4. 单位合并、分立。因单位合并、分立、企业兼并等原因引起土地使用权变更的，有关各方应当在合同签订后 30 日内或者在接到上级主管部门的批准文件后 30 日内，申请变更登记。

5. 交换、调整。因交换、调整土地而发生土地使用权、所有权变更的，交换、调整土地的各方应当在接到交换、调整协议批准文件后 30 日内，申请变更登记。

6. 因抵押而取得土地使用权。因处分抵押财产而取得土地使用权的，取得土地使用权的权利人和原抵押人应当在抵押财产处分后 30 日内，申请变更登记。

7. 因购买房改房而获得国有土地使用权。出售公有住房，售房单位与购房职工应当在县级以上地方人民政府房产管理部门登记房屋所有权之日起 30 日内，申请变更登记。

8. 抵押合同变更，主要是合同主体变更，而使抵押的土地使用权发生变化。土地使用权抵押期间，抵押合同发生变更的，抵押当事人应当在抵押合同发生变更后 15 日内，申请变更登记。

9. 土地使用权出租合同的变更。土地使用权出租期间，租赁合同发生变更的，出租人和承租人应当在租赁合同发生变更后 15 日内，申请变更登记。

10. 因继承而获得土地使用权或者土地他项权利。依法继承土地使用权和土地他项权利的，继承人应当在办理继承手续后 30 日内，申请变更登记。

11. 其他。其他形式的土地使用权和土地他项权利变更，当事人应当在发生变更之日起 30 日内，申请变更登记。

2014 年，国务院颁布《不动产登记暂行条例》，对不动产登记作出具体规定，进一步完善建设用地使用权流转后变更登记的规定。

> **第三百五十六条** 建设用地使用权转让、互换、出资或者赠与的，附着于该土地上的建筑物、构筑物及其附属设施一并处分。

❖ **条文主旨** ❖

本条是关于建筑物、构筑物及其附属设施随建设用地使用权的流转而一并处分的规定。

❖ **条文解读** ❖

根据法律、行政法规的规定，建设用地使用权流转时，其地上建筑物和其他附着物同时流转。城市房地产管理法第32条规定："房地产转让、抵押时，房屋的所有权和该房屋占用范围内的土地使用权同时转让、抵押。"城镇国有土地使用权出让和转让暂行条例第23条规定："土地使用权转让时，其地上建筑物、其他附着物所有权随之转让。"

在我国，建筑物、其他附着物的归属虽然具有相对独立性，但在转让中必须实行"房地一致"原则，以避免出现"空中楼阁"的尴尬局面。实行"房随地走"，作为实现房地一致的方式之一，已经在法律实践和社会生活中得到普遍接受。本条规定与已有法律制度是一致的，也符合社会生活实际。

> **第三百五十七条** 建筑物、构筑物及其附属设施转让、互换、出资或者赠与的，该建筑物、构筑物及其附属设施占用范围内的建设用地使用权一并处分。

❖ **条文主旨** ❖

本条是关于建设用地使用权随建筑物、构筑物及其附属设施的流转而一并处分的规定。

❖ **条文解读** ❖

根据法律和行政法规的规定，地上建筑物和其他附着物所有权流转时，其使用范围内的建设用地使用权随之流转。本法第397条第1款规定："以建筑物抵押的，该建筑物占用范围内的建设用地使用权一并抵押。以建设用地使用权抵押的，该土地上的建筑物一并抵押。"第 398 条规定："乡镇、村企业的建设用地使用权不得单独抵押。以乡镇、村企业的厂房等建筑物抵押的，其占用范围内的建设用地使用权一并抵押。"城镇国有土地使用权出让和转让暂行条例第 24 条规定："地上建筑物、其他附着物的所有人或者共有人，享有该建筑物、附着物使用范围内的土地使用权。""土地使用者转让地上建筑物、其他附着物所有权时，其使用范围内的土地使用权随之转让，但地上建筑物、其他附着物作为动产转让的除外。"第 33 条第 2 款规定："地上建筑物、其他附着物抵押时，其使用范围内的土地使用权随之抵押。"

本条规定了实现"房地一致"的另一种方式"地随房走"，这也已被法律实践和社会生活普遍接受。在理解和适用本条规定时，要特别注意和第 356 条的衔接，这两条实际上作为一个整体，只要建设用地使用权和地上房屋有一个发生了转让，另外一个就要相应转让。从法律后果上说，不可能也不允许，把"房"和"地"分别转让给不同的主体。此外，本条中所讲的附属设施占用范围内的建设用地使用权有可能是一宗单独的建设用地使用权，也有可能是共同享有的建设用地使用权中的份额，特别是在建筑物区分所有的情况下。转让占用范围内的建设用地使用权不可能也不应该导致对业主共同享有的建设用地使用权的分割。在这种情况下，除了本条外，还要依据业主的建筑物区分所有权的有关规定，才能全面确定当事人的权利义务。

第三百五十八条　建设用地使用权期限届满前，因公共利益需要提前收回该土地的，应当依据本法第二百四十三条的规定对该土地上的房屋以及其他不动产给予补偿，并退还相应的出让金。

❖ **条文主旨** ❖

本条是建设用地使用权提前收回及其补偿的规定。

❖ **条文解读** ❖

以出让方式设立的建设用地使用权都有期限。建设用地使用权期限届满前，出让人能否收回建设用地使用权？根据土地管理法第 58 条的规定，为了公共利益需要使用土地的，由有关政府自然资源主管部门报经原批准用地的人民政府或者有批准权的人民政府批准，可以收回国有土地使用权，并应当对土地使用权人给予适当补偿。实践中，当事人一般也在建设用地使用权出让合同中对提前收回的情况作出约定。原国土资源部和原国家工商局制定的出让合同示范文本（已失效）就有提前收回建设用地的内容："根据社会公共利益需要提前收回土地使用权的，出让人应当依照法定程序报批，并根据收回时地上建筑物、其他附着物的价值和剩余年期土地使用权价格给予受让人相应的补偿。"本条对提前收回的补偿标准作了更细致的规定。首先，对于建设用地上的房屋及其他不动产，应当依据征收的规定给予补偿。本法第 243 条第 1 款规定："为了公共利益的需要，依照法律规定的权限和程序可以征收集体所有的土地和组织、个人的房屋以及其他不动产。"第 3 款规定，"征收组织、个人的房屋以及其他不动产，应当依法给予征收补偿，维护被征收人的合法权益；征收个人住宅的，还应当保障被征收人的居住条件。"因此，有关征收的规定是补偿的依据。其次，对于房屋所占用的建设用地，不适用征收的规定。征收是国家把集体所有的土地和组织、个人的不动产变为国有的财产，是一种改变所有权的法律行为。我国城市的土地属于国家所有，建设用地使用权人取得的是对土地使用的权利，国家收回本来就属于自己的建设用地，不适用有关征收的规定。但是，为了公共利益的需要，国家可以提前收回建设用地使用权。由于建设用地使用权人是按照建设用地的使用期限缴纳出让金的，因此，提前收回建设用地使用权的，出让人还应当向建设用地使用权人退还相应的出让金。比如，某商场的建设用地使用权期限是 40 年，该商场 30 年后被征收，那么对于该商场需要根据征收的规定给予补偿，同时，还应当退还该商场所有权人 10 年的出让金。

> 　　**第三百五十九条　住宅建设用地使用权期限届满的，自动续期。续期费用的缴纳或者减免，依照法律、行政法规的规定办理。**
>
> 　　**非住宅建设用地使用权期限届满后的续期，依照法律规定办理。该土地上的房屋以及其他不动产的归属，有约定的，按照约定；没有约定或者约定不明确的，依照法律、行政法规的规定办理。**

◆ **条文主旨** ◆

　　本条是建设用地使用权续期及土地上的房屋及其他不动产归属的规定。

◆ **条文解读** ◆

　　国家通过出让的方式，使建设用地使用权人获得一定期限内利用土地的权利。根据城镇国有土地使用权出让和转让暂行条例的规定，土地使用权出让的最高年限为：居住用地 70 年；工业用地 50 年；教育、科技、文化、卫生、体育用地 50 年；商业、旅游、娱乐用地 40 年；综合或者其他用地 50 年。因此，建设用地使用权期限届满后，面临建设用地使用权如何续期的问题。城市房地产管理法第22条规定："土地使用权出让合同约定的使用年限届满，土地使用者需要继续使用土地的，应当至迟于届满前一年申请续期，除根据社会公共利益需要收回该幅土地的，应当予以批准。经批准准予续期的，应当重新签订土地使用权出让合同，依照规定支付土地使用权出让金。"2007年制定物权法草案时，曾经根据当时法律的规定，对建设用地使用权的续期作出了规定。但是，物权法草案向全社会征求意见后，一些部门和群众对建设用地使用权续期的规定提出了不同的意见。有人提出，一幢公寓多户居住，建设用地使用权期间届满，是由住户个人申请续期还是业主委员会统一申请续期，意见不一致时怎么办，需要明确。建设用地使用权续期的问题，确实和老百姓的利益息息相关，应当保障老百姓安居乐业，使有恒产者有恒心。如果规定住宅建设用地需要申请续期，要求成千上万的住户办理续期手续，不仅难以操作，加重了老百姓的负担，也增加了行政管理的成本，不利于社会的安定。在听取各方面的意见后，物权法草案对住宅建设用地使用权和非住宅建设用地使用权的续期分别作出了规定，明确规定住宅建设用地使用权期间届满的，自动续期。续期的期限、土地使用费支付的标准和办法，由国务院规定。"住宅建设用地使用权自动续期"的规定得到了普遍的赞成。同时，有人提出，住户买房时已经支付了土地出让金，续期后不应再交费。有的认为，续期的应交少量的土地使用费。考虑到住宅建设用地使用权续期后是否支付土地使用费，关系到广大群众切身利益。绝大多数住宅建设用地使用权的期限为70年，如何科学地规定建设用地使用权人届时应当承担的义务，目前还缺少足够的科学依据，应当对此慎重研究，物权法以不作规定为宜。而且，物权法不作规定，也不影响国务院根据实际情况作出相关规定。因此，2007年制定的物权法对建设用地使用权期间届满后是否支付土地使用费的问题未作规定。

有人担心，住宅建设用地使用权自动续期会影响城市规划和建设。物权法第 148 条规定，建设用地使用期间届满前，因公共利益需要提前收回该土地的，应当依照有关征收的规定对该土地上的房屋及其他不动产给予补偿。在建设用地使用权续期后，因为公共利益需要收回的，也可以适用同样的原则。

2018 年 8 月，十三届全国人大常委会五次会议《关于〈民法典各分编（草案）〉的说明》中提到：关于住宅建设用地使用权期间届满续期问题。2016 年 11 月，《中共中央、国务院关于完善产权保护制度依法保护产权的意见》提出，要研究住宅建设用地等土地使用权到期后续期的法律安排，推动形成全社会对公民财产长久受保护的良好和稳定预期。根据党中央批准的有关工作安排，该项工作由国务院有关部门研究，提出方案后，国务院提出法律修改议案，修改城市房地产管理法或者物权法。目前，国务院有关部门尚未正式提出方案和修法议案。物权编草案根据现行物权法第 149 条、城市房地产管理法第 22 条规定，对此先作出一个原则性规定，即：住宅建设用地使用权期限届满的，自动续期。续期费用的缴纳或者减免，依照法律、行政法规的规定。国务院正式提出修改有关法律的议案后，再进一步做好衔接。之后，对本款作了个别文字修改。

为什么非住宅建设用地使用权没有采取自动续期的规定？这是因为非住宅建设用地和住宅建设用地有较大的区别。非住宅建设用地的使用期限相对比较短，使用用途也各不相同。有的建设用地使用权人仅需要在特定的期限内使用建设用地，过了该期限，就没有使用该土地的必要。因此，不宜将自动续期作为非住宅建设用地使用权适用的一般原则，是否续期应当由建设用地使用权人自己决定。根据本条的规定，非住宅建设用地使用权的续期，按照法律规定办理，即建设用地使用权可以在建设用地使用权期限届满前一年申请续期。只要建设用地使用权人提出续期的要求，出让人就应当同意，只有在公共利益需要使用该建设用地的情况下，出让人才有权拒绝建设用地使用权人续期的要求，收回该土地。

> **第三百六十条　建设用地使用权消灭的，出让人应当及时办理注销登记。登记机构应当收回权属证书。**

❖ **条文主旨** ❖

本条是对建设用地使用权注销登记的规定。

❖ **条文解读** ❖

建设用地使用权消灭的情况主要包括：建设用地使用权期限届满、建设用地使用权提前收回以及因自然灾害等原因造成建设用地使用权灭失等情形。建设用地使用权消灭后，出让人应当及时办理注销登记。《土地登记规则》第54条规定：县级以上人民政府依法收回国有土地使用权的，土地管理部门在收回土地使用权的同时，办理国有土地使用权注销登记，注销土地证书。第55条规定，国有土地使用权出让或者租赁期满，未申请续期或者续期申请未获批准的，原土地使用者应当在期满之日前15日内，持原土地证书申请国有土地使用权注销登记。第56条规定，因自然灾害等造成土地权利灭失的，原土地使用者或者土地所有者应当持原土地证书及有关证明材料，申请土地使用权或者土地所有权注销登记。

考虑到出让人全面掌握建设用地使用权消灭的情形，所以，本条规定，注销登记由出让人及时办理。建设用地使用权注销后，登记机构应当收回权属证书。

> **第三百六十一条　集体所有的土地作为建设用地的，应当依照土地管理的法律规定办理。**

❖ **条文主旨** ❖

本条是对集体所有的土地作为建设用地法律适用的规定。

❖ **条文解读** ❖

我国 2004 年修正的土地管理法规定，农民集体所有的土地的使用权不得出让、转让或者出租用于非农业建设。除耕地外，农民集体所有的土地只能用于乡镇村企业、乡镇村公共设施和公益事业以及农民住宅建设。因此，2019 年修改土地管理法前，农民集体还不能直接出让自己的土地使用权，使集体所有的土地使用权直接进入土地一级市场。农民集体所有的土地必须经过征收才能变为建设用地。随着我国土地制度改革不断深化，国务院先后出台了一系列涉及农村集体建设用地的规定。《国务院关于 2005 年深化经济体制改革的意见》中明确指出，进一步研究探索农村集体建设用地使用权进入市场。土地行政主管部门一直将加快集体建设用地使用制度改革作为工作的重点，在对集体建设用地进行严格管理的同时，也允许一些地区可以开展集体建设用地流转方面的试点。

2007 年制定物权法时，考虑到我国土地制度改革正在深化，各地的情况差异较大，土地行政主管部门正在进行土地制度试点和研究，尚待总结实践经验，并在此基础上规范和完善。而且，集体建设用地制度如何改革，还需要通过修改土地管理法等法律从根本上解决这个问题，目前物权法对此作出规定的时机还不成熟。但是，作为民事基本法律的物权法，还是有必要作出原则且灵活的规定。因此，本条对建设用地使用集

335

体所有的土地的情况仅作了原则性规定，明确集体所有的土地作为建设用地的，应当按照土地管理的法律规定办理。

2019 年土地管理法修改，增加了集体经营性建设用地的相关规定。该法第 23 条规定，各级人民政府应当加强土地利用计划管理，实行建设用地总量控制。土地利用年度计划，根据国民经济和社会发展计划、国家产业政策、土地利用总体规划以及建设用地和土地利用的实际状况编制。土地利用年度计划应当对土地管理法第 63 条规定的集体经营性建设用地作出合理安排。土地利用年度计划的编制审批程序与土地利用总体规划的编制审批程序相同，一经审批下达，必须严格执行。第 63 条规定，土地利用总体规划、城乡规划确定为工业、商业等经营性用途，并经依法登记的集体经营性建设用地，土地所有权人可以通过出让、出租等方式交由单位或者个人使用，并应当签订书面合同，载明土地界址、面积、动工期限、使用期限、土地用途、规划条件和双方其他权利义务。前款规定的集体经营性建设用地出让、出租等，应当经本集体经济组织成员的村民会议 2/3 以上成员或者 2/3 以上村民代表的同意。通过出让等方式取得的集体经营性建设用地使用权可以转让、互换、出资、赠与或者抵押，但法律、行政法规另有规定或者土地所有权人、土地使用权人签订的书面合同另有约定的除外。集体经营性建设用地的出租，集体建设用地使用权的出让及其最高年限、转让、互换、出资、赠与、抵押等，参照同类用途的国有建设用地执行。具体办法由国务院制定。

第十三章　宅基地使用权

本章共四条，规定了宅基地使用权的权利内容，宅基地使用权的取得、行使和转让以及宅基地灭失后的重新分配等事项。

> **第三百六十二条** 宅基地使用权人依法对集体所有的土地享有占有和使用的权利，有权依法利用该土地建造住宅及其附属设施。

❖ **条文主旨** ❖

本条是关于宅基地使用权的权利内容的规定。

❖ **条文解读** ❖

一、宅基地归集体所有

这是宅基地使用权能够成为用益物权的前提。根据宪法第10条第2款的规定，宅基地和自留地、自留山一样，属于集体所有。土地管理法第9条规定，城市市区的土地属于国家所有。农村和城市郊区的土地，除由法律规定属于国家所有的以外，属于农民集体所有；宅基地和自留地、自留山，属于农民集体所有。因此，农民使用宅基地是对集体所有的土地的使用。

二、宅基地的用途是建造住宅及其附属设施

根据土地管理法和国家的有关规定，土地的利用必须符合国家对土地的用途管制。我国人多地少，只有严格地管制土地用途，控制建设用地总量，保护耕地，才能有效地保护资源，实现优化配置。因此，农民取得宅基地，必须依法办理有关手续，不得超量多占，也不得违反有关规划，改变土地用途。对于有的地方存在的多占宅基地，造成土地浪费的情况应当予以纠正。

三、宅基地使用权是一种带有社会福利性质的权利，是农民的安身之本

宅基地使用权和土地承包经营权一样，由作为集体成员的农民无偿取得，无偿使用。宅基地使用权是农民基于集体成员的身份而享有的福利保障。在我国社会保障体系尚无法覆盖广大农村的现实下，土地承包经营权解决了农民的基本衣食来源，宅基地使用权解决了农民的基本居住问题。这两项制度以其鲜明的福利色彩成为维护农业、农村稳定的重要制度。正是因为保障功能依然是宅基地使用权制度的首要功能，关于宅基地使用权取得、行使和转让的规定，必须尊重这一现实，以利于保护农民利益，构建和谐社会。

> **第三百六十三条　宅基地使用权的取得、行使和转让，适用土地管理的法律和国家有关规定。**

❖ **条文主旨** ❖

本条是关于宅基地使用权的取得、行使和转让适用法律的衔接性规定。

❖ **条文解读** ❖

一、有关宅基地使用权取得、行使和转让的规定

土地管理法对宅基地使用权作了规定。根据土地管理法第62条的规定，农村村民一户只能拥有一处宅基地，其宅基地的面积不得超过省、自治区、直辖市规定的标准。人均土地少、不能保障一户拥有一处宅基地的地区，县级人民政府在充分尊重农村村民意愿的基础上，可以采取措施，按照省、自治区、直辖市规定的标准保障农村村民实现户有所居。农村村民建住宅，应当符合乡（镇）土地利用总体规划、村庄规划，不得占用永久基本农田，并尽量使用原有的宅基地和村内空闲地。编制乡（镇）土地利用总体规划、村庄规划应当统筹并合理安排宅基地用地，改善农村村民居住环境和条件。农村村民住宅用地，由乡（镇）人民政府审核批准；其中，涉及占用农用地的，依照土地管理法第 44 条的规定办理审批手续。农村村民出卖、出租、赠与住宅后，再申请宅基地的，不予批准。国家允许进城落户的农村村民依法自愿有偿退出宅基地，鼓励农村集体经济组织及其成员盘活利用闲置宅基地和闲置住宅。国务院农业农村主管部门负责全国农村宅基地改革和管理有关工作。

此外，中共中央、国务院通过有关文件，多次强调农村村民建住宅要严格按照所在的省、自治区、直辖市规定的标准，依法取得宅基地。农村村民每户只能有一处不超过标准的宅基地，多出的宅基地，要依法收归集体所有。同时禁止城镇居民在农村购置宅基地。

二、2007 年物权法本条规定的主要考虑

为准确体现国家土地管理制度的有关内容，2007 年制定的物权法关于宅基地使用权的取得和行使的规定经过了反复研究，多次修改，立法考虑主要是：

（一）关于宅基地使用权的取得

宅基地使用权的取得主要涉及国家土地管理制度。土地管理法以及有关法规中已经对宅基地使用权的取得及其必要限制作出了明确规定。实际中遇到的问题应当依照这些规定处理。有关法律法规实施中出现的问题，可以通过国家土地管理制度的进一步发展完善，逐步解决。物权法作为调整平等主体间财产关系的民事法律，对国家土地管理制度的具体内容可以不作重复规定，只作出必要的衔接性规定即可。

（二）关于宅基地使用权的转让和抵押

我国地少人多，必须实行最严格的土地管理制度。目前，我国农村社会保障体系尚未全面建立，宅基地使用权是农民基本生活保障和安身立命之本。从全国范围看，放开宅基地使用权转让和抵押的条件尚不成熟。特别是农民一户只有一处宅基

地，这一点与城市居民是不同的。农民一旦失去住房及其宅基地，将丧失基本生存条件，影响社会稳定。为了维护现行法律和现阶段国家有关农村土地政策，也为今后修改有关法律或者调整有关政策留有余地，本法的规定应当与土地管理的法律规定保持一致。

我国的土地管理制度正在改革，有关法律法规也正在完善。对于宅基地使用权的转让和抵押问题，为适应未来发展的需要，给进一步深化改革留有空间，2007年物权法对宅基地使用权的转让和抵押问题作出衔接性的规定是必要的。本次民法典编纂对本条仅作了个别文字修改。

> **第三百六十四条** 宅基地因自然灾害等原因灭失的，宅基地使用权消灭。对失去宅基地的村民，应当依法重新分配宅基地。

❖ **条文主旨** ❖

本条是关于宅基地灭失后重新分配问题的规定。

❖ **条文解读** ❖

一、重新分配宅基地的客观原因是自然灾害导致宅基地的灭失

虽然从物理属性上讲，土地是不可能消灭的，但是从用途角度上说，自然灾害等原因可能使土地不再适用某种用途。例如，由于河流改道，原来的住宅和宅基地有可能完全被淹没；又如，由于山体滑坡，原来住宅所在的土地不能再建房居住。在发生这类自然灾害，原有宅基地不可能再用于建设住宅的情况下，就必须对丧失居住条件的集体的成员提供新的宅基地以维持生计。

二、可以享受重新分配宅基地的权利人应当是因此而丧失宅基地的集体的成员

宅基地使用权是基于集体成员身份享有的一种保障性的权利。作为基本保障，宅基地使用权不应当流转到集体之外，也不应当无限扩大，变相侵占集体土地，特别是耕地。因此，因自然灾害等原因重新分配宅基地时，应当按照规定的标准分配给仍然属于本集体且丧失基本居住条件的村民。对于多占宅基地的情况，要予以纠正，不应当把失去多占的宅基地的村民也纳入需要重新分配宅基地的村民中。

三、重新分配宅基地应当按照国家有关规定，注意节约利用和保护耕地

根据土地管理法第 62 条和国家的有关规定，宅基地应当符合乡（镇）土地利用总体规划，尽可能利用原有的宅基地和村内空闲地。尽量珍惜每一寸土地，特别是要严格限制对耕地的占用。在重新分配宅基地的情况下，也要按照国家规定的原则，统筹安排，厉行节约，尽可能保证将适宜耕作的土地用于农业生产，严格遵守国家关于土地用途管制和耕地保护的有关规定。

> **第三百六十五条　已经登记的宅基地使用权转让或者消灭的，应当及时办理变更登记或者注销登记。**

❖ **条文主旨** ❖

本条是关于宅基地使用权的变更登记和注销登记的规定。

❖ **条文解读** ❖

宅基地使用权涉及国家对土地资源的管理，更是一种重要的用益物权。从长远发展上看，对宅基地使用权的设立、变更和消灭进行登记，既有利于加强土地管理，又有利于表彰物权的状态，从而减少争端。目前，有的地方的宅基地使用权的登

记制度不够完善，有的宅基地使用权还没有登记。这一现状尽管还没有引发大的矛盾和纠纷，然而在宅基地使用权发生变动时有可能带来风险。本条考虑到我国广大农村的实际情况以及登记制度的现状，虽然没有明确要求所有宅基地使用权一旦发生变更一律登记，但是对于已经登记的宅基地使用权转让或者消灭的，则明确规定了应当及时办理变更或者注销登记。本条规定既切合了我国物权制度发展的大方向，也有利于从实际出发，未雨绸缪，防患于未然。

目前，关于宅基地使用权变更登记与注销登记的规定，主要见于《土地登记规则》中。《土地登记规则》第37条规定："有下列情形之一的，土地使用权转让双方当事人应当在转让合同或者协议签订后三十日内，涉及房产变更的，在房产变更登记发证后十五日内，持转让合同或者协议、土地税费缴纳证明文件和原土地证书等申请变更登记：（一）依法转让土地使用权的；（二）因买卖、转让地上建筑物、附着物等一并转移土地使用权的；房屋所有权变更而使土地使用权变更的，在申请变更登记时，应当提交变更后的房屋所有权证书。"第39条规定："因交换、调整土地而发生土地使用权、所有权变更的，交换、调整土地的各方应当在接到交换、调整协议批准文件后三十日内，持协议、批准文件和原土地证书共同申请变更登记。"第56条规定："因自然灾害等造成土地权利灭失的，原土地使用者或者土地所有者应当持原土地证书及有关证明材料，申请土地使用权或者土地所有权注销登记。"第58条规定："土地使用者、所有者和土地他项权利者未按照本规则规定申请注销登记的，土地管理部门可以依照规定直接办理注销土地登记，注销土地证书。"

本条对宅基地使用权的取得、行使和转让作了与其他法律和国家有关规定的衔接性规定，已经为未来宅基地使用权制度的发展完善留下了空间。本条对宅基地使用权变更登记和注销登记的规定，将随着我国的土地使用制度和宅基地使用权制度的发展完善，逐渐发挥其应有作用。

第十四章　居住权

本章规定了居住权制度，共六条。居住权是指居住权人对他人所有住宅的全部或者部分及其附属设施，享有占有、使用的权利。本章主要对居住权概念、居住权合同内容、居住权的设立、居住权的限制、居住权的消灭和以遗嘱方式设立居住权等作了规定。

> **第三百六十六条　居住权人有权按照合同约定，对他人的住宅享有占有、使用的用益物权，以满足生活居住的需要。**

❖ **条文主旨** ❖

本条是关于居住权概念的规定。

❖ **条文解读** ❖

居住权是大陆法系传统的物权形态，是指居住权人对他人住宅的全部或者部分及其附属设施，享有占有、使用的权利。

一、居住权制度的起源

居住权制度起源于罗马法，最早产生于古罗马的婚姻家庭关系中，作为人役权的一种形式，其产生与当时罗马社会家庭状况及概括继承制有密切联系，是社会发展到一定阶段的产物。该制度的设立初衷，是解决家庭成员的居住和供养。

二、居住权的含义和法律特征

本条规定，居住权人有权按照合同约定，对他人的住宅享有占有、使用的用益物权，以满足生活居住的需要。根据本条的规定，居住权有以下法律特征：

（一）居住权是在他人住宅上设立的物权

居住权是在他人所有的住宅上设立的物权。设立居住权是住宅所有权人处分自己财产的一种方式，住宅所有权人根据自己的意思自由在自己所有的住宅的全部或者部分为他人设立居住权。此外，根据本条的规定，居住权只能在他人所有的住宅上设立，其他类型的房屋上不能设立居住权。

（二）居住权是一种用益物权

用益物权是以支配标的物的使用价值为内容的物权。我国的用益物权主要包括土地承包经营权、建设用地使用权、宅基地使用权、居住权和地役权等。根据本法的规定，居住权是一种用益物权，是指居住权人对他人所有的住宅的全部或者部分及其附属设施享有占有、使用的权利，以满足生活居住的需要。特别应注意的是，并非所有居住他人住宅的权利均是本条规定的居住权。如果当事人之间存在抚养、扶养、赡养、租赁、借用等关系，也同样可能享有居住他人住宅的权利。但由此而享有的权利不具有物权的排他效力，不是本条所规定的居住权，不能适用本章的规定。

此外，2018年8月，十三届全国人大常委会五次会议审议的民法典各分编草案第159条第1款规定，居住权人有权按照合同约定，对他人的住宅享有占有、使用的权利，以满足生活居住的需要。在立法过程中，有的意见提出，居住权是一种新的用益物权，虽然作为用益物权的一种规定在用益物权部分，但大多数人对居住权不熟悉，居住权与其他居住的权利的区别不明显。为强调居住权是一种用益物权，2019年4月，十三届全国人大常委会十次会议审议的民法典物权编草案二次审议稿第159条将"对他人的住宅享有占有、使用的权利"

修改为"对他人的住宅享有占有、使用的用益物权"。

（三）居住权是为特定自然人设定的

居住权是住宅所有人为特定自然人的利益在自己所有的住宅上设定的权利，法人或其他组织不能享有居住权。享有居住权的主体范围具有有限性，居住权人以外的人一般不能享有居住权，但有的国家允许居住权人的家庭成员居住，并详细规定了可以居住的自然人的范围。

（四）居住权是为特定自然人生活居住的需要而设定的权利

居住权人只能将享有居住权的住宅用于满足其生活居住的需要，一般情况下，居住权人不能将其享有居住权的住宅出租，但是当事人另有约定的除外。根据本法第369条的规定，居住权不得转让、继承。

（五）居住权人按照合同约定对他人的住宅享有占有、使用的权利

一般情况下，当事人通过订立居住权合同并对居住权进行登记后设立居住权。居住权人对他人的住宅享有的占有、使用的具体权利义务，根据所有权人和居住权人之间订立的居住权合同确定。居住权人为充分地使用其居住的住宅，对住宅的各种附属设施亦有使用权。

第三百六十七条　设立居住权，当事人应当采用书面形式订立居住权合同。

居住权合同一般包括下列条款：

（一）当事人的姓名或者名称和住所；

（二）住宅的位置；

（三）居住的条件和要求；

（四）居住权期限；

（五）解决争议的方法。

❖ **条文主旨** ❖

本条是对居住权合同形式和内容的规定。

❖ **条文解读** ❖

一、居住权合同的形式

本条是对通过居住权合同设立居住权的合同形式和内容的规定。根据本条第 1 款的规定，设立居住权，当事人应当采用书面形式订立居住权合同。住宅所有权人为满足他人生活居住的需要想在自己所有的住宅上为他人设立居住权的，途径之一就是通过住宅所有权人与他人订立居住权合同，再按照订立的居住权合同向登记机构申请居住权登记。因设立居住权需明确一些具体的权利义务，本条规定，设立居住权的，当事人应当采用书面形式订立居住权合同。

二、居住权合同的内容

本条第 2 款规定是 2019 年 4 月民法典物权编草案二次审议稿增加规定的内容。2019 年 12 月民法典草案在二次审议稿的基础上又作了修改完善。根据本条第 2 款的规定，居住权合同一般包括下列条款：

（一）当事人的姓名或者名称和住所

当事人的姓名或者名称和住所，是合同中最基本的要件。如果不写明当事人，合同由谁履行就不明确，当事人的权利和义务更无从谈起。居住权合同的当事人一般为住宅的所有权人和居住权人。2019 年 4 月审议的民法典物权编草案二次审议稿本项规定的是"当事人的姓名和住所"，有的意见提出，存在有的老年人以房养老，可能将住宅出售给法人或者非法人组织，购买住宅的法人或者非法人组织在住宅上给老年人设立居住权的情况，建议增加当事人的名称的规定，2019 年

12月审议的民法典草案将本项修改为"当事人的姓名或者名称和住所"。

（二）住宅的位置

居住权合同中应当明确住宅的具体位置，以确定当事人设立居住权的住宅。一般情况下，合同中明确的住宅的位置应与住宅房屋产权证上的位置一致。

（三）居住的条件和要求

居住权合同中可以约定居住的条件和要求，主要包括当事人的权利义务。设立居住权的合同应当尽可能清晰地确定当事人之间的权利义务关系，避免纠纷的发生，或者在发生纠纷时有明确的规则可供遵循。在权利方面，当事人可以协商约定居住权人占有使用的具体权利，如是否可以与其家属共同居住，是否可以让其所雇佣的保姆等为其生活所需的服务、护理人员居住。在义务方面，当事人可以协商约定双方的义务，如不得改变房屋的结构、用途，保管房屋的义务，承担房屋的日常负担及返还房屋等。

（四）居住权期限

民法典物权编草案二次审议稿未规定本项，这是2019年12月审议的民法典草案增加规定的内容。有的意见提出，为扩大居住权的适用范围，应该允许当事人对居住权期限进行约定。居住权制度创设初始，为达到保护居住权人的目的，赋予居住权长期性的特点，一般持续至居住权人终生。为保障当事人设立居住权的意思自由，扩大居住权制度的适用性，根据本法的规定，当事人可以就居住权的存续期限作出约定。当事人可以根据不同情况、不同需求在居住权合同中约定居住权的期限。例如，给未成年人设立居住权的，可以约定居住权期限存续至未成年人成年之时。如果当事人未对居住权期限作出约定，根据本法的规定，居住权人死亡的，居住权消灭。

（五）解决争议的方法

居住权合同可以就合同履行发生争议的解决方法作出约定。因履行居住权合同发生争议的，所有权人和居住权人可以双方协商解决，协商不成的，提交双方当事人指定的仲裁委员会仲裁，或者依法向人民法院起诉。

需要注意的是，本条第 2 款所规定的内容并非全部都是居住权合同必须约定的内容。当事人应当对第 1 项"当事人的姓名或者名称和住所"、第 2 项"住宅的位置"作出明确约定，如果欠缺这两项内容将导致居住权的主体和客体不明，不可能设立居住权。其他各项均非合同必须约定的内容，如果当事人未作约定，不影响居住权的设立。

> **第三百六十八条**　居住权无偿设立，但是当事人另有约定的除外。设立居住权的，应当向登记机构申请居住权登记。居住权自登记时设立。

❖ **条文主旨** ❖

本条是关于居住权设立的规定。

❖ **条文解读** ❖

本条是关于居住权设立的规定，本条规定在立法过程中不断修改完善。2018 年 8 月审议的民法典各分编草案仅规定了一款，即"设立居住权的，应当向登记机构申请居住权登记。居住权自登记时设立"。在征求意见过程中，有的地方、法学教学研究机构和社会公众建议进一步完善居住权制度的相关规定，明确居住权是无偿设立的用益物权，并对居住权合同的内容进行规范。2019 年 4 月审议的民法典物权编草案二次审议稿将该款单列一条，并在下一条中增加规定"居住权无偿设立"。有的意见提出，居住权应以无偿设立为原则，但应允许当事人作例外约定。2019年12月审议的民法典草案将"居住权无偿设立"移至本条并修改为"居住权无偿设立，但是当事人另有约定的除外"。根据本条规定：

一、居住权一般情况下无偿设立

居住权制度产生初始，是房屋所有权人为与其有特定人身关系的人设立，无偿性是居住权制度的特征之一。设立居住权一般情况下带有扶助、友善、帮助的性质。按照本条的规定，居住权无偿设立，即居住权人无需向房屋的所有人支付对价。

居住权是用益物权的一种，一般情况下具有无偿性，其与房屋租赁存在本质区别。主要表现在：一是保护方式存在区别。居住权是一种支配权，租赁权是一种请求权。居住权为一种独立的用益物权，具有物权的所有特征：对世性、绝对性、直接支配性等。租赁法律关系属于债权，具有相对性，租赁权人只能对抗特定的债务人。尽管房屋租赁权的效力强化后，租赁权人也具有对抗第三人的效力，但与作为物权的居住权对抗效力和对抗范围存在区别。二是设立方式存在区别。居住权需要经过登记才发生物权的效力，租赁权只需要双方的合意就发生法律效力，其设立不以登记为条件。三是期限存在区别。租赁权的租期由合同双方当事人约定，但不得超过20年，超过20年的部分无效，如果双方未约定租期，为不定期租赁，对于不定期租赁，任何一方当事人都可以随时解除合同。居住权的期限具有长期性的特点，除当事人另有约定外，通常至居住权人死亡时居住权消灭。四是取得权利支付的对价存在区别。取得居住权一般是无偿的，带有扶助、友善、帮助的性质。居住权人即便在特殊情况下需要向房屋的所有人支付费用，费用也是很少的。而租赁合同则是一种双务、有偿合同，取得租赁权，以支付租金为条件。

但是，本条规定，居住权无偿设立，但是当事人另有约定的除外。根据本条的规定，居住权以无偿设立为原则，当事人可以就是否无偿设立作出约定。

二、设立居住权的，应当向登记机构申请居住权登记

我国物权制度有"登记生效"与"登记对抗"两种物权变动模式。对居住权的设立，采用登记生效的物权变动模式。不动产登记簿是确定居住权的根本依据。居住权的设立登记，是指将设立居住权的事实依法记载于不动产登记簿的行为。本条规定，设立居住权的，应当向登记机构申请居住权登记。居住权自登记时设立。根据本条的规定，当事人签订居住权合同后，居住权并未设立，当事人需持居住权合同到不动产登记机构申请居住权登记。不动产登记机构将设立居住权的情况登记在不动产登记簿上，居住权自登记时设立。如果仅就住宅的部分设立居住权，应当在居住权合同中予以明确，并在不动产登记簿上予以明确。

> **第三百六十九条** 居住权不得转让、继承。设立居住权的住宅不得出租，但是当事人另有约定的除外。

❖ **条文主旨** ❖

本条是关于居住权限制的规定。

❖ **条文解读** ❖

居住权一般为满足特定自然人生活居住的需要设立，通常只具有占有、使用的权能，一般情况下居住权人不得利用房屋进行收益。居住权不得转让、继承，设立居住权的住宅不能出租是居住权的权利特征之一。因此，本条规定，居住权不得转让、继承。设立居住权的住宅不得出租，但是当事人另有约定的除外。

一是居住权不得转让。居住权人对他人的住宅享有占有、使用的权利，但只能由居住权人本人享有，居住权人不得将其享有的居住权转让。

二是居住权不得继承。居住权人死亡的，居住权消灭，居住权人的继承人不能继承居住权人对住宅享有的居住权。

三是设立居住权的住宅不得出租。居住权是占有、使用他人住宅的权利，其目的是满足权利人生活居住的需要。因此，一般情况下，居住权人对设立居住权的住宅不享有收益权。本条规定，设立居住权的住宅不得出租，但是当事人另有约定的除外。一般情形下，居住权人不能将住宅出租给他人以收取租金，但如果当事人根据需要达成协议，也可以将设立居住权的住宅出租。

> **第三百七十条**　居住权期限届满或者居住权人死亡的，居住权消灭。居住权消灭的，应当及时办理注销登记。

❖ **条文主旨** ❖

本条是关于居住权消灭的规定。

❖ **条文解读** ❖

由于居住权制度设计的目的是保障居住权人的生活居住的需要，其期限一般具有长期性、终生性。本条规定，居住权期限届满或者居住权人死亡的，居住权消灭。

根据本条规定，居住权消灭主要包括两种情形：

一是居住权期限届满。当事人可以根据自己的意思自由在居住权合同中约定居住权期限，居住权期限届满的，居住权消灭。例如，住宅所有权人给未成年人设立居住权的，可以约定居住权至居住权人成年时消灭，作出如此约定的，居住权人成年时，居住权即消灭。再如，当事人可以约定自合同签订之日起20年，居住权消灭，作出如此约定的，约定期限届满的，居住权消灭。居住权因期限届满消灭的，居住权人有返还房屋的义务。

2018年8月的民法典各分编草案和2019年4月审议的民法典物权编草案二次审议稿未规定"居住权期限届满"。物权编草案二次审议后征求意见过程中，有的常委委员、社会公众建议对居住权合同的内容、居住权的设立和期间等规定予以进一步完善，以使这一制度在实践中发挥更大的作用。2019年12月审议的民法典草案在居住权合同条款中增加规定"居住权期间"，同时在本条中增加规定"居住权期间届满的，居住权消灭"，当事人可以根据意思自由约定居住权期间。后文字统一为"居住权期限"。

二是居住权人死亡。当事人可以根据意思自由约定居住权期限，如果没有约定，居住权一般至居住权人死亡时消灭。

根据本条的规定，居住权消灭的，当事人应当及时到不动产登记机构办理注销登记，将登记于不动产登记簿的居住权信息注销。

> **第三百七十一条　以遗嘱方式设立居住权的，参照适用本章的有关规定。**

❖ **条文主旨** ❖

本条是关于以遗嘱方式设立居住权的规定。

❖ **条文解读** ❖

一、关于居住权的设立方式

根据本法的规定，设立居住权，有以下几种方式，不同的设立方式，居住权设立的时间不同。

一是合同。当事人订立居住权合同是设立居住权最主要的形式。通过订立居住权合同设立居住权的，必须到登记机构申请居住权登记，居住权自登记时设立。

二是遗嘱。住宅所有权人可以以遗嘱的方式为他人设立居住权，即住宅所有权人在自己的遗嘱里明确为他人设立居住权。

三是法院判决。除本章规定的以合同和遗嘱方式设立居住权外，居住权还可以通过法院判决的形式设立。本法第229条规定，因人民法院、仲裁机构的法律文书或者人民政府的征收决定等，导致物权设立、变更、转让或者消灭的，自法律文书或者征收决定等生效时发生效力。司法实践中，如离婚判决时，法官可以依法将居住权判给一些有特殊需要的人，这也是依法律规定设定居住权的一种方式。

二、以遗嘱方式设立居住权的，参照适用本章的有关规定

本章第366条至370条对居住权概念、居住权合同内容、居住权的设立、居住权的限制、居住权的消灭作了规定。当事人以遗嘱方式设立居住权的，本章的相关规定如居住权的限制和消灭等都参照适用。

第十五章　地役权

本章共十四条。对地役权的概念、设立地役权的形式及内容、地役权人和供役地权利人的权利义务、地役权的消灭等作出了规定。

> 第三百七十二条　地役权人有权按照合同约定，利用他人的不动产，以提高自己的不动产的效益。
>
> 前款所称他人的不动产为供役地，自己的不动产为需役地。

❖ **条文主旨** ❖

本条是关于地役权定义的规定。

❖ **条文解读** ❖

地役权是传统民法用益物权中的一项重要权利，是按照合同约定利用他人的不动产，以提高自己不动产效益的权利。例如，甲乙两工厂相邻，甲工厂原有东门，甲为了解决本厂职工上下班通行方便，想开一个西门，但必须借用乙工厂的道路通行。于是，甲乙两工厂约定，甲向乙支付使用费，乙工厂允许甲工厂的员工通行，为此双方达成书面协议，在乙工厂的土地上设立了通行地役权。此时，乙地称为供役地，甲地称为需役地。地役权具有以下特点：

第一，地役权的主体为不动产的权利人。地役权人是为了提高自己不动产的效益而设立地役权。供役地人就是在自己的不动产上设置地役权而便利他人行使不动产权利。因此，二者都是不动产的权利人，既可以是不动产的所有权人，如集体土地所有权人、建筑物的所有权人，也可以是不动产的使用权人，如土地承包经营权人、建设用地使用权人、宅基地使用权人。

第二，地役权是按照合同设立的。地役权合同是地役权人和供役地权利人之间达成的以设立地役权为目的和内容的合同。设立地役权，当事人应当采取书面形式订立地役权合同。根据法律规定，地役权合同一般包括下列条款：（1）当事人的姓名或者名称和住所；（2）供役地和需役地的位置；（3）利用目的和方法；（4）地役权期限；（5）费用及其支付方式；（6）解决争议的方法。

第三，地役权是利用他人的不动产。在地役权关系中，需役地和供役地属于不同的土地所有权人或者土地使用权人。利用他人的不动产来提高自己不动产的效益，是地役权设立的主要目的。所谓利用他人的不动产并不以实际占有他人不动产为要件，而是对他人的不动产设置一定的负担。这种负担主要表现在：一是容忍义务。如允许他人通行于自己的土地，以使自己行使土地的权利受到某种限制。二是不妨害地役权人行使权利的义务。在某些情况下，地役权人为了使用供役地便利，需要在供役地上修建必要的附属设施，如为实现排水地役权，而要在供役地建筑一个水泵。这时，供役地权利人就不得妨害地役权人行使其权利。

第四，地役权是为了提高自己不动产的效益。地役权的设立，必须是以增加需役地的利用价值和提高其效益为前提。此种"效益"既包括生活上得到的便利，也包括经营上获得的效益，如为需役地的便利而在供役地上设立的排水、通行、铺设管线等，也包括非财产的利益，即具有精神上或者感情上的效益，如为需役地上的视野宽广而设定的眺望地役权等。

第五，地役权具有从属性。地役权虽然是独立的一种用益物权，但是与其他用益物权相比，地役权从属于需役地，其目的是提高需役地的效益，必须与需役地相结合而存在。这种从属性主要体现在地役权的存续以需役地的存在为前提，与需役地的所有权或者其他物权相伴相随。本章中的许多相关规定都充分体现了地役权的从属性，比如一般而言，地役权不得单独转让，土地承包经营权、建设用地使用权等转让的，地役权一并转让。

> **第三百七十三条** 设立地役权，当事人应当采用书面形式订立地役权合同。
>
> 地役权合同一般包括下列条款：
>
> （一）当事人的姓名或者名称和住所；
>
> （二）供役地和需役地的位置；
>
> （三）利用目的和方法；
>
> （四）地役权期限；
>
> （五）费用及其支付方式；
>
> （六）解决争议的方法。

❖ **条文主旨** ❖

本条是关于地役权合同的规定。

❖ **条文解读** ❖

本法总则编第 135 条规定，民事法律行为可以采用书面形式、口头形式或者其他形式；法律、行政法规规定或者当事人约定采用特定形式的，应当采用特定形式。一般而言，法律对民事法律行为的形式不会有严格的要求，但在特殊情形下，会专门作出要求。如《瑞士民法典》第 732 条规定，关于设定地役权的契约，须用书面形式，始生效力。本条第 1 款作了同样的规定，明确设立地役权，当事人应当采用书面形式订立地役权合同。因此，根据本款规定，设立地役权的民事法律行为属于要式法律行为，必须采用书面方式这一特定形式。考虑到设立地役权事关不动产权利的行使，关系重大，为避免因权利义务内容不明确而生纠纷，法律规定地役权设立应当以合同书的形式。

本条第 2 款对于地役权合同的主要条款作了详细规定。根据第 2 款的规定，地役权合同一般包括以下条款：

1. 当事人的姓名或者名称和住所。当事人是合同的主体，如果不写明当事人，就无法确定权利的享有者和义务的承担者，发生纠纷也难以解决。按照我国的土地制度，地役权合同的双方当事人可以是土地所有人、建设用地使用权人、宅基地使用权人和土地承包经营权人等权利人。在订立地役权合同时，要尽量写清楚双方当事人的有关信息。自然人应当写明自然人的姓名、住址、身份证号码，法人应当写明法人的名称和住所，以及法定代表人的姓名等。当然，关于合同主体，还可以补充更为详尽的信息，比如双方的联系方式，法人的联络人等。

2. 供役地和需役地的位置。标的是合同当事人的权利义务指向的对象，标的是合同成立的必要条件，是所有合同的必备条款。没有标的，合同不能成立，合同关系无法建立。合同标的物应当明确，地役权合同所指向的标的物都是不动产，即供役地和需役地。签订地役权合同，应当标明供役地和需役地的具体位置，包括如地块名称、地块编码、面积、东南西北四至等内容。地块位置可以按照不动产权属证书所记载的内容写明，在条件具备的情况下，也可以用现代定位技术明确所涉地块的精确位置，并附上测绘图纸，这样就能更准确地表明地役权合同标的物所在。

3. 利用目的和方法。地役权的内容表现为对供役地设定一定的负担。这种负担可以是积极的，即地役权人可以在供役地上为一定的行为，如通行、取水、排水、铺设管线等。这种负担也可以是消极的，即供役人在供役地上不得为一定的行为，如不得在自己的地块上盖建高楼影响需役地的采光、眺望等。地役权合同当事人应当在合同中约定所设立地役权的目的为何。如需役地一方是为了通行目的，则应在合同中明确地役权为通行而设；如需役地是为了排水而需借用领地铺设管道，则应在合同中明确为排水所设。除在合同中明确设立地役权的目的外，实现此目的的具体方法也应当明确，因为不同的方法对供役地的影响是不同的。比如，为了通行目的而设立的地役权，实现的方法是铺设行人过道，还是铺设汽车马路；如为了铺设管线设立的地役权，是将管线架立在供役地的空中，还是铺设在供役地的地下，铺设在地表还是地下深层。

4. 地役权期限。地役权作为一种他物权，属于有期限物权。因此，有必要明确地役权的存续期限，即利用供役地的具体起止时间。地役权的期限是地役权存续的依据，应有明确的约定。在地役权合同中，应当将地役权期限尽量明确，如从某年某月某日至某年某月某日。当然这种期限也可以是不确定的，比如为通行目的设立的地役权，双方约定地役权至需役地上所建大厦竣工之日；如为铺设管线设立的地役权，可以约定地役权期限至管线报废之日。地役权合同如果没有约定或者约定不明确的，地役权人可以随时终止合同。

5. 费用及其支付方式。地役权设立可以是有偿的，也可以是无偿的，均由双方当事人约定。对于有偿设立的地役权，地役权人与供役地权利人在合同中，应当明确约定费用及其支付方式。具体而言，应当约定地役权的费用金额、币种，是分期支付还是一次性支付；分期支付的话，应当明确各期费用金额，支付的具体时间或者期限。支付方式是以现金支付，还是通过银行转账支付，还是通过支票或者其他方式支付。通过转账支付的，还应当明确收款方的账户名称、账号。代收费用的，还应当明确代收人的名称或者姓名、账户等内容。

6. 解决争议的方法。解决争议的方法指合同争议的解决途径和方式。双方当事人可以通过和解、调解、仲裁、诉讼等途径解决争议。在签订地役权合同时，当事人双方应当选择一种双方都接受的争议解决方法。需要注意的是，根据我国相关法律规定，仲裁和诉讼只能选择其中的一种方式，不能同时选择。如果当事人选择仲裁方式，应当明确所选择的仲裁机构，并按照仲裁机构的要求拟定仲裁条款。如果选择诉讼方式，应当明确管辖法院。

当事人签订合同的目的，是以在特定需役地和供役地上设立具体内容的地役权。因此，合同的条款是否齐备、准确，决定了合同能否顺利地履行、实现订立合同的目的。这里规定的地役权内容，只是一般地役权合同应当包括的条款，但不限于这些内容，并不是说合同中缺了其中任何一项就会导致合同不成立或者无效。有关合同主要条款的规定只起到提示性与示范性的作用。

地役权是由双方当事人通过约定设立的。对于地役权的内容法律不作严格限制，只要双方约定的内容不违反法律的强制性规定，就尊重当事人的约定。但地役权也是受限制的，如果地役权人滥用自己的权利，那么，供役地权利人有权解除地役权。对此，物权编还规定，地役权人违反法律规定或者合同约定，滥用地役权的，以及有偿利用供役地，约定的付款期限届满后在合理期限内经两次催告未支付费用的，供役地权利人都有权解除地役权合同，地役权消灭。

第三百七十四条　地役权自地役权合同生效时设立。当事人要求登记的，可以向登记机构申请地役权登记；未经登记，不得对抗善意第三人。

❖ **条文主旨** ❖

本条是关于地役权的设立与登记的规定。

❖ **条文解读** ❖

一、地役权的设立

根据上条规定，设立地役权必须签订书面地役权合同。根据本条规定，地役权自地役权合同生效时设立。要判断地役权何时设立，必须知道地役权合同何时生效。

本法总则编第 136 条第 1 款规定，民事法律行为自成立时生效，但是法律另有规定或者当事人另有约定的除外。合同编第 490 条第 1 款规定，当事人采用合同书形式订立合同的，自当事人均签名、盖章或者按指印时合同成立。在签名、盖章或者按指印之前，当事人一方已经履行主要义务，对方接受时，该合同成立。第 502 条第 1 款规定，依法成立的合同，自成立时生效，但是法律另有规定或者当事人另有约定的除外。

根据上述规定，一般而言，地役权合同的成立以双方当事人均签名、盖章或者按指印之时为准，如果一方先签名另一方后签名的，应以后签名的时间为成立之时。通常而言，合同成立之时即为生效之时。但是合同成立后要生效，还得具备合同生效的要件，且应排除合同无效事由的存在。因此，一般而言，地役权合同成立之时就生效，地役权即告设立。当然，当事人可以在地役权合同中附生效条件或者附生效期限。比如双方约定，地役权合同自需役地一方当事人支付价款后方生效。在当事人有约定生效时间或者生效条件时，只有到了约定的时间或者满足了生效的条件时，地役权合同方能生效。这就是本条规定的当事人另有约定的情形。

二、地役权的登记

关于地役权登记的效力，立法过程中对于是否必须登记，有不同意见。一种意见认为，地役权应当登记，如果该权利不通过登记予以公示，必然会损害第三人的利益。例如，地役权人和供役地权利人达成协议设立了地役权，这实际上是在供役地上设立了负担，供役地的价值将因此而减少。如果供役地权利人将其土地的使用权转让给第三人，第三人在受让该土地时，不知道该土地上已设立了地役权，仍然以没有负担的土地的价值购买，必然会蒙受损失。另一种意见认为，应将地役权登记生效作为基本原则，登记对抗作为例外。

一般而言，不动产物权以登记为要件。考虑到我国的实际情况，随着我国人口的增长和工业化的发展，土地资源越来越缺乏，为了解决土地资源的有限性与人类日益增长的需要之间的矛盾，需要通过确认土地之上的各种物权实现土地的高效率利用。在我国农村，地役权 80% ~ 90% 都是不登记的。为了方便群众，减少成本，物权法对地役权实行登记对抗主义。

所谓登记对抗主义，主要指不登记不得对抗不知道也不应知道土地设有地役权，而受让了该土地使用权的第三人。例如，甲房地产开发公司从他人手中取得位于市中心广场附近一块土地使用权，以"观景"为理念设计并建造了高层观景商品住宅楼。该地前边有一所学校乙，为了防止乙今后建造高楼挡住自己的观景视野，甲以每年向乙支付 10 万元补偿费为对价，与乙约定：乙在 30 年内不得在校址兴建高层建筑。合同签订后，双方没有办理地役权登记。一年后学校乙迁址，将房屋全部转让给房地产商丙，但乙未向丙提及自己与甲之间的约定。丙购得该学校后就建起了高层住宅。甲要求丙立即停止兴建，遭到丙的拒绝后，甲便向法院提起诉讼。按照本条的规定，法院不能支持甲的主张，因为本案中甲乙双方虽然订立了地役权合同，但没有登记，乙转让土地又没有告知丙该土地上设有地役权，因此，丙的合法权益应受保护，甲房地产开发公司只能基于合同，要求学校乙承担违约责任，而无权要求丙房地产商停止兴建高楼和承担责任。因此，为了更好地维护自己的地役权，地役权最好进行登记。

需要注意的是，地役权不登记，并非意味着地役权就不能对抗第三人，未登记的地役权，仅仅是不得对抗善意第三人。地役权属于用益物权，与债权不同（债权为相对权，不具有排他性），物权为绝对权。因此，地役权一经设立即具有对世效力。虽然地役权未经登记，但作为物权，仍可以对抗侵权行为人，如果他人非法侵害当事人的地役权，未登记的地役权人仍可以请求排除妨碍、赔偿损失。此外，未登记的地役权还可以对抗恶意第三人，所谓恶意第三人包括以不公正手段获得地役权登记的人，或者明知该地役权已经存在的第三人。

> **第三百七十五条** 供役地权利人应当按照合同约定，允许地役权人利用其不动产，不得妨害地役权人行使权利。

❖ **条文主旨** ❖

本条是关于供役地权利人义务的规定。

❖ **条文解读** ❖

地役权作为一种用益物权，是地役权人对他人物权所享有的一种权利。要实现地役权的用益目的，提高需役地的效用，就会对供役地形成某种限制。这也就是供役地权利人的核心义务。地役权并非法定物权，法律并没有强制规定其权利的具体内容。因此，地役权的具体内容需要借助当事人之间所签订的地役权合同确定。第 373 条第 2 款第 3 项规定，地役权合同应当包括利用目的和方法的条款。此项内容为地役权合同的核心条款，双方当事人应该按照合同约定各自的义务，行使各自的权利。本条规定的就是供役地权利人的两方面的主要义务。

一、允许地役权人利用其土地

供役地权利人承担的首要义务就是允许地役权人利用其土地。在地役权人利用供役地时，多多少少会给供役地权利人带来不便。对于供役地权利人来说，必须按照合同的约定，向地役权人提供所涉土地，并要容忍供役地上的负担。在供役地上设定的负担可能有不同的类型：（1）允许他人利用自己土地。比如允许地役权人在自己的土地上挖沟排水，或者铺设管线，或者铺路等。（2）对自己行使土地的权利进行某种限制。比如甲乙双方设立地役权，需役地权利人乙需在甲所有的土地上架设高压电线，双方约定甲不得在供役地上种植树木，仅能种植水稻等低矮粮食作物。地役权设立后，甲必须按照合同约定，限制自己所有权的行使方式，不能随意种植作物。（3）放弃部分使用自己土地的权利。比如设定通行的地役权，地役权人在供役地上铺设道路通行，供役地权利人就需要放弃利用该部分土地的权利。（4）容忍对供役地造成某种程度上的损害。只要地役权人按照合同约定的目的和方法行使地役权，即便在一定程度上对供役地造成损害，供役地权利人也得允许。

二、不得妨害地役权人行使权利

供役地权利人一方面得容忍地役权人使用其土地，另一方面，在地役权人利用其土地时，也不得妨害。妨害地役权人行使地役权有不同的表现形式。可能是妨害地役权人行使主要权利，如供役地权利人甲与需役地权利人乙为了排水目的设立地役权，双方签订地役权合同后，为了实现此目的，乙必须在甲的土地上铺设水管，而甲却阻止乙铺设水管，此时甲就侵害了乙的地役权。妨碍地役权也可能是妨碍附属性的权利。地役权人为利用供役地，实现地役权的内容，在权利行使的必要范围内，有权在供役地上修建必要的附属设施或者从事某项必要的附属行为。这时，供役地权利人就不得妨害地役权人行使这些权利。这种妨碍可能是以积极作为的方式进行，也可能是以消极不作为的方式进行。比如，供役地权利人甲与需役地权利人乙就采光便利设定地役权，如果甲放任供役地上的林木自由生长，势必将影响地役权人的采光权。为了实现地役权，甲有义务对林木生长予以控制。

合同编第 509 条第 1 款规定，当事人应当按照约定全面履行自己的义务。因此，除上述义务外，供役地权利人还应当按照约定全面履行自己的其他合同义务。比如甲乙双方设定地役权，约定需役地权利人乙可以在甲所有的土地上架设输电线路，同时约定甲应当每半年定期修葺供役地上的林木杂草，确保输电线路安全。此时，甲就应当按照合同约定履行保障输电线路安全的义务。此外，该条第 2 款规定，当事人应当遵循诚信原则，根据合同的性质、目的和交易习惯履行通知、协助、保密等义务。故当事人之间除应约定合同的主要义务之外，还应当履行相关的附随义务。

对于合同特别是有偿合同的当事人而言，一方的权利往往是另一方的义务，一方的义务也就是另一方的权利，权利义务都是对等的。因此，对供役地权利人的诸多约束行为，都是事先在合同中作了约定的。供役地权利人在负有容忍或者不作为义务的同时，也获得了一定的补偿。供役地权利人之所以允许地役权人利用自己的土地，在很大程度上也是为了获取一定的费用。

还需要说明的是，如果供役地权利人未按照合同约定履行自己的义务，妨害地役权人行使地役权。此时地役权人应当如何主张自己的权利呢？总则编第 186 条规定，因当事人一方的违约行为，损害对方人身权益、财产权益的，受损害方有权选择请求其承担违约责任或者侵权责任。因此，在供役地权利人违反合同约定，阻挠、妨害地役权人行使地役权时，其行为形成违约责任与侵权责任的竞合，地役权人既可以选择根据合同请求供役地权利人承担违约责任，作为用益物权人也可以选择要求对方承担侵害地役权侵权责任。

❖ **案例分析** ❖

1990 年 10 月，经县土地管理局批准，展甲取得了 A 村集体建设用地一块作为宅基地。展甲在该宅基地上修建一栋两层房屋，同时在房屋东侧盖平房两间用于出租。1998 年 3 月，滕乙经批准在展甲房屋北侧获得另一建设用地，滕乙欲建设汽车修理厂。由于该地块北侧为荒山，东侧为他人住宅，西侧为河道，唯有南侧可以通行，滕乙遂与展甲协商。1999 年，双方协商后达成一致，签订了一份租地协议，约定：展甲将自家东侧的平房（10 平方米）拆除，将所占地块出租给滕乙修建道路；滕乙不需支付租金，但需负责出资将拆平后的地块建设成汽车可以通行的道路，并将此道路修通直至与村里的主干道相联（道路共长 800 米、宽 3 米），此道路供两家共同使用；任何一方违约均向对方支付 5 万元违约金。协议签订时，双方请村委会主任陈丙见证，并加盖村委会公章予以确认。协议签订后，滕乙按照约定修建道路，并用其建设用地修建并经营汽车修理厂。展甲一直经滕乙所修建道路上通行。2010 年 2 月，由于滕乙经营的汽车修理厂生意越来越好，展甲觉得是自己为滕乙提供了修路的空地，滕乙的修理厂才能正常经营，自己租地未收取租金，于是提出按照修理厂车辆通行次数收取过路费。滕乙认为，双方有协议约定在先，展甲出租部分土地是用于修路，已明确约定不需支付租金，自己承担了修建整条道路的所有费用，并未约定道路修好后还需向展甲支付过路费，村里也认可该协议，遂拒绝了展甲的要求。展甲见向滕乙收过路费不成，于是在滕乙的修理厂大门与自己房子相邻处修建栅栏，阻止客户的汽车进入滕乙的修理厂。滕乙无奈，只能诉诸法院，请求展甲拆除栅栏恢复道路通行原状。

人民法院审理后认为，根据法律规定，地役权人有权按照合同约定，利用他人的不动产，以提高自己不动产的效益。展甲与滕乙所签的协议虽然名为租地协议，实质上为地役权合同。根据协议约定，展甲为供役地权利人，滕乙为地役权人，双方权利义务明确，即展甲提供供役地用于修路，滕乙负责出资修路，双方均享有通行权。根据法律规定，供役地权利人应当按照合同约定，允许地役权人利用其不动产，不得妨碍地役权人行使权利。因此，展甲不得阻止滕乙的通行权。法院依法判决，展甲必须在 10 日内拆除在该道路上所建的栅栏。

> **第三百七十六条　地役权人应当按照合同约定的利用目的和方法利用供役地，尽量减少对供役地权利人物权的限制。**

❖ **条文主旨** ❖

本条是关于地役权人权利义务的规定。

❖ **条文解读** ❖

地役权这一用益物权，与其他用益物权有很大的不同，其他用益物权的权利内容大多由法律明确规定，物权权利人能做什么，其他人不能做什么，都很明确具体。而地役权则不同，地役权的核心内容都是由地役权合同设定，地役权的具体内容、地役权的行使目的和方法都是由双方当事人约定。地役权人作为用益物权的权利人，同时又是地役权合同的当事人，其行使地役权既要按照法律规定行使，同时也得按照合同约定行使权利，履行约定的义务。

本条概括规定了地役权人行使地役权的权利和义务。

一、按照合同约定的利用目的和方法利用供役地

地役权人的主要权利就是利用供役地，以提高自己土地的效益。地役权人利用供役地的目的和方法都必须按照合同约定。一般而言，地役权的利用目的和方法有以下几类：

1. 通行目的。需役地交通不便，需要借助供役地提供交通便利，方能实现需役地的经济价值。当事人双方就通行目的设立地役权。至于通行的具体方法，则需要由合同具体约定：可以是行人通行，即开设便道由人员通过；或者车辆通行，可以是铺设简易马路由小客车通行，也可以是铺设硬化道路由大货车通行；或者是火车通行，即需要铺设轨道供火车通过。当事人在订立地役权合同时约定明确，地役权人在行使地役权时，就应当根据合同所约定的方法通行。

2. 通过目的。需役地因利用之需，必须从远处输入电力、燃气等能源或者有线电视信号、网络数据等，需要利用供役地实现铺设管线的目的。比如乙开设工厂，需要以天然气为动力能源，因而需要从天然气公司输入，需要借助甲的土地埋设输气管道，双方即可就天然气通过的目的设立地役权。通过的方法也是由双方合同约定，可以是从空中地表安置管道，可以是从地下铺设管线，也可以是在空中架设管网。地役权人必须严格按照合同约定行使地役权，双方约定的实现方法为在空中架设管网，地役权人则不能在地表安置管线；双方约定的实现方法为在地下铺设涵管，地役权人就不能在空中架设管线。

3. 排水目的。需役地因生产或者生活排水的目的，得借助供役地挖设沟渠或者铺设管道，确保所排出的水流安全通过。实现排水目的的方法也有多种多样，比如可以埋设排水管道，可以开挖排水沟，可以加设水泵管道，可以修建涵洞等。

4. 通风目的。需役地权利人要求供役地权利人在一定范围，不得修建建筑物或其他障碍物，以实现需役地权利人的土地或建筑物顺畅通风的目的。实现通风的目的，当事人可以约定不同的方法，比如约定供役地不盖高楼，供役地不种植超高树木，或者供役地必须保持现状等。

5. 采光目的。需役地权利人为了确保自己土地光照充足，要求供役地人限制供役地的利用。实现采光的目的，可以有不同的方法，比如要求供役地权利人在一定范围内不得修建建筑物或其他障碍物，供役地上修建建筑物应当使用透明材料，供役地上不得修建超过多高的建筑物等。

6. 取水目的。需役地权利人为了生活或者生产之需，必须在供役地上的水源取水。取水的方法，可以是地役权人在需要时，每次到供役地的水源汲取；也可以是地役权人通过渠道、水管引水。双方当事人还应当在合同中明确约定取水的时间和取水量、取水顺序等事项。地役权人在实现取水目的时，必须按照合同约定的方法、数量和顺序取水。

7. 眺望目的。需役地权利人为了保持自己所有土地的开阔视野，要求供役地权利人不得在一定范围内修建建筑物或其他障碍物。实现此目的，当事人也可以在合同中约定不同的方法，比如维持现状，不种植高大乔木等。

地役权人在行使地役权的时候，必须按照合同约定的目的和方法行使，不得超越合同约定的范围。比如，双方仅约定需役地权利人可以在供役地上铺设管线，并未约定通行目的。此时，地役权人则不得通行。当然，地役权人除行使合同约定的主要权利外，还可以实施必要的附随行为。比如，对于通过目的的地役权，供役地权利人应当允许地役权人为了铺设管线需要，临时占用供役地通行、架设管线。

二、尽量减少对供役地权利人物权的限制

地役权的实现，是供役地权利人为了需役地的便利而承受的负担。因此，地役权人按照合同约定的利用目的和方法利用供役地时，应当采取对供役地损害最小的方法为之，在利用供役地的同时，不要过分损害其利益。在某些情况下，为了实现地役权设定的目的，地役权人在供役地上需要修筑一些必要的附属设施，比如为了取水权的实现，在供役地上修建水泵；或者为了通行权的实现，在供役地上设置路灯而修筑电线杆等。地役权人从事这些行为必须是必要的、不得已的，不修建附属设施，地役权就不能有效实现。尽管必要，但也要求地役权人要采取适当的方法，尽量选择对供役地损害最少的方法行之，尽可能减少对供役地权利人物权的限制。

地役权人在行使地役权的同时，还应当履行合同约定的其他义务，比如交纳使用费用等。此外，地役权人还应当履行其他相关义务，比如架设燃气管道、高压电线等设施后，地役权人应当确保所架设管道、电线安全，并履行维护、维修义务，确保不危及供役地权利人和第三人的安全。

> **第三百七十七条　地役权期限由当事人约定；但是，不得超过土地承包经营权、建设用地使用权等用益物权的剩余期限。**

❖ **条文主旨** ❖

本条是关于地役权期限的规定。

❖ **条文解读** ❖

地役权作为用益物权，属于他物权的一种。他物权与所有权的一个区别就是，所有权属于永久物权，他物权一般而言都属于有期限物权。地役权也是如此，地役权属于有期限的他物权。

一、约定期限

本条首先规定，地役权期限由当事人约定。因此，双方当事人应当在签订地役权合同时协商确定地役权的期限。物权编第373条第2款第4项也明确规定，地役权合同一般包括地役权期限条款。当事人协商确定的地役权期限，应当写入书面合同中。根据本条规定，当事人只要协商一致，即可以设定地役权的期限。如甲乙两村相邻，乙村为在本村集体土地上开办企业，需要借用甲村集体所有之土地架设高压电线，双方就高压线通过目的设立地役权，并在地役权合同中约定，地役权自某年某月某日开始，至乙村企业停办之日为止。此约定并不违反法律的相关规定，应为有效。

在地役权合同中，当事人应当尽量将地役权期限条款写得明确具体。当事人因结合地役权设立的具体需要，视情况作出规定：（1）对于为一次性、临时性目的设立的地役权，当事人应当尽量明确地役权行使的具体日期、时间点或者时间段。比如甲乙双方为了临时通行目的设立的地役权，应明确需役地权利人乙于何年何月何日几时将从甲的供役地上通过；（2）对于长期性的地役权，当事人则应当写明地役权行使的期限，从何时开始到何时终止；（3）对于附解除条件的地役权，所附条件不仅要合法有效，还须具体明确；（4）对于附终止期限的地役权，也应明确约定所附期限，否则将徒增纠纷。当然，当事人在合同中对地役权的期限没有约定或者约定不明确的，可以事后作出补充协议。

二、地役权期限的限制

本条同时规定，地役权期限不得超过土地承包经营权、建设用地使用权等用益物权的剩余期限。这是对涉及特殊类型用益物权的地役权期限作出的特别规定。用益物权属于他物权，属于有期限物权。地役权具有从属性，地役权必须依附于所涉不动产权利。比如供役地属于用益物权，所设定的地役权不能脱离该用益物权，供役地的用益物权消灭的，在其上所设的地役权自然消灭。同样，如果需役地权利人对土地所享有的并非所有权，那么需役地权利人所享有的权利到期终止后，为该权利所设立的地役权也就失去意义，固然应当终止。

根据我国宪法，我国的土地要么属于国家所有，要么属于集体所有。对于一般民事主体而言，只能获得土地使用权。集体经济组织的农户可以通过承包集体土地获得土地承包经营权，对于城镇居民而言，可以通过出让获得国有土地使用权。而这两种用益物权都是有期限的。因此，在有期限的用益物权上设定的地役权期限都是受到限制的。

实践中，可能发生需役地的土地使用权与供役地的土地使用权期限不一致的情况，比如供役地的土地使用权的剩余年限为 20 年，而需役地的土地使用权有 30 年，此种情况下地役权的期限最长为 20 年。又比如，甲公司通过出让方式获得了某住宅用地地块的国有土地使用权，根据规定，其所享有的国有土地使用权为 70 年。该地块与郊区乙村集体土地相邻。甲公司基于开发房地产所需，需要通过乙村集体所有土地埋设燃气管道。此时，甲公司与乙村签订地役权合同，由乙村为甲公司铺设燃气管道提供供役地。因乙村的集体土地所有权属于无期限物权，而甲公司享有的国有土地使用权为有期限物权，此时，地役权的期限不得超过甲公司对该国有土地使用权的剩余期限。

> 第三百七十八条 土地所有权人享有地役权或者负担地役权的，设立土地承包经营权、宅基地使用权等用益物权时，该用益物权人继续享有或者负担已经设立的地役权。

❖ **条文主旨** ❖

本条是关于在享有和负担地役权的土地上设立承包经营权、宅基地使用权的规定。

❖ **条文解读** ❖

根据我国宪法和有关法律规定，我国农村的土地属于农民集体所有。在农村，由于实行农村土地承包经营制度和宅基地制度，从集体所有的农业用地上可以派生出土地承包经营权这一用益物权，从集体所有的建设用地上可以派生出宅基地使用权这一用益物权。因此，由于集体所有的土地可能会依法提供给集体成员使用，此时，对涉及集体所有土地的地役权如何处理，需要立法予以明确。本条针对这种情况专门作出了规定，土地所有权人享有地役权或者负担地役权的，设立土地承包经营权、宅基地使用权等用益物权时，该用益物权人继续享有或者负担已设立的地役权。

一、集体所有土地为需役地

土地所有权人享有地役权，就是该土地作为需役地，在他人土地上设立了地役权。如 A 地块和 B 地块分别属于甲乙两村集体所有，且两地相邻，均为农业用地，因地理位置的不同，A 地缺水干涸，B 地上有一片湖泽。甲村为了给本村 A 地进行浇灌，与乙村在 B 地上设立期限为 20 年的取水地役权，两村签订书面合同并进行了登记，约定在 B 地上挖较宽的河道引水，并每年支付一定的费用。10 年后甲村将 A 地块承包给了村民丙，丙获得 A 地块的土地承包经营权。根据本条规定，设立土地承包经营权等用益物权时，该用益物权人可以继续享有地役权。丙作为 A 地块的用益物权人，可以继续享有地役权，丙仍可以从 B 地块取水。如果丙的土地承包经营权期限为 30 年。根据甲村与乙村所签订的地役权合同，地役权期限为 20 年。丙承包 A 地块时已过 10 年，因此，丙只能再继续享有剩余 10 年的地役权。再过 10 年，如果丙想继续设立地役权，则需与乙村再行签订地役权合同。

集体所有的建设用地可以设立宅基地使用权。根据本条规定，集体所有的土地享有地役权。如果在该集体土地上设立宅基地使用权，宅基地使用权人作为用益物权人，也可以继续享有该地役权。如甲村地块 A，交通不便，为通行目的，与乙村签订地役权合同，在乙村集体所有的 B 地块铺路通行，期限为 60 年。后甲村村民丙依法取得 A 地块的宅基地使用权，丙欲在 A 地块上盖房。丙是否可以经过 B 地块往 A 宅基地上运输建筑材料呢？根据本条规定，是可以的。因为丙作为宅基地使用权人，可以继续享有在集体土地上享有的地役权。

二、集体所有土地为供役地

集体所有土地为供役地，就是在集体所有土地上添加了地役权负担。土地所有人负担地役权的，设立用益物权时，用益物权人需要继续负担已设立的地役权。

集体所有的农业用地在设立土地承包经营权时，已设立的地役权需要由土地承包经营人继续负担。集体所有的建设用地在设立宅基地使用权时，已设立的地役权需要由宅基地使用权人继续负担。如甲村所有的 A 地块农业用地和乙村所有的 B 地块建设用地相邻，因 A 地缺水，需要从 B 地块铺设水管，故甲村与乙村签订地役权合同，约定在 B 地块上设立地役权，供甲村取水之用。同时，因信息化建设需要，乙村需要在 A 地块上架设光缆，故乙村与甲村签订了地役权合同，约定乙村享有地役权，可以在 A 地块上架设通信光缆。后甲村村民丙承包了 A 地块，取得了土地承包经营权。乙村村民丁经审批获得了 B 地块上的宅基地使用权。根据本条规定，丙和丁需要继续负担已经设立的地役权，即丙仍应允许乙村在其所承包的农业用地上架设光缆，而丁则仍应继续允许甲村在 B 地块上铺设取水管道。

> **第三百七十九条** 土地上已经设立土地承包经营权、建设用地使用权、宅基地使用权等用益物权的，未经用益物权人同意，土地所有权人不得设立地役权。

❖ **条文主旨** ❖

本条是关于在已设立用益物权的土地上，土地所有权人设立地役权的规定。

❖ **条文解读** ❖

用益物权是一种他物权，用益物权人对他人所有的不动产或者动产，依照法律享有占有、使用和收益的权利。用益物权是一种独立的物权，用益物权一旦设立，用益物权人便独立地对标的物享有占有、使用和收益的权利。用益物权人不仅对所用益的标的物享有支配的权利，而且可以排除包括土地所有权人在内的一切人的干涉，这是用益物权的本质特征之一。根据物权编的规定，用益物权包括土地承包经营权、建设用地使用权、宅基地使用权等。

本条规定，土地上已设立土地承包经营权、建设用地使用权、宅基地使用权等用益物权的，未经用益物权人同意，土地所有权人不得设立地役权。根据本条规定，用益物权具有一定的优先效力，这种效力还可以对抗所有权人的所有权。第一，用益物权设立在先。土地所有人此前已经为他人设立了用益物权。比如国有建设用地已经出让给他人，或者集体所有的农业用地已经发包给村民，或者集体所有的建设用地已经划定给村民作为宅基地使用。此时，他人在先取得用益物权。用益物权人对所涉土地即享有占有、使用、收益的权利。这种占有是排他性的占有，包括排除所有权人。第二，未经在先用益物权人同意，所有权人不得设立地役权。根据本条规定，如果用益物权在先设立，土地所有权人应当尊重用益物权人的权利。如果所有权人想以所涉地块为供役地为他人设立地役权，必须征得用益物权人的同意。不论所有人想设立哪种地役权，这种地役权对在先用益物权影响或大或小，都必须取得用益物权人的同意。所有权人不能因为所设立的用益物权影响不大，而不征得用益物权人的同意。比如在农田上架设通信光缆的通过权，虽然对承包者的农业生产不会造成太大的影响，仍应获得该承包地的土地承包经营权人的同意方可设立。

> **第三百八十条**　地役权不得单独转让。土地承包经营权、建设用地使用权等转让的，地役权一并转让，但是合同另有约定的除外。

❖ **条文主旨** ❖

本条是关于地役权不得与需役地分离而单独转让的规定。

❖ **条文解读** ❖

用益物权为独立物权。用益物权一旦设立，用益物权人便独立地享有对标的物的使用权、收益权，亦即该权利是独立存在的，依当事人之间设立用益物权的行为或者法律的直接规定而发生。用益物权是一种主权利，而不是从属于其他物权的权利。因此，作为用益物权的土地承包经营权、建设用地使用权都是一种独立的权利，不从属于其他权利。而地役权作为一种为了需役地的便利而产生的用益物权，与需役地的关系极为密切，由此发生了主从权利的关系，即地役权从属于需役地的使用权。地役权不能与需役地分离而单独转让，它必须随着需役地的使用权转移而一同转移。当需役地的使用权发生转让时，地役权也应当随之发生转让。

一、地役权不得单独转让

由于地役权的成立必须有需役地与供役地同时存在，因此在法律属性上地役权与其他物权不同。地役权虽然是一种独立的用益物权，但它仍然应当与需役地的所有权或者使用权共命运，必须与需役地所有权或者使用权一同移转，不得与需役地分离而单独让与，这就是地役权的从属性，主要表现在三种情形：

第一，地役权人不得自己保留需役地的所有权或者用益物权，单独将地役权转让。如需役地权利人甲与供役地权利人乙为通行目的签订地役权合同，约定甲可以经乙所有土地的通行。丙系甲邻居，丙也想借乙所有的地块通行，遂与甲商量，由甲将甲对乙享有的地役权转让给丙。乙是否可以拒绝丙通行？根据本条规定，地役权不得单独转让。因此，乙有权拒绝丙的通行。

第二，地役权人不得自己保留地役权，而单独将需役地的使用权转让。甲享有 A、B 两个地块的土地承包经营权。由于 B 地块为旱地，遂与乙签订地役权合同，约定甲可以从乙的 C 地块上取水灌溉供 B 地块使用。后甲将 B 地块的土地承包经营权转让给同村村民丙。甲的 A 地块因地理环境发生变化也需取水灌溉，此时甲是否可以从 C 地取水呢？由于地役权从属性，甲不能单独转让 B 地块的土地承包经营权，保留对 C 地块的地役权。故甲不得基于此前因 B 地块享有的地役权而从 C 地取水。

第三，地役权人也不得将需役地的使用权与地役权分别让与不同的人。这也是地役权从属性的表现之一。如同村村民甲乙丙分别享有 A、B、C 三地块的土地承包经营权。由于 B 地块交通不便，故乙与甲协商，在 A 地块上设立以通行为目的的地役权，乙可以从 A 地通过。后乙将 B 地的土地承包经营权转让给甲。因 C 地交通亦变得不便，故丙与乙商量，将乙对 A 地享有的地役权转让给自己，因乙不再承包经营 B 地块，乙遂同意，双方签订地役权转让合同。此时，丙是否可以经 A 地通行呢？根据本条规定，因乙将其土地承包经营权及所设地役权分别转让给不同的主体，这种转让是不允许的。因此，并不能取得该地役权。

二、地役权随需役地上的权利一并转让

本条规定，土地承包经营权、建设用地使用权等转让的，地役权一并转让，但是合同另有约定的除外。首先，当设立了地役权的土地承包经营权、建设用地使用权转让时，以该等土地承包经营权、建设用地使用权的土地为需役地的地役权须一并转让。比如，甲对 A 地块享有土地承包经营权，甲与乙签订地役权合同，约定甲可以在乙的 B 地块上架设水管。后甲将 A 地块的土地承包经营权转让给丙，此时甲对 B 地块享有的地役权一并转让给丙，故丙也可以继续在 B 地块上架设水管。

其次，当事人在合同中有不同约定的，地役权并不必然一并转让。如果当事人在设立地役权合同时，明确约定地役权仅为特定权利主体设立，如果需役地的所有权或者使用权转移时，地役权消灭。法律尊重当事人的意思自治。此时，如果需役地的所有权或者使用权转移，并不会导致地役权的转移。

> **第三百八十一条　地役权不得单独抵押。土地经营权、建设用地使用权等抵押的，在实现抵押权时，地役权一并转让。**

❖ **条文主旨** ❖

本条是关于地役权不得单独抵押的规定。

❖ **条文解读** ❖

地役权是一种财产权利，但与其他财产权不同的是，地役权不得与土地承包经营权、建设用地使用权等用益物权分离单独存在。地役权是为了提高土地利用的便利设立的，脱离建设用地使用权、土地承包经营权等用益物权，地役权也就失去了存在的意义。对于受让地役权的主体来说，没有取得土地承包经营权和建设用地使用权，地役权也就无从发挥作用。地役权作为土地使用权的物上权利或者物上负担，与土地使用权紧紧联系在一起，因此应一并转让，否则受让的土地价值就会降低或者丧失。

一、地役权不得单独抵押

地役权具有从属性，是为了提升需役地的使用价值而设定的，脱离需役地，地役权一般情况下无独立价值，地役权单独抵押没有现实意义。本条规定，地役权不得单独抵押。在特殊情形下，有些地役权对于特定当事人而言有一定的经济价值。比如甲、乙、丙三公司分别享有国有土地使用权的 A、B、C 三地块毗邻。B 地块交通方便，A、C 两地块的交通受限。甲公司与乙公司商量，就经 B 地块通行设立地役权。此地役权对于交通不便的丙公司即具经济效用。如甲公司因向丙公司融资欲以该地役权抵押，丙公司愿意接受地役权抵押作为担保，甲公司是否可以将该地役权抵押给丙公司呢？根据本条规定，是不允许的。

需要注意的是，本条与物权法相比，仅将物权法中"土地承包经营权"修改为"土地经营权"。作此修改主要是与农村土地承包法相衔接。农村土地承包法第47条第1款规定，承包方可以用承包地的土地经营权向金融机构融资担保，并向发包方备案。受让方通过流转取得的土地经营权，经承包方书面同意并向发包方备案，可以向金融机构融资担保。根据此规定，能够提供担保的仅限于土地经营权，土地承包经营权不再能够用于担保。土地经营权融资担保包括两种情况：一种是承包方利用其所承包的承包地的土地经营权向金融机构融资担保；另一种是承包方将承包地的土地经营权流转后，土地经营权人利用土地经营权向金融机构融资担保。

二、抵押权实现时地役权一并转让

本条还规定，土地经营权、建设用地使用权等抵押的，在实现抵押权时，地役权一并转让。可以从两个方面来理解此规定：第一，需役地的相关权利抵押时，不需单独再就地役权设定抵押权。如对A地块享有国有土地使用权的甲公司与乙公司签订了地役权合同，约定甲公司可以在乙公司享有国有土地使用权的B地块上铺设燃气管道。甲公司因为融资需要将A地块的国有土地使用权抵押给丙银行，故甲公司与丙银行签订国有土地使用权抵押合同。双方在抵押合同中无需就甲公司对B地块享有的地役权作出特别约定。第二，抵押权实现时，地役权一并转让。上述案例中，如果甲公司到期未能偿还丙银行的债务，需要处置其抵押的A地块的国有土地使用权。丙银行遂申请法院拍卖A地块的国有土地使用权，丁公司取得了该地块的国有土地使用权。此时，根据本条的规定，甲公司对B地块享有的地役权应当一并转让给丁公司。

> **第三百八十二条** 需役地以及需役地上的土地承包经营权、建设用地使用权等部分转让时，转让部分涉及地役权的，受让人同时享有地役权。

❖ **条文主旨** ❖

本条是关于需役地及其用益物权等部分转让的规定。

❖ **条文解读** ❖

地役权具有不可分性，地役权的享有和存在都及于需役地和供役地的全部，不能分割为数个不同部分或者仅仅以一部分而存在。即使供役地或者需役地被分割，地役权在被实际分割后的需役地和供役地的各个部分上仍然存在。地役权的不可分性体现在两个不同方面：需役地部分转让时，地役权的权利不变；供役地部分转让时，地役权约束也不受影响。

本条规定的是第一种情况，即需役地以及需役地上的土地承包经营权、建设用地使用权等部分转让时，转让部分涉及地役权的，受让人同时享有地役权。需役地以及需役地上的土地承包经营权、建设用地使用权部分转让，产生了分属不同权利人的两个或者多个用益物权时，地役权在部分转让后的需役地的各个部分上依然存续。这是因为地役权是为整个需役地提供便利，如果土地的用益物权已经部分转让为各个部分，这种为需役地的便利而使用供役地的需要与权利，也应当继续存在于已经被部分转让的需役地上。所以，地役权也应当在需役地被部分转让后的各个部分继续存在。

理解本条规定，需要注意以下几个方面：

一是部分转让的标的。本条规定的部分转让包括两种情况：第一种是需役地部分转让。所谓需役地部分转让，就是需役地的所有权部分转让。由于我国的土地所有权属于国家所有或者集体所有。因此，土地所有权的转让应该包括集体所有的土地变为国家所有（也就是国家通过征收方式取得土地所有权），或者不同集体之间土地所有权的转让。如甲村与乙村相邻，因甲村部分土地耕种不便，遂与乙村协商，在乙村所有的A地块上设立以通行为目的的地役权，期限为50年。10年后，甲村的部分土地B地块被依法征收，该部分土地出让给了开发商丙公司。丙公司在开发建设过程中，欲继续从A地块通行。乙村认为开发商丙公司并未与其签订有效地役权合同，也未支付费用，遂拒绝丙公司通行。丙公司是否有权通行呢？根据本条规定，甲村的B地块所有权由甲村转让给当地政府所代表的国家，当地政府作为受让人，可以继续享有甲村与乙村在A地块上所设立的地役权。在B地块出让后，根据本法第378条的规定，丙公司作为土地用益物权人，有权继续享有该地块上已设立的地役权。因此，丙公司仍可以从A地块通行。第二种是需役地上的土地承包经营权、建设用地使用权等的部分转让。这种情况主要是在国有土地上设定了建设用地使用权，或者在集体土地上设定了土地承包经营权、宅基地使用权、土地经营权等用益物权。这些需役地上的用益物权部分转让时也涉及地役权的效力问题。例如，土地承包经营权人甲为取水方便，在乙的承包地上设定了以取水为目的的地役权，后甲将自己的承包地一分为二，将土地承包经营权分别转让给了丙、丁，并办理了登记。丙、丁到乙的承包地取水，遭到阻拦。根据本条规定，甲的土地承包经营权部分转让了，因地役权的不可分性，作为受让人的丙、丁仍然可以在乙的承包地上行使取水地役权，乙不得阻止丙、丁行使取水地役权。

二是转让部分需涉及地役权。不论是土地所有权的转让，还是用益物权的转让，只有在转让部分涉及地役权时，才涉及地役权的效力问题。如果所转让的部分不涉及地役权，则不得享有地役权。例如，甲公司所有的 A、B 两座办公楼，其中 A 座与乙村所有的 C 地块相邻，甲公司为了观海便利，即与乙村签订了以眺望为目的的地役权，要求乙村不得在 C 地块上修建高层建筑。后来，甲公司将 A 座办公楼转让给了丙公司，B 座办公楼转让给了丁公司。由于甲公司与乙村所设立的眺望权只与 A 座有关，而与 B 座无关，此时，根据本条规定，应由受让人丙公司继续享有 C 地块上的地役权。

三是受让人的权利。根据本条规定，受让人同时享有地役权。所谓同时，即只要受让人所受让的土地使用权、用益物权与地役权有关，即可以享有该地役权。受让人享有地役权是基于法律的规定享有的，并不需要当事人就此再另行签订协议。如甲公司对 A 地块享有国有土地使用权，为了开发建设该地块，与相邻 B 地块的国有土地使用权人乙公司签订地役权合同，甲公司可以经 B 地通过，并办理了地役权登记。后甲公司将 A 地块中的一部分转让给了丙公司。根据本条规定，丙公司能够与甲公司同时享有 B 地块上所设的地役权，而无需与乙公司另行签订协议。

❖ **案例分析** ❖

1982 年 6 月，崔甲承包了 A 村所有的 1000 亩集体林地，期限 70 年，崔甲在该林地上种植杉树。吕乙承包的 B 村林地 800 亩，该林地东至崔甲林地西侧，期限 70 年。2009 年，吕乙在自己承包的林地上修建了一条与国道相连的道路，用于运输砍伐的木材。由于崔甲所种的第一批林木即将成材，崔甲欲砍伐林木后出售，由于自己承包的林地无路可通国道，2011年2月，崔甲与吕乙协商，欲租用吕乙所修道路通行，双方协商后签订道路租用协议，约定：崔甲今后在砍伐林木时均可经吕乙林地上的道路运输，崔甲需一次性向吕乙支付租金3万元。协议签订后，双方到镇政府请求予以鉴证，镇政府办公室在该协议上加盖公章。崔甲即将3万元租金交给吕乙。2012年9月，由于崔甲急需资金，遂将其承包林地中西侧的300亩转让给同村的姜丙。2015年6月，县林业局分别为崔甲、吕乙和姜丙就所承包的林地颁发了林权证。2016年8月，姜丙请人砍伐林木后，欲往外运输。崔甲遂告知姜丙，其曾与吕乙签订了道路租用协议，吕乙曾同意崔甲在砍伐林木时经过其林带运输。姜丙的运输车经过吕乙林地的道路时，遭到吕乙的阻拦，吕乙要求姜丙交过路费。姜丙认为，自己受让的是崔甲的林地，既然吕乙在道路租用协议中早就同意崔甲有权通行，自己也可以通行。吕乙认为，道路租用协议是自己与崔甲之间的协议，自己仅收过崔甲的租金，并未收过姜丙的费用，所以姜丙不能通行。双方因此引发纠纷诉至法院。

人民法院审理后认为，崔甲、吕乙、姜丙同为集体林地的土地承包经营权人。崔甲与吕乙签订的道路租用协议，该协议是基于不动产利用形成的地役权合同，崔甲系地役权人，吕乙为供役地权利人。根据该协议约定，崔甲作为地役权人有权利用吕乙的道路运输林木，作为供役地权利人吕乙获得了3万元对价，虽然该协议并未明确约定期限，但从该协议内容可以看出，此地役权在承包期内均有效。根据法律规定，需役地及需役地上的土地承包经营权、建设用地使用权等部分转让时，转让部分涉及地役权的，受让人同时享有地役权。因此，虽然吕乙是与崔甲签订的地役权合同（道路租用协议），但因崔甲将自己的部分林地转让给姜丙，姜丙作为不动产权利的受让人，根据法律规定，有权享有崔甲在该林地设定的地役权。法院判令姜丙享有经吕乙道路通行的地役权，吕乙不得阻扰姜丙通行。

> **第三百八十三条** 供役地以及供役地上的土地承包经营权、建设用地使用权等部分转让时，转让部分涉及地役权的，地役权对受让人具有法律约束力。

❖ 条文主旨 ❖

本条是关于供役地及其用益物权等部分转让的规定。

❖ 条文解读 ❖

地役权的不可分性的第二个方面就体现在供役地及其权利部分变动时，地役权约束也不受影响。本条规定，供役地以及供役地上的土地承包经营权、建设用地使用权等部分转让时，转让部分涉及地役权的，地役权对受让人具有法律约束力。与需役地部分转让时，地役权可以由受让方享有一样，供役地部分转让的，地役权的约束力对受让方也有约束力。原因就在于，地役权为整个供役地的负担，而不仅仅只是为部分供役地的负担。也就是说供役地部分的变化不应影响地役权的存在。

供役地的所有权部分转让时，转让部分涉及地役权的，地役权对受让人具有法律约束力。如甲所有的某地块与乙村的 A 地块相邻，因灌溉需要，遂与乙村签订以取水为目的的地役权合同，约定甲村可以在 A 地块埋设供水管道，期限为 50 年。20 年后，乙村将其所有的 A 地块部分转让给了丙村，丙村欲在该地块上建筑厂房，故要求甲村拆除该地块上的供水管道。根据本条规定，虽然乙村将供役地 A 地块的部分所有权转让了，此时，受让方仍需受地役权的约束，故丙村不得要求甲村拆除供水管道。

供役地上的土地承包经营权、国有土地使用权等部分转让时，地役权对受让人有约束力。供役地上的国有土地使用权等用益物权部分转让时，如果所转让部分涉及地役权的，因地役权的不可分性，受让人仍需要负担地役权的义务。如甲乙两公司享有国有土地使用权的两地块相邻，甲公司为供电需要，在乙公司的地块上设立了地役权，乙公司允许甲公司架设高压电线，并办理了地役权登记。后乙公司将设立了地役权的部分地块的国有土地使用权转让给了丙公司。根据本条规定，丙公司仍应允许甲公司的高压线在该地块上通过。

供役地以及供役地上的用益物权部分转让时，转让部分不涉及地役权的，地役权对受让人不再具有约束力。如甲承包了村里 100 亩的农业用地，其中包括 20 亩养殖水塘。乙也是该村承包户，因乙所承包的土地缺水，遂与甲约定，乙可以定期到甲的水塘取水灌溉，并向甲支付费用，双方签订了地役权合同并办理了登记。后甲将养殖水塘之外的 80 亩承包地的土地承包经营权转让给丙。因丙受让的承包地与甲乙双方就取水设定的地役权并无关系，故丙不受此地役权约束。

> **第三百八十四条**　地役权人有下列情形之一的，供役地权利人有权解除地役权合同，地役权消灭：
>
> （一）违反法律规定或者合同约定，滥用地役权；
>
> （二）有偿利用供役地，约定的付款期限届满后在合理期限内经两次催告未支付费用。

❖ **条文主旨** ❖

本条是关于地役权消灭的规定。

❖ **条文解读** ❖

　　地役权消灭就是地役权因法定事由而归灭失。地役权与其他物权相比的一个重要区别就是地役权的权利内容是由双方当事人通过合同约定。地役权合同是地役权的基础，双方当事人可以在合同中就地役权的设立、存续、消灭等作出约定。本条针对地役权合同中供役地权利人单方解除权作了特别规定，在出现法定事由时，供役地权利人有权依法行使单方解除权，使地役权归于消灭。根据本条规定，供役地权利人行使单方解除权的法定事由包括：

　　第一，地役权人违反法律规定或者合同约定，滥用地役权。认定地役权人是否滥用地役权，可以从两个方面进行判断。其一是根据合同约定判断。一般而言，地役权合同会就供役地和需役地的位置、地役权的利用目的和方法等作出约定，如果地役权人违反合同约定的目的、方法等行使地役权，即可以认定为构成滥用地役权，此时供役地权利人可以单方解除地役权合同。比如，甲对一水塘享有土地承包经营权，乙承包了一片菜地。乙由于需取水浇菜，故与甲协商，双方就从甲承包的水塘取水设立地役权，合同明确约定乙每天最多只能取水20吨，以确保甲的水塘所养之鱼有足够的水源。双方在签订地役权合同后，依法办理了地役权登记。后乙因扩大种植面积，需要更多的灌溉用水，故每日偷偷从甲的水塘中取用超过合同约定最大取水量数倍的水，导致甲的水塘面临枯水，鱼塘中所养之鱼大量死亡。乙的行为明显违反合同约定的方法取水，故可以认定为滥用地役权，此时根据本条规定，甲有权行使单方解除权，使地役权归于消灭。其二是根据法律规定判断。根据法律判断地役权人是否滥用地役权，所依据的法律既包括民法典，也包括其他与行使地役权相关的法律。比如，甲公司与乙村所有的集体土地相邻，甲公司因生产需要排放废水，故与乙村协商，欲通过乙村的土地排放废水，双方签订了以排水为目的的地役权合同，并办理了地役权登记。后甲公司违反水污染防治法的规定，大量排放超过地方规定的水污染物排放标准的水污染物，造成乙村土地被严重污染。在此情况下，由于甲公司违反了水污染防治法排放污水，构成滥用地役权。故乙村可以依法单方解除地役权合同。

第二，有偿利用供役地的，地役权人在约定的付款期限届满后在合理期限内经两次催告仍未支付费用。地役权合同是否有偿，由地役权人和供役地权利人约定。如果地役权为有偿，那么，地役权人必须按照合同的约定履行付款义务。如果地役权人无正当理由，在合同约定的付款期限届满后，仍没有按照合同约定支付供役地权利人费用的，而且在一个合理期限内经两次催告，地役权人仍不履行付款义务的，表明地役权人没有履行合同的诚意，或者根本不可能再履行合同，供役地权利人可以解除地役权合同。否则，不仅对供役地权利人不公平，而且还会给其造成更大的损失。供役地权利人解除地役权合同的，地役权消灭。

本条规定的地役权消灭的两项法定事由，是专门为供役地权利人设立的权利。当然，供役地权利人除可以根据本条规定的法定解除事由解除地役权合同外，还可以基于当事人的约定行使解除权。合同编第562条规定，当事人协商一致，可以解除合同。当事人可以约定一方解除合同的事由。解除合同的事由发生时，解除权人可以解除合同。根据合同编的此规定，地役权合同同样可以因发生约定解除事由而解除。约定解除事由既可以是在订立合同时双方约定的解除事由，也可以在地役权履行过程中，双方协商一致解除。比如，需役地权利人与供役地权利人约定，供役地权利人在特定情形下，可以行使单方解除权，解除地役权合同。如果在地役权合同履行过程中，发生了约定的特定情形，此时，供役地权利人就可以根据约定行使单方解除权。

地役权除因当事人行使法定解除权或者约定解除权，解除地役权合同导致消灭外，还存在其他消灭事由：第一，地役权合同消灭。比如地役权合同存在无效、可撤销事由的，地役权合同被撤销或者宣告无效后，地役权即应消灭。第二，地役权期限届满。地役权合同的一般条款包括地役权期限。当事人双方在地役权合同中约定的地役权期限届满时，地役权存在的基础没有了，当然应归于消灭。第三，地役权合同中所附地役权终止期限到来。当事人可以在地役权合同中附终止期限，约定的终止期限到来时，地役权亦告消灭。第四，地役权合同中所附终止条件成就。如果地役权合同中约定附条件终止，则所附条件成就时，根据合同约定，此时地役权合同终止，地役权亦应告消灭。第五，混同。如果供役地的权利人与需役地权利人同为一人时，地役权会因混同而消灭。比如甲乙分别承包了 A、B 两个不同地块，甲为了灌溉之需，双方协商后约定甲可以从乙承包的 B 地取水，双方签订了地役权合同并进行了登记。后乙将 B 地的土地承包经营权转让给了甲，此时需役地 A 地块的土地承包经营权人与供役地 B 地块的土地承包经营权人同为甲，地役权因混同而无存在无必要，即应消灭。

第三百八十五条　已经登记的地役权变更、转让或者消灭的，应当及时办理变更登记或者注销登记。

❖ **条文主旨** ❖

本条是关于地役权变动后登记的规定。

❖ **条文解读** ❖

不动产物权由于某种原因发生变动时，应当将其变更、转让或者消灭的情形记载于不动产登记簿上，以防止纠纷的发生。公示对于市场经济秩序的建立和维护具有十分重要的意义。登记制度是市场经济社会国家维护秩序，保障交易安全的重要法律手段。地役权变更、转让或者消灭都是物权变动的内容。如果地役权虽然已经发生了变动，但没有办理变更登记或者注销登记，则在法律上并没有真正完成物权的变动。从法律效果上来看，只要作为公示内容的物权现状没有变动，便可以视为物权变动没有发生过。例如，当地役权人取得供役地的用益物权，因混同而导致地役权消灭时，就应当及时办理地役权的注销登记，使供役地负担的变化情况及时向公众公示。之所以要求当事人及时办理变更登记或者注销登记，是因为该供役地的用益物权很可能会转让给第三人，有负担的不动产和没有负担的不动产在价值上是完全不同的。对受让人而言，受让了具有负担的不动产之后，将会使受让人的权利行使受到一定的限制，这样对受让人是不公平的。因此，为了维护登记簿的公示力、公信力，必须在地役权人办理变更、转让或者注销该地役权登记后，地役权变动才能生效，否则地役权仍然存在。同时，向公众公开不动产负担的情况，对保护受让人的利益、防止纠纷都具有十分重要的作用。

本条规定，已经登记的地役权变更、转让或者消灭的，应当及时办理变更登记或者注销登记。可以从以下几个方面理解本条：

第一，需要办理变动登记的地役权范围。物权编第374条规定，地役权设立不以登记为要件，登记仅具有对抗善意第三人的效力。因此，并非所有的地役权都会办理登记。没有办理登记的地役权，即使变更、消灭之后，也不可能再去办理变更、注销登记。只有当事人自己申请办理了登记的地役权，为了确保地役权的公示公信力，便于第三人知晓物权状态，才有必要去办理变更、注销登记。

第二，变动登记的类型。本条规定，两种情况需要办理地役权变动登记：其一是变更登记。地役权变更、转让的，应当办理变更登记。地役权的内容变更，比如地役权的期限、利用目的、利用方法发生了变更，应当办理变更登记。地役权的主体变更，也就是地役权发生了转让，也需要办理变更登记。其二是注销登记。地役权消灭的，应当办理注销登记。地役权消灭可能因为地役权合同约定的期限届满，可能是由于供役地权利人行使单方解除权消灭，也可能是因为当事人双方达成解除地役权合同的协议，还可能是因混同而消灭，等等。只要地役权消灭的，都应当依法办理地役权注销登记。

第三，办理地役权变动登记的主体。办理地役权变动登记，应当由地役权合同的双方当事人共同办理。办理地役权登记的机构负责地役权变更和注销登记。

第四，办理地役权变动登记的程序。已经设定地役权的土地使用权转移后，供役地权利人和需役地权利人应当持变更后的地役权合同及土地权利证书等相关证明材料，办理地役权变更登记。已经登记的地役权终止的，当事人应当办理地役权注销登记。

第五，地役权变动登记的法律效果。根据本法第374条规定，地役权登记具有对抗善意第三人的效力。因此，如果地役权变更、转让未办理变更登记，地役权消灭时未办理注销登记的，当事人不得对抗善意第三人。

第四分编　担保物权

第十六章　一般规定

本章共八条，对担保物权的含义、担保物权的适用范围及反担保、主债权债务合同与担保物权合同的关系、担保物权的担保范围、担保物权的物上代位性、担保物权与保证的关系、担保物权的消灭原因等共同规则作了规定。

> **第三百八十六条**　担保物权人在债务人不履行到期债务或者发生当事人约定的实现担保物权的情形，依法享有就担保财产优先受偿的权利，但是法律另有规定的除外。

❖ 条文主旨 ❖

本条是关于担保物权含义的规定。

❖ 条文解读 ❖

担保物权是以直接支配特定财产的交换价值为内容，以确保债权实现为目的而设定的物权。担保物权制度是现代民法的一项重要制度，在社会经济生活中发挥着以下重要作用：

第一，确保债权的实现。债权是债权人请求债务人履行一定给付行为的请求权，而债务人是否履行给付行为，取决于债务人的信用。如果债务人的信用较差，债权人实现债权就会面临较大风险；如果债权人没有足够的手段规避这种风险，债权人就只好放弃某种民事活动。因此，如何规避交易风险，强化债权效力，确保债权实现是现代民商事立法的重要任务。现代立法为此设计了两种制度：一种是债的担保方式（如保证）；

另一种是物的担保方式（即担保物权）。这两种担保方式各有优点。担保物权制度极大地强化了债权效力，减少了交易风险，可以有效确保债权实现。

第二，有利于促进社会的融资。由于商业风险的存在，贷款者可能因担心贷款不能得到偿还而拒绝贷款或者少贷款，这将导致融资活动的减少，也会降低经营者发展生产的能力。对贷款者来说，担保物权制度可以减少其忧虑；对借款者来说，在其信用建立之前，通过提供担保可以补充其信用状况，增强融资的能力。担保物权制度有利于社会融资活动的进行。商业银行法规定，商业银行贷款，借款人应当提供担保。商业银行应当对保证人的偿还能力，抵押物、质物的权属和价值以及实现抵押权、质权的可行性进行严格审查。这里的"抵押权和质权"就属于担保物权。

担保物权具有以下特征：

第一，担保物权以确保债权人的债权得到完全清偿为目的。这是担保物权与其他物权的最大区别。担保物权人与所有权人、用益物权人相比，对特定财产一般没有直接的使用、收益和处分的权利，只有对特定财产交换价值的支配权。之所以有这些不同，最根本原因是担保物权旨在确保债务的清偿，是为确保债务的清偿而设立的。因此，在担保物权设立时，要有被担保债权的存在，这是担保物权的一个重要属性：从属性，从属于所担保的债权。担保物权的从属性不但体现在担保物权的设立上，还体现在担保物权的转让、消灭等方面，本分编的多个条文体现了担保物权的从属性，例如，依据本法第388条，设立担保物权，应当依照本法和其他法律的规定订立担保合同，担保合同是主债权债务合同的从合同。主债权债务合同无效的，担保合同无效，但是法律另有规定的除外。第393条第1项规定，主债权消灭的，担保物权消灭。第407条规定，抵押权不得与债权分离而单独转让或者作为其他债权的担保。债权转让的，担保该债权的抵押权一并转让，但是法律另有规定或者当事人另有约定的除外。债权人在其债权无法获得清偿时，便可以要求实现担保物权。担保法规定，只有债务人不履行到期债务时，担保物权人可以实现担保物权。为保护担保物权人的利益，同时也充分尊重当事人对实现担保物权的条件的安排，物权法增加了担保物权的实现条件。民法典物权编延续了物权法的规定，担保物权人在两种情况下可以实现担保物权：一是债务履行期届满时，债务人不履行债务的；二是发生当事人约定的可以实现担保物权的情形的。

第二，担保物权具有优先受偿的效力。优先受偿性是担保物权的最主要效力。优先受偿是指在债务人到期不清偿债务或者出现当事人约定的实现担保物权的情形时，债权人可以对担保财产进行折价或者拍卖、变卖担保财产，以所得的价款优先实现自己的债权。担保物权的优先受偿性主要体现在两个方面：一是优先于其他不享有担保物权的普通债权；二是有可能优先于其他物权，如后顺位的担保物权。需要注意的是，担保物权的优先受偿性并不是绝对的，如果本法或者其他法律有特别的规定，担保物权的优先受偿效力会受到影响。例如，海商法明确规定，船舶优先权人优先于担保物权人受偿。因此，本条结尾的"但是法律另有规定的除外"就是指这些特殊情形。

第三，担保物权是在债务人或者第三人的财产上设立的权利。债务人既可以以自己的财产，也可以第三人的财产为债权设立担保物权。根据本法的规定，可以用于担保的财产范围比较广，既包括现在的财产，也包括将来的财产；既包括不动产，也包括动产。在特定情形下还可以用权利进行担保，如本法规定的权利质权。

第四，担保物权具有物上代位性。债权人设立担保物权并不以使用担保财产为目的，而是以取得该财产的交换价值为目的，因此，担保财产即使毁损、灭失，但代替该财产的交换价值还存在，担保物权的效力仍存在，但此时担保物权的效力转移到了该代替物上。这就是担保物权的物上代位性。对此，本法第390条明确规定，担保期间，担保财产毁损、灭失或者被征收等，担保物权人可以就获得的保险金、赔偿金或者补偿金等优先受偿。被担保债权的履行期限未届满的，也可以提存该保险金、赔偿金或者补偿金等。

> 第三百八十七条　债权人在借贷、买卖等民事活动中，为保障实现其债权，需要担保的，可以依照本法和其他法律的规定设立担保物权。
>
> 第三人为债务人向债权人提供担保的，可以要求债务人提供反担保。反担保适用本法和其他法律的规定。

❖ **条文主旨** ❖

本条是关于担保物权适用范围及反担保的规定。

❖ **条文解读** ❖

担保物权的适用范围是指担保物权可以适用的领域。反担保是指替债务人提供担保的第三人，无论该第三人是提供人的担保还是物的担保，为了保证自己的追偿权得到实现，可以要求债务人为自己追偿权的实现提供担保。

对本条第1款的理解，应注意以下几点：第一，担保物权适用于民事活动，不适用于国家行政行为、司法行为等不平等主体之间产生的关系。担保物权是平等民事主体之间为确保债权的实现而设定的。第二，为了引导当事人设定担保物权，本法列举了借贷、买卖两种典型的可以设定担保物权的民事活动，但可以设定担保物权的民事活动很广泛，并不仅限于这两种民事活动。第三，因侵权行为产生的债权不能用事先设定担保物权的方式加以保障，但是因侵权行为已产生的债权，属于普通债权，可以用设定担保物权的方式确保该债权实现。第四，本条第 1 款中的"其他法律"主要指海商法、农村土地承包法等对船舶抵押、土地经营权抵押作了规定，也为今后相关特别法规定担保物权留下接口。

本条第 2 款对反担保作了规定。在由第三人提供担保物权的债权债务关系中，在债务人未清偿到期债务或者出现当事人约定的可以实现担保物权的情形时，提供担保财产的第三人应当承担担保责任，债权人可以就第三人提供的担保财产实现自己的债权。第三人基于担保合同以及替代债务人清偿债务这一法律事实，有权向债务人追偿。第三人为保障自己追偿权的实现，可以要求债务人向自己提供担保，这里的担保可以是债务人或者其他人提供的担保物权，也可以是其他人提供的保证。反担保的法律性质、具体规则适用等方面与设立担保物权一样，因此，本款规定，反担保适用本法和其他法律的规定。

> 第三百八十八条　设立担保物权，应当依照本法和其他法律的规定订立担保合同。担保合同包括抵押合同、质押合同和其他具有担保功能的合同。担保合同是主债权债务合同的从合同。主债权债务合同无效的，担保合同无效，但是法律另有规定的除外。
>
> 担保合同被确认无效后，债务人、担保人、债权人有过错的，应当根据其过错各自承担相应的民事责任。

❖ **条文主旨** ❖

本条是关于担保合同从属性以及担保合同无效后法律责任

的规定。

❖ 条文解读 ❖

我国的法律和司法实践，对于意定担保物权的设立均要求采用书面形式订立合同。本条规定，设立担保物权，应当依照本法和其他法律的规定订立担保合同。担保合同属于民事合同的一种，其成立和生效应当符合合同编的有关规定。担保合同除了包括本法规定的抵押合同、质押合同以外，还包括其他具有担保功能的合同。

担保物权的一个重要特点就是其附随于主债权债务关系，没有主债权债务关系的存在，担保关系也就没有了存在以及实现的可能和价值。体现主债权债务关系的主要是主债权债务合同，体现担保关系的主要是担保合同。担保关系必须以主债权债务关系的存在为前提。从这个意义讲，担保合同是主债权债务合同的从合同。对于担保物权的附随性，物权法规定，担保合同是主债权债务合同的从合同。民法典物权编继承了物权法的规定。

根据本法第155条的规定，无效的民事法律行为自始没有法律约束力，当事人在合同中约定的权利义务关系自然就归于无效。在担保物权中，主债权债务关系无效后，其约定的权利义务关系就不存在了。根据担保关系的附随性，作为从合同的担保合同自然也归于无效。本条第1款规定，担保合同是主债权债务合同的从合同。主债权债务合同无效的，担保合同无效，但是法律另有规定的除外。需要指出的是，担保合同随主债权债务合同的无效而无效只是一般规则，并不是绝对的，在法律另有规定的情况下，担保合同可以作为独立合同存在，不受主债权债务合同效力的影响。例如，本法规定的最高额抵押合同就具有相对的独立性。在连续的交易关系中，其中一笔债权债务无效，并不影响整个最高额抵押合同的效力。基于此，本条第1款专门规定"但是法律另有规定的除外"。

在主债权债务合同无效导致担保合同无效时，虽然不存在履行担保义务的问题，但债务人、担保人或者债权人并非不承担任何法律后果。根据本法第157条的规定，民事法律行为无效后，行为人因该行为取得的财产，应当予以返还；不能返还或者没有必要返还的，应当折价补偿。有过错的一方应当赔偿对方由此所受到的损失；各方都有过错的，应当各自承担相应的责任。法律另有规定的，依照其规定。同样的道理，在主债权债务合同无效，担保合同也无效的情况下，如果债务人、担保人或者债权人对合同的无效有过错的，应当根据其过错各自承担相应的民事责任。这里的"相应的民事责任"指当事人只承担与其过错程度相当的民事责任。例如，担保合同无效完全是由于主债权债务合同违背公序良俗导致无效的，则过错完全在债务人与债权人，责任应完全由债务人和债权人自己承担。

需要强调的是，导致担保合同无效的原因很多，主债权债务合同无效导致担保合同无效只是原因之一。在主债权债务合同有效的情况下，担保合同也可能无效。例如，担保合同因违反法律、行政法规的强制性规定而无效，因担保人为无民事行为能力人而无效，等等。也就是说，判断担保合同是否有效，不能仅以主债权债务合同是否有效为标准，还要看担保合同本身是否有本法规定的合同无效情形。在主债权债务合同有效，担保合同无效的情形下，债务人、担保人或者债权人对担保合同无效有过错的，也应当各自承担相应的民事责任。在这种情况下，如果是债务人为担保人，主债权债务合同仍然有效，只是主债权失去担保，其对担保合同无效有过错的，应当对债权人承担过错责任；如果第三人为担保人的，担保人不再承担责任，但是担保人对担保合同无效有过错的，其对债务未能履行的部分，承担相应的过错责任。

> 第三百八十九条　担保物权的担保范围包括主债权及其利息、违约金、损害赔偿金、保管担保财产和实现担保物权的费用。当事人另有约定的，按照其约定。

❖ **条文主旨** ❖

本条是关于担保物权的担保范围的规定。

❖ **条文解读** ❖

担保物权的担保范围是指担保人所承担的担保责任范围。根据本条规定，担保物权的担保范围包括：

一、主债权

主债权指债权人与债务人之间因债的法律关系所发生的原本债权，例如，金钱债权、交付货物的债权或者提供劳务的债权。主债权是相对于利息和其他附随债权而言，不包括利息以及其他因主债权而产生的附随债权。

二、利息

利息指实现担保物权时主债权所应产生的一切收益。一般来说，金钱债权都有利息，因此其当然也在担保范围内。利息可以按照法律规定确定，也可以由当事人自己约定，但当事人不能违反法律规定约定过高的利息，否则超过部分的利息无效。

三、违约金

违约金指按照当事人的约定，一方当事人违约时，应当根据违约情况向另一方支付的一定数额的金钱。在担保行为中，只有因债务人的违约行为导致产生支付违约金的义务时，违约金才可以纳入担保物权的担保范围。此外，当事人约定了违约金，一方违约时，应当按照该约定支付违约金。如果约定的违约金低于或者高于造成的损失时，当事人可以请求人民法院或者仲裁机构予以调整，此时在计算担保范围时，应当以人民法院或者仲裁机构最终确定的违约金数额为准。

四、损害赔偿金

损害赔偿金指一方当事人因违反合同或者因其他行为给债权人造成的财产、人身损失而给付的赔偿额。损害赔偿金的范围可以由法律直接规定，或由双方当事人约定，在法律没有特别规定或者当事人没有约定的情况下，应按照完全赔偿原则确定具体赔偿数额。赔偿全部损失，既包括赔偿直接损失，也包括赔偿可得利益损失。直接损失指财产上的现实减少，可得利益损失指失去的可以预期取得的利益。可得利益损失的确定需要坚持客观的原则。

五、保管担保财产的费用

保管担保财产的费用指债权人在占有担保财产期间因履行善良保管义务而支付的各种费用。在担保期间，质权人和留置权人有妥善保管担保财产的义务。但这并不意味着保管的费用由质权人或者留置权人负担，相反，债务人或者第三人将担保财产交由债权人占有的目的是为了向债权人担保履行债务，保管费用应当由债务人或者提供担保的第三人承担，否则不利于担保活动的进行，也不利于确保债权的实现。

六、实现担保物权的费用

实现担保物权的费用指担保物权人在实现担保物权过程中所花费的各种实际费用，如对担保财产的评估费用、拍卖或者变卖担保财产的费用、向人民法院申请强制变卖或者拍卖的费用等。

对担保物权所担保的债权范围，当事人可以依照自己的意思进行约定。本条规定的"担保物权的担保范围包括主债权及其利息、违约金、损害赔偿金、保管担保财产和实现担保物权的费用"属于担保物权的法定担保范围，当事人约定的效力优先于本条规定的担保物权法定担保范围，当事人约定的担保物权的担保范围可以与本条第1款规定的范围不同。

> **第三百九十条** 担保期间，担保财产毁损、灭失或者被征收等，担保物权人可以就获得的保险金、赔偿金或者补偿金等优先受偿。被担保债权的履行期限未届满的，也可以提存该保险金、赔偿金或者补偿金等。

❖ **条文主旨** ❖

本条是关于担保物权物上代位性的规定。

❖ **条文解读** ❖

担保物权的物上代位性指担保物权的效力及于担保财产因毁损、灭失所得的赔偿金等代位物上，是担保物权的重要特征。由于担保物权人设立担保物权并不以占有和使用担保财产为目的，而是以支配担保财产的交换价值为目的，所以，即使担保财产本身已经毁损、灭失，只要该担保财产交换价值的替代物还存在，该担保物权的效力就自动转移到了该替代物上。这种效力不但在抵押权上存在，在质权、留置权上也存在。

根据本条规定，担保财产的代位物包括：第一，赔偿金。担保财产因第三人的侵权行为或者其他原因毁损、灭失时，担保人所获得的损害赔偿金可以作为担保财产的代位物。但是，如果担保财产是由于债权人的原因导致担保财产毁损、灭失的，例如，质权人、留置权人因保管不善致使质押或者留置财产毁损、灭失的，应当承担赔偿责任，质权人、留置权人向出质人或者债务人支付的损害赔偿金不能作为担保财产的代位物。第二，保险金。担保人为担保财产投保的，因保险事故发生而致使担保财产毁损、灭失时，担保人可以请求保险人支付保险金。该保险金可以作为代位物。第三，补偿金。这里的补偿金主要指担保财产被国家征收时，担保人从国家得到的补偿金。

担保期间，担保财产毁损、灭失或者被征收等产生的法律后果就是担保物权人可以就担保人所得的损害赔偿金、保险金或者补偿金等优先受偿，并且担保物权的受偿顺位不受影响，各担保物权人依照其对担保财产的受偿顺位对代位物行使权利。在因担保财产毁损、灭失或者被征收产生代位物的时候，可能会出现两种情况：一种情况是担保物权人的债权已经到期或者出现当事人约定的可以实现担保物权的情形。此时，担保物权人可以立即在代位物上实现自己的优先受偿权；另一种情况是担保物权人的债权还没有到期。在这种情况下，代位物虽然说是特定的，但是毕竟已经货币化，担保物权人对其控制的可能性降低，其到期实现债权的可能性也会降低，为保障担保物权人的债权得以实现，担保物权人可以提前在代位物上实现自己的债权；如果担保物权人还希望保留自己的期限利益，也可以不立即在代位物上实现担保物权，而等到债权履行期限届满或者出现当事人约定的可以实现担保物权的情形，再在代位物上优先受偿。担保人可以自己或者应担保物权人的要求向提存机构提存该保险金、赔偿金或者补偿金等。

❖ 案例分析 ❖

2015 年 10 月 6 日，原告付某向某车牌号轿车的实际占有人李某借用该车，原告驾驶该车发生交通事故，经交警认定原告负全部责任。原告付某为此支付修理费22003元，拖车费900元，合计22903元。根据相关证据，案涉轿车系第三人邴某以贷款方式在第三人某汽车金融公司购买，邴某与某汽车金融公司分别签订了《汽车贷款合同》和《汽车抵押合同》，并办理了以某汽车金融公司为抵押权人的车辆抵押登记，作为贷款的担保。案涉轿车投有车辆损失险，但保单明确约定：经第一受益人某汽车金融公司书面同意后方可对被保险人邴某支付保险金（车损险）。原告付某认为，第三人邴某与被告签订保险合同合法有效，被告理应按合同约定支付保险金，要求被告某保险公司按保险合同的约定，向原告赔付相关费用。

法院审理认为：本案第三人邴某与与第三人某汽车金融公司签订的《汽车贷款合同》《汽车抵押合同》均合法有效。邴某作为车主与被告某保险公司双方签订的《机动车综合商业保险单》是双方当事人真实意思表示，其保单中的特别约定未违反法律强制性规定，合法有效，对当事人均有约束力。邴某已将该车设定抵押且已依法办理抵押登记，根据物权法的规定："担保期间，担保财产毁损，灭失，或者被征收等，担保物权人可以就获得的保险金，赔偿金或者补偿金等优先受偿。"故原告付某要求被告某保险公司按保险合同的约定，向原告支付车辆维修费和拖车费合计22903元的诉讼请求于法无据，本院不予支持。

> **第三百九十一条　第三人提供担保，未经其书面同意，债权人允许债务人转移全部或者部分债务的，担保人不再承担相应的担保责任。**

❖ **条文主旨** ❖

　　本条是关于债权人未经担保人同意允许债务人转移债务的法律后果的规定。

❖ **条文解读** ❖

　　债务人将债务的全部或者部分转移给第三人的，应当经债权人同意。在有第三人提供担保的债权债务关系中，涉及的主体有债权人、债务人和担保人，债务人转移债务的，还应当经担保人书面同意。第三人提供担保一般是基于其与债务人之间的信任关系或者对债务人的资产、信誉有所了解。在担保关系中，一旦未经担保人同意，债务人擅自转移债务的，将给担保人带来较大风险，因为担保人对新的债务人可能一无所知。设立担保物权虽然主要是为保障债权的实现，但是也要照顾担保人利益，特别是担保人是债务人以外的第三人时，如何平衡担保人、担保权人和债务人三者的利益就很重要。

　　正确理解本条应当注意以下几点：一是本条只适用于第三人提供担保财产的情况，如果担保财产是由债务人自己提供的，除非债权人明确放弃担保物权或者债务的受让人明确表示愿意代为提供新的担保，否则债权人同意债务人转移债务的行为并不意味着债务人担保责任的免除。二是债权人允许债务人转移债务必须要经提供担保的第三人的书面同意。设立担保需要书面形式，担保人如果继续为新的债务人担保，这种变更也应当秉承书面的原则，否则视为不存在担保人的同意。三是本条规定的债务转移不但包括债务人将债务全部转移给他人，也包括将部分债务转移给他人。债权人许可债务人部分转移的，原债务人并不退出债务关系，只是其所应承担的债务额减少，新债务人与原债务人共同向债权人承担债务。部分转移债务的也必须经担保人同意，否则担保人对转移出去的部分债务不承担担保责任。四是未经担保人书面同意，债权人许可债务人转移全部债务的，可以免除担保人全部担保责任；债权人许可债务人转移部分债务的，可以免除担保人部分的担保责任，担保人还要对债务人未转移的债务承担担保责任。

> **第三百九十二条** 被担保的债权既有物的担保又有人的担保的，债务人不履行到期债务或者发生当事人约定的实现担保物权的情形，债权人应当按照约定实现债权；没有约定或者约定不明确，债务人自己提供物的担保的，债权人应当先就该物的担保实现债权；第三人提供物的担保的，债权人可以就物的担保实现债权，也可以请求保证人承担保证责任。提供担保的第三人承担担保责任后，有权向债务人追偿。

❖ **条文主旨** ❖

本条是关于物的担保与人的担保的关系的规定。

❖ **条文解读** ❖

物的担保是以物担保债务的履行，包括本编规定的抵押权、质权和留置权；人的担保是以人的信誉担保债务的履行，指本法合同编规定的保证。对于被担保的债权上既有物的担保又有人的担保的情况下，应如何处理物的担保与人的担保的关系问题，物权法第176条区分三种情况对物的担保与人的担保的关系作了规定，本条沿用了该规定：

1. 在当事人对物的担保和人的担保的关系有约定的情况下，应当尊重当事人的意思，按约定实现，这充分尊重了当事人的意思自治。

2. 在没有约定或者约定不明确，债务人自己提供物的担保的情况下，应当先就物的担保实现担保物权。因为，如果债权人先行使保证人提供的人的担保，保证人在履行保证责任后，还需要向最终的义务人——债务人进行追索。如果担保权人先行使债务人提供的物的担保，就可以免去保证人日后再向债务人行使追索权的烦琐，减少债权实现的成本和费用。在债务人自己提供物的担保的情况下，请求保证人先承担担保责任，对保证人也是不公平的。

3. 在没有约定或者约定不明确，第三人提供物的担保，又有人的担保的情况下，应当允许当事人进行选择。这样规定主要是基于以下考虑：在没有约定或者约定不明确，第三人提供物的担保，又有人的担保的情况下，提供物保的第三人与保证人处于担保人的平等地位，都不是偿还债务的最终义务人，债务人才是最终义务人。因此，债权人无论是先实现物的担保还是先实现人的担保，物的担保人或者保证人都存在向债务人追索的问题。为保障债权人的债权得以充分实现，法律应当尊重债权人的意愿，允许担保权人享有选择权。

> **第三百九十三条** 有下列情形之一的，担保物权消灭：
> （一）主债权消灭；
> （二）担保物权实现；
> （三）债权人放弃担保物权；
> （四）法律规定担保物权消灭的其他情形。

❖ **条文主旨** ❖

本条是关于担保物权消灭原因的规定。

❖ **条文解读** ❖

根据本条，在下列情形下担保物权消灭：

第一，因主债权的消灭而消灭。担保物权是从属于主债权的权利，主债权消灭的，担保物权也随之消灭。这里的"主债权消灭"是指主债权的全部消灭，根据担保物权的不可分性，主债权的部分消灭，担保物权仍然存在，担保财产仍然担保剩余的债权，直到债务人履行全部债务时为止。此外，这里的"主债权消灭"指客观效果，与因谁的清偿而导致"主债权消灭"无关。债务人自己清偿债务或者第三人代债务人清偿债务导致主债权消灭的，担保物权均消灭。

第二，担保物权实现导致担保物权消灭。"担保物权实现"是指债务人到期不履行债务时，债权人与担保人约定以担保财产折价或者拍卖、变卖担保财产，以拍卖、变卖担保财产所得的价款优先受偿。担保物权是为担保债权而设定的，担保物权实现就意味着担保物权人权利的实现，担保物权自然就归于消灭。但是需要强调的是，担保物权一旦实现，无论其所担保的债权是否全部清偿，担保物权都消灭。

第三，债权人放弃担保物权导致担保物权消灭。这里的"放弃"是指债权人的明示放弃，明示放弃主要包括两种情形：一是债权人用书面的形式明确表示放弃担保物权。二是债权人以行为放弃。例如，因债权人自己的行为导致担保财产毁损、灭失的，视为债权人放弃担保物权。

第四，法律规定的其他导致担保物权消灭的情形。这是一个兜底性条款，主要是指本法或者其他法律规定的担保物权消灭的特殊情形，例如，留置权人对留置财产丧失占有或者留置权人接受债务人另行提供担保的，留置权消灭。这是留置权消灭的特殊原因。

第十七章　抵押权

本章分两节，共三十一条，规定了一般抵押权和最高额抵押权。第一节对抵押权基本概念、可以抵押的财产以及禁止抵押的财产、抵押合同、流押条款的效力、抵押权的设立、抵押权与其他权利的关系、抵押权的实现、抵押财产的转让及保全、抵押权人放弃抵押权、抵押权顺位以及变更抵押权、抵押权存续期间等作出了规定。第二节对最高额抵押权的概念、最高额抵押权的转让、最高额抵押权有关内容的变更、最高额抵押权所担保债权的确定事由、最高额抵押权的适用条款等作了规定。

第一节　一般抵押权

> 第三百九十四条　为担保债务的履行，债务人或者第三人不转移财产的占有，将该财产抵押给债权人的，债务人不履行到期债务或者发生当事人约定的实现抵押权的情形，债权人有权就该财产优先受偿。
>
> 前款规定的债务人或者第三人为抵押人，债权人为抵押权人，提供担保的财产为抵押财产。

❖ **条文主旨** ❖

本条是关于抵押权基本概念的规定。

❖ **条文解读** ❖

抵押权是指为担保债务的履行，债务人或者第三人不转移财产的占有，将该财产抵押给债权人的，债务人不履行到期债务或者发生当事人约定的实现抵押权的情形，债权人有权就该财产优先受偿。

抵押法律关系的当事人为抵押人和抵押权人，客体为抵押财产。抵押人指为担保债务的履行而提供抵押财产的债务人或者第三人。抵押权人指接受抵押担保的债权人。抵押财产指抵押人提供的用于担保债务履行的特定的物。

抵押权具有以下几个特征：

其一，抵押权是担保物权。抵押权以抵押财产作为债权的担保，抵押权人对抵押财产享有的权利，可以对抗物的所有人以及第三人。这主要体现在抵押权人对抵押财产有追及、支配的权利。所谓追及权，表现在抵押权设定后，抵押财产转让的，抵押权不受影响，抵押权仍存在于该抵押财产上。所谓支配权，表现在抵押权人在抵押财产担保的债权已届清偿期而未受清偿，或者发生当事人约定的实现抵押权的情形时，有权依照法律规定，以抵押财产折价或者以拍卖、变卖抵押财产的价款优先受偿。

其二，抵押权是债务人或者第三人以其所有的或者有权处分的特定的财产设定的物权。作为抵押权客体的财产，必须是债务人或者第三人所有的或者依法有权处分的财产，对自己无所有权或者无处分权的财产不得设定抵押权。此外，债权人自己所有的财产也不得作为抵押权的客体。用于抵押的财产还应当是特定的。所谓特定的财产，可以是不动产，也可以是动产。抵押的财产不论是不动产还是动产，都必须是确定的或者是有具体指向的，比如，某栋房屋、某宗土地、某企业现有的及将有的产品等。传统民法学理论认为，作为抵押权客体的物只能是不动产，而动产只能作为质权的客体。但是，随着经济的发展，作为担保物权客体的一些动产，不转移占有比转移占有更有利于经济活动的进行。因此，一些国家和地区立法，规定了动产抵押担保。物权法规定的用于抵押的财产既可以是不动产，也可以是动产，民法典物权编沿用了这些规定。

其三，抵押权是不转移标的物占有的物权。抵押权设定后，抵押人不必将抵押财产转移于抵押权人占有，抵押人仍享有对抵押财产的占有、使用、收益和处分的权利，这是抵押权区别于质权、留置权的特征。抵押权无需转移抵押财产的占有有下列优势：一是设定抵押权后，抵押人仍能占有抵押财产而进行使用、收益和处分，这有利于抵押人；二是抵押权人无需承担保管抵押财产的义务，但能获得完全的抵押权，这有利于抵押权人；三是由于抵押财产仍然保存在抵押人处，抵押人可以对其抵押财产进行保值增值，资源可以有效利用，充分发挥物的使用价值。

其四，抵押权人有权就抵押财产优先受偿。优先受偿，指当债务人有多个债权人，其财产不足清偿全部债权时，有抵押权的债权人，可以优先于其他无抵押权的债权人而受到清偿。

实现抵押权应当具备以下条件之一：一是债务清偿期限届满，债务人不履行义务。清偿期限未届满，抵押权人无权就抵押财产优先受偿。二是发生当事人约定的实现抵押权的情形。比如，债权人与债务人约定，贷款只能用于教学大楼的建设，改变贷款用途的，双方的借贷法律关系终止，债务人须即刻归还已贷出款项，不能归还的，债权人可以拍卖债务人的抵押财产，就拍卖取得的价款优先受偿。当双方约定的实现抵押权的条件成就，即使债务清偿期限没有届满，抵押权人也有权就拍卖、变卖抵押财产的价款优先受偿。

第三百九十五条　债务人或者第三人有权处分的下列财产可以抵押：

（一）建筑物和其他土地附着物；

（二）建设用地使用权；

> （三）海域使用权；
> （四）生产设备、原材料、半成品、产品；
> （五）正在建造的建筑物、船舶、航空器；
> （六）交通运输工具；
> （七）法律、行政法规未禁止抵押的其他财产。
> 抵押人可以将前款所列财产一并抵押。

◆ **条文主旨** ◆

本条是关于抵押财产范围的规定。

◆ **条文解读** ◆

根据本条规定，财产抵押必须符合两个条件：第一，债务人或者第三人对抵押财产有处分权；第二，是本条规定的可以抵押的财产。

债务人或者第三人对抵押财产有处分权包括：（1）债务人或者第三人是抵押财产的所有权人。（2）债务人或者第三人对抵押财产享有用益物权，法律规定该用益物权可以抵押。比如城市房地产管理法第48条规定，依法取得的房屋所有权连同该房屋占用范围内的土地使用权，可以设定抵押权。以出让方式取得的土地使用权，可以设定抵押权。（3）债务人或者第三人根据法律、行政法规的规定，或者经过政府主管部门批准，可以将其占有、使用的财产抵押。比如，《全民所有制工业企业转换经营机制条例》第15条规定，企业根据生产经营的需要，对一般固定资产，可以自主决定出租、抵押或者有偿转让。对关键设备、成套设备或者重要建筑物，经政府主管部门批准，也可以抵押、有偿转让。

本条规定的可以抵押的财产包括：

一、建筑物和其他土地附着物

建筑物包括住宅、体育馆等，但并非所有的建筑物都可以抵押，只有抵押人有权处分的建筑物才可以抵押。城市房地产管理法第48条规定，依法取得的房屋所有权可以设定抵押权。按照这一规定，私人建造或者购买的住宅、商业用房；集体所有的乡镇企业厂房；企事业单位自建和购买的工商业用房、职工住房等，只要取得了所有权，就可以抵押。对于产权属于全民所有的房屋，包括国家确定给国家机关、全民所有制企事业单位、军队等使用的全民所有的房屋，未经依法批准，使用单位不得抵押。

其他土地附着物，指附着于土地之上的除房屋以外的不动产。包括桥梁、隧道、大坝、道路等构筑物，以及林木、庄稼等，比如，房前屋后属于公民个人所有的树木，公民个人在自留山、自留地和荒山、荒地、荒坡上种植的林木、农作物，集体所有的用材林、经济林、防护林、炭薪林等。

二、建设用地使用权

建设用地使用权是权利主体依法对国家所有的土地享有的占有、使用和收益的权利。按照现行法律规定，取得建设用地使用权主要有以下几种方式：（1）通过无偿划拨取得。即国家将国有土地依法确定给全民所有制单位、集体所有制单位或者个人使用。（2）通过出让取得。即国家将国有土地使用权在一定年限内出让给土地使用者，由土地使用者向国家支付土地使用权出让金。目前，出让国有土地使用权主要采取协议、招标、拍卖方式。（3）通过有偿转让取得。即土地使用者，将以出让方式获得的国有土地使用权，依法办理有关手续后，转移给他人使用。建设用地使用权取得的方式不同，权利人享有的处分权也不同，建设用地使用权可否抵押，取决于法律是否赋予权利人处分的权利，对此，一些法律作了规定，比如，城市房地产管理法第 48 条规定，依法取得的房屋占用范围内的土地使用权，以及以出让方式取得的土地使用权，可以设定抵押权。对于法律不允许抵押的建设用地使用权，不可以作为抵押标的物。

三、海域使用权

海域属于国家所有，国家是海域所有权的唯一主体。单位和个人使用海域，必须依法取得海域使用权。海域使用权是一种用益物权，本法规定，依法取得的海域使用权受法律保护。根据海域使用管理法，海域使用权取得的方式主要有三种：一是单位和个人向海洋行政主管部门申请；二是招标；三是拍卖。海域作为国家重要的自然资源实行有偿使用制度。单位和个人使用海域，应当按照国务院的规定缴纳海域使用金。海域使用权作为一项重要的财产权利，可以依法转让、继承。对于海域使用权能否抵押，海域使用管理法没有作出规定，物权法关于可以抵押的财产范围中也没有明确列出海域使用权。

我国海域辽阔，海域资源丰富，充分发挥海域使用权的使用价值及交换价值有利于大力发展海洋经济，进一步提高海洋经济的质量和效益。《国务院关于全民所有自然资源资产有偿使用制度改革的指导意见》中提出"完善海域有偿使用分级、分类管理制度，适应经济社会发展多元化需求，完善海域使用权出让、转让、抵押、出租、作价出资（入股）等权能"。目前，《海域使用权管理规定》和《不动产登记暂行条例》及其实施细则也就海域使用权的抵押登记作了具体规定。物权编在吸收相关意见的基础上在抵押财产的范围中增加规定了海域使用权。

四、生产设备、原材料、半成品、产品

生产设备包括：工业企业的各种机床、计算机、化学实验设备、仪器仪表设备、通信设备，海港、码头、车站的装卸机

械，拖拉机、收割机等农用机械等。

原材料指用于制造产品的原料和材料，比如用于炼钢的铁矿石，用于造纸的纸浆，用于生产家具的木料，用于建设工程的砖、瓦、沙、石等。

半成品指尚未全部生产完成的产品，比如尚未组装完成的汽车，尚未缝制纽扣的服装。

产品指生产出来的物，比如汽车、轮船等交通工具，仪表、仪器、机床等生产设备，电视机、电冰箱等生活用品。

五、正在建造的建筑物、船舶、航空器

实践中，建设工程往往周期长、资金缺口大，以正在建造的建筑物、船舶、航空器作为贷款的担保，对于解决建设者融资难，保证在建工程顺利完工具有重要作用，为此物权法规定了在建的建筑物、船舶、航空器可以抵押，民法典物权编也保留了该规定。

六、交通运输工具

交通运输工具包括：飞机、船舶、火车、各种机动车辆等。

七、法律、行政法规未禁止抵押的其他财产

这是一项兜底性规定，以适应不断变化的经济生活需要。这项规定表明，以前六项规定以外的财产抵押，必须同时具备两个条件：（1）不是法律、行政法规规定禁止抵押的财产；（2）债务人或者第三人对该财产有处分权。

本条第2款规定，抵押人可以将前款所列财产一并抵押。这是关于企业财产集合抵押的规定。根据该款规定，企业可以将企业的动产、不动产及其某些权利作为一个整体进行担保，比如，将厂房、机器设备、库存产成品、工业产权等财产作为总资产向银行抵押贷款。但是，企业将财产一并抵押时，各项财产的名称、数量等情况应当是明确的。

第三百九十六条　企业、个体工商户、农业生产经营者可以将现有的以及将有的生产设备、原材料、半成品、产品抵押，债务人不履行到期债务或者发生当事人约定的实现抵押权的情形，债权人有权就抵押财产确定时的动产优先受偿。

◆ **条文主旨** ◆

本条是关于浮动抵押的规定。

◆ **条文解读** ◆

浮动抵押指权利人以现有的和将有的全部财产或者部分财产为其债务提供抵押担保。债务人不履行到期债务或者发生当事人约定的实现抵押权的情形，债权人有权就抵押财产确定时的动产优先受偿。比如企业以现有的以及未来可能买进的机器设备、库存产成品、生产原材料等动产担保债务的履行。抵押权设定后，抵押人可以将抵押的原材料投入产品生产，可以买入新的机器设备，也可以卖出产品，抵押财产处于一种浮动的状态。然而，抵押权人实现抵押权时，抵押财产应当是确定的，抵押财产需要从之前浮动的状态变为固定的状态。根据本法第411条的规定，当发生债务履行期限届满债权未实现、抵押人被宣告破产或者解散、当事人约定的实现抵押权的情形成就或者出现严重影响债权实现的其他情形时，抵押财产确定，也就是说此时抵押人有什么财产，这些财产就是抵押财产。抵押财产确定前，抵押权人对于抵押人处分的财产不能追及，抵押人新增的财产要作为抵押财产；抵押财产确定后，对于抵押人转出的抵押财产，抵押权不受影响，仍对这些财产具有追及效力，而对于抵押人新增的财产，抵押权人不享有担保物权。

抵押人以其全部财产设定浮动抵押的，只需要在登记时注明以全部财产抵押，即对抵押财产作概括性描述，不必详列抵押财产清单。以部分财产抵押的，则需要列明抵押的财产类别。

浮动抵押具有不同于固定抵押的两个特征：第一，浮动抵押设定后，抵押的财产不断发生变化，直到约定或者法定的事由发生，抵押财产才确定。第二，浮动抵押期间，抵押人处分抵押财产的，抵押权人对抵押财产无追及的权利，只能就约定或者法定事由发生后确定的财产优先受偿。

浮动抵押具有以下优点：（1）有利于企业融资，促进经济发展。企业可以用现有的和将有的财产抵押，大大拓展了企业的融资能力，特别是对于一些发展前景较好的中小企业，用作融资担保的不动产有限，浮动抵押制度可以为它们创造有利的发展条件。（2）有利于简化抵押手续，降低抵押成本。设定浮动抵押时，不需要对抵押财产的名称、数量、质量、状况制作详细目录表，只需要对抵押的财产进行概括性描述；抵押期间，企业可以在经营过程中处分抵押财产，新增财产不需要办理任何手续即成为抵押财产。（3）有利于企业正常经营。浮动抵押设定后，如果没有约定或者法定事由，抵押人可以对抵押财产行使占有、使用、收益和处分的权利，抵押权人不得对企业正常的经营活动进行干涉。（4）可以补充传统抵押的不足。传统抵押强调担保财产的特定性、担保财产的价值可预测性和保全性，但灵活性和融资性功能不足，而浮动抵押解决了这一问题。（5）符合国际通行做法。现在有相当多的国家实行了浮动抵押，经济全球化的大趋势，应当与国际做法相一致。（6）实践的需要。很多公司运用浮动抵押制度融资，特别在国际项目融资中，浮动抵押制度得到了广泛应用。

按照本条以及相关规定，设立浮动抵押应当符合下列条件：

第一，设立浮动抵押的主体限于企业、个体工商户、农业生产经营者。考虑到我国设立浮动抵押，主要是为了解决中小企业和农民贷款难的问题，促进中小企业以及农村经济发展，因此，本法将设定浮动抵押的主体规定为企业、个体工商户和农业生产经营者。企业可以是国有独资企业、合伙企业、个人独资企业、公司制企业等，只要注册登记为企业的组织都可以设定浮动抵押。个体工商户是以个人或者家庭经营为主的经济单位，注册登记为个体工商户的，也都可以设立浮动抵押。农业生产经营者，主要指农村承包经营户，也可以是其他从事农业生产的人。除了上述三项主体，非营利的法人和非法人组织、特别法人以及非从事生产经营的自然人等不可以设立浮动抵押。

第二，设立浮动抵押的财产限于生产设备、原材料、半成品、产品。对除此以外的动产不得设立浮动抵押，对不动产也不得设立浮动抵押。

第三，实现抵押权的条件是不履行到期债务或者发生当事人约定的实现抵押权的事由。

第四，浮动抵押优先受偿的效力范围为抵押财产确定时的动产。物权法第 181 条规定，当实现浮动抵押权的条件成就时，"债权人有权就实现抵押权时的动产优先受偿"。有的意见提出，"实现抵押权时"可能会被理解为当事人协议以折价、拍卖、变卖的方式实现抵押权或者请求法院拍卖、变卖抵押财产时，然而浮动抵押优先受偿的效力范围应当为浮动抵押转化为固定抵押时所及的财产范围，即浮动抵押确定时的财产范围，抵押财产确定时的财产范围与实现抵押权时的财产范围很有可能不一致。为了避免产生歧义，本法将物权法中的"实现抵押权时"修改为"抵押财产确定时"。抵押财产如何确定，本法第 411 条作了明确规定，即在债务履行期限届满债权未实现、抵押人被宣告破产或者解散、出现当事人约定的实现抵押权的情形以及出现严重影响债权实现的其他情形时，抵押财产确定，抵押权人以该财产优先受偿。

动产浮动抵押是特殊的动产抵押，尽管与一般的动产抵押相比具有抵押财产在确定前具有浮动性、浮动抵押期间处分的财产不受追及等特征，但是在其他方面也适用动产抵押的一般规则。如在抵押财产的范围、抵押合同、抵押权的设立与对抗效力、抵押权的优先受偿顺位等方面都适用动产抵押的一般规则。

需要注意的是，与物权法相比，本条删除了"经当事人书面协议"的规定，这主要是因为本法第400条已明确规定，设立抵押权，当事人应当采用书面形式订立抵押合同。为了避免重复，本条删去了要求书面协议的规定。但是设立浮动抵押仍要用书面形式订立抵押合同，该合同一般包括担保债权的种类和数额、债务履行期间、抵押财产的范围、实现抵押权的条件等。这里所说的抵押财产的范围并不要求详细列明，比如以全部财产抵押的，可以写"以现有的或者将有的全部动产抵押"；以部分财产抵押的，可以写"以现有的和将有的鱼产品、蔬菜、水果抵押"。本法不承认以口头形式订立的浮动抵押合同。

> **第三百九十七条**　以建筑物抵押的，该建筑物占用范围内的建设用地使用权一并抵押。以建设用地使用权抵押的，该土地上的建筑物一并抵押。
>
> 抵押人未依据前款规定一并抵押的，未抵押的财产视为一并抵押。

❖ **条文主旨** ❖

本条是关于建筑物与其占用范围内的建设用地使用权抵押

关系的规定。

❖ **条文解读** ❖

建筑物所有权和建筑物占用范围内的建设用地使用权各为独立的不动产权利。由于房屋具有依附土地存在的天然特性，房屋所有权依法转让，必然产生建设用地使用权是否一并转让的问题；同样，建设用地使用权依法转让，也会产生该土地上的建筑物所有权是否一并转让的问题。由于房地产的不可分性，我国在处理房地产关系时的一个重要原则就是"地随房走或者房随地走"。所谓"地随房走"就是转让房屋的所有权时，建设用地使用权同时转让。所谓"房随地走"，就是转让建设用地使用权时，该土地上的房屋所有权也应一并转让。这一原则也同样适用于抵押，在设定抵押权时，房屋的所有权和建设用地使用权应当一并抵押，只有这样，才能保证实现抵押权时，房屋所有权和建设用地使用权同时转让。

对于实践出现的一些将房屋抵押，但不抵押建设用地使用权，或者抵押建设用地使用权，但不抵押房屋所有权的情况，本条第2款规定："抵押人未依据前款规定一并抵押的，未抵押的财产视为一并抵押。"也就是说，即使抵押人只办理了房屋所有权抵押登记，没有办理建设用地使用权抵押登记，实现房屋抵押权时，建设用地使用权也一并作为抵押财产。同样，只办理了建设用地使用权抵押登记，没有办理房屋所有权抵押登记的，实现建设用地使用权的抵押权时，房屋所有权也一并作为抵押财产。如果将房屋所有权和建设用地使用权分别抵押给不同的债权人，根据本条规定，前者的抵押效力及于建设用地使用权，后者的抵押效力及于房屋所有权，债权人在实现抵押权时，要以抵押登记的先后顺序确定优先受偿顺序。

❖ **案例分析** ❖

2015 年 6 月 26 日，某银行支行与甲公司签订《流动资金借款合同》，向甲公司发放贷款 5600 万元。同日，梁某、乙公司分别与某银行支行签订《保证合同》。次日，某生物公司分别与某银行支行签订《保证合同》及《抵押合同》，由某生物公司为上述主合同项下发生的债权提供连带责任保证，且以名下某块土地的土地使用权为甲公司的借款提供抵押担保，并已依法办理抵押登记。因甲拖欠到期借款及利息，某银行支行向法院提起诉讼，要求甲公司归还全部借款及利息、罚息，梁某、乙公司、某生物公司承担连带保证责任，对某生物公司的涉案土地使用权以及地上建筑物的变价款优先受偿。

一审法院认为，依据某生物公司与某银行支行签订的《抵押合同》，某生物公司以其所有的土地使用权为甲公司涉案借款提供抵押担保，故某银行支行有权就该办理抵押登记的土地使用权拍卖所得价款优先受偿。因某银行支行未举证证实某生物公司有以该地上建筑物作抵押担保的意思表示，亦未对该地上建筑物办理抵押登记，故某银行支行要求对某生物公司该地上建筑物享有优先受偿权的诉请，于法无据，不予支持。

某银行支行不服一审法院判决，提起上诉。

二审法院认为，某银行支行对于诉争土地所附着建筑物应享有抵押权。第一，某银行支行与某生物公司订立的《抵押合同》所附的抵押物清单中约定某生物公司以其名下的某块土地上的建筑物为甲公司的借款本息等费用清偿提供抵押担保。某生物公司出具的房地产抵押估价报告明确载明了地上建筑物也为估价对象，结合在原审诉讼中某生物公司关于其已提供了足以抵偿某银行支行所有借款的抵押物的答辩意见，应当综合认定某生物公司与某银行支行就诉争土地所附着的建筑物为甲公司的借款本息等费用的清偿提供抵押担保，形成了合意。该份《抵押合同》未被解除，对双方仍具有法律约束力。第二，物权法对此情形有明确规定，即以建筑物抵押的，该建筑物占用范围内的建设用地使用权一并抵押。以建设用地使用权抵押的，该土地上的建筑物一并抵押。抵押人未依照前款规定一并抵押的，未抵押的财产视为一并抵押。该规定遵循了房地产交易中的"房随地走"和"地随房走"的双向统一原则，其立法旨意在于重申房地一体的原则，防止引发抵押权实现的困境，从而导致损害债权人利益。依据该规定，只要土地使用权和其附着的建筑物之一办理了抵押登记，即使另外一项没有办理抵押登记，也依法推定为两者一并抵押。结合本案客观事实，某银行支行与某生物公司就案涉土地使用权已经办理了抵押登记手续，依法设立了抵押权，即便在土地使用权他项权利证明书中并未注明抵押物包括了地上建筑物，依据法律规定，案涉土地所附着的建筑物也应视为一并抵押，该土地使用权的抵押权效力及于其所附着的建筑物，某银行支行应就本案享有的债权依法对案涉土地所附着的建筑物享有优先受偿权。

> **第三百九十八条** 乡镇、村企业的建设用地使用权不得单独抵押。以乡镇、村企业的厂房等建筑物抵押的，其占用范围内的建设用地使用权一并抵押。

❖ **条文主旨** ❖

本条是关于乡镇、村企业的建筑物和建设用地使用权抵押的规定。

❖ **条文解读** ❖

乡镇、村企业的建设用地使用权为集体所有的土地上设立的土地使用权，本法第361条规定，集体所有的土地作为建设用地的，应当依照土地管理的法律规定办理。我国对耕地实行特殊保护，严格限制农用地转化为建设用地。在2019年土地管理法修改之前，除兴办乡镇、村企业和村民建设住宅经依法批准使用本农民集体所有的土地，或者乡镇、村公共设施和公益事业建设经依法批准使用农民集体所有的土地的以外，任何组织和个人进行建设，需要使用土地的，必须依法申请使用国有土地。2019年土地管理法修改时，在集体经营性建设用地方面，创新性地改变了过去农村土地必须征为国有土地才能进入市场的问题，允许土地利用总体规划、城乡规划确定为工业、商业等经营性用途并经依法登记的集体经营性建设用地，通过出让、出租等方式交由单位或者个人使用、建设。除法律另有规定或者当事人另有约定外，通过出让等方式取得的集体经营性建设用地使用权可以转让、互换、出资、赠与或者抵押，集体经营性建设用地使用权的出租、出让及其转让、互换、出资、赠与、抵押的，参照同类用途的国有建设用地执行。集体建设用地的使用者应当严格按照土地利用总体规划、城乡规划确定的用途使用土地。

乡镇、村企业的建设用地与入市的集体经营性建设用地在使用主体、审批程序等方面有不同。将乡镇、村企业的建设用地使用权抵押的，抵押权的实现可能会带来建设用地使用权出让的效果，即入市的效果。由于集体经营性建设用地入市有严格的要求，如必须符合规划、符合用途管制、经依法登记确权、通过集体的决议程序等，如果对乡镇、村企业的建设用地使用权抵押不作任何限制，可能出现规避法律，以抵押为名，使不符合入市要求的集体所有的土地流入市场。为此，本条规定："乡镇、村企业的建设用地使用权不得单独抵押。以乡镇、村企业的厂房等建筑物抵押的，其占用范围内的建设用地使用权一并抵押。"也就是说，乡镇、村企业不能仅以集体所有的建设用地使用权抵押，但可以将乡镇、村企业的厂房等建筑物抵押，以厂房等建筑物抵押的，根据本法第397条，其占用范围内的建设用地使用权一并抵押。法律虽然允许乡镇、村企业的建设用地使用权随厂房等建筑物一并抵押，但对实现抵押权后土地的性质和用途作了限制性规定。本法第418条规定，以集体所有土地的使用权依法抵押的，实现抵押权后，未经法定程序，不得改变土地所有权的性质和土地用途。也就是说，即使乡镇、村企业的建设用地使用权随其厂房等建筑物被拍卖、变卖了，受让的土地仍然属于农村集体所有，如果该土地原为工业用途，买受人应当严格按照该用途使用土地，未经有关部门批准，买受人不能将该土地用于商业、旅游和住宅建设。

> **第三百九十九条** 下列财产不得抵押：
>
> （一）土地所有权；
>
> （二）宅基地、自留地、自留山等集体所有土地的使用权，但是法律规定可以抵押的除外；
>
> （三）学校、幼儿园、医疗机构等为公益目的成立的非营利法人的教育设施、医疗卫生设施和其他公益设施；
>
> （四）所有权、使用权不明或者有争议的财产；
>
> （五）依法被查封、扣押、监管的财产；
>
> （六）法律、行政法规规定不得抵押的其他财产。

❖ **条文主旨** ❖

本条是关于禁止抵押的财产的规定。

❖ **条文解读** ❖

根据本条规定，下列财产不得抵押：

一、土地所有权

土地所有权包括国有土地的所有权，也包括集体所有土地的所有权。目前，我国法律没有规定国有和集体所有的土地所有权可以抵押。如果允许土地所有权抵押，实现抵押权后，必然带来土地所有权归属的改变，从而违反宪法和法律关于我国土地只能归国家或者集体所有的规定，因此，土地所有权不得抵押。

二、宅基地、自留地、自留山等集体所有土地的使用权

近些年来，我国农村土地制度改革不断深化，对于集体所有土地的使用权能否抵押的问题，法律和国家有关农村土地的政策经历了一系列变化。

物权法规定：耕地、宅基地、自留地、自留山等集体所有的土地使用权不得抵押，但法律规定可以抵押的除外；乡镇、村企业的建设用地使用权不得单独抵押，以乡镇、村企业的厂房等建筑物抵押的，其占用范围内的建设用地使用权一并抵押；以招标、拍卖、公开协商等方式取得的荒地等土地承包经营权可以抵押。

根据物权法，集体所有土地的使用权中以招标、拍卖、公开协商等方式取得的荒地等土地承包经营权以及乡镇、村企业的建设用地使用权可以抵押。其他类型的集体所有土地的使用权有的与农民的人身属性联系密切、有的具有基本生活保障的功能，有的属于耕地涉及农业生产安全，为了避免集体土地的公有制性质被改变、耕地红线被突破、农民利益受到损害，基于当时的社会发展状况，物权法对耕地、宅基地、自留地、自留山等集体所有的土地使用权的抵押作了禁止性的规定。

　　由于社会实践的发展，特别是由于我国当前处于由传统农业向现代农业转变的关键时期，禁止集体所有的土地使用权的抵押不利于盘活农民土地财产、不利于破解农村金融缺血和农民贷款难等问题。然而，集体所有的土地使用权又是农民最重要的土地财产权利，事关农民衣食所依和家人所居，对相关权利进行抵押可能会面临农民陷入失地困境的风险，因此相关改革必须慎重稳妥。

　　为了落实农村土地的用益物权，赋予农民更多财产权利，深化农村金融改革创新，有效盘活农村资源、资金、资产，为稳步推进农村土地制度改革提供经验和模式，十二届全国人大常委会十八次会议授权在部分试点地区分别暂时调整实施物权法、担保法关于集体所有的耕地使用权、集体所有的宅基地使用权不得抵押的规定。十二届全国人大常委会三十一次会议又将上述授权决定的期限延长了1年。

　　经过3年试点，对于集体所有的耕地使用权的抵押，农村承包土地的经营权抵押已经取得显著成效，适时修改农村土地承包法，将承包土地的经营权抵押通过立法加以确认，已经时机成熟。十三届全国人大常委会七次会议表决通过了关于修改《中华人民共和国农村土地承包法》的决定，落实了中央关于承包地"三权分置"的改革要求，对于以家庭承包方式取得的承包地，农村土地承包法第47条第1款规定："承包方可以用承包地的土地经营权向金融机构融资担保，并向发包方备案。受让方通过流转取得的土地经营权，经承包方书面同意并向发包方备案，可以向金融机构融资担保。"与此相衔接，物权法中有关耕地使用权不得抵押的规定在此次民法典编纂过程中作出了相应修改，民法典物权编删除了物权法中关于耕地使用权不得抵押的规定。

　　对于集体所有的宅基地使用权的抵押，从试点情况看出，目前我国宅基地使用权的抵押条件尚不成熟，宅基地是农民生活的必需和赖以生存的所在，特别是农民一户只有一处宅基地，农村居民出卖、出租住房后再申请宅基地的不予批准，这一点与城市居民是不同的。农民一旦失去住房及其宅基地，将会丧失基本生存条件，影响社会稳定。为了维护现行法律和现阶段国家有关农村土地政策，民法典物权编沿袭了物权法的相关规定，禁止以宅基地使用权抵押。

自留地、自留山是农民作为生活保障的基本生产资料，带有社会保障性质，从保护广大农民根本利益出发，民法典物权编沿袭了物权法的相关规定，禁止以自留地、自留山的使用权抵押。

虽然宅基地、自留地、自留山等集体所有土地的使用权不得抵押，但也有一些集体所有的土地的使用权依法可以抵押，如本法以及农村土地承包法规定的以家庭承包方式取得的承包地的土地经营权，以招标、拍卖、公开协商等方式承包农村土地的土地经营权，土地管理法规定的通过出让等方式取得的集体经营性建设用地使用权等，为此本条第2项规定"但是法律规定可以抵押的除外"。

三、学校、幼儿园、医疗机构等为公益目的成立的非营利法人的教育设施、医疗卫生设施和其他公益设施

物权法第184条规定，学校、幼儿园、医院等以公益为目的的事业单位、社会团体的教育设施、医疗卫生设施和其他社会公益设施不得抵押。在民法典物权编的立法过程中，对这一规定曾有不同意见。有的认为，随着教育体制和医疗体制的改革，出现了越来越多的民办学校和医疗机构，这类主体国家投资少、融资需求大，又没有教育设施、医疗卫生设施以外的其他财产作为融资的担保，仅靠捐助或者投资人的继续投入等方式筹资，难以满足要求。因此，应当将学校、幼儿园、医疗机

构分为公办或者民办，允许民办学校、医疗机构的教育设施、医疗卫生设施和其他公益设施抵押。有的建议规定，学校、幼儿园、医疗机构的教育设施、医疗卫生设施和其他公益设施可以抵押，但实现抵押权时，不得改变学校、医疗机构等的性质和用途。

经对上述意见反复研究，考虑到民办学校、民办医院等已经进行了分类管理改革，结合本法总则编关于法人分类的规定，本法对物权法的上述规定作了相应修改。即对于属于非营利法人的学校、幼儿园、医疗机构等的教育设施、医疗卫生设施和其他公益设施不得抵押，主要理由为：属于非营利法人的学校、幼儿园、医疗机构等不论是公办的，还是民办的，都是为社会公益目的而设立的。如果允许以学校的教育设施抵押，一旦实现抵押权，不仅办学目的难以达到，严重的可能造成学生失学，影响社会安定。医疗机构是为了保证公众健康而设立的，也是一种公益事业，医疗机构在设置的区域布局、服务人口的数量、等级配置等方面都有统筹安排和考虑，尤其是农村，一个区域甚至只有一所医院，如果允许以医疗卫生设施抵押，一旦医疗机构无法偿还贷款，抵押权人要求拍卖医疗卫生设施用以清偿债务，就会影响公众看病就医，不利于保障人民的健康。需要说明的是，本条禁止抵押的，只是学校等非营利法人的教育设施和医疗卫生设施。而对于属于营利法人的民办学校、民办医疗机构等，其教育设施、医疗卫生设施等可以依法抵押。

除学校、幼儿园、医疗机构以外，其他以公益为目的成立的非营利法人的社会公益设施也不得抵押，比如，不得将公共图书馆、科学技术馆、博物馆、少年宫、敬老院、残疾人福利基金会等用于社会公益目的的设施抵押。

四、所有权、使用权不明或者有争议的财产

财产所有权是权利主体依法对自己的财产占有、使用、收益和处分的权利。财产使用权是依法对财产占有、使用、收益的权利。如果一项财产的所有权或者使用权不明确，甚至是有争议的，将其抵押不仅可能侵犯所有权人或者使用权人的合法权利，而且可能引起矛盾和争议，危害交易安全。因此，所有权、使用权不明或者有争议的财产不得抵押。

五、依法被查封、扣押、监管的财产

依法查封、扣押财产，指人民法院或者行政机关采取强制措施将财产就地贴上封条或者运到另外的处所，不准任何人占有、使用或者处分。依法监管的财产，指行政机关依照法律规定监督、管理的财产。比如海关依照有关法律、法规，监管进出境的运输工具、货物、行李物品、邮递物品和其他物品，对违反海关法和其他有关法律、法规规定的进出境货物、物品予以扣留。依法被查封、扣押、监管的财产，其合法性处于不确定状态，国家法律不能予以确认和保护。因此禁止以依法被查封、扣押、监管的财产抵押。

六、法律、行政法规规定不得抵押的其他财产

这是一项兜底性规定。除本条前五项所列不得抵押的财产外，在设定抵押权时，还要看其他法律、行政法规有无禁止抵押的规定。

第四百条　设立抵押权，当事人应当采用书面形式订立抵押合同。

抵押合同一般包括下列条款：

（一）被担保债权的种类和数额；

（二）债务人履行债务的期限；

（三）抵押财产的名称、数量等情况；

（四）担保的范围。

❖ **条文主旨** ❖

本条是关于订立抵押合同的规定。

❖ **条文解读** ❖

设立抵押权不仅要求当事人双方意思表示一致，还要求通过一定的法律形式表现出来，该种法律形式就是合同。合同有口头和书面之分，对于比较重大、容易发生纠纷或者需经一段时间才能终结的民事法律行为，应当采用书面形式。抵押涉及的财产数额较大，法律关系比较复杂，而且要在一段时间内为债权担保，因此，本条要求采用书面形式订立抵押合同。

本条对于合同内容的要求是指导性的，而不是强制性的。根据本条规定，抵押合同一般包括以下内容：

一、被担保债权的种类和数额

被担保债权的种类，主要指主债权是财物之债，还是劳务之债。被担保债权的数额，指主债权的财物金额，或者对劳动者支付的工资、劳务费的金额。

二、债务人履行债务的期限

履行债务的期限，指债务人履行债务的最终日期。超过债务履行期限债务人未履行债务的，就产生以抵押财产折价或者拍卖、变卖抵押财产偿还债务的法律后果。由于履行债务的期限是抵押权人可以实现抵押权的起算点，因此，抵押合同对此应有明确规定。

三、抵押财产的名称、数量等情况

抵押财产的名称，指抵押的是何种标的物。数量，指抵押财产有多少。物权法规定抵押合同的条款包括"抵押财产的名称、数量、质量、状况、所在地、所有权归属或者使用权归属"。在民法典的立法过程中，有的意见提出，为进一步改善营商环境，赋予当事人更大自主权，建议允许担保合同对担保财产作概括性的描述。据此，本条简化规定了抵押合同的一般条款，将该项修改为"抵押财产的名称、数量等情况"。

四、担保的范围

抵押财产担保的范围包括主债权及其利息、违约金、损害赔偿金和实现抵押权的费用。当事人可以在合同中约定抵押担保的范围只包括上述一项或者几项，也可以约定对上述各项都承担担保责任。担保范围依当事人的约定而确定；当事人对担保的范围没有约定的，抵押人应当对主债权及其利息、违约金、损害赔偿金和实现担保物权的费用承担担保责任。

抵押合同除包括上述四项内容外，当事人之间可能还有其他认为需要约定的事项，这些内容也可以在协商一致的情况下在抵押合同中进行约定。

> **第四百零一条　抵押权人在债务履行期限届满前，与抵押人约定债务人不履行到期债务时抵押财产归债权人所有的，只能依法就抵押财产优先受偿。**

❖ **条文主旨** ❖

本条是关于流押条款效力的规定。

❖ **条文解读** ❖

流押条款，指债权人在订立抵押合同时与抵押人约定，债务人不履行债务时抵押财产归债权人所有。担保法以及物权法均禁止当事人约定流押条款，主要考虑：（1）在设立抵押权时，抵押人处于资金需求者的地位，一些抵押人出于紧急需要，可能不惜以自己价值很高的抵押财产去为价值远低于该抵押财产的债权担保，这不仅不利于保护抵押人的合法权益，也与民法规定的平等、公平的原则相悖。（2）禁止流押的规定也要保证对抵押权人公平，如果流押条款订立后，因抵押财产价值缩减导致债权无法满足，对债权人也是不公平的。抵押权的设立不是风险投资，需要公平地保障债权人和抵押人的合法权益。（3）流押条款可能损害抵押人的其他债权人的利益。（4）流押条款订立后，当事人双方是否依照约定履行了合同，不履行的原因是什么，可能相当复杂，如果因抵押权人的原因造成债务不履行，抵押权人又可以将抵押财产直接转为自己所有，可能会引发更大的麻烦，带来当事人双方特别是债务人的更高的成本。（5）流押条款看起来实现成本比较低，但是如果低成本不能带来公平的、高质量的经济社会效益，也会产生很多负面影响。

在民法典物权编的编纂过程中，一些意见提出，物权法规定当事人在债务履行期限届满前，不得约定债务人不履行到期债务时抵押财产归债权人所有，但是没有明确规定如果进行了这样的约定该约定的效力如何。一些意见认为，应当明确规定流押条款无效，这才符合禁止流押的宗旨。另一些意见认为，如果当事人约定了流押条款，那么当事人之间抵押担保的法律关系的效力如何须进一步明确。可以在允许抵押权人取得抵押财产所有权的前提下，强制性地对抵押权人课以清算义务，即对于抵押财产价值超过债权部分应当返还抵押人，不足清偿担保债权的部分，仍由债务人清偿。

我们研究认为，抵押权性质上属于担保物权，抵押权人设立抵押权的目的在于支配抵押财产的交换价值而使债权获得清偿，而不是取得抵押财产的所有权。如果承认流押条款的效力，债务人届期不履行债务时，债权人不经过任何清算程序即可获得抵押财产所有权，有违抵押权的担保物权本质，应当否认抵押权人可以取得抵押财产所有权的事先约定的效力。然而，当事人之间订立流押条款时，存在为债权进行担保的意思表示，如果否认该抵押权的效力会使债权人的债权变成完全无担保的普通债权，这既不符合债权人与抵押人之间的意思自治，也会造成债权人的利益失衡。在对物权编草案进行二次审议以及向社会各界征求意见时，有的意见提出，为进一步优化营商环境，建议完善草案中有关流押条款、流质条款的效力，明确当事人事先作出此类约定的，仍享有担保权益，但是只能依法就抵押财产或者质押财产优先受偿。民法典物权编对物权法的规定进行了修改，明确了流押条款的效力，规定：抵押权人在债务履行期限届满前，与抵押人约定债务人不履行到期债务时抵押财产归债权人所有的，只能依法就抵押财产优先受偿。这表明当事人订立流押条款的，发生实现抵押权的情形时，抵押财产不能直接归债权人所有，而是应当根据本法规定的实现抵押权的方式就抵押财产优先受偿。

需要注意的是，当事人之间订有流押条款的，债权人依法就抵押财产优先受偿，需要满足抵押权设立的前提条件，即不动产抵押权经登记设立；动产抵押权经抵押合同生效设立，未登记的不得对抗善意第三人。

> **第四百零二条**　以本法第三百九十五条第一款第一项至第三项规定的财产或者第五项规定的正在建造的建筑物抵押的，应当办理抵押登记。抵押权自登记时设立。

◆ **条文主旨** ◆

本条是关于不动产抵押登记的规定。

❖ **条文解读** ❖

财产抵押是重要的民事法律行为，法律除要求设立抵押权要订立书面合同以外，还要求对某些财产办理抵押登记，不经抵押登记，抵押权不发生法律效力。这类财产主要是不动产，本法规定，不动产物权的设立、变更、转让和消灭，经依法登记，发生效力；未经登记，不发生效力，但是法律另有规定的除外。根据本条规定，需要进行抵押登记的财产为：（1）建筑物和其他土地附着物；（2）建设用地使用权；（3）海域使用权；（4）正在建造的建筑物。抵押登记，便于债权人查看抵押财产的权属关系以及是否负担其他的用益物权、担保物权等权利，以决定是否接受该财产抵押担保；可以使得实现抵押权的顺序清楚、明确，防止纠纷的发生；可以产生对抗第三人的效果，有利于保护债权人的合法权益，有利于经济活动的正常进行。

对于抵押登记的效力，担保法第41条规定："当事人以本法第四十二条规定的财产抵押的，应当办理抵押物登记，抵押合同自登记之日起生效。"物权法第187条将担保法上述条文中的"抵押合同自登记之日起生效"修改为"抵押权自登记时设立"，主要考虑到抵押合同的订立是发生物权变动的原因行为，属于债权关系范畴，其成立、生效应当依据合同法确定。抵押权的效力，除了要求抵押合同合法有效这一要件以外，还必须符合物权法的公示原则。将抵押合同的效力和抵押权的效力混为一谈，不利于保护抵押合同当事人的合法权益。比如某甲与某乙订立了房屋抵押合同，但是某甲拖着不为某乙办理抵押登记，随后某甲又将该房屋抵押给了某丙，与某丙办理了抵押登记。根据物权法的规定，当某甲不履行债务时，由于某丙办理了抵押登记享有抵押权，可以优先受偿，而某乙没有办理抵押登记，不享有抵押权。如果认为不办理抵押登记则抵押合同不发生效力，那么，某乙不仅不能享有抵押权，连追究某甲合同违约责任的权利都丧失了，这不仅对某乙不公平，也会助长恶意损害他人权益的行为，不利于社会经济秩序的维护。因此，物权法区分了抵押合同效力和物权变动效力。民法典物权编沿袭了物权法第 187 条的规定，对于以本条规定的不动产设立抵押的，应当办理抵押登记，抵押权自登记时设立。

> **第四百零三条**　以动产抵押的，抵押权自抵押合同生效时设立；未经登记，不得对抗善意第三人。

❖ 条文主旨 ❖

本条是关于动产抵押效力的规定。

❖ 条文解读 ❖

根据本法第 395 条的规定，生产设备、原材料、半成品、产品，正在建造的船舶、航空器，交通运输工具等动产都可以成为抵押的客体。根据本法第 396 条的规定，企业、个体工商户、农业生产经营者还可以以现有的以及将有的生产设备、原材料、半成品、产品抵押。对于动产抵押的效力，本条规定，以动产抵押的，抵押权自抵押合同生效时设立；未经登记，不得对抗善意第三人。需要说明的是，本条既适用于一般的动产抵押，也适用于浮动抵押。

抵押登记，可以使抵押财产的潜在买受人明晰财产的物上负担，以避免交易风险，可以使债权人查看抵押财产的权属关系以及曾否抵押过，以决定是否接受该财产抵押担保，也可使得实现抵押权的顺序清楚明确，预防纠纷发生，对于保护债权人和善意第三人的合法权益和经济活动的正常进行具有重要意义。对于动产抵押，抵押权不以登记为生效要件，登记仅具有对抗效力，主要原因在于：第一，对于某些交通运输工具的抵押，我国有关法律都采用了登记对抗制度。比如民用航空法、海商法规定，设定民用航空器抵押权、船舶抵押权，应当办理抵押权登记，未经登记，不得对抗第三人。对于其他价值相对较小的动产设定抵押权，更没有必要实行登记生效主义。第二，当事人采用对动产不转移占有的抵押方式担保债权的实现往往是基于双方的信任，如果对这些动产抵押也要求抵押登记才能生效，可能会对当事人造成不方便，也会增加抵押人的交易成本，特别是浮动抵押主要是解决中小企业、个体工商户、农业生产经营者贷款难，他们本身缺乏资金，一些主体又处于比较偏远的地区，办理抵押登记会有一定困难。此外，由于动产便于移动，具有流动性强的特点，即使办理了抵押登记，也不能保证所有权人不将已抵押的动产转让给他人。因此，本条对以动产抵押的没有采用登记生效制度，当事人以这些动产抵押的，可以办理抵押登记，也可以不办理抵押登记，抵押权不以登记为生效条件，而是自抵押合同生效时设立。合同生效后，即使当事人没有办理登记，债务人不履行债务时，抵押权人仍然可以就实现抵押权的价款优先受偿。

但是，办理与不办理抵押登记的法律后果是不同的，未办理抵押登记的，不得对抗善意第三人。善意第三人，指不知道也不应当知道该财产已经被抵押的事实的人。所谓不得对抗善意第三人，包括两个方面含义：一是合同签订后，如果抵押人将抵押财产转让，对于善意取得该财产的第三人，抵押权人无权追偿，抵押权人将失去在该财产上的抵押权，只能要求抵押人重新提供新的担保，或者要求债务人及时偿还债务。二是抵押合同签订后，如果抵押人以该财产再次设定抵押或者质押，而后位抵押权人进行了抵押登记或者后位质权人因交付取得了对该动产的实际占有，那么，实现抵押权时，后位抵押权人以及后位质权人可以优先于前位未进行抵押登记的抵押权人受偿。办理抵押登记的，抵押权具有对抗第三人的法律效力，也就是说，抵押财产登记后，不论抵押财产转移到谁手中，只要债务履行期限届满债务人没有履行债务，抵押权就具有追及效力，抵押权人可以就该抵押财产实现抵押权。同时在受偿顺序上，已登记的抵押权优先于未登记的抵押权、后设立的抵押权以及质权受偿。由此可见，为了切实保障自己债权的实现，抵押权人最好进行抵押登记。

> **第四百零四条**　以动产抵押的，不得对抗正常经营活动中已经支付合理价款并取得抵押财产的买受人。

❖ **条文主旨** ❖

本条是关于动产抵押不得对抗正常经营活动中的买受人的规定。

❖ **条文解读** ❖

对于正常经营活动中的买受人的保护，物权法在第 189 条规定，企业、个体工商户、农业生产经营者以现有的以及将有的生产设备、原材料、半成品、产品抵押的，不得对抗正常经营活动中已支付合理价款并取得抵押财产的买受人。物权法规定的正常经营活动中的买受人的保护只限于在浮动抵押的情形，之所以这样规定，主要因为：浮动抵押是现有的和将有的财产设定担保，抵押期间抵押人可以占有、使用、处分抵押财产，如果以全部或者部分动产抵押，又不让抵押人处分该财产，抵押人的经营活动就无法进行了。特别是浮动抵押的标的物通常是原材料、库存产成品，这些动产经常处于流动过程中，既然法律允许浮动抵押人在抵押期间处分抵押财产，且不必通知抵押权人，那么对于浮动抵押财产的买受人就应当给予一定的保护。否则，所有动产的买受人为避免买受的货物被在先设立的抵押权所追及，在每次交易前都必须查阅登记资料来看该货物上是否设有浮动抵押，这样将使动产交易活动变得极其滞重，也让动产以占有作为权利外观的一般规则受到冲击，不能适应现代商业的需要。为此，物权法在浮动抵押的情形中对正常经营活动中的买受人确立了特别保护规则，即无论浮动抵押是否登记，只要抵押财产的买受人为正常经营活动中已支付合理价款并取得抵押财产的买受人，其买受的财产不受抵押权的追及。

在民法典物权编的编纂过程中，有些意见提出，物权法中正常经营活动中的买受人的保护规则仅适用于浮动抵押的情形，一般的动产抵押没有类似的规定。但是依据物权法第180条第1款第4项的规定，在原材料、半成品、产品上也可以设定一般的动产抵押权，而这些财产在性质上属于存货，常常在正常经营活动中被卖出，如果正常经营活动中的买受人的保护规则不适用于一般的动产抵押的情形，那么一般的动产抵押权人可以对抗正常经营活动中该抵押财产的买受人，这意味着以后所有正常经营活动中的买受人在交易之前都需要查阅所要购买的物品上是否存在抵押以及该抵押是一般的动产抵押还是浮动抵押，这既不合交易习惯，也会降低交易效率。建议将正常经营活动中的买受人的保护规则的适用范围扩大至一般的动产抵押。在民法典物权编的立法过程中，吸收了上述意见，规定："以动产抵押的，不得对抗正常经营活动中已经支付合理价款并取得抵押财产的买受人。"将物权法中适用于动产浮动抵押的正常交易活动中的买受人的保护规则上升为动产抵押权的一般规则，适用于一般的动产抵押以及浮动抵押情形。

按照本条规定，受到保护的买受人必须符合以下条件：第一，买受人是在正常经营活动中买受了抵押财产，即出卖人出卖抵押财产是其正常的经营活动，而买受人既可以是在存货融资中，买受出卖人在正常经营过程中出售的已设定担保的存货的人，也可以是市场交易中的消费者。买受人取得的标的物应当是出卖人通常销售的动产，而出卖人也一般以销售该类动产为业。第二，买受人必须已经支付合理价款。在判断买受人支付价款是否合理时，应当根据转让标的物的性质、数量以及付款方式等具体情况，参考转让时交易地市场价格以及交易习惯等因素综合认定。第三，买受人已取得抵押财产，即抵押财产的所有权已通过交付转让给买受人。具备这三个条件，无论该动产抵押是否登记，抵押财产的买受人可以对抗抵押权人，即买受人可以取得买受的抵押财产的所有权并且不受抵押权人的追及。

> **第四百零五条**　抵押权设立前，抵押财产已经出租并转移占有的，原租赁关系不受该抵押权的影响。

◆ **条文主旨** ◆

本条是关于抵押权和租赁权关系的规定。

◆ **条文解读** ◆

以房屋等财产抵押的，在设定抵押权之前，有时该财产上已存在租赁法律关系，这种在抵押权设立之前事先存在的租赁关系是否继续有效呢？从理论上讲，财产租赁属于债权的范畴，根据物权优先于债权的原则，财产所有权人将已出租的财产转让给第三人的，第三人取得财产的所有权的同时，承租人的租赁关系即归于消灭。承租人可以要求出租人承担债务不履行的违约责任，但是不能向租赁物的买受人要求继续履行租赁合同，因为承租人与买受人不存在租赁合同关系。但是，随着社会经济的发展，为了保护承租人尤其是不动产承租人的利益，维护社会稳定，现代各国民法都逐渐采取了增强租赁权效力的做法，将"买卖击破租赁"规则转为"买卖不破租赁"规则，即租赁关系成立后，即使出租人将租赁物转卖给第三人，该原已存在的租赁关系仍然对买受人有效，承租人仍然可以向受让人主张租赁权，受让人取得的是一项有租赁关系负担的财产所有权。本法第725条也规定："租赁物在承租人按照租赁合同占有期限内发生所有权变动的，不影响租赁合同的效力。"买卖等处分行为可以使租赁物的所有权发生变动，设定抵押也属于处分行为，在实现抵押权时会导致租赁物所有权的变动，可能影响到事先存在的租赁关系，为了保障承租人的权利，切实落实"买卖不破租赁"原则的精神，物权法第190条规定，订立抵押合同前抵押财产已出租的，原租赁关系不受该抵押权的影响。即，因实现抵押权而将抵押财产转让时，抵押人与承租人之间原有的租赁关系不当然终止，承租人可以在租赁合同的有效期内继续享有承租的权利。

在民法典物权编的编纂过程中，有些意见提出，仅凭订立抵押合同的时间与订立租赁合同的时间来认定抵押权和租赁关系的先后，容易滋生道德风险。在实践中存在一些当事人恶意串通，通过虚构租赁关系或者倒签租赁合同的方式，侵害抵押权人的利益，为抵押权人实现抵押权制造障碍。同样，当事人之间也有可能虚构抵押关系或者倒签抵押合同，侵害承租人的利益。建议在认定抵押权和租赁关系的先后顺序时规定较为严格的条件。民法典物权编吸收了以上意见，将物权法中的"订立抵押合同前"修改为"抵押权设立前"，将"抵押财产已出租的"修改为"抵押财产已经出租并转移占有的"。即在判断租赁关系受不受抵押权的影响时，要看在抵押权设立前抵押财产是否已出租并转移占有。不动产抵押权在登记时设立，动产抵押权在订立抵押合同时设立，认定抵押权设立的时间分别以登记和订立合同的时间为准。要求已出租的抵押财产须在抵押权设立前转移占有，主要是考虑到保护承租人的权利要以承租人对租赁物有一定的支配利益为前提，如果承租人尚未取得对租赁物的占有，在设定抵押时债权人没有理由知道该租赁关系的存在，此时如果主张在先订立的租赁关系不受抵押权的影响则对抵押权人不公平。

> **第四百零六条**　抵押期间，抵押人可以转让抵押财产。当事人另有约定的，按照其约定。抵押财产转让的，抵押权不受影响。
>
> 抵押人转让抵押财产的，应当及时通知抵押权人。抵押权人能够证明抵押财产转让可能损害抵押权的，可以请求抵押人将转让所得的价款向抵押权人提前清偿债务或者提存。转让的价款超过债权数额的部分归抵押人所有，不足部分由债务人清偿。

◆ **条文主旨** ◆

本条是关于抵押期间转让抵押财产的规定。

◆ **条文解读** ◆

抵押权是不转移财产占有的物权。传统理论认为，抵押期间，抵押人不丧失对物的占有、使用、收益和处分的权利。抵押人转让抵押财产的，抵押权人对转让的抵押财产具有物上追及的法律效力。比如，甲向乙借款时，为担保借款的偿还将房屋抵押给了乙，之后又将该房屋卖给了丙，如果债务履行期限届满甲没有向乙归还借款，乙有权拍卖或者变卖丙所购买的房屋，并就拍卖或者变卖所得的价款优先受偿。上述理论和做法有利于加速经济流转，更好地发挥物的效用，但也使抵押权人和抵押财产的买受人承担了一定的风险。比如，抵押人转让已抵押但没有办理抵押登记的汽车，买受人根据善意取得的规定取得该汽车所有权的同时，抵押权消灭，抵押权就无法实现了。又比如，转让负有抵押权的财产，抵押权人有权就受让人买受的抵押财产实现抵押权，就可能出现买受人因抵押权的实现而丧失买受的抵押财产，又无法从抵押人处取回已支付的转让价款的情况。因此，在设计抵押期间抵押财产的转让规则时，既需要考虑发挥物的效用，又要维护抵押权人和抵押财产的买受人的合法权益，作出符合我国实践情况的规定。我国民事法律中关于抵押期间抵押财产的转让规则经历了以下变化：

一、物权法的有关规定

物权法在第 191 条规定："抵押期间，抵押人经抵押权人同意转让抵押财产的，应当将转让所得的价款向抵押权人提前清偿债务或者提存。转让的价款超过债权数额的部分归抵押人所有，不足部分由债务人清偿。""抵押期间，抵押人未经抵押权人同意，不得转让抵押财产，但受让人代为清偿债务消灭抵押权的除外。"

物权法的上述规定表明：其一，抵押期间，抵押人转让抵押财产的，应当经抵押权人同意，同时，要将转让所得的价款向抵押权人提前清偿债权或者提存。其二，抵押期间，未经抵押权人同意，不得转让抵押财产。除非受让人替抵押人向抵押权人偿还了债务消灭了抵押权。按照该条的制度设计，转让抵押财产，必须消除该财产上的抵押权。既然买受人取得的是没有物上负担的财产，也就不再有物上追及的问题。物权法这样规定的主要理由是：第一，财产抵押实际是以物的交换价值担保，抵押财产转让，交换价值已经实现。以交换所得的价款偿还债务，消灭抵押权，可以减少抵押财产流转过程中的风险，避免抵押人利用制度设计的漏洞取得不当利益，更好地保护抵押权人和买受人的合法权益。第二，抵押财产的价值是随着市场价格波动的，与其为抵押权的实现留下不确定因素，不如在转让抵押财产时，就将转让所得的价款向抵押权人提前清偿或者提存。第三，转让抵押财产前就取得抵押权人同意，可以防止以后出现的一系列麻烦，节省经济运行的成本，减少纠纷。

二、民法典物权编对抵押期间抵押财产转让规则的修改

物权法没有规定抵押财产转让时抵押权的物上追及效力，而是要求将转让价款向抵押权人提前清偿债务或者提存。在民法典物权编的立法过程中，有的意见提出，物权法的规定存在以下问题：一是抵押权是存在于抵押财产上的权利，是属于权利人的绝对权，抵押权对抵押财产具有追及效力是其物权属性的体现，应当予以明确规定；二是要求抵押人将转让抵押财产的价款提前清偿债务，违背了抵押权作为担保物权具有的或然性特征，设定抵押不是债务承担或者债务替代，提前清偿债务损害抵押人的期限利益，在第三人作为抵押人的情形中尤其不公正，立法只需考虑抵押人处分抵押财产时是否会损害抵押权，再赋予抵押权人相应的救济手段；三是转让抵押财产，必须消除该财产上的抵押权，影响了交易实践的发展，尤其是在房屋按揭买卖中，需要先由买受人支付部分款项，以供出卖人提前清偿按揭贷款从而涂销抵押权，再由买受人与银行签订抵押贷款合同，重新办理抵押登记，增加了交易成本。建议规定抵押期间抵押人转让抵押财产的，抵押权不受影响，只有在转让行为有可能损害抵押权时，抵押权人可以要求抵押人提前清偿债务或者将转让价款提存。

对于上述立法建议，有的部门和单位认为，允许抵押财产不经抵押权人同意而转让可能有以下不利影响：一是增加了债务人的道德风险，在不清偿债务或提存的情况下，允许抵押人转让抵押财产，转让后的财产所有人与债务人无直接关联，将削弱因财产担保对债务人产生的约束，进而影响到债务的偿还。二是影响抵押权的实现，虽然该建议明确了抵押权的追及效力，但是抵押权人对因抵押财产转让给第三人而导致的抵押财产处置困难的情况缺乏控制力，可能增加抵押权人的权利行使成本。

我们研究认为，如果当事人设立抵押权时进行了登记，受让人可以知悉财产上是否负担抵押权，受让人知道或者应当知道该财产上设有抵押权仍受让的，应当承受相应的风险；如果当事人设立抵押权时没有进行登记，则不能对抗善意的受让人，受让人将获得没有抵押负担的财产所有权。随着我国不动产统一登记制度的建立以及动产抵押登记制度的完善，抵押人转让抵押财产时抵押权人和抵押财产的买受人可能承担的风险大大降低，为了充分发挥物的效用，促进交易便捷，应当允许抵押人在抵押期间转让抵押财产并承认抵押权的追及效力。同时，应当允许当事人对抵押期间能否转让抵押财产另行约定，以平衡抵押人与抵押权人之间的利益，保护抵押权人为行使抵押权而作的预先安排，尊重当事人之间的意思自治。为此，民法典各分编草案一审稿第197条曾规定："抵押期间，抵押人转让抵押财产的，应当通知抵押权人。当事人另有约定的，按照其约定。""抵押财产转让的，抵押权不受影响。抵押权人能够证明抵押财产转让可能损害抵押权的，可以请求抵押人将转让所得的价款向抵押权人提前清偿债务或者提存。转让的价款超过债权数额的部分归抵押人所有，不足部分由债务人清偿。"

在民法典物权编经全国人大常委会审议以及公开征求意见

的过程中，一些意见提出，草案修改了物权法中抵押期间抵押财产转让的相关规则，承认了抵押权的追及效力，删除了未经抵押权人同意不得转让抵押财产的规定，值得肯定。但是该条文第 1 款规定的"抵押人转让抵押财产的，应当通知抵押权人"，通知抵押权人到底有何实际作用，是否影响抵押财产转让的效力，值得考虑。依追及效力规则，不管通知与否，抵押权的效力均不受影响，那么通知便没有太大意义。第 1 款还规定"当事人另有约定的，按照其约定"，该约定是指可以不通知，还是约定抵押财产不得转让，也存在疑问。经研究，提交十三届全国人大常委会十五次会议审议的民法典草案为避免产生歧义，将抵押期间抵押财产的转让规则作了修改完善，在草案第 406 条规定："抵押期间，抵押人可以转让抵押财产。当事人另有约定的，按照其约定。抵押财产转让的，抵押权不受影响。""抵押人转让抵押财产的，应当及时通知抵押权人。抵押权人能够证明抵押财产转让可能损害抵押权的，可以请求抵押人将转让所得的价款向抵押权人提前清偿债务或者提存。转让的价款超过债权数额的部分归抵押人所有，不足部分由债务人清偿。"该条文最终成为了民法典物权编的条文。

根据本条规定，抵押人对其所有的抵押财产享有占有、使用、收益、处分的权利，抵押期间抵押人可以转让抵押财产，而不需要经过其他人的同意。如果抵押权人与抵押人在设立抵押权时约定抵押人在抵押期间不得转让抵押财产，那么抵押人不能转让抵押财产，但是该约定不得对抗善意受让人。抵押财产转让的，抵押权不受影响，即无论抵押财产转让到哪里，也无论抵押财产的受让人是谁，抵押权人对该抵押财产享有抵押权，在实现抵押权的条件成就时，可以追及该抵押财产并就抵押财产进行变价和优先受偿。

由于抵押权人并不占有、控制抵押财产，因此对于抵押财产的状态和权属状况不可能随时知悉，因此本条对抵押人规定了在转让抵押财产时及时通知抵押权人的义务。抵押人如果在转让抵押财产时未及时通知抵押权人，虽然不影响抵押权的效力，但是如果因未及时通知造成抵押权人损害的，应当承担赔偿责任。抵押人转让抵押财产的，抵押权人虽然对该财产具有追及效力，但是在一些情况下抵押财产的转让有可能损害抵押权人的利益，例如，某甲将其日常生活所用的汽车抵押给某乙并进行了登记，后来又将该汽车转让给某丙用于营业用途，由于汽车用途的改变会加大汽车的损耗，汽车的价值也会相应降低，尽管汽车转让后某乙对该汽车仍享有抵押权，但是在其实现抵押权时，汽车的价值可能已经贬损到不能完全清偿其债权。在这种情况下本条规定，抵押权人能够证明抵押财产转让可能损害抵押权的，可以请求抵押人将转让所得价款提前清偿债务或者提存。

> **第四百零七条** 抵押权不得与债权分离而单独转让或者作为其他债权的担保。债权转让的，担保该债权的抵押权一并转让，但是法律另有规定或者当事人另有约定的除外。

❖ **条文主旨** ❖

本条是关于抵押权转让或者作为其他债权担保的规定。

❖ **条文解读** ❖

担保物权的一个重要特点就是其附随于主债权债务关系，没有主债权债务关系的存在，担保关系也就没有了存在以及实现的可能性和价值。作为担保物权的一种，抵押权以其所担保的债权存在为前提。由于抵押权不具有独立存在的特性，因此本条中规定："抵押权不得与债权分离而单独转让或者作为其他债权的担保。"这一规定延续了我国担保法、物权法的规定。根据这一规定，抵押权的转让或者以抵押权为其他债权设定担保，应当与抵押权所担保的债权一同进行。抵押权人转让抵押权的，抵押权应当与其所担保的债权一同转让；抵押权人以抵押权向他人提供担保的，抵押权应当与其所担保的债权一同向他人提供担保。单独转让抵押权或者单独以抵押权作为其他债权的担保的行为无效。这里所讲的抵押权不得与债权分离而单独转让，是指抵押权人不得将抵押权单独让与他人而自己保留债权。抵押权人也不得单独将抵押权作为其他债权的担保而自己保留债权，抵押权只有在与其所担保的债权一同作为其他债权的担保时才有意义。

由于抵押权具有附随性，被担保的债权转让的，抵押权应当随被担保债权的转让而移转于受让人，因此本条规定："债权转让的，担保该债权的抵押权一并转让。"需要注意的是，关于这一规定，本条还有一项但书规定："但是法律另有规定或者当事人另有约定的除外。""法律另有规定"是指法律规定在一些情况下，债权转让的，抵押权不一并转让，例如，本法规定，最高额抵押担保的债权确定前，部分债权转让的，最高额抵押权不得转让。"当事人另有约定"，既可以是抵押权人在转让债权时，与受让人约定，只转让债权而不转让担保该债权的抵押权，这种情形大多发生在债权的部分转让时；也可以是第三人专为特定的债权人设定抵押的，该第三人与债权人约定，被担保债权的转让未经其同意的，抵押权因债权的转让而消灭。在上述情形下，债权转让的，担保该债权的抵押权不一并转让。

> 第四百零八条　抵押人的行为足以使抵押财产价值减少的，抵押权人有权请求抵押人停止其行为；抵押财产价值减少的，抵押权人有权请求恢复抵押财产的价值，或者提供与减少的价值相应的担保。抵押人不恢复抵押财产的价值，也不提供担保的，抵押权人有权请求债务人提前清偿债务。

❖ **条文主旨** ❖

本条是关于抵押财产价值减少时如何处理的规定。

❖ **条文解读** ❖

抵押权设立后，抵押权人并不实际占有抵押财产，抵押财产仍由抵押人占有、使用、收益和处分，在抵押期间，有可能由于抵押人的行为致使抵押财产价值减少，损害抵押权人的利益。抵押人使抵押财产价值减少的行为主要包括两个方面：一是抵押人采取积极的行为致使抵押财产价值减少，如砍伐抵押的林木、拆除抵押的房屋等；二是抵押人消极的不作为致使抵押财产价值减少，如对抵押的危旧房屋不作修缮、对抵押的机动车不进行定期的维修保养等。抵押权是为抵押权人的利益设定的，抵押权人的目的在于支配抵押财产的交换价值而使债权获得清偿，当抵押人的行为使抵押财产价值减少从而侵害抵押权人的利益时，应当给予抵押权人保全抵押财产价值、维护抵押担保效力的权利。因此，本条规定：抵押人的行为足以使抵押财产价值减少的，抵押权人有权请求抵押人停止其行为。如果抵押人对抵押权人的请求不予理睬、不停止其行为的，抵押权人可以请求人民法院强制抵押人停止其侵害行为。

实践中，很多时候即使抵押人停止其行为，也已经造成抵押财产价值减少，使抵押权人的利益受到损害，对此，抵押权人有权请求抵押人恢复抵押财产的价值，如将破旧的房屋修缮好，将损坏的车辆修理好。抵押财产的价值难以恢复或者恢复的成本过高的，抵押权人也可以请求抵押人提供与减少的价值相应的担保。经抵押权人请求，抵押人既不恢复抵押财产的价值也不提供担保的，抵押权人为保护自己的利益，防止抵押财产的价值进一步减少，有权请求债务人提前清偿债务。

需要注意的是，本条规定的抵押财产价值减少，均是由于抵押人的行为造成的，即只有在抵押人对抵押财产价值减少有过错的，才按照本条的规定处理。对于抵押人对抵押财产价值减少无过错时如何处理的问题，本条没有作出规定。那么，在抵押人无过错的情况下，如因地震、水灾等自然灾害，因失火、被窃等第三人的原因而使抵押财产价值减少的，如何保护抵押权人的利益呢？对于非可归责于抵押人的原因致使抵押财产价值减少的，如果请求抵押人恢复抵押财产的原价值或者提供与减少的价值相当的担保，对抵押人有失公正。如果抵押人因抵押财产的毁损、灭失获得了赔偿金、保险金等，根据本法第390条的规定，抵押权人可以就获得的保险金、赔偿金等优先受偿，被担保债权的履行期限未届满的，也可以提存该保险金、赔偿金等。赋予抵押权人对因担保财产毁损灭失而获得的保险金、赔偿金等享有直接优先受偿或者提存的权利，更有效地保护抵押权人的利益。当然，此时原抵押财产仍应当作为债权的担保。对于非因抵押人的过错致使抵押财产价值减少，抵押人又不能获得保险金、赔偿金的情形，例如，因市场的变化使得抵押的房地产价值减少的，抵押权人不能请求抵押人恢复抵押财产的价值或者提供与减少的价值相应的担保，更不能请求债务人提前清偿债务，还是应当以原抵押财产作为债权的担保。债权人在实现抵押权时抵押财产的价值不足以偿还全部债务的，可以请求债务人清偿不足部分，如果该部分债权没有其他的担保，则变为普通债权。

> **第四百零九条** 抵押权人可以放弃抵押权或者抵押权的顺位。抵押权人与抵押人可以协议变更抵押权顺位以及被担保的债权数额等内容。但是，抵押权的变更未经其他抵押权人书面同意的，不得对其他抵押权人产生不利影响。
>
> 债务人以自己的财产设定抵押，抵押权人放弃该抵押权、抵押权顺位或者变更抵押权的，其他担保人在抵押权人丧失优先受偿权益的范围内免除担保责任，但是其他担保人承诺仍然提供担保的除外。

❖ **条文主旨** ❖

本条是关于抵押权人放弃抵押权、抵押权的顺位以及变更抵押权的规定。

❖ **条文解读** ❖

抵押权作为抵押权人享有的一项权利，抵押权人可以放弃抵押权从而放弃其债权就抵押财产优先受偿的权利。抵押权人不行使抵押权或者怠于行使抵押权的，不得推定抵押权人放弃抵押权。抵押权人放弃抵押权，不必经过抵押人的同意。抵押权人放弃抵押权的，抵押权消灭。

抵押权的顺位是抵押权人优先受偿的顺序。抵押权的顺位作为抵押权人享有的一项利益，抵押权人可以放弃其顺位，即放弃优先受偿的次序利益。抵押权人放弃抵押权顺位的，该抵押权人将处于最后顺位，所有后顺位抵押权人的顺位依次递进。但是在抵押权人放弃抵押权顺位之后新设定的抵押权不受该放弃的影响，其顺位仍应在该抵押权人的抵押权顺位之后。

本条规定，抵押权人与抵押人可以协议变更抵押权的顺位以及被担保的债权数额等内容。所谓抵押权顺位的变更，是指将同一抵押财产上的数个抵押权的清偿顺序调换。抵押权的顺位变更后，各抵押权人只能在其变更后的顺位上行使优先受偿权。对抵押权顺位以及被担保的债权数额等内容的变更，如果在同一抵押财产上还有其他抵押权人的，可能对这些抵押权人产生不利的影响。为了保护同一财产上其他抵押权人的合法利益，本条特别规定："抵押权的变更未经其他抵押权人书面同意的，不得对其他抵押权人产生不利影响。"未经其他抵押权人书面同意变更抵押权，对其他抵押权人产生不利影响的，变更无效。如果抵押权的变更，对其他抵押权人不会产生不利影响，那么即使未经后顺位的抵押权人的书面同意，该变更有效。

本条第2款规定，债务人以自己的财产设定抵押，抵押权人放弃该抵押权、抵押权顺位或者变更抵押权的，其他担保人在抵押权人丧失优先受偿权益的范围内免除担保责任，但是其他担保人承诺仍然提供担保的除外。这一规定是针对被担保的债权既有以债务人自己的财产作抵押的抵押担保又有其他担保的情形而作出的特别规定。这里的"其他担保人"既包括为债务人担保的保证人，也包括提供抵押、质押担保的第三人。

现以同一债权既有以债务人自己的财产作抵押的抵押担保又有第三人提供保证担保的情形为例，对本款的规定作一说明：本法第392条规定，被担保的债权既有物的担保又有人的担保的，债务人不履行到期债务或者发生当事人约定的实现担保物权的情形，债务人自己提供物的担保的，如果没有特别的约定，债权人应当先就债务人的物实现债权。根据这一规定，只要是债务人以自己的财产设定抵押的，无论该抵押是担保主债权的全部还是部分，如果当事人之间没有特别的约定，都要首先就该财产行使抵押权来实现债权。如果因行使抵押权而实现了全部债权，那么保证人就不用承担保证责任了；如果行使了抵押权却只实现了部分债权，那么保证人就只对未实现的那部分债权承担保证责任。也就是说，在这种情形下，保证人是就债权人行使抵押权优先受偿而仍不能受偿的债权余额承担保证责任。如果抵押权人放弃该抵押权、抵押权的顺位或者变更抵押权而使自己失去优先受偿的权利或者减少优先受偿的范围，那么因债权人丧失优先受偿的权益而未能受偿的债权，就要由保证人来承担保证责任，这就会加大保证人的保证责任。这种因抵押权人的行为而加重保证人保证责任的现象，是不合理的。为了保护保证人等其他担保人的合法利益，本法特别规定，其他担保人在抵押权人丧失优先受偿权益的范围内免除担保责任。但是如果其他担保人承诺仍然提供担保的，应当尊重当事人自愿的意思表示，为此本条规定"但是其他担保人承诺仍然提供担保的除外"。

> **第四百一十条** 债务人不履行到期债务或者发生当事人约定的实现抵押权的情形，抵押权人可以与抵押人协议以抵押财产折价或者以拍卖、变卖该抵押财产所得的价款优先受偿。协议损害其他债权人利益的，其他债权人可以请求人民法院撤销该协议。
>
> 抵押权人与抵押人未就抵押权实现方式达成协议的，抵押权人可以请求人民法院拍卖、变卖抵押财产。
>
> 抵押财产折价或者变卖的，应当参照市场价格。

❖ **条文主旨** ❖

本条是关于抵押权实现的条件、方式和程序的规定。

❖ **条文解读** ❖

本条第1款对抵押权人实现抵押权的条件作出了规定：一是债务履行期限届满，债务人不履行债务；二是发生了当事人约定的实现抵押权的情形。允许抵押权人与抵押人约定提前实现抵押权的条件，抵押权人就可以在抵押合同中对抵押人的某些行为进行约束，一旦抵押人违反约定从事了这些行为，满足了约定的实现抵押权的条件，抵押权人就可以提前实现抵押权，以保障自己的债权得到清偿。满足上述任一条件，抵押权人就可以依照本条规定的方式和程序处理抵押财产以实现其债权。

债务人不履行到期债务或者发生当事人约定的实现抵押权的情形的，抵押权人可以与抵押人就如何处理抵押财产进行协商，如果双方达成协议，就可以按照协议的方式实现抵押权。本条提供了三种抵押财产的处理方式供抵押权人与抵押人协议时选择：

一、折价方式

在实现抵押权的条件成就时，抵押权人可以与抵押人协议，以折价的方式实现抵押权。折价的方式也就是抵押权人与抵押人协议，参照市场价格确定一定的价款将抵押财产的所有权转移给抵押权人，以实现债权。本法第401条规定："抵押权人在债务履行期限届满前，与抵押人约定债务人不履行到期债务时抵押财产归债权人所有的，只能依法就抵押财产优先受偿。"这样规定是为了避免债务履行期限届满前，抵押权人利用其优势地位与抵押人约定，在债务人到期不能履行债务时，将价值高于被担保债权的抵押财产直接转归抵押权人所有，以充抵债权，从而对抵押人造成不公平。上述条文所限制的只是在债务履行期限届满前作出这种将来转移所有权的协议，在需要实现抵押权的时候，已不存在可能给抵押人造成不利的情势了，这时双方可以协议以折价的方式来清偿抵押权人的债权。而且，如果双方确定的抵押财产的价款高于被担保的债权时，依照本法规定，超出的部分要归抵押人所有，这样抵押权人与抵押人双方的权益就都得到了保护。

二、拍卖方式

拍卖是抵押权实现的最为普通的一种方式。拍卖也称为竞卖，是指以公开竞争的方法将标的物卖给出价最高的买者。拍卖又分为自愿拍卖和强制拍卖两种，自愿拍卖是出卖人与拍卖机构订立委托合同，委托拍卖机构拍卖，拍卖机构一般为拍卖行；强制拍卖是债务人的财产基于某些法定的原因由司法机关如人民法院强制性拍卖。抵押权人与抵押人协议以抵押财产拍卖来实现债权的方式属于第一种方式，双方达成一致意见，即可选择拍卖机构进行拍卖。以拍卖的方式实现抵押权有很大的优点，因为拍卖是以公开竞价的方式出卖标的物，拍卖的价款能够最大限度地体现拍卖财产的价值，从而充分发挥抵押财产对债权的担保作用。

三、变卖方式

除前述两种方式外，本条规定双方还可以协议以变卖的方式实现抵押权。采用变卖的方式就是以拍卖以外的生活中一般的买卖形式出让抵押财产，以变卖抵押财产的价款来实现债权的方式。为了保障变卖的价格公允，变卖抵押财产应当参照市场价格。

抵押权人与抵押人协议处理抵押财产时，可能涉及抵押人的其他债权人的利益，如果抵押财产折价过低或者拍卖、变卖的价格远低于市场价格，在该抵押权人就变价款优先受偿后，可供后顺位的抵押权人以及其他债权人实现其债权的数额就会大大减少，从而损害他们的利益。为保障其他债权人的利益，本条规定，协议损害其他债权人利益的，其他债权人可以请求人民法院撤销该协议。

上面讲的是抵押权人与抵押人达成协议而实现抵押权的情况，如果双方未达成协议，那么应当如何实现抵押权呢？在物权法的立法过程中，考虑到抵押权人与抵押人未就实现抵押权达成协议，主要有两种情形：一是双方就债务履行期限届满债权未受清偿的事实没有异议，只是就采用何种方式来处理抵押财产的问题达不成一致意见；二是双方在债务是否已经履行以及抵押权本身的问题上存在争议，如双方对抵押合同的有关条款或者抵押权的效力问题存在争议，这些问题实际上是实现抵押权的前提条件，双方对此发生争议的，也就根本谈不上协议以何种方式实现抵押权了。对于第一种情形，即抵押权人与抵押人仅就抵押权实现方式未达成协议的，为了简便抵押权的实现程序，物权法规定，抵押权人可以直接请求人民法院拍卖、变卖抵押财产。对于第二种情形，抵押权人仍应当采取向人民法院提起诉讼的方式解决。本法保留了物权法的规定，本条规定，抵押权人与抵押人未就抵押权实现方式达成协议的，抵押权人可以请求人民法院拍卖、变卖抵押财产。

第四百一十一条 依据本法第三百九十六条规定设定抵押的，抵押财产自下列情形之一发生时确定：

（一）债务履行期限届满，债权未实现；

（二）抵押人被宣告破产或者解散；

（三）当事人约定的实现抵押权的情形；

（四）严重影响债权实现的其他情形。

❖ **条文主旨** ❖

本条是关于在浮动抵押中抵押财产确定的情形的规定。

❖ **条文解读** ❖

本条是专门针对浮动抵押的规定。根据本法第 396 条的规定，当事人除可以在特定的财产上设定抵押即固定抵押外，企业、个体工商户、农业生产经营者还可以将现有的以及将有的生产设备、原材料、半成品和产品抵押，即在上述动产上设定浮动抵押，当债务人不履行到期债务或者发生当事人约定的实现抵押权的情形时，债权人有权就抵押财产确定时的动产优先受偿。浮动抵押区别于固定抵押的一个重要特征就是抵押财产的范围不确定，浮动抵押设定后，抵押人仍然有权继续占有、经营管理并自由处分其财产，这样就使抵押财产不固定，在抵押期间不断发生变化。但是，当抵押权人需要行使抵押权时，抵押财产应当是确定的。只有抵押财产被确定，抵押权人才能将抵押财产折价或者拍卖、变卖以实现抵押权。因此，抵押财产的确定是抵押权实现的前提条件。当然，一般情况下也只有在需要实现抵押权时，才有必要确定抵押财产。抵押财产的确定是实现浮动抵押权中的一个重要问题。

那么，在什么情形下抵押财产能被确定呢？依照本条的规定，抵押财产确定的情形有以下四种：

第一，债务履行期限届满，债权未实现的，抵押财产确定。这种情况下，无论抵押权人是否向抵押人提出实现抵押权的要求，抵押财产均应确定，自债务履行期限届满之日起，抵押人不得再处分抵押财产。

第二，抵押人被宣告破产或者解散的，抵押财产确定。这一规定主要适用于抵押人为法人或者非法人组织的情形。物权法第196条规定了浮动抵押中抵押财产确定的情形，其中第2项为"抵押人被宣告破产或者被撤销"。抵押人被宣告破产或者被撤销，即意味着抵押人停止营业，进入清算程序，由于抵押人的财产将不再发生变动，抵押财产随之确定，抵押权人对确定下来的抵押财产享有优先受偿的权利。然而，根据本法总则编的规定，法人和非法人组织终止的原因并不仅限于被宣告破产或者被撤销。因法人解散或者法人被宣告破产并依法完成清算、注销登记的，法人终止。而法人解散的原因有多种，本法第69条规定："有下列情形之一的，法人解散：（一）法人章程规定的存续期间届满或者法人章程规定的其他解散事由出现；（二）法人的权力机构决议解散；（三）因法人合并或者分立需要解散；（四）法人依法被吊销营业执照、登记证书，被责令关闭或者被撤销；（五）法律规定的其他情形。"对于非法人组织来说，本法第106条规定："有下列情形之一的，非法人组织解散：（一）章程规定的存续期间届满或者章程规定的其他解散事由出现；（二）出资人或者设立人决定解散；（三）法律规定的其他情形。"可见，抵押人被撤销仅是抵押人解散的一种情形，在抵押人依照章程解散、决议解散、因合并分立解散、被吊销营业执照、被责令关闭等情形中，抵押人也需要依法进行清算，最终终止。抵押人在终止之前，相关的权利义务关系应当确定下来并予以处理，此时应当将设定浮动抵押的抵押财产确定下来。为此，民法典物权编将物权法的"抵押人被宣告破产或者被撤销"修改为"抵押人被宣告破产或者解散"，以涵盖更多情形。

　　第三，发生当事人约定的实现抵押权的情形的，抵押财产确定。抵押权人为保障自己的债权得到清偿，可以与抵押人约定提前实现抵押权的情形。当事人约定了实现抵押权的情形的，一旦发生了该情形，抵押财产即被确定，抵押权人可以要求实现抵押权。

第四，发生严重影响债权实现的其他情形的，抵押财产确定。严重影响债权实现的情形，范围比较广泛，既可以是因经营不善导致抵押人经营状况恶化或者严重亏损；也可以是因抵押人放弃其债权、无偿转让财产、以明显不合理的低价转让财产或者以明显不合理的高价受让他人财产等，致使其设立浮动抵押的财产价值明显减少；还可以是抵押人为逃避债务而隐匿、转移财产。抵押人有上述行为，严重影响债权实现的，抵押权人为保全抵押财产达到一定的数额，以起到担保其债权优先受偿的作用，可以向抵押人要求确定抵押财产，以实现抵押权。抵押人对抵押权人的要求有异议的，抵押权人可以向人民法院请求确定抵押财产。需要说明的是，如果抵押人有放弃其债权、无偿转让财产、以明显不合理的低价转让财产或者以明显不合理的高价受让他人财产等行为，严重影响抵押权人债权实现的，抵押权人除可以依照本条规定要求确定抵押财产外，还可以依据本法第408条的规定，有权请求抵押人停止其行为，请求恢复抵押财产的价值，或者提供与减少的价值相应的担保。如果债务人自己为抵押人的，抵押权人还可以依照合同编的有关规定向人民法院请求撤销债务人的行为。因抵押权人行使撤销权而追回的财产，如果原本就属于浮动抵押财产的范围，抵押财产确定后，仍属于抵押财产。

本条规定的四种情形为抵押财产确定的法定情形，发生其中任一情形的，自该情形发生时浮动抵押即转化为固定抵押，抵押财产确定，抵押人不得再处分抵押财产，抵押权人可以依法实现抵押权。

> **第四百一十二条**　债务人不履行到期债务或者发生当事人约定的实现抵押权的情形，致使抵押财产被人民法院依法扣押的，自扣押之日起，抵押权人有权收取该抵押财产的天然孳息或者法定孳息，但是抵押权人未通知应当清偿法定孳息义务人的除外。
>
> 前款规定的孳息应当先充抵收取孳息的费用。

❖ **条文主旨** ❖

本条是关于抵押财产孳息的规定。

❖ **条文解读** ❖

抵押财产的孳息，是指由抵押财产而产生的收益。孳息分为天然孳息和法定孳息，天然孳息指物依照自然属性产生的收益，如土地上生长的庄稼、树木结的果实、牲畜产的幼畜；法定孳息指依照法律关系产生的收益，如出租人依合同收取的租金、贷款人依法所得的利息。抵押权设立后，抵押财产的占有权、使用权、收益权和处分权仍由抵押人行使，因抵押财产的使用而产生的孳息应当归抵押人所有，抵押权的效力不及于该孳息。

但是，债务人不履行到期债务或者发生当事人约定的实现抵押权的情形，因抵押权人行使抵押权致使抵押财产被人民法院依法扣押的，如果抵押财产的孳息仍为抵押人收取，则会使抵押人为收取孳息而拖延处理抵押财产，不利于保护抵押权人的利益。此时剥夺抵押人对抵押财产孳息的收取权，有利于抵押权人顺利实现抵押权，也能够充分发挥抵押财产担保债权受偿的功能。因此，本条规定，抵押财产被人民法院扣押的，抵押权的效力及于抵押财产的孳息，自扣押之日起抵押权人有权收取该抵押财产的天然孳息和法定孳息。需要说明的是，抵押权的效力及于抵押财产的孳息必须具备两个条件：（1）必须是抵押财产被扣押后，抵押权人才能收取其孳息；（2）抵押财产被扣押后，抵押权人已经通知应当给付法定孳息的义务人。因为法定孳息如租金的取得，取决于义务人的给付行为，通常情况下义务人负有向抵押人给付孳息的义务，如果抵押权人未将扣押事实通知义务人，义务人就无法将孳息交付给抵押权人，抵押权的效力也就无法及于该孳息，因此本条规定"但是抵押权人未通知应当清偿法定孳息义务人的除外"。

由于收取孳息可能要付出一些费用，如收取果实的劳务费等，这些费用应当首先得到满足，也就是说，孳息应当先充抵收取孳息的费用，再用于清偿抵押权人的债权。

> **第四百一十三条** 抵押财产折价或者拍卖、变卖后，其价款超过债权数额的部分归抵押人所有，不足部分由债务人清偿。

❖ **条文主旨** ❖

本条是关于抵押财产变价款归属原则的规定。

❖ **条文解读** ❖

抵押权设定的目的在于确保债权获得清偿。当抵押所担保的债权在履行期限届满或者发生当事人约定的实现抵押权的情形时而未受清偿，抵押权人可以就抵押财产的变价款优先受偿。抵押权的实现是抵押权的根本效力所在，也是抵押权人最重要的权利。

抵押权的实现就是将抵押财产的交换价值兑现，抵押权人以变价款优先受偿。抵押财产价值的最初估算与最终的变价款可能并不一致，这与当事人在设定抵押权时对抵押财产价值的估值是否准确以及市场价格不断变化有关。因此，抵押财产按照本法规定的方式和程序折价或者拍卖、变卖后，其价款可能超出其所担保的债权数额或者不足清偿债权。但是，无论抵押财产的变价款如何，设定抵押权时的主债权是清楚的，实现抵押权应当以清偿抵押担保范围的债权为界。抵押财产作为债权的担保，仅以最终实现债权为目的，抵押财产折价或者拍卖、变卖所得的价款如果超过债权数额，由于债权已经得到清偿，超过部分应当归抵押财产的原所有人即抵押人所有。如果抵押财产的变价款不足以清偿债权，抵押权人也只能以该变价款优先受偿，不能要求抵押人恢复抵押财产的价值或者提供与减少的价值相应的担保，除非抵押财产的价值减少是由抵押人的行为造成的。在抵押权人实现抵押权后，抵押人已就其抵押财产承担了担保责任，抵押权因实现而消灭，但是未清偿的部分债权，仍然在债权人与债务人之间存在，只是不再是抵押权担保的债权，债务人仍然负有清偿债务的义务，如果债务人与抵押人不是同一人时，抵押财产的变价款不足清偿的债务由债务人承担，抵押人不再承担责任。

> **第四百一十四条**　同一财产向两个以上债权人抵押的，拍卖、变卖抵押财产所得的价款依照下列规定清偿：
>
> （一）抵押权已经登记的，按照登记的时间先后确定清偿顺序；
>
> （二）抵押权已经登记的先于未登记的受偿；
>
> （三）抵押权未登记的，按照债权比例清偿。
>
> 其他可以登记的担保物权，清偿顺序参照适用前款规定。

❖ **条文主旨** ❖

本条是关于同一财产上的多个抵押权及其他可以登记的担保物权的清偿顺序的规定。

❖ **条文解读** ❖

担保物权的设定以确保债权的实现为目的，其注重的是对担保财产交换价值的支配，而不是对担保财产的使用和收益，因此这使得同一担保财产上可能存在为多个债权设定的不同的担保物权。抵押权作为担保物权的一种，同一个抵押财产上可以同时设定多个抵押权，但是我国民事法律对于多个抵押权存在形式的认可经历了一个演变的过程。

担保法第35条规定："抵押人所担保的债权不得超出其抵押物的价值。财产抵押后，该财产的价值大于所担保债权的余额部分，可以再次抵押，但不得超出其余额部分。"根据这一规定，只有在抵押财产的价值大于所担保的债权时，抵押人才可以就同一抵押财产向其他的债权人再次抵押，而且向数个债权人抵押担保的债权总额不得超出该抵押财产的价值。

随着我国社会主义市场经济的不断发展和完善，该规定也显示出了一些局限性，主要有：（1）限制了抵押财产的充分利用，没有充分发挥抵押财产的融资作用和担保效益，不利于市场经济条件下债务人对融资的需求。（2）要求被担保债权不超出抵押财产的价值，限制了当事人设定抵押的意愿。债权人是否接受抵押担保，并不完全取决于抵押财产的价值是否大于或者与被担保债权数额相当，债权人还要综合考虑债务人的偿还能力、信用状况以及是否还存在其他担保形式等诸多因素。在某些条件下，即使抵押财产的价值小于被担保债权的数额，债权人仍然愿意接受该抵押担保。（3）在当时的实践中，登记部门往往以担保法规定的"抵押人所担保的债权不得超出其抵押财产的价值"为由，在办理抵押登记时，强制要求对抵押财产进行评估，有的甚至要求一年评估一次，借评估高收费。强制评估致使很多当事人不去办理抵押登记。

在物权法的起草过程中，多数意见认为物权法应当将担保法的这一规定删去。鉴于上述情况，物权法没有保留该规定，也就是说，物权法不再限制同一财产的重复抵押行为。以同一财产向同一债权人或者不同债权人多次抵押的，抵押人所担保的债权可以超出其抵押财产的价值，数个抵押权依照法律规定的顺序清偿。是否在同一财产上设定数个抵押，由当事人根据实际情况判断和决定。民法典物权编也沿袭了物权法的做法，没有对重复抵押作出限制。

法律允许对同一财产设定多个抵押权，就需要厘清各个抵押权之间的清偿顺序，以维护交易秩序，起到定分止争的作用。关于同一财产上设定的多个抵押权的清偿顺序，物权法第199条规定："同一财产向两个以上债权人抵押的，拍卖、变卖抵押财产所得的价款依照下列规定清偿：（一）抵押权已登记的，按照登记的先后顺序清偿；顺序相同的，按照债权比例清偿；（二）抵押权已登记的先于未登记的受偿；（三）抵押权未登记的，按照债权比例清偿。"

民法典物权编在规定同一财产上多个抵押权的清偿顺序时在物权法第199条规定的基础上作了一些修改，主要有以下两个方面：

一是将物权法第199条第1项"抵押权已登记的，按照登记的先后顺序清偿；顺序相同的，按照债权比例清偿"修改为"抵押权已经登记的，按照登记的时间先后确定清偿顺序"，删去了抵押权登记顺序相同的按照债权比例清偿的规定。在物权法的制定过程中，不动产登记还处于分散登记的状态，因此有可能产生当事人同一天在不同的法定登记部门办理抵押财产登记的情形。例如，债务人甲将其房屋抵押给乙并在房产管理部门办理了抵押登记，同一天又将该房屋占用范围内的土地使用权抵押给丙并在土地管理部门办理了抵押登记，由于房地一体抵押原则，乙和丙在同一天取得了债务人甲的房屋及房屋占用范围内的土地使用权上的抵押权，同一天在不同的登记部门进行抵押登记很难判断登记的先后顺序，因此实践中认为这属于抵押权的登记顺序相同的情形。随着不动产统一登记制度的全面实行，不动产权利都经由不动产登记机构在统一的不动产登记簿上办理登记，同一个不动产上设立的多个抵押权都登记在一个登记簿上，可以对各个抵押权登记的先后顺序作出判断。对于动产而言，当前我国的现状是不同种类的动产抵押由不同的行政管理部门登记，在同一动产上设定多个抵押时要根据动产类别在同一个登记部门办理抵押登记，也可以区分各个抵押权之间的先后顺序。2019 年 10 月国务院颁布的《优化营商环境条例》规定，国家推动建立统一的动产和权利担保登记公示系统，逐步实现市场主体在一个平台上办理动产和权利担保登记。根据该规定，今后如果实现了统一的动产和权利担保登记公示系统，同一个动产上的多个抵押权不大可能出现登记顺序相同的情形。为此，本法删除了物权法中多个抵押权登记的顺序相同时按照债权比例清偿的规定。

二是增加了一款规定"其他可以登记的担保物权，清偿顺序参照适用前款规定"。在民法典物权编的立法过程中，一些意见提出，明确竞存的各个担保物权的清偿顺序，有利于增加担保交易的确定性，保护市场交易主体的预期，维护市场交易的秩序，物权法仅规定了多个抵押权之间以及抵押权或者质权与留置权之间的清偿顺序，应当补充规定其他担保物权的清偿顺序。我们研究认为，权利质权有的在交付权利凭证时设立，有的在办理出质登记时设立，以登记为公示方法的权利质权，就同一权利上多个质权之间的清偿顺序，可以参照适用同一财产上多个抵押权之间清偿顺序的规则。为此，本条增加了一款准用条款，为以登记为公示方法的担保物权之间的清偿顺序提供了法律依据。

根据本条规定，同一财产向两个以上债权人抵押的，拍卖、变卖抵押财产所得的价款按照以下原则清偿：

首先，抵押权已登记的，按照登记的时间先后确定清偿顺序。关于抵押权生效的原则，本法区分不动产和动产抵押，作了不同规定。根据本法的规定，以不动产抵押的，应当办理抵押登记，抵押权自登记时发生效力。以动产抵押的，抵押权自抵押合同生效时发生效力；未经登记，不得对抗善意第三人。本条规定的按照抵押权登记的时间先后确定清偿顺序的原则，既适用于以登记为抵押权生效要件的不动产抵押，也适用于以登记为抵押权对抗要件的动产抵押，即无论是不动产抵押还是动产抵押，数个抵押权都已登记的，都按照登记的先后顺序清偿。以抵押权登记的先后顺序为标准清偿抵押担保的债权是世界各国抵押担保制度中的一般规则。确定抵押权登记的先后，以登记部门记载的登记时间为准。作为第一顺序抵押登记的被担保债权，就拍卖、变卖抵押财产的价款优先受偿，处于第二顺序的抵押权只能就变价款的剩余部分受偿，依此类准。

其次，抵押权已登记的先于未登记的受偿。这一原则是针对动产抵押而言的。因为在不动产抵押中，未办理抵押登记的，不发生抵押权的效力，也就不会发生未登记的抵押权与已登记的抵押权之间清偿顺序的问题。根据本法的规定，当事人以动产抵押的，可以自愿办理抵押登记，而不要求必须办理登记。动产抵押权无论是否办理抵押登记都自抵押合同生效时发生效力。但是，当事人是否办理抵押登记，在法律效力上还是有差别的，办理抵押登记的，抵押权人可以对抗第三人。这样规定主要是因为办理抵押登记的，其他债权人就可以通过查阅登记资料知道该财产已经设定抵押的情况，公示性较强；而没有办理抵押登记的，其他债权人一般很难知道该财产是否已经设定了抵押，所以法律给予已登记的抵押权以特别的保护。在清偿顺序的问题上，本法作出抵押权已登记的先于未登记的受偿的规定。

最后，抵押权未登记的，按照债权比例清偿。这一原则也是针对动产抵押而言的。动产所有人有权在同一动产上多次设定抵押，在同一抵押财产上设定数个抵押权时，各抵押权人互为第三人，为保障其清偿顺位应当及时进行登记。如果每一个抵押权都没有办理登记，那么无论各抵押权设立先后，其相互间均不得对抗。因此，各抵押权人对抵押财产拍卖、变卖所得的价款应当享有同等的权利，按照各自的债权的比例受清偿。

> **第四百一十五条** 同一财产既设立抵押权又设立质权的，拍卖、变卖该财产所得的价款按照登记、交付的时间先后确定清偿顺序。

❖ 条文主旨 ❖

本条是关于同一财产上既有抵押权又有质权时清偿顺序的规定。

❖ 条文解读 ❖

抵押权可以在不动产和动产上设立，质权可以在动产和权利上设立，动产既可以成为抵押权的标的也可以成为质权的标的。关于动产抵押权，本法规定，以动产抵押的，抵押权自抵押合同生效时设立，未经登记，不得对抗善意第三人。关于动产质权，本法规定，质权自出质人交付质押财产时设立。由于动产抵押权不需要转移标的物的占有，且在抵押合同生效时设立，与动产质权的设立要件不同，因此同一动产上可能既设有抵押权又设有质权。

同一财产上存在数个不同类型的担保物权，可以使市场交易主体通过担保的方式获得生产经营所需要的资金，充分发挥财产的交换价值，实现物尽其用，但在另一方面，同一财产上设立了两个以上不同类型的担保物权时，就需要确立担保物权优先次序所应遵循的原则，理顺担保物权竞合时的清偿顺序。民法典物权编规定对于同一财产既设抵押权又设立质权的，拍卖、变卖该财产所得的价款按照登记、交付的时间先后确定清偿顺序，即以权利公示的时间先后决定清偿顺序。本条在具体适用时，主要有以下几种情况：

一、先质押后抵押的情形

在动产上先设立质权后设立抵押权的，例如，甲将其所有的汽车出质给质权人乙，后来甲又将该汽车抵押给抵押权人丙，由于质权以动产的交付作为生效要件，并且交付具有公示效力，因此先设立的乙的质权应当优先受偿。后设立的丙的抵押权无论是否登记都不影响在先设立的乙的质权的优先受偿顺序。在动产质权和动产抵押权中，交付和登记都是公示方式，本身并不存在效力的强弱之分，都具有对抗后面产生的权利的效力。动产抵押权虽然进行了登记，但是其登记对抗效力仅能向后发生，不能影响成立在先的质权。在本案例中，乙的质权因交付行为设立并取得对抗效力，丙的抵押权因抵押合同生效设立，如果进行登记则取得对抗效力，由于质权的公示时间即动产交付的时间早于丙的抵押权的设立时间，根据本条规定乙的质权优先于丙的抵押权受偿。

二、先抵押后质押的情形

在动产上先设立抵押权后设立质权的，例如，甲将其所有的汽车抵押给乙，签订了抵押合同，由于动产抵押权不需要转移抵押财产的占有，甲又将该汽车继续出质给丙，在这种情况下，乙的抵押权和丙的质权的清偿顺序会因先设立的抵押权是否登记而有所不同。

1. 已登记的动产抵押权与动产质权。在上例中，如果乙在签订了抵押合同后进行了抵押登记，该抵押权便具有了对抗第三人的效力，并且为设立在先的权利，而丙的质权是设立在后的权利，虽然动产的交付也具有公示效力，但该质权不能对抗设立在先的具有对抗效力的抵押权人。乙的抵押权的登记时间在前，丙的质权的交付时间在后，根据本条规定，乙的抵押权优先于丙的质权受偿。

2. 未登记的动产抵押权与动产质权。在上例中，如果乙在签订了抵押合同后没有进行抵押登记，之后丙在该汽车上取得质权，由于同一个财产上并存的抵押权和质权的清偿顺序取决于权利公示的时间先后，乙的抵押权没有登记即没有公示，丙的质权因交付行为而设立并取得公示效力，丙的质权优先于乙的抵押权受偿。抵押权人在取得动产抵押权后应当及时进行登记，否则可能会失去优先清偿的顺位。

> **第四百一十六条** 动产抵押担保的主债权是抵押物的价款，标的物交付后十日内办理抵押登记的，该抵押权人优先于抵押物买受人的其他担保物权人受偿，但是留置权人除外。

❖ **条文主旨** ❖

本条是关于买卖价款抵押权的规定。

❖ **条文解读** ❖

现代商业社会中，以赊购或者贷款方式购买生产设备、原材料、半成品、产品等动产的商业活动非常普遍，这种方式对于增加生产、促进资金融通和经济发展有巨大作用。为了保障在上述买卖活动中提供融资的出卖人或者贷款人的债权，特别是平衡该类债权人与债务人的其他担保物权人之间的优先受偿顺位，本法参考借鉴国外的相关制度，规定了买卖价款抵押权制度。买卖价款抵押权是指，为了担保债务人买入动产时对出卖人或者贷款人支付价款的债务的履行，在买入的该动产上为出卖人或者贷款人设定的，经依法登记取得法律规定的优先受偿权的抵押权。由于买卖价款抵押权人可以优先于债务人在该动产上的除留置权人以外的其他担保物权人受偿，因此在国外的相关制度以及学术理论中被称为"超级优先权"。

一、买卖价款抵押权的设立

根据本条规定，买卖价款抵押权的设立需要符合下列条件：

一是买卖价款抵押权所担保的主债权是抵押财产的价款。担保物权的设立，需要有一个主债权债务关系和担保关系，在买卖价款抵押权的设立过程中，主债权为债务人买入动产时需要支付的价款，即本条规定的"主债权是抵押财产的价款"。根据债权人主体的不同，主债权可以分为两类：一类是动产出卖人请求动产买受人支付价款的债权；另一类是贷款人请求动产买受人返还其发放的用于支付动产价款的贷款债权，在这一类债权关系中涉及三方当事人，即动产买受人、动产出卖人和贷款人，买受人与贷款人协商，约定以贷款人发放的贷款向出卖人支付部分或者全部价款，买受人为担保贷款人的债权，在买受的动产上为该债权设定抵押。可见，买卖价款抵押权所担保的债权有其特殊性，必须是债务人应当支付的买受动产的价款。

二是买卖价款抵押权的客体是买受的动产。在买卖价款抵押权的设立过程中，必须以债务人买受的动产作为抵押财产，以担保买受该动产所应支付的价款，作为抵押财产的动产要与所担保的价款债权具有对应关系。例如，甲向乙购买了一批机器设备，约定甲享有该批机器的所有权，为了确保甲能够偿还购买机器的价款，甲为乙设定了抵押权，如果乙想拥有本条规定的买卖价款抵押权，必须在该批机器上设定抵押权，而不是在甲或他人的其他财产上。在债权人为贷款人的情形下，买卖价款抵押权也必须在用该笔贷款购买的动产上设立。如果债务人以其固有的老设备等为贷款人设定抵押权来取得融资，并用该笔贷款购买新设备等，那么贷款人所享有的抵押权只是一般抵押权，并不是本条规定的买卖价款抵押权。

三是买卖价款抵押权的标的物所有权须转移给买受人。抵押权是在债务人或者第三人的财产上设立的担保物权，在买卖价款抵押权的设立过程中，只有买受的标的物的所有权转移于买受人即债务人时，抵押权才能有效设立。根据本法第224条的规定，动产物权的设立和转让，自交付时发生效力，但是法律另有规定的除外，因此，本条规定了买受的标的物须经交付的要求。

四是买卖价款抵押权须办理抵押登记。由于买卖价款抵押权人对抵押财产具有优先于债务人在该动产上的除留置权人以外的其他担保物权人受偿的效力，为了向相关交易主体公示存在这样一种超级优先权，保障交易的安全性与稳定性，本条明确了其在规定的期限内进行抵押登记的要求，如果未在动产交付后 10 日内办理抵押登记，该抵押权仅构成一般的动产抵押权，不具有本条规定的优先受偿的效力，其优先受偿顺序将按照本法第 414 条、第 415 条确定。本条规定，买卖价款抵押权的登记必须在标的物交付后 10 日内办理，对抵押权的登记设置了 10 日的宽限期。宽限期的设置主要是尊重商业实践的需要，实践中融资交易频繁，在买卖价款抵押权的设立过程中，要求债务人和债权人签订抵押合同之后立即进行登记不现实，也不符合交易习惯。

二、买卖价款抵押权的优先受偿效力

对于买卖价款抵押权的优先受偿效力，本条规定"该抵押权人优先于抵押物买受人的其他担保物权人受偿"。根据本法第 414 条、第 415 条的规定，买卖价款抵押权优先于在其登记之后设立的担保物权。而根据本条规定，买卖价款抵押权具有的特殊优先受偿效力还体现在其优先于在先设立的担保物权。在债务人买受的动产上存在比买卖价款抵押权设立在先的担保物权，主要指债务人先前为他人设定了浮动抵押的情形。本法第 396 条规定了浮动抵押制度，设定浮动抵押以后，浮动抵押权人对于抵押人现有的及将有的动产享有抵押权，抵押人嗣后取得的动产，将自动成为抵押财产的一部分。这时就产生了在先设立的浮动抵押权与在后设立的买卖价款抵押权竞存的情形。例如，甲是一名机器销售商，乙是一名机器生产商，丙是银行，2020 年 1 月 1 日甲为取得融资以现有的及将有的机器为丙设定浮动抵押，并于当日办理抵押登记。同年 3 月 1 日，甲向乙购买机器，但是甲没有资金支付机器的价款，甲乙签订协议约定，甲拥有机器的所有权，甲在该批机器上为乙设立抵押权用以担保购买机器的价款，该批机器于当日交付并于 3 月 7 日办理了抵押登记。根据本条规定，3 月 7 日登记的乙的买卖价款抵押权优先于1月1日设立的丙的动产浮动抵押权，而不适用本法第414条规定的按照登记的时间先后确定清偿顺序。

赋予买卖价款抵押权特殊的优先受偿效力，主要是基于以下考虑：从抵押人（债务人）的角度来说，在先设立并登记的浮动抵押可能会减弱其他贷款人的贷款意愿，如果买卖价款抵押权能够优先受偿，便能解决浮动抵押的存在给抵押人后续经营带来的融资困境，从而为债务人扩展再融资渠道，保障其生产经营的正常进行。从买卖价款抵押权人的角度来说，买卖价款抵押权优先受偿，有力地保护了买卖价款抵押权人的利益，出卖人、贷款人不需要事先调查债务人的财产上是否存在浮动抵押，降低了交易成本，促进了货物的销售及资金的融通。从浮动抵押权人的角度来说，浮动抵押制度的特征在于赋予抵押人在正常经营活动中自由处分财产的权利，从而以抵押人在经营过程中取得的收益偿还债权。抵押人出于生产经营的需要，以买卖价款抵押权的形式获得融资，有利于生产经营的顺利进行，为浮动抵押权人实现债权提供有力保障，并且买卖价款抵押权的优先受偿效力仅及于买受的新动产，并不会妨碍浮动抵押权人在抵押人的其他财产上设立的浮动抵押权的优先顺位。出于对交易公平和效率的综合考量，本条赋予了买卖价款抵押权人优先于抵押财产买受人的除留置权人以外的其他担保物权人受偿的效力。

三、买卖价款抵押权优先受偿效力的限制

买卖价款抵押权虽然被称为"超级优先权"，但是并不代表其在任何情况下都具有最优先受偿的效力，本条规定买卖价款抵押权人优先于抵押财产买受人的其他担保物权人受偿，但是留置权人除外。留置权是指当债务人不履行到期债务，债权人可以留置已经合法占有的债务人的动产，并有权就该动产优

先受偿的一种法定担保物权。本法第456条也规定，同一动产上已经设立抵押权或者质权，该动产又被留置的，留置权人优先受偿。从理论上讲，留置权属于法定担保物权，其直接依据法律规定而产生，而抵押权与质权均为意定担保物权，法定担保物权优先于意定担保物权为公认的物权法原则。因此，在同一个动产上同时存在买卖价款抵押权和留置权时，留置权优先受偿。

> **第四百一十七条** 建设用地使用权抵押后，该土地上新增的建筑物不属于抵押财产。该建设用地使用权实现抵押权时，应当将该土地上新增的建筑物与建设用地使用权一并处分。但是，新增建筑物所得的价款，抵押权人无权优先受偿。

❖ **条文主旨** ❖

本条是关于建设用地使用权抵押后新增建筑物的规定。

❖ **条文解读** ❖

依照本法第395条和第397条的规定，债务人或者第三人有权处分的建设用地使用权可以抵押。以建设用地使用权抵押的，该土地上现有的建筑物一并抵押；抵押人未一并抵押的，未抵押的建筑物视为一并抵押。建设用地使用权抵押，是指抵押人以其依法取得的建设用地使用权不转移占有的方式向抵押权人提供债务履行担保的行为；当债务人到期不履行债务时，抵押权人有权以处分该建设用地使用权所得的价款优先受偿。建设用地使用权抵押后，抵押人仍然有权依法对该土地进行开发，建造建筑物。对于该土地上新增的建筑物，由于其不在抵押合同约定的抵押财产的范围内，因此不属于抵押财产。

为了实现抵押权，需要处分抵押的建设用地使用权时，如果该土地上已存在建筑物，一般来讲，只有将建筑物与建设用地使用权一并处分，才能实现建设用地使用权的使用价值和交换价值，这就是为什么我们在实践中要遵循"房随地走"的原则。因此，本条规定，处分抵押的建设用地使用权实现抵押权时，虽然新增的建筑物不属于抵押财产，仍可以将其与建设用地使用权一并处分。但处分后，由于新增的建筑物不属于抵押财产，处分新增建筑物所得的价款，抵押权人没有优先受偿的权利，只能以处分建设用地使用权所得的价款优先受偿。

> **第四百一十八条** 以集体所有土地的使用权依法抵押的，实现抵押权后，未经法定程序，不得改变土地所有权的性质和土地用途。

❖ **条文主旨** ❖

本条是关于以集体所有土地的使用权抵押的，其抵押权实现的特别规定。

❖ **条文解读** ❖

根据我国法律的规定，可以依法抵押的集体所有土地的使用权有农村土地的土地经营权，乡镇、村企业的建设用地使用权，集体经营性建设用地使用权。对于以家庭承包方式取得的承包地的土地经营权，农村土地承包法第47条第1款规定，承包方可以用承包地的土地经营权向金融机构融资担保，并向发包方备案。受让方通过流转取得的土地经营权，经承包方书面同意并向发包方备案，可以向金融机构融资担保。对于通过招标、拍卖、公开协商等方式承包而取得的"四荒地"的土地经营权，农村土地承包法第53条规定，通过招标、拍卖、公开协商等方式承包农村土地，经依法登记取得权属证书的，可以依法采取出租、入股、抵押或者其他方式流转土地经营权。对于乡镇、村企业的建设用地使用权，本法第 398 条规定，乡镇、村企业的建设用地使用权不得单独抵押。以乡镇、村企业的厂房等建筑物抵押的，其占用范围内的建设用地使用权一并抵押。对于集体经营性建设用地使用权，土地管理法第 63 条第 3 款规定，通过出让等方式取得的集体经营性建设用地使用权可以转让、互换、出资、赠与或者抵押，但法律、行政法规另有规定或者土地所有权人、土地使用权人签订的书面合同另有约定的除外。

以家庭承包或者其他方式承包的农村土地，属于农民集体所有或者国家所有依法由农民集体使用，乡镇、村企业的建设用地、集体经营性建设用地属于农民集体所有。为了保护我国农村集体土地，防止农业用地的流失，促进农村经济的发展，集体所有土地的使用权的流转应当坚持土地所有权的性质和土地用途不变的原则。以集体所有土地的使用权抵押的，实现抵押权后，未经法定程序，土地的所有权不得转移，仍归国家所有或者集体所有，也不得擅自改变土地的原有用途，即对农村土地的土地经营权实现抵押权时，未经依法批准不得将承包地用于非农建设；对依照法律可以抵押的集体建设用地使用权实现抵押权时，不得改变土地利用总体规划、城乡规划确定的土地用途。

> **第四百一十九条**　抵押权人应当在主债权诉讼时效期间行使抵押权；未行使的，人民法院不予保护。

❖ **条文主旨** ❖

本条是关于抵押权存续期间的规定。

473

❖ **条文解读** ❖

根据本法第 393 条的规定，在主债权消灭、抵押权实现、债权人放弃抵押权以及法律规定抵押权消灭的其他情形下，抵押权消灭。那么，在上述任何一种情形都没有发生的情况下，抵押权应当一直存续下去还是应当有一定的存续期间呢？这是本条规定要解决的问题。

在民法典颁布之前，对于这一问题，担保法没有作出规定。《最高人民法院关于适用〈中华人民共和国担保法〉若干问题的解释》第 12 条第 2 款规定，担保物权所担保的债权的诉讼时效结束后，担保权人在诉讼时效结束后的 2 年内行使担保物权的，人民法院应当予以支持。物权法第 202 条规定，抵押权人应当在主债权诉讼时效期间行使抵押权；未行使的，人民法院不予保护。民法典物权编对抵押权存续期间的问题，保留了物权法第 202 条规定，没有作出修改。

尽管本法沿用了物权法的规定，但在民法典物权编的立法过程中，对如何规定抵押权存续期间的问题，存在不同意见。

第一种意见认为，抵押权所担保的债权的诉讼时效期间届满后，抵押权人在 2 年内不行使抵押权的，抵押权应当消灭。其理由是：主债权的诉讼时效期间届满后，主债权并没有消灭，而只是债权人失去了胜诉权，由于主债权的存在，其抵押权也附随存在。但如果抵押权一直存在，可能会由于抵押权人长期怠于行使抵押权，而不利于发挥抵押财产的经济效用，阻碍经济的发展。因此，再给抵押权人 2 年的行使期间，2 年内不行使的，抵押权消灭，是比较合理的。最高人民法院就担保法有关问题制定的司法解释也是这样规定的。有的认为 2 年期间较短，不利于保护抵押权人的利益，建议改为 5 年。

第二种意见认为，抵押权人未在主债权诉讼时效期间行使抵押权的，抵押权应当消灭。主要理由是：抵押权所担保的债权因诉讼时效期间届满而成为自然之债，债务人享有抗辩权，法院不能强制债务人履行，然而对于未在主债务诉讼时效期间行使的抵押权来说，因法律未明确规定抵押权消灭，已登记的抵押权仍处于登记状态，会对抵押财产的流转产生障碍，不利于物的充分利用，这在抵押人为第三人时对抵押人不公平。建议明确规定抵押权未在主债权诉讼时效期间行使的，会导致抵押权的消灭，为主债权超过诉讼时效期间的抵押权的涂销登记提供法律依据。

第三种意见认为，应当在担保物权一般规定一章中规定，主债权诉讼时效期间届满未行使担保物权的，担保物权消灭。这样规定可以将抵押权、质权和留置权的存续期间都包含进去。

对于以上三种意见，经研究，都各有一些不妥之处，分析如下：

第一种意见提出的主债权的诉讼时效期间届满后，抵押权还有 2 年的存续期间，是否妥当，值得研究。在抵押人为第三人的情况下，抵押人在这 2 年期间内承担了担保责任后，应当有权向债务人追偿。但由于主债权已过诉讼时效，债务人对抵押权人清偿债务的请求享有抗辩权，这种抗辩权能否对抗抵押人的追偿权？如果不能对抗，诉讼时效对债务人来说就失去了意义，债务人实际上还要履行债务；如果能够对抗，抵押人的追偿权就无法得到保障。

第二种意见为主债权的诉讼时效期间届满后，抵押权消灭。该意见有以下几个方面的问题：一是主债权在诉讼时效期间届满后，尽管债务人取得了拒绝履行义务的抗辩权，但是债权人的债权并不消灭。担保物权具有从属于所担保的债权的特征，本法第 393 条第 1 项规定，主债权消灭的，担保物权消灭。如果主债权的诉讼时效期间届满后，主债权没有消灭而抵押权消灭的，与抵押权的从属性特征不符。二是在主债权的诉讼时效期间届满后，抵押人承担了担保责任，能否反悔请求债权人返还？如果规定主债权的诉讼时效期间届满则抵押权消灭，抵押人可以主张抵押权已消灭要求债权人返还，但是这种做法不符合诚实信用原则。第二种意见的出发点主要在于如果不规定抵押权消灭，则会对抵押财产的流转产生障碍，但是本法对抵押财产的转让规则已经从物权法中的未经抵押权人同意不得转让抵押财产、未消除抵押权不得转让抵押财产转变为抵押财产原则上可以转让、抵押权对抵押财产有追及效力，尽管抵押权未消灭，但是不影响抵押财产的转让。

第三种意见为质权和留置权也设定了存续期间。根据这一意见，主债权诉讼时效期间届满质权人、留置权人未行使质权、留置权的，质权、留置权消灭，质权人、留置权人应当向出质人、债务人返还质押财产、留置财产，这对已经实际占有质押财产、留置财产的质权人、留置权人是不公平的。关于质权、留置权的问题，本法根据各自权利的特点单独作了规定。对于质权，本法规定，出质人可以请求质权人在债务履行期限届满后及时行使质权；质权人不行使的，出质人可以请求人民法院拍卖、变卖质押财产。对于留置权，本法规定，债务人可以请求留置权人在债务履行期限届满后行使留置权；留置权人不行使的，债务人可以请求人民法院拍卖、变卖留置财产。

本法规定抵押权人未在主债权诉讼时效期间行使抵押权的，人民法院不予保护。这样规定的主要考虑是，随着市场经济的快速运转，如果允许抵押权一直存续，可能会使抵押权人怠于行使抵押权，不利于发挥抵押财产的经济效用，制约经济的发展。因此，规定抵押权的存续期间，能够促使抵押权人积极行使权利，促进经济的发展。由于抵押权是主债权的从权利，因此一些国家民法和地区将抵押权的存续期间与主债权的消灭时效或者诉讼时效挂钩的做法，值得借鉴。需要注意的是，本条规定的是抵押权人在主债权诉讼时效期间内未行使抵押权的，人民法院不予保护。也就是说，过了主债权诉讼时效期间后，抵押权人丧失的是抵押权受人民法院保护的权利即获得司法强制执行的权利，而抵押权本身并没有消灭，如果抵押人自愿履行担保义务的，抵押权人仍可以行使抵押权。

第二节　最高额抵押权

> **第四百二十条**　为担保债务的履行，债务人或者第三人对一定期间内将要连续发生的债权提供担保财产的，债务人不履行到期债务或者发生当事人约定的实现抵押权的情形，抵押权人有权在最高债权额限度内就该担保财产优先受偿。
>
> 　　最高额抵押权设立前已经存在的债权，经当事人同意，可以转入最高额抵押担保的债权范围。

❖ **条文主旨** ❖

本条是关于最高额抵押权的概念的规定。

❖ **条文解读** ❖

根据本条规定，最高额抵押权是指为担保债务的履行，债务人或者第三人对一定期间内将要连续发生的债权提供抵押担保，债务人不履行到期债务或者发生当事人约定的实现抵押权的情形的，抵押权人有权在最高债权额限度内就该担保财产优先受偿。

最高额抵押权具有以下特征：

　　首先，最高额抵押权是限额抵押权。设定抵押时，抵押人与抵押权人协议约定抵押财产担保的最高债权限额，无论将来实际发生的债权如何增减变动，抵押权人只能在最高债权额范围内对抵押财产享有优先受偿权。实际发生的债权超过最高限额的，以抵押权设定时约定的最高债权额为限优先受偿；不及最高限额的，以实际发生的债权额为限优先受偿。

　　其次，最高额抵押权是为将来发生的债权提供担保。最高额抵押权设定时，不以主债权的存在为前提，是典型的担保将来债权的抵押权。这里的"将来债权"，是指设定抵押时尚未发生，在抵押期间将要发生的债权。

　　再次，最高额抵押权所担保的最高债权额是确定的，但实际发生额不确定。设定最高额抵押权时，债权尚未发生，为担保将来债权的履行，抵押人和抵押权人协议确定担保的最高数额，在此额度内对债权担保。

　　最后，最高额抵押权是对一定期间内连续发生的债权作担保。这里讲的一定期间，不仅指债权发生的期间，而是指抵押权担保的期间，如对 2020 年 1 月 1 日至 12 月 31 日间发生的债权提供担保。连续发生的债权，是指所发生的债权次数不确定，且接连发生的债权。这里讲的对一定期间内连续发生的债权作担保，是指在担保的最高债权额限度内，对某一确定期间内连续多次发生的债权做担保，如最高债权额为 300 万元，担保期间为 1 年，那么，在 1 年之内，无论发生多少次债权，只要债权总额不超过 300 万元，这些债权都可以就抵押财产优先受偿。

　　最高额抵押是随着商品经济发展而产生的一项重要的抵押担保制度，我国担保法、物权法适应社会主义市场经济发展的需要，也确立了这一制度，民法典物权编在担保法、物权法的基础上对最高额抵押制度作了完善。最高额抵押与一般抵押相比具有一定的优越性。例如，甲向乙连续多次借款，如果采用一般财产抵押的办法，那么每次借款都要设定一个抵押担保，签订一次抵押合同，进行一次抵押登记，手续十分烦琐；而在借款之前设定一个最高额抵押，无论将来债权发生几次，只要签订一个抵押合同、作一次抵押登记就可以了，这样做既省时、省力，还可以加速资金的融通，促进经济发展。

关于最高额抵押的适用范围，担保法第60条规定，借款合同可以附最高额抵押合同；债权人与债务人就某项商品在一定期间内连续发生交易而签订的合同，可以附最高额抵押合同。随着市场经济的不断发展，经济往来日益频繁，经济交往形式日益多样，在现实经济生活中，不仅当事人之间的借贷关系、商品交易关系可以利用最高额抵押的形式，其他交易关系也可能需要以最高额抵押作担保，如票据关系、商业服务关系。因此，物权法未对最高额抵押的适用范围进行限制，为实践发展留出空间，民法典物权编沿袭了物权法的规定。

根据本条规定，最高额抵押是对将要发生的债权提供担保，那么，最高额抵押权设立前已经存在的债权，能否被转入最高额抵押担保的债权范围内呢？对这一问题，多数意见认为，最高额抵押权的本质特征不在于其所担保的债权为将来的债权，而在于所担保的债权为不特定债权，且具有最高限额。因此，只要最终实际发生的债权总额不超过双方约定的最高债权额，即使该债权发生在最高额抵押权设立前，也应当被允许增补到最高额抵押所担保的债权范围内。而且是否将已经存在的债权转入最高额抵押担保的债权范围，是当事人自己的权利，只要双方协商同意，法律应当允许。为此，本条第2款规定，最高额抵押权设立前已经存在的债权，经当事人同意，可以转入最高额抵押担保的债权范围。

> 第四百二十一条　最高额抵押担保的债权确定前，部分债权转让的，最高额抵押权不得转让，但是当事人另有约定的除外。

❖ **条文主旨** ❖

本条是关于最高额抵押所担保的债权以及最高额抵押权转让的规定。

❖ **条文解读** ❖

关于最高额抵押所担保的债权能否转让的问题，担保法第61条规定："最高额抵押的主合同债权不得转让。"这样规定的主要考虑是，最高额抵押是对一定期间内连续发生的债权作担保，而不是单独对其中的某一项债权作担保；最高额抵押所担保的债权在担保期间内经常变更，处于不稳定状态。如果允许主合同债权转让，就要考虑最高额抵押权是否转让、如何转让，以及如果几个债权分别转让给不同的第三人时，最高额抵押权由谁行使、如何行使等问题。在当时我国市场机制尚未完善的情况下，为了防止经济生活出现混乱局面，保障信贷和交易安全，担保法作出最高额抵押的主合同债权不得转让的特别规定，是必要的。但随着我国市场经济的不断发展和市场机制的不断完善，最高额抵押担保的债权的转让与否，应当按照当事人意思自治的原则，由债权人自己决定。德国、日本等一些国家的民法也规定，最高额抵押所担保的债权可以依照债权转让的一般规定进行转让。因此，物权法不再保留担保法的上述规定，最高额抵押所担保的债权是可以转让的。本法沿袭了物权法的精神，没有对最高额抵押所担保的债权的转让作出限制。

关于最高额抵押权是否随其所担保的债权的转让而转让的问题，应当区别不同情况分别对待。最高额抵押所担保的债权确定后，债权在约定的最高限额内就抵押财产优先受偿，此时最高额抵押与一般抵押没有什么区别。因此，根据一般抵押权随债权的转让而转让的原则，债权转让的，最高额抵押权一并转让。那么，最高额抵押担保的债权确定前，最高额抵押权是否随部分债权的转让而转让呢？对此，本条主要考虑的是因为最高额抵押是对一定期间内连续发生的所有债权作担保，而不是单独对其中的某一个债权作担保。因此，最高额抵押权并不从属于特定债权，而是从属于主合同关系。部分债权转让的，只是使这部分债权脱离了最高额抵押权的担保范围，对最高额抵押权并不发生影响，最高额抵押权还要在最高债权额限度内，对已经发生的债权和尚未发生而将来可能发生的债权作担保。因此，最高额抵押担保的债权确定前，部分债权转让的，最高额抵押权并不随之转让，除非当事人另有约定。

根据本条但书的规定，当事人可以约定在最高额抵押担保的债权确定前，最高额抵押权随部分债权的转让而转让。当事人的约定主要有以下两种情形：（1）部分债权转让的，抵押权也部分转让，原最高额抵押所担保的债权额随之相应减少。在这种情况下，转让的抵押权需要重新做抵押登记，原最高额抵押权需要做变更登记。（2）部分债权转让的，全部抵押权随之转让，未转让的部分债权成为无担保债权。

> **第四百二十二条**　最高额抵押担保的债权确定前，抵押权人与抵押人可以通过协议变更债权确定的期间、债权范围以及最高债权额。但是，变更的内容不得对其他抵押权人产生不利影响。

❖ **条文主旨** ❖

本条是关于抵押权人与抵押人协议变更最高额抵押有关内容的规定。

❖ **条文解读** ❖

最高额抵押担保的债权确定前，抵押权人与抵押人可以通过协议变更最高额抵押的有关内容。当事人可以协议变更的内容主要包括：

一是债权确定的期间。抵押权人与抵押人一般会在最高额抵押合同中约定债权确定的期间。最高额抵押担保的债权确定前，当事人可以协议延长最高额抵押合同中约定的确定债权的期间，也可以协议缩短该期间。

二是债权范围。当事人可以协议变更最高额抵押权担保的债权范围。例如，某家电经销商与某家电制造商签订一份最高额抵押合同，对一定期间内连续购进该家电制造商生产的电视机所要支付的货款提供担保。抵押期间，双方可以约定在最高额抵押担保范围内，同时为家电制造商的电冰箱的货款提供担保。

三是最高债权额。当事人可以协议提高或者降低抵押财产担保的最高债权额。

是否变更债权确定的期间、债权范围以及最高债权额，取决于当事人的协商一致；但是，在同一抵押财产上还有其他抵押权人特别是后顺位的抵押权人时，变更的内容可能对他们产生一定的影响，甚至损害他们的合法权益。例如，最高额抵押合同中约定的债权确定的最后日期在后顺位抵押权的债务履行期限届满之前，如果最高额抵押权人与抵押人协议延长债权确定的期间，将债权确定的最后日期延长至该后顺位抵押权的债务履行期限届满之后，就会对后顺位抵押权人实现其抵押权产生不利的影响。为防止抵押权人与抵押人的变更损害其他抵押权人的利益，本条以但书的形式特别规定：变更的内容不得对其他抵押权人产生不利影响。根据这一规定，抵押权人与抵押人的变更对其他抵押权人产生不利影响的，该变更无效。

> 　　第四百二十三条　有下列情形之一的，抵押权人的债权确定：
> 　　（一）约定的债权确定期间届满；
> 　　（二）没有约定债权确定期间或者约定不明确，抵押权人或者抵押人自最高额抵押权设立之日起满二年后请求确定债权；
> 　　（三）新的债权不可能发生；
> 　　（四）抵押权人知道或者应当知道抵押财产被查封、扣押；
> 　　（五）债务人、抵押人被宣告破产或者解散；
> 　　（六）法律规定债权确定的其他情形。

❖ **条文主旨** ❖

本条是关于最高额抵押权所担保的债权的确定事由的规定。

❖ **条文解读** ❖

最高额抵押权所担保的债权的确定是指最高额抵押权所担保的债权因一定事由而归于固定。最高额抵押权的实现除了需要债务人不履行到期债务或者发生当事人约定的实现抵押权的情形外，还须具备其担保债权额的确定。最高额抵押权担保的债权额之所以需要确定：一是根据本法第 420 条的规定，最高额抵押权是对一定期间内将要连续发生的债权提供抵押担保。最高额抵押权所担保的最高债额是确定的，但实际发生的债权额在抵押期间具有不确定性和变动性。但债权终需要清偿，在清偿的条件出现时，债务人具体应清偿多少债权，应有一个确定的数额。二是最高额抵押权仍属于抵押权的一种，抵押权人在实现优先受偿权时，具体优先受偿的范围为多大，应当有一个定额。担保法对最高额抵押权所担保债权的确定事由没有作具体规定，物权法对最高额抵押权所担保债权的确定事由作了详细规定。本法在吸收法院审判实践经验及借鉴国外立法例的基础上，在物权法规定的基础上作了一些完善。

本条规定，具有下列情形之一的，最高额抵押权所担保的债权确定：

一、约定的债权确定期间届满

债权确定的期间是指确定最高额抵押权所担保的债权实际数额的时间。实践中，最高额抵押权人为了防止抵押人任意行使确定债权额的请求权而使自己处于不利地位，抵押人为了防止自己的抵押财产所担保的债权长期处于不稳定的状态，一般都愿意在最高额抵押合同中对债权确定的期间进行约定。所以，对债权确定的期间进行约定是最高额抵押合同的重要内容。当事人约定的债权确定期间届满，最高额抵押权所担保的债权额即自行确定。

二、没有约定债权确定期间或者约定不明确，抵押权人或者抵押人自最高额抵押权设立之日起满 2 年后请求确定债权

实践中，当事人可能没有约定债权确定的期间，或者即使有约定，但约定的期间不明确。在这种情况下，如何决定最高额抵押所担保债权的确定时间？对这个问题，国外主要有两种做法：一是规定抵押权人或者抵押人可以随时要求确定最高额抵押权所担保的债权额；二是规定一个确定债权额的法定期间。本法采纳了第二种做法，明确规定，没有约定债权确定期间或者约定不明确，抵押权人或者抵押人自最高额抵押权设立之日起满 2 年后请求确定债权。这样规定主要基于两点考虑：一是设立最高额抵押权的目的主要是为了对连续性的交易提供担保，连续性交易一般会持续一段时间，如果允许当事人随时要求确定最高额抵押权所担保的债权额，就意味着一方当事人特别是抵押人有可能在很短时间内就要求确定债权额，这无疑与设立最高额抵押权的目的不相符合；二是在当事人对确定债权额的期间没有约定或者约定不清楚的情况下，规定一个法定的确定债权额的期间，可以使最高额抵押权的地位因法定期间的存在而较为安稳，抵押权人不必时时顾虑抵押人行使债权确定请求权。这对于稳定最高额抵押关系是有好处的。本条规定的"二年"是一个固定期间，不存在中止、中断的问题，其起算点是最高额抵押权设立之日。

三、新的债权不可能发生

在新的债权不可能发生的情况下，最高额抵押权所担保的债权额也是确定的。这里的"新的债权不可能发生"主要包括两种情形：一是连续交易的终止。如果最高额抵押是对连续交易提供担保，则连续交易的结束日期就是债权额的确定时间，即使当事人约定的债权确定期间或者本条第 2 项规定的法定确定期间还没有届至。二是最高额抵押关系的基础法律关系消灭而导致新的债权不可能发生。比如在连续的借款交易中，借款人的严重违约致使借款合同依照合同约定或者法律规定被解除，新的借款行为自然不再发生。在这种情况下，债权额的确定时间也不受当事人约定的或者法定确定期间的影响。

四、抵押权人知道或者应当知道抵押财产被查封、扣押

在最高额抵押权存续期间，抵押财产被法院查封、扣押

的，其有可能被拍卖或者变卖。抵押财产被拍卖、变卖的价格直接影响到最高额抵押权人债权利益的实现。为确保自己的利益，在抵押财产被查封、扣押时，最高额抵押权人一般都希望被担保的债权额尽早确定。此外，查封、扣押抵押财产实际上隔断了抵押财产与担保债权的关系，也脱离了最高额抵押人和最高额抵押权人对抵押财产的影响和控制。因此，无论是从保护最高额抵押权人、其他债权人利益的角度，还是从稳定担保关系的角度，都应当确定最高额抵押所担保的债权额。为此，物权法第 206 条对最高额抵押权所担保债权的确定事由作了规定，其中第 4 项规定："抵押财产被查封、扣押"。在民法典物权编的立法过程中，司法实务界反映对此项理解存在两种观点：一是主观说，认为只有在抵押权人收到查封通知或者知道查封事实时，债权才能确定；二是客观说，认为人民法院一旦完成查封手续，债权即确定。经研究，主观说更为合理，理由如下：一是采纳主观说有利于保护当事人利益，由于查封、扣押财产完全取决于执行申请人及法院单方面的行为，若以法院完成查封手续作为最高额抵押权所担保债权的确定时点，将导致最高额抵押权人因对查封事实不知情而放的款得不到抵押权的保护。二是采纳主观说有利于合理分配义务，就抵押财产被查封、扣押信息的获取而言，法院、抵押人的通知比起抵押权人的查询成本更低、效率更高，施以法院、抵押人通知义务比施以抵押权人审查义务更加合理。三是采纳主观说有利于节约交易成本，抵押权人不必在每次放款前都查询抵押财产的状态，便利了当事人的连续交易，简化了手续。然而，物权法规定的"抵押财产被查封、扣押"，对抵押权人债权的确定，并没有附加抵押权人收到通知或者知情等条件。为此，民法典物权编在本条第 4 项规定最高额抵押所担保的债权的确定事由为"抵押权人知道或者应当知道抵押财产被查封、扣押"。

五、债务人、抵押人被宣告破产或者解散

在最高额抵押权存续期间，债务人、抵押人有可能被宣告破产或者解散。债务人、抵押人被宣告破产或者解散所产生的直接法律后果就是债务人、抵押人依法进行清算程序、完成注销登记后终止。由于债务人或者抵押人的主体将要终止，有必要在主体终止前将最高额抵押所担保的债权额确定下来，从而依法进入相关的清算程序，通过清偿了结权利义务关系。因此，本条规定抵押人、债务人被宣告破产或者解散也是最高额抵押权所担保的债权的确定事由。需要提出的是，物权法第206条第5项规定债务人、抵押人被宣告破产或者被撤销为最高额抵押所担保的债权的确定事由，本条第5项根据总则编的规定，将最高额抵押权所担保的债权的确定事由修改为债务人、抵押人被宣告破产或者解散，扩大了债权确定事由的范围，将导致债务人、抵押人主体终止的原因作为了最高额抵押权所担保的债权的确定事由。

六、法律规定债权确定的其他情形

本项为保底性条款。除了本条第1项至第5项所规定的可以确定债权额的法定事由外，在本法其他条款或者其他法律中也有可能规定确定债权的其他情形。如根据本法第420条的规定，发生当事人约定的实现最高额抵押权的事由时，最高额抵押权人有权在最高债权额限度内就该担保财产优先受偿，而最高额抵押权人行使最高额抵押权的基础就是担保债权额的确定，所以出现当事人约定的实现最高额抵押权的事由就意味着担保债权额的确定。

最高额抵押权所担保债权额的确定将产生以下法律效力：一是最高额抵押权转变为普通抵押权。在债务人到期不履行债务或者出现当事人约定的实现抵押权的情形时，抵押权人可以

依照普通抵押权的规定行使其抵押权。二是确定被担保债权的范围。被担保债权额确定时存在的主债权，不论其是否已到清偿期或者是否附有条件，均属于最高额抵押权担保的范围。被担保债权确定时存在的被担保主债权的利息、违约金、赔偿金等，不论在确定时是否已经发生，也属于被担保债权的范围。但是在最高额抵押权担保的债权确定后才发生的主债权不属于被担保债权的范围。三是最高额抵押权所担保的债权确定后，一旦债权到期或者出现当事人约定的可以实现抵押权的情形，抵押权人可以就抵押财产优先受偿，但优先受偿的额度不得超过双方当事人约定的最高担保额。抵押权人实现最高额抵押权时，如果实际发生的债权额高于最高限额的，以最高额为限，超过部分不具有优先受偿的效力；如果实际发生的债权额低于最高限额的，以实际发生的债权额为限对抵押财产优先受偿。

第四百二十四条　最高额抵押权除适用本节规定外，适用本章第一节的有关规定。

❖ **条文主旨** ❖

本条是关于最高额抵押权适用一般抵押权有关条款的规定。

❖ **条文解读** ❖

本章第一节为一般抵押权，与一般抵押权相比，最高额抵押权具有特殊性：一是最高额抵押权具有一定的独立性。在一般抵押权中，抵押权完全从属于主债权，随主债权的设立、转让和消灭而设立、转让和消灭。但是最高额抵押权的设立、转让和消灭在一定程度上独立于主债权。在设立上，没有债权存在，不能设立一般抵押权；但最高额抵押权却往往为将来的债权而设，不需要依附于现成的债权。在转让上，一般抵押权要求债权转让的，抵押权也随之转让；但在最高额抵押权中，除当事人另有约定外，最高额抵押权担保的债权确定前，部分债权转让的，最高额抵押权不得转让。在消灭上，一般抵押权要求主债权消灭的，抵押权也消灭；但是在最高额抵押权中，只要产生最高额抵押权的基础关系还存在，部分债权的消灭不影响最高额抵押权的存在。二是最高额抵押权所担保的债权在设立时具有不确定性。在一般抵押权设立时，其所担保的债权在设立时就是特定的，所担保的债权额是明确的；但是最高额抵押权设立时，其所担保的债权额是不确定的，一直到本法规定的确定债权额的事由出现时，其所担保的债权额才确定。三是在最高额抵押权中，当事人必须约定抵押权人得以优先受偿的最高债权数额。当事人约定的享有担保的最高债权数额并非最高额抵押权所担保的实际债权额，因为实际债权额到底是多少，只有根据本法第 423 条的规定进行确定后才清楚。当实际发生的债权额超过最高限额时，以最高限额为准实现抵押权，超过的部分不具有优先受偿的效力；实际发生的债权额低于最高限额的，以实际发生的数额为准实现抵押权。在一般抵押权中，当事人并不需要约定优先受偿的最高债权数额。以上三点是一般抵押权与最高额抵押权的主要区别。但是从性质上讲，最高额抵押权仍属于抵押权的一种，与一般抵押权具有许多共性。除本节规定的条文外，本法关于一般抵押权的许多规定都可以适用于最高额抵押权。为了避免内容重复，本条规定，最高额抵押权除适用本节规定外，适用本法第二编第十七章第一节一般抵押权的有关规定。

最高额抵押权可以适用物权编第十七章第一节一般抵押权的规定主要有：一是关于抵押权设立的规定。关于最高额抵押权设立的当事人、设立的程序、可用于抵押的财产等内容与一般抵押权基本相同。本法第 395 条、第 397 条、第 398 条、第 399 条的规定均可适用于最高额抵押权。二是关于抵押权登记与生效时间的规定。最高额抵押权的登记和生效时间适用本法第 402 条、第 403 条的规定。三是关于抵押权与其他权利的关系的规定。本法第 405 条对抵押权与租赁权的关系、第 414 条对同一财产上多个抵押权的清偿顺序、第 415 条对同一财产上抵押权与质权的清偿顺序作了规定。这些规定也可用于处理最高额抵押权与租赁权或者其他担保物权的关系。四是关于最高额抵押权的实现。最高额抵押权的实现程序和方式均可适用一般抵押权的实现程序和方式。本法第 410 条、第 412 条、第 413 条、第 417 条等条文对此作了规定。五是关于抵押财产保全的规定。本法第 406 条、第 408 条关于抵押财产保全的规定可以适用于最高额抵押权。此外第 409 条关于抵押权人放弃抵押权或者抵押权顺位的规定、第 419 条关于抵押权存续期间的规定也可适用于最高额抵押权。

第十八章 质 权

本章分两节,共二十二条,规定了动产质权和权利质权。

第一节对动产质权基本权利、禁止出质的动产、质押合同、流质条款效力、动产质权设立、孳息收取权、对质押财产处分使用的限制、质押财产的保管、质押财产保全、转质、质权的放弃、质押财产返还及质权实现、行使质权的请求权、质押财产变价款归属原则及最高额质权等作了规定。第二节对可以出质的权利范围、不同客体的权利质权的设立、出质人处分权利质权客体的限制、权利质权的适用条款等作了规定。

第一节 动产质权

> **第四百二十五条** 为担保债务的履行，债务人或者第三人将其动产出质给债权人占有的，债务人不履行到期债务或者发生当事人约定的实现质权的情形，债权人有权就该动产优先受偿。
>
> 前款规定的债务人或者第三人为出质人，债权人为质权人，交付的动产为质押财产。

❖ **条文主旨** ❖

本条是关于动产质权基本权利的规定。

❖ **条文解读** ❖

债务人或者第三人将其动产移转给债权人占有作为债权的担保，当债务人不履行到期债务或者当事人约定的实现质权的情形出现时，债权人享有以该动产折价或者就拍卖、变卖该动产的价款优先受偿的权利。

质押法律关系的当事人为质押人和出质人，客体为质押财产。出质人指为担保债务的履行而提供质押财产的债务人或者第三人。质权人指接受质押担保的债权人。质押财产指出质人提供的用于担保债务履行的特定的动产。

质权具有以下法律特征：

一是动产质权是担保物权。债务人或者第三人将质押财产交由债权人占有，是为了担保债权的实现。质权人占有质押财产实际上是取得了质押财产上的交换价值。在一般情况下，其只能占有质押财产，而不能使用、收益。因此，质权人的标的不是物的使用价值，而是物的交换价值，是为了保证特定债权的实现而设定，质权附随于债权而存在。

二是动产质权是在他人的财产上设立的物权。动产质权是在债务人或者第三人的动产上设定的担保物权，因此属于他物权。质权的标的可以是债务人自己的财产，也可以是第三人的财产，债权人没有必要在自己所有的财产上为担保自己的债权设定质权。

三是动产质权由债权人占有质押财产为生效条件。质权是以质权人占有质押财产为条件的，质权人只有占有质押财产才享有质权，移转质押财产的占有是质权与抵押权的根本区别。因此，出质人须将质押财产交付质权人占有，质权人才能取得质权。

四是动产质权是就质押财产价值优先受偿的权利。由于动产质权的设定是以担保特定债权的实现为目的，因此，当债务履行期限届满而债务人不履行债务或者出现债务人与债权人约定的实现质权的情形时，质权人有权就质押财产折价或者以拍卖、变卖该质押财产的价款优先受偿。

"当事人约定的实现质权的情形"是指当事人双方在订立的合同中约定的实现质权的一些事由，例如，当事人一般会在担保合同中约定债务人履行债务的义务方式等，如果债务人不按合同约定的方式等履行债务，则可能构成实现质权的情形。

第四百二十六条　法律、行政法规禁止转让的动产不得出质。

❖ **条文主旨** ❖

本条是关于禁止出质的动产的规定。

❖ **条文解读** ❖

对于可以出质的动产的范围，本法没有作出逐一规定，但是，这并不意味着任何动产均可以出质。可以出质的动产除了需要符合一般的物的特征外，还必须是依法可以流通和让与的动产，如果以法律、行政法规禁止转让的动产出质的，则该设立质权的民事法律行为无效。

一、依法可以转让的动产均可以设定动产质权

哪些财产可以作为质权标的物，各国规定不尽相同。有的国家规定，各种财产上均可以设立质权；有的国家规定，质权的标的限于动产；对于哪些动产可以设定质权，则大多不作列举。根据民法的法理，法律不禁止的，都应当是允许的；而法律未明确规定禁止转让的动产，都可以作为设定质权的标的物。

合法拥有的并且依法可以转让的动产可以设定质权。因此，可以设定质权的动产应当是十分宽泛的，如车辆、古董字画、珠宝首饰。但是，法律、行政法规规定禁止流通的动产不得设定质权，如毒品、管制枪支。

二、规定禁止转让的动产的依据应当是法律、行政法规

设定动产质权是一种民事权利，对于禁止性的限定应当是十分严格的。规定禁止转让的动产的依据只能是全国人大及其常委会制定的法律、国务院制定的行政法规。其他规范性文件，不能作为规定禁止转让动产的依据。

> **第四百二十七条　设立质权，当事人应当采用书面形式订立质押合同。**
>
> 质押合同一般包括下列条款：
>
> （一）被担保债权的种类和数额；
>
> （二）债务人履行债务的期限；
>
> （三）质押财产的名称、数量等情况；
>
> （四）担保的范围；
>
> （五）质押财产交付的时间、方式。

❖ **条文主旨** ❖

本条是关于质押合同的规定。

❖ **条文解读** ❖

质权是依照当事人的真实意思而创设的权利。当事人设定质权的行为是一种双方的民事法律行为，应当通过订立质押合同来进行。

一、订立质押合同应当采用书面形式

设定质权的行为为要式行为，应当采用书面的形式进行。要式行为即法律、行政法规规定的要求当事人在民事法律行为中应当采用的形式或者方式。

关于动产质权的合同形式，虽然口头合同简单、易行，但一旦发生争议，不易证明其存在及具体内容，不利于事实的查明和纠纷的解决，为了便于确定当事人的权利义务、民事责任等法律关系，促使当事人谨慎行使担保物权，减少纠纷的发生，规范设定质权的行为，法律规定应当采用书面形式订立质押合同。

对于设立动产质押合同未采用书面形式的，依据本法第490条第2款的规定，法律、行政法规规定或者当事人约定合同应当采用书面形式订立，当事人未采用书面形式但是一方已经履行主要义务，对方接受时，该合同成立。

二、质押合同的一般内容

动产质押合同是明确质权人与出质人权利义务的协议，也是将来处理当事人之间纠纷的重要依据。因此，当事人在订立质押合同时，对当事人之间的权利义务应尽可能约定清楚、明确。本条关于合同内容的规定，是提示性、指导性的、非要式的。合同的内容是当事人双方真实意思的表示，应当由当事人自己确定，如果双方签订的质押合同包括的条款与本条规定不一致，不会必然导致该质押合同无效。根据本条规定，动产质押合同一般包括的内容主要有：

1. 被担保债权的种类和数额。被担保债权，通常被称为主债权。担保合同是为主债权的实现而订立的。主债权的种类，有金钱债权、特定物给付债权、种类物给付债权以及以作为或不作为为标的的债权等。数额是指主债权是以金钱来衡量的数量；不属于金钱债权的，可以明确债权标的额的数量、价款等。被担保债权的种类和数额，是确定质权发生的依据，也是质权人实现质权时优先受偿的范围的确定基础。

2. 债务人履行债务的期限。债务人履行债务的期限是指债务人偿付债务的时间。质押合同订立后，在主债权清偿期限届满前，质权人享有的只是占有质押财产的权利。其优先受清偿的权利虽然已经成立，但此间质权人实际享有的只是与主债权价值相当的优先受偿的期待权。质权人对质押财产的变价受偿必须要等到债务履行期限届满且债务人没有履行债务，或者出现了当事人在合同中约定的实现质权的情形实际发生，才能进行。质押合同规定债务人履行债务的期限，可以准确确定债务人清偿债务的时间，明确质权人实现质权的时间，保证债权人及时实现质权。

3. 质押财产的名称、数量等情况。质押财产是设立动产质权的关键所在。没有质押财产，则不可能产生质权。动产质押合同，是为担保债权人的债权而在债务人自己的或者第三人的财产上设定质权的担保合同，质权最终要以质押财产的变价来实现。所以在动产质押合同中要对质押财产的相关情况有所描述，包括质押财产的名称、数量等情况，以确定质押财产为何种物以及价值量。需要提出的是，在民法典物权编的立法过程中，有的意见提出，为进一步改善营商环境，赋予当事人更大的自主权，建议允许担保合同对担保财产只作概括性的描述。为此，出于简化质押合同的一般条款，减少对质押财产具体描述的要求，本法将物权法规定的质押合同包括"质押财产的名称、数量、质量、状况"修改为"质押财产的名称、数量等情况"。

4. 担保的范围。动产质权担保的范围，是指质权人实现质权时可以优先受偿的范围。质权担保的范围应当由当事人协商确定。但是当事人对担保范围未作约定或者约定不明确时，质权的担保范围包括主债权及其利息、违约金、损害赔偿金、保管担保财产和实现担保物权的费用。

5. 质押财产交付的时间、方式。质押财产交付的时间是质押合同中的重要内容，质押财产的交付直接关系到质权的生效。当事人在质押合同中约定质押财产的交付时间，就可以明确出质人应当在何时将质押财产移转给质权人，质权人在何时接受质押财产，以确定质权的效力。质押财产交付的方式除了现实交付以外，还有简易交付、指示交付等方式，约定质押财产的交付方式可以明确质押合同的履行方式，有利于保障质权人债权的实现，维护交易安全，减少纠纷。

> **第四百二十八条** 质权人在债务履行期限届满前，与出质人约定债务人不履行到期债务时质押财产归债权人所有的，只能依法就质押财产优先受偿。

❖ **条文主旨** ❖

本条是关于流质条款的效力的规定。

❖ **条文解读** ❖

流质条款，指债权人在订立质押合同时与出质人约定，债务人到期不履行债务时质押财产归债权人所有。担保法、物权法均禁止当事人约定流质条款。这样规定，主要考虑是债务人举债时往往处于急窘之境，债权人可以利用债务人的这种不利境地和自己的强势地位，迫使债务人与其签订流质条款，以价值高的质押财产担保较小的债权额，在债务人到期不能清偿债务时，取得质押财产的所有权，从而牟取不当利益。为了保障出质人的合法利益，法律规定禁止流质条款。当然，从现实生活与经济发展看，债务人借债，并非都是处于弱势地位，借债并进行质权担保的发生原因是多样化的。但从总体上说，为了保证担保活动的平等、自愿、公平和诚实信用，规定禁止流质条款还是十分有必要的。大多数国家和地区的立法例也一般均禁止出质人与质权人以流质条款处分质押标的物，以保证质押合同当事人之间的公平。

在民法典物权编的编纂过程中，一些意见提出，物权法规定当事人在债务履行期届满前，不得约定债务人不履行到期债务时质押财产归债权人所有，但是没有明确规定如果进行了这样的约定该约定的效力如何。一些意见认为，应当明确规定流质条款无效，这才符合禁止流质的宗旨。另一些意见认为，如果规定当事人约定了流质条款，那么当事人之间质押担保的法律关系的效力如何须进一步明确。我们研究认为，质权性质上属于担保物权，质权人设立质权的目的在于支配质押财产的交换价值而使债权获得清偿，而不是取得质押财产的所有权。如果承认流质条款的效力，债务人届期不履行债务时，债权人不经过任何清算程序即可获得质押财产的所有权，有违质权的担保物权本质，应当否认质权人可以取得质押财产所有权的事先约定的效力。然而，当事人之间订立流质条款时，存在为债权进行担保的意思表示，如果否认该质权的效力会使债权人的债权变成完全无担保的普通债权，这既不符合债权人与出质人之间的意思自治，也会造成债权人的利益失衡。为此，民法典物权编对物权法的规定进行了修改，明确了流质条款的效力，规定：质权人在债务履行期限届满前，与出质人约定债务人不履行到期债务时质押财产归债权人所有的，只能依法就质押财产优先受偿。这表明当事人订立流质条款的，当债务履行期限届满时，不发生质押财产所有权转移的效力，而是应当根据本法规定的实现质权的方式就质押财产优先受偿。需要注意的是，当事人之间订有流质条款的，债权人依法就质押财产优先受偿，需要满足质权设立的前提条件，即存在合法有效的质押合同，并且通过交付或者登记设立了质权。如果质权没有有效设立，质权人不能对质押财产享有优先受偿权。

> **第四百二十九条** 质权自出质人交付质押财产时设立。

❖ **条文主旨** ❖

本条是关于动产质权设立的规定。

❖ **条文解读** ❖

一、交付质押财产是质权的生效要件

动产质权的标的是动产。动产具有易于转移、难以控制的特点。为了保障动产质权的实现，也为了保护善意第三人的合法权益，本条规定动产质权的设立以交付质押财产为生效要件。

二、质权自出质人交付质押财产时设立

出质人与质权人订立动产质押合同，该合同自成立时生效。但是在移转质押财产的占有之前，并不发生担保物权的效力；出质人只有将质押财产通过交付的形式实际移转给质权人占有时，质权才发生效力。根据本条的规定，质押财产是否移转是质权是否生效的判断标准：当事人没有移转质押财产，质权无效。其质押合同是否有效要根据本法合同编的有关规定判断，质权无效并不当然导致合同无效，不应将质权有效与否与质押合同的效力合二为一混同判断。

◆ 案例分析 ◆

2016 年 4 月 15 日，某汽车销售公司与某村镇银行签订《流动资金借款合同》，约定借款金额 350 万元，借款期限 12 个月，自 2016 年 4 月 15 日至 2017 年 4 月 14 日。同日，某汽车销售公司与某村镇银行签订《最高额质押合同》，约定某汽车销售公司为上述《流动资金借款合同》项下发生的债权提供动产质押担保；质物名称为雪佛兰品牌汽车，质物品种为汽车合格证，质物数量为 27；担保的最高债权本金余额为 350 万元；出质人应在质押合同签订之日起 3 日内将质物移交质权人占有，质物有权利凭证的，出质人应将权利凭证一并交予质权人保管。双方当事人于当日认可质押物的价值为 407 万元。《最高额质押合同》签订后，某汽车销售公司将车辆继续停放在自己公司车库中以便销售，并将 27 辆车辆的合格证交付给某村镇银行。上述合同签订后，某村镇银行于 2016 年 4 月 15 日向某汽车销售公司指定账户发放贷款 350 万元。后借款到期，某汽车销售公司未能依约还款。

法院认为，某汽车销售公司和某村镇银行签订《最高额质押合同》中约定的质物为某汽车销售公司所有的"雪佛兰品牌汽车"，根据物权法"质权自出质人交付质押财产时设立"可知，动产质权是以质权人占有标的物为其成立和存续的要件。本案中质物为"雪佛兰品牌汽车"，合同签订后某汽车销售公司将质物继续保管于自己的车库中以便销售，只交付汽车合格证的行为不能等同于质物车辆的交付，故质权并未设立。某村镇银行与某汽车销售公司签订《最高额质押合同》后，某汽车销售公司作为债务人、出质人，其和质权人某村镇银行都应当积极全面地履行质押合同、交付质物，促成质权有效设立，最大限度地维护交易安全，担保债权实现。本案中某村镇银行出借350万元后，一直未占有出质的车辆，也未能提供其积极主张设立质权的证据，某汽车销售公司也没有实际交付质物车辆，根据双方签订的《流动资金借款合同》，在该合同项下的担保物权设立之前，某村镇银行有权拒绝放款，但某村镇银行罔顾质权尚未设立的风险，依然向某汽车销售公司进行了放款，故质权人怠于行使要求出质人（债务人）交付质物的权利，而出质人亦未履行交付质物的义务，导致质权未能设立。

> **第四百三十条　质权人有权收取质押财产的孳息，但是合同另有约定的除外。**
> **前款规定的孳息应当先充抵收取孳息的费用。**

❖ **条文主旨** ❖

本条是关于质权人孳息收取权的规定。

❖ **条文解读** ❖

根据本条的规定，除合同另有约定外，质权人有权收取质押财产所产生的孳息，质权的效力及于孳息。

一、质权人孳息收取权的依据

关于质权的效力是否当然及于孳息，各国立法并不相同。质权有占有质权与收益质权之分：占有质权是指质权人仅占有质押财产而没有使用收益的权利的质权；收益质权是指质权人对质押财产占有并有使用收益的权利的质权。本法对质权并未作如此的划分。较有共识的意见是，由于质权人占有质押财产，因此，由其收取质押财产所产生的孳息最为简便可行。同时，收取的孳息用于清偿债务，对于出质人也无损害。

根据本条的规定，质权人能否收取孳息有两种情况：其一，如果当事人在合同中明确约定质权人无权收取质押财产所产生的孳息，则质权人不能收取质押财产的孳息作为债权的担保；其二，如果当事人对质权人能否收取孳息没有约定或者约定不明的，质权人有权依照本条的规定收取质押财产所产生的孳息。

二、孳息的种类

质押财产所产生的孳息包括自然孳息和法定孳息。质押财产所产生的自然孳息是指质押财产因自然原因由自身分离出来的利益，如从羊身上剪下的羊毛、母畜生的幼畜；法定孳息，指依照法律规定由质押财产所产生的利益，如根据合同产生的租金、利息。

质权人依法收取孳息时，并不当然取得所有权，而是取得对孳息的质权，孳息成为质权的标的。如果孳息是金钱，质权人可以直接用于清偿；如果孳息是物，可以由质权人与出质人协议以该孳息折价或者拍卖、变卖，以所得价款优先受偿。

三、孳息的充抵顺序

依法收取的孳息首先应当充抵收取孳息的费用，然后充抵主债权的利息和主债权。例如，以母牛作为质押财产的，如果母牛产幼畜，债务清偿期限届满，债务人没有清偿债务，那么质权人可以将幼畜折价或者拍卖、变卖，所得价款先充抵幼畜的接生费用等。

> **第四百三十一条** 质权人在质权存续期间，未经出质人同意，擅自使用、处分质押财产，造成出质人损害的，应当承担赔偿责任。

❖ **条文主旨** ❖

本条是关于质权人对质押财产使用处分的限制及法律责任的规定。

❖ **条文解读** ❖

非经出质人同意，质权人在质权存续期间不得擅自使用、处分质押财产；质权人违反本条规定，擅自使用或者处分质押财产的，应当承担赔偿责任。禁止质权人擅自使用、处分质押财产的规定体现了动产质权的设定目的及其特征。

质权人不得擅自使用、处分质押财产的理由主要有：首先，当事人设定动产质权的目的在于担保质权人的债权能够得到清偿，质权人占有质押财产，使质押财产脱离出质人而为质权人所掌控，使质权人的担保物权得以保障。其次，质权从其性质上看是担保物权而非用益物权。动产质权与抵押权相比，其根本区别在于担保物的移转与否：设定抵押不移转抵押财产，仍由抵押人占有、使用；而动产质权移转质押财产的占有，将属于出质人占有的质押财产转至质权人的控制之下。这是由于用于抵押的物大多是不动产，而用于质押的是容易移转的动产。质权人占有质押财产的作用在于控制质押财产，保证债权实现。最后，无论是抵押还是质押，物的担保在于其交换价值而非使用价值。从这个意义上说，质权人取得质押财产、控制质押财产是为了质押财产不被出质人随意处分而使担保落空，质权人使用、处分质押财产显然不是设定质权的目的。因此，质权人非经出质人同意不得擅自使用、处分质押财产。

质权人未经出质人同意，擅自使用质押财产、处分质押财产，一旦造成质押财产毁损、灭失给出质人造成损害的，质权人要根据法律规定承担民事责任。

> 　　第四百三十二条　质权人负有妥善保管质押财产的义务；因保管不善致使质押财产毁损、灭失的，应当承担赔偿责任。
>
> 　　质权人的行为可能使质押财产毁损、灭失的，出质人可以请求质权人将质押财产提存，或者请求提前清偿债务并返还质押财产。

❖ **条文主旨** ❖

　　本条是关于质权人妥善保管质押财产义务的规定。

❖ **条文解读** ❖

　　质权人在占有质押财产的同时即产生妥善保管质押财产的义务。质权人该项义务的承担，一是因为质押财产虽然依动产质押合同移归质权人占有，但是其所有权仍是出质人的，在质权人占有质押财产期间，因质权人未尽妥善保管义务致使质押财产灭失或者毁损，是对出质人的质押财产所有权的侵害；二是因为质权人占有质押财产是为了自己债权的实现，如果质押财产毁损、灭失，不仅侵害出质人的利益，同时影响了自己的权益。

　　所谓妥善保管，即以善良管理人的注意义务加以保管。善良管理人的注意义务，是指依照一般交易上的观念，认为有相当的知识经验及诚意的人所应负的注意义务，即以一种善良的心和应当具备的知识来保管质押财产。例如，对于字画的保管应当注意防潮、防虫蛀、防灰尘等。如果达不到应当注意的保管标准的，就不是妥善保管。

　　质权人违反保管义务造成质押财产毁损、灭失的，应当承担赔偿责任，该项赔偿责任是基于出质人的所有权而产生的请求权。对质权人的民事责任承担应当采用过错推定原则，即出质人只要证明质押财产遭受毁损、灭失的事实即可。质权人应当举证证明自己已经尽了妥善保管的义务，否则就应当承担赔偿责任。

如果出质人认为质权人的行为可能使质押财产毁损、灭失的，出质人可以请求质权人将质押财产提存，或者请求提前清偿债务并返还质押财产。本条第2款的这一规定，是为了更好地保护质押财产，以保护出质人与质权人双方的利益不受损失。"可能"即也许、或许，而不是已经发生。这种可能性是否产生，不能仅凭出质人的想象，要有一定的事实发生。如字画出质后，出质人发现质权人存放字画的房屋漏雨，可能危及字画。"提存"就是将质押财产放到出质人与质权人约定的第三人处存放。目前，我国主要是公证机构在做此类业务。提存费用应当由质权人承担。出质人提前清偿债权的，质权人应当返还质押财产。

> **第四百三十三条** 因不可归责于质权人的事由可能使质押财产毁损或者价值明显减少，足以危害质权人权利的，质权人有权请求出质人提供相应的担保；出质人不提供的，质权人可以拍卖、变卖质押财产，并与出质人协议将拍卖、变卖所得的价款提前清偿债务或者提存。

❖ **条文主旨** ❖

本条是关于质押财产保全的规定。

❖ **条文解读** ❖

一、质押财产毁损或者价值减少的事由

因不能归责于质权人的事由可能使质押财产毁损或者价值

明显减少，是指质押财产可能毁损或者价值明显减少产生的原因不是由于质权人的保管不善所导致的，而是由于自然原因等导致的。这种可能使质押财产毁损和价值明显减少的事由应当是已经发生的事实。价值减少的状态应当是明显的，因为一般的物都存在价值减少的可能性，尤其是随着市场变化及其他原因导致价值减少都是很正常的事情，正常的价值减少，应当在质权人的预想之内。

二、替代担保

当质押财产可能存在损坏或者价值明显减少的事实足以危害质权人的利益时，质权人为保全其质权不受损害，可以要求出质人提供相应的担保，此为质权人的替代担保请求权，也有称质权人的物上代位请求权。规定质押财产的替代担保，主要是由于质押担保是以质押财产所具有的交换价值确保债权的实现。如果质押财产的价值可能明显减少或者质押财产毁损，将直接危害到质权人的质权，法律应当赋予质权人维护其担保利益的救济手段，允许质权人要求出质人提供相应的担保。"相应的担保"是指与可能毁损或者价值明显减少的数额相当的担保。

三、提前清偿债务或者提存

当质押财产有可能损坏或者价值明显减少的情况出现时，质权人请求出质人提供相应的担保，但出质人不提供的，质权人可以拍卖或者变卖质押财产，并与出质人通过协议将拍卖或者变卖所得的价款提前清偿债权，也可以将处分质押财产的价款提存。此时质权人拍卖、变卖质押财产无需经过出质人同意。拍卖、变卖所得的价款，性质上属于质押财产的替代物，质权人不当然取得价款的所有权，出质人可以用该价款提前向质权人清偿债务；如果以该价款提存的，则要等债务履行期限届满，以提存的价款清偿债务。无论是提前清偿债权，还是提存后届时清偿，其价款超出所担保债权的部分，应当直接归还出质人。

> **第四百三十四条** 质权人在质权存续期间，未经出质人同意转质，造成质押财产毁损、灭失的，应当承担赔偿责任。

❖ **条文主旨** ❖

本条是关于转质权的规定。

❖ **条文解读** ❖

质权人为担保自己或者他人的债务，在占有的质押财产上再次设定质权的行为称为转质，所成立的质权为转质权。因转质而取得质权的人为转质权人。转质既可以适用于动产质权，也可以适用于权利质权。在立法过程中对是否允许转质有不同意见。有的认为，应当允许转质。转质具有融通资金和保全债权的双重功能，质权人因质权的设定而投入的融资，有通过转质再度流动的可能性，转质具有促进金融流通的经济机能。动产质权在现代社会中本身就存在着不利于发挥物的使用价值的缺陷，如果承认转质，就可以使物再次发挥交换价值和使用价值，有助于促使物的价值实现最大化。就转质本身而言，对债务人、质权人和转质权人并无任何不利；有的认为，转质引起的权利义务关系较为复杂，容易产生纠纷，允许转质则可能损害出质人的利益。

本法不提倡转质，也没有禁止转质。为了保护出质人的利益，本条规定的原则是，未经出质人同意不允许转质，质权人擅自转质造成质押财产毁损、灭失的要承担赔偿责任。

第四百三十五条 质权人可以放弃质权。债务人以自己的财产出质，质权人放弃该质权的，其他担保人在质权人丧失优先受偿权益的范围内免除担保责任，但是其他担保人承诺仍然提供担保的除外。

❖ **条文主旨** ❖

本条是关于质权放弃及其他担保人责任承担原则的规定。

❖ **条文解读** ❖

放弃质权是质权人对自己的权利进行处分的一种形态，其有权放弃质权。质权人放弃质权的，会对其他担保人的权益造成影响，因此本条对质权人放弃质权情形下其他担保人担保责任的承担作了规定。

一、质权的放弃

质权人放弃质权，是指质权人放弃其因享有质权而就质押财产优先于普通债权人受清偿的权利的行为。质权人有权处分自己的质权。当质权人以放弃质权的方式处分质权时，应当符合法律的规定。质权人放弃质权应当明示作出意思表示。质权人不行使质权或者怠于行使质权的，不能推定为质权人放弃质权。质权人放弃质权，原因可能是多方面的。如果是质权人单方的意思表示，无需取得出质人的同意。质权因质权人的放弃而消灭。

二、其他担保人责任承担原则

质权人放弃质权，不得有损于其他利害关系人的利益。有时，在同一债权上既有质权担保又有其他担保。在这种情况下，质权人放弃质权时，则直接影响其他担保人的利益。为了确保其他担保人的利益不因质权人放弃质权的行为而受到影响，本条规定，在质权人放弃质权时，如果是债务人以自己的财产出质的，其他担保人在质权优先受偿的范围内，不再承担担保责任；但是其他担保人承诺仍然承担担保责任的，法律并不干涉。例如，某项债权既有以债务人自己的财产质押担保，又有第三人保证的，质权人放弃质权，必然会对保证人造成影响。根据本法第392条的规定，被担保的债权既有物的担保又有人的担保的，在没有约定或者约定不明确的情况下，债务人自己提供物的担保的，债权人应当先就该物的担保实现债权，再请求保证人承担保证责任。在债务人不履行债务的情形下，如果质权人放弃了在债务人的财产上设定的质权，担保责任则将由保证人全部承担，加重了保证人的负担。本着公平的原则，在质权担保主债权的全部时，质权人放弃质权的，保证人免除全部保证责任；在质权担保的是主债权的部分责任时，质权人放弃质权的，保证人在质权所担保的债权范围内免除担保责任。在质权人放弃在债务人的财产上设定的质权的情形下，如果其他担保人承诺仍然提供保证的，应当尊重当事人自愿的意思表示，其他担保人的担保责任不予免除。

> **第四百三十六条** 债务人履行债务或者出质人提前清偿所担保的债权的，质权人应当返还质押财产。
>
> 债务人不履行到期债务或者发生当事人约定的实现质权的情形，质权人可以与出质人协议以质押财产折价，也可以就拍卖、变卖质押财产所得的价款优先受偿。
>
> 质押财产折价或者变卖的，应当参照市场价格。

❖ **条文主旨** ❖

本条是关于质押财产返还及质权实现的规定。

❖ **条文解读** ❖

债务履行期限届满，将产生两种情况：一是质权因其所担保的债权受清偿或者其他原因的发生而消灭；二是债务未受清偿。根据这两种不同情况本条规定了两种不同的法律后果，即质押财产返还或者质权的实现。

一、质押财产返还

债务人于债务履行期限届满时履行了债务或者出质人提前清偿了所担保的债权，质权消灭，质权人对其占有的质押财产负有返还给出质人的义务。质权人依质押合同有权占有质押财产，但是在质权消灭时，质权人就丧失了继续占有质押财产的依据，应当将质押财产返还出质人。出质人因清偿债务，将质押财产上存在的担保物权负担消灭，出质人可以依法请求质权人返还质押财产；质权人拒不返还的，应当承担民事责任。

质权人返还质押财产的对象为出质人，因为出质人可以是债务人，也可以是第三人。当出质人不是债务人而是第三人时，债务人虽然清偿了债务，但是由于用于担保的质押财产的所有权是第三人的，所以应当返还给第三人而非债务人。

二、质权的实现

质权人实现质权，是指质权人在债权已届清偿期而债务人不履行债务或者发生当事人约定的实现质权的情形时，处分占有的质押财产并优先受偿的行为。质权人实现质权的前提条件是债务履行期限届满债务未受清偿或者发生当事人约定的实现质权的情形。

质押担保的目的在于确保债权的清偿。当债务人不履行债务或者违约时，质权人有权将占有的质押财产以折价、拍卖、变卖等方式变价后优先受偿。

折价是指债务人在履行期限届满未履行其债务时，经出质人与质权人协议，按照质押财产的品质，参考市场价格等因素，把质押财产的所有权由出质人转移给质权人，从而实现质权的一种方式。折价必须由出质人与质权人协商一致，否则只能拍卖或变卖。折价与流质不同：折价是发生在债务履行期限届满，债务人不履行债务，质权人实现质权时；流质是债权人在债务履行期间届满前与出质人约定，债务人届期不履行债务时，质押财产归债权人所有以抵销债务。

拍卖是指按照拍卖程序，以公开竞价的方式将质押财产卖给出价最高者的买卖。变卖是指直接将质押财产变价卖出的行为，变卖没有公开竞价等形式与程序上的限制，方便、快捷、变价成本小。质押财产的拍卖、变卖规则与抵押财产的拍卖、变卖规则有所不同。对于抵押权的实现，本法规定要求以抵押财产折价或者拍卖、变卖抵押财产需要协议，未达成协议的可以请求人民法院拍卖、变卖抵押财产。本条规定实现质权时，仅要求质押财产折价时双方当事人达成协议，没有要求拍卖、变卖质押财产需要协议，也没有对拍卖、变卖质押财产的主体作出限定。在债务人不履行到期债务或者发生当事人约定的实现质权的情形时，质权人可以自行拍卖、变卖其占有的质押财产。

与拍卖财产相比，对财产进行折价或者变卖由于没有公开的竞价模式，很可能会与财产的实际价值偏离较大。为了保护出质人的利益，避免出质人的财产以较低价格折价或者变卖，本法规定对质押财产折价或者变卖的，应当参照市场价格。

> **第四百三十七条**　出质人可以请求质权人在债务履行期限届满后及时行使质权；质权人不行使的，出质人可以请求人民法院拍卖、变卖质押财产。
>
> 出质人请求质权人及时行使质权，因质权人怠于行使权利造成出质人损害的，由质权人承担赔偿责任。

❖ **条文主旨** ❖

本条是关于及时行使质权请求权及怠于行使质权的责任的规定。

❖ **条文解读** ❖

为了督促担保物权人及时行使权利，稳定交易秩序，本法对抵押权规定了存续期间，即抵押权人应当在主债权诉讼时效期间行使抵押权；未行使的，人民法院不予保护。质权同样存在主债权到期而及时行使质权的问题。但质权与抵押权不同：一是抵押权并不移转抵押财产，抵押财产始终在抵押人手里控制和使用；质权移转质押财产，质权设立后，质押财产由质权人占有。二是主债权期限届满债务人不履行债务的情况出现后，抵押权人由于不占有抵押财产，往往积极行使抵押权，以保证债权的实现；而质权人由于手中控制着质押财产，往往并不急于行使质权。对于是否与抵押权一样规定动产质权的存续期间，有意见提出，规定抵押权未在主债权诉讼时效期间行使则法院不予保护并无不妥；而如果规定质权超过主债权诉讼时效期间未行使则法院不予保护则有失公允，因为质押财产在质权人处占有，债务人不还债，过了主债权的诉讼时效期间依仗法律的规定，强行把质押财产从质权人手中要回，对质权人不公。

根据抵押权与质权的不同，本法未规定质权的存续期间，但是为了避免质权人滥用权利、怠于行使权利，本条赋予了出质人针对质权人的质权行使请求权以及质权人怠于行使质权的责任。

一、质权行使请求权

出质人在债务履行期限届满，债务人不能偿还债务时，有权请求质权人及时行使质权；如果质权人经出质人请求后仍不行使的，出质人有权径行到人民法院要求拍卖、变卖质押财产，以清偿债务。

二、质权人怠于行使质权的责任

质押财产存在着意外毁损、灭失以及随着市场风险的变化价值下跌的风险。因此，一旦债务履行期限届满，而债务人未清偿债务的，质权人应当及时行使质权，以免给出质人造成损失，出质人也有权请求质权人行使权利。质权人怠于行使权利可能会致使质押财产价格下跌，或者发生其他毁损、灭失等情形，质押财产无法获得与原有价值相当的变价款。在此情形下，质权人对于出质人的损失要承担赔偿责任。需要注意的是，根据本款的规定，出质人首先要有请求质权人及时行使质权的行为；其次要有证据证明造成损害是由于质权人怠于行使质权造成的，损害的事实应当与质权人怠于行使质权有直接的因果关系。

> **第四百三十八条** 质押财产折价或者拍卖、变卖后，其价款超过债权数额的部分归出质人所有，不足部分由债务人清偿。

❖ **条文主旨** ❖

本条是关于质押财产变价款归属原则的规定。

❖ **条文解读** ❖

质权设定的目的在于确保债务的清偿。当质押所担保的债权于履行期限届满而未受清偿时，质权人可以就质押财产的变价款优先受偿。质权的实现是质权的根本效力所在，也是质权人最重要的权利。

质权实现就是将质押财产的交换价值兑现，质权人以变价款优先受偿。质押财产价值的最初估算值与最终的变价值可能并不一致，这与当事人在设定质权时对质押财产的估算是否准确以及市场价格不断变化有关。但是，无论质押财产的变价款如何，设定质权时的主债权是清楚的。因此，实现质权应当以清偿质押担保范围的债权为界，质押财产折价、拍卖、变卖后，超过所担保的债权数额的，变价款超出部分归出质人所有；不足的部分由债务人清偿。

根据本条规定的质押财产变价款归属原则，质权人在实现质权时，应当注意以下几种情况：

首先，如果数个可分的质押财产为同一债权担保时，各个质押财产都担保债权的全部，但在实现质权时，如果质权人折价、拍卖或者变卖部分质押财产的价款足以清偿质押担保范围的债权，则应停止折价、拍卖或者变卖其余的质押财产。因为质押财产的所有权归出质人，出质人只是以质押财产担保质权人的债权，一旦债权受清偿，质权也就消灭了，剩余的质押财产应当归还出质人。

其次，如果以一个质押财产作为债权担保的，质押财产的变价款超出所担保的债权的，应当将剩余价款还给出质人，因为出质人是质押财产的所有权人。

最后，如果质押财产的变价款不足以清偿所担保的债权的，出质人以全部变价款交给质权人后，质权消灭，因为质权的标的是质押财产，质押财产因用于清偿担保债权而消灭，质权也随之消灭。担保债权未清偿的部分，仍然在债权人与债务人之间存在，只是不再是质权担保的债权，而是无质权担保的普通债权，债务人仍然负有清偿债务的义务。如果债务人和出质人不是同一人时，未偿还的债务由债务人承担，出质人不再承担责任。

第四百三十九条　出质人与质权人可以协议设立最高额质权。

最高额质权除适用本节有关规定外，参照适用本编第十七章第二节的有关规定。

❖ **条文主旨** ❖

本条是关于最高额质权的规定。

❖ **条文解读** ❖

最高额质权是指为担保债务的履行，债务人或者第三人对一定期间内将要连续发生的债权提供质押财产担保的，债务人不履行到期债务或者发生当事人约定的实现质权的情形，质权人有权在最高债权额限度内就该质押财产优先受偿。最高额质权制度对于配合继续性交易的发展，扩大担保融资，促进社会经济的繁荣，发挥了重要的作用。规定最高额质权的目的是为了简化设立担保的手续，方便当事人，促进资金融通，更好地发挥质押担保的功能。

与动产质权相比，最高额质权有自己的特征，但就根本属性而言，其仍属于质权，本节关于动产质权的许多规定可以适用于最高额质权。比如最高额质权的设立、最高额质权的实现、质押财产的保全等内容都可以适用本节关于动产质权的相关规定。

最高额质权与最高额抵押权具有许多相同之处，主要体现在：一是两者在设立、转移和消灭上均在一定程度独立于主债权；二是两者担保的债权都是不特定债权；三是两者均有最高担保额的限制；四是在实现担保物权时，均需要对担保的债权进行确定。基于以上相同点，本条规定，最高额质权可以参照适用本编第十七章第二节的有关规定，即最高额抵押权的有关规定。最高额质权所担保债权的转让、最高额质权的变更以及最高额质权所担保债权的确定可以参照本法第 421 条、第 422 条和第 423 条的规定。此外，根据本法第 420 条第 2 款的规定，最高额抵押权设立前已经存在的债权，经当事人同意，可以转入最高额抵押担保的债权范围。同理，最高额质权设立前已经存在的债权，经当事人同意，可以转入最高额质押担保的债权范围。基于此，本条第 2 款规定，最高额质权除适用本节有关规定外，参照适用本编第十七章第二节的有关规定。这里之所以强调最高额质权"参照"本法关于最高额抵押权的规定，主要是考虑到最高额质权与最高额抵押权性质不同：最高额质权需要质权人占有担保财产，其本质属于质权的一种；最高额抵押权不需要抵押权人占有担保财产，其本质属于抵押权的一种。因此，只宜"参照"，不宜直接适用。

第二节 权利质权

第四百四十条 债务人或者第三人有权处分的下列权利可以出质：

（一）汇票、本票、支票；

（二）债券、存款单；

（三）仓单、提单；

（四）可以转让的基金份额、股权；

（五）可以转让的注册商标专用权、专利权、著作权等知识产权中的财产权；

（六）现有的以及将有的应收账款；

（七）法律、行政法规规定可以出质的其他财产权利。

❖ **条文主旨** ❖

本条是关于可以出质的权利范围的规定。

❖ **条文解读** ❖

一、权利质权的概念

权利质权是指以出质人提供的财产权利为标的而设定的质权。权利质权具有与动产质权相同的一些特征，都是以担保债务履行和债权实现为目的，性质都是价值权、担保权。但是，由于标的物不同，权利质权与动产质权相比又具有一定的特殊性。本节的内容主要就是关于权利质权的一些特殊规定；本节没有规定的，则适用动产质权一节的有关规定。

随着经济高度发展，商品交易越加频繁，商品和货币流通的手段也应需要而不断发展，以票据、有价证券及其他财产凭证替代有形财产和货币流通越加广泛。充分利用这些财产凭证所体现的无形财产权，对促进资金融通和商品流通、发展经济有着重要作用。设立权利质权的目的和意义即在于此。

二、权利质权标的的要件

权利质权的标的是出质人提供的作为债权担保的权利。但并不是所有的权利都可以作为权利质权的标的，其必须满足下列条件：

1. 必须是财产权。财产权，是指物权、债权、无体财产权等以财产为内容，可以以金钱估价的权利。因其具有经济价值，质权人可以从其价值中受偿。而人身权，无论是人格权如生命权、身体权、健康权、名誉权等，还是身份权如亲属权、监护权等，由于不直接具有经济价值，都不得作为权利质权的标的。

2. 必须具有让与性。权利质权为价值权，在债务人不履行到期债务时，质权人可以以出质权利的价值优先受偿。因此，其标的应有变价的可能，须具有让与性。不具有让与性的财产权，不能成为权利质权的标的。比如，一些与特定权利主体密不可分的财产权，如继承权、亲属间的扶养请求权、抚恤金领取请求权，都不得作为权利质权的标的。

3. 必须是适于设定质权的权利。有些财产权虽然具有可让与性，但是不适于设定质权，也不得作为权利质权的标的。关于何种权利适于设定质权，何种权利不适于设定质权，各个国家和地区的规定不同。在我国，在不动产物权上设定的权利一般认定为是抵押权，因此，不动产物权不能作为权利质权的标的。至于抵押权、质权和留置权等担保物权，由于不能与其所担保的主债权分离，因此，也不能成为权利质权的标的。

三、权利质权标的的种类

本条对哪些权利可以出质，采取了列举的方式；除这些权利以外，其他权利均不得出质。按照本条的规定，可以出质的权利包括：

1. 汇票、本票、支票。汇票是指出票人签发的，委托付款人在见票时或者在指定日期无条件支付确定的金额给收款人或者持票人的票据。汇票分为银行汇票和商业汇票。本票是指出票人签发的，承诺自己在见票时无条件支付确定的金额给收款人或者持票人的票据。支票是指出票人签发的，委托办理支票存款业务的银行或者其他金融机构在见票时无条件支付确定的金额给收款人或者持票人的票据。

2. 债券、存款单。债券是指由政府、金融机构或者企业为了筹措资金而依照法定程序向社会发行的，约定在一定期限内还本付息的有价证券，包括政府债券、金融债券和企业债券。存款单，也称存单，是指存款人在银行或者储蓄机构存了一定数额的款项后，由银行或者储蓄机构开具的到期还本付息的债权凭证。

3. 仓单、提单。仓单是指仓储保管人应存货人的请求而填发的提取仓储物的凭证。根据本法合同编的规定，存货人交付仓储物的，保管人应当给付仓单。保管人应当在仓单上签字或者盖章。仓单是提取仓储物的凭证。存货人或者仓单持有人在仓单上背书并经保管人签字或者盖章的，可以转让提取仓储物的权利。提单是指用以证明海上货物运输合同和货物已经由承运人接收或者装船，以及承运人保证据以交付货物的单证。根据海商法的规定，提单中载明的向记名人交付货物、按照指示人的指示交付货物或者向提单持有人交付货物的条款，构成承运人据以交付货物的保证。货物由承运人接收或者装船后，应托运人的要求，承运人应当签发提单。提单可以由承运人授权的人签发，提单由载货船舶的船长签发的视为代表承运人签发。提单分为记名提单、指示提单和不记名提单。记名提单不得转让；指示提单经过记名背书或者空白背书可以转让；不记名提单无需背书即可转让。

4. 可以转让的基金份额、股权。基金份额是指向投资者发行的，表示持有人按其所持份额对基金财产享有收益分配权、清算后剩余财产取得权和其他相关权利，并承担相应义务的凭证。这里所称的基金，仅指证券投资基金法中规定的证券投资基金，即通过公开或者非公开募集资金设立证券投资基金，由基金管理人管理，基金托管人托管，为基金份额持有人的利益，以资产组合方式进行证券投资活动的信托契约型基金。股权是指股东因向公司直接投资而享有的权利。在我国，公司包括有限责任公司和股份有限公司。有限责任公司股东的股权是通过公司签发的出资证明书来体现的，股份有限公司股东的股权是通过公司签发的股票来体现的。出资证明书，是指证明投资人已经依法履行缴付出资义务，成为有限责任公司股东的法律文件。根据公司法的规定，有限责任公司成立后，应当向股东签发出资证明书。股票是指股份有限公司签发的证明股东所持股份的凭证。根据公司法的规定，股票采用纸面形式或者国务院证券监督管理机构规定的其他形式。出资证明书和股票就是股东享有股权的法定凭证，股东凭此证券就可以享有相应的股权。

只有可以转让的基金份额和股权才可以作为权利质权的标的；有的基金份额和股权依法不得转让，则不能出质。比如，根据公司法的规定，发起人持有的本公司股份，自公司成立之日起1年内不得转让。公司公开发行股份前已发行的股份，自公司股票在证券交易所上市交易之日起1年内不得转让。根据证券投资基金法的规定，非公开募集基金，不得向合格投资者之外的单位和个人转让，在转让时也不得超出法律规定的投资者人数的限制。因此，这类有转让限制的股票和基金份额在出质时也需要遵守相应的限制。

5. 可以转让的注册商标专用权、专利权、著作权等知识产权中的财产权。知识产权，是指人们对于自己的创造性智力活动成果和经营管理中的标记所依法享有的权利，包括注册商标专用权、专利权和著作权等。知识产权主要是一种财产权利；但某些知识产权如著作权既具有人身性又具有财产性，可以将其中的权利划分为人身权部分和财产权部分，只有财产权部分才能作为权利质权的标的。注册商标专用权是指注册商标所有人依法对注册商标享有的独占使用权。根据商标法的规定，转让注册商标的，转让人和受让人应当签订转让协议，并共同向商标局提出申请。转让注册商标经核准后，予以公告。受让人自公告之日起享有商标专用权。商标注册人可以通过签订商标使用许可合同，许可他人使用其注册商标。因此，注册商标所有人享有注册商标转让权和注册商标许可权。这两者都是注册商标专用权中的财产权，都可以作为权利质权的标的。

专利权是指由国家专利主管机关授予专利申请人或其继受人在一定期限内实施其发明创造的专有权，包括发明专利权、实用新型专利权及外观设计专利权。根据专利法的规定，转让专利申请权或者专利权的，当事人应当订立书面合同，并向国务院专利行政部门登记，由国务院专利行政部门予以公告。任何单位或者个人实施他人专利的，应当与专利权人订立书面实施许可合同，向专利权人支付专利使用费。因此，专利权人享有专利转让权和专利实施许可权。这两者都是专利权中的财产权，都可以作为权利质权的标的。著作权是指文学、艺术和科学作品的创作者对其创作完成的作品所享有的权利。根据著作权法的规定，著作权可分为人身权和财产权两部分。人身权包括发表权、署名权、修改权和保护作品完整权。财产权是指著作权人对作品的使用权和获得报酬权。其中，使用权指以各种方式使用作品的权利，是著作权人的一项主要财产权利，包括复制权、发行权、出租权、展览权、表演权、放映权、广播权、信息网络传播权、摄制权、改编权、翻译权、汇编权和应当由著作权人享有的其他权利等；获得报酬权指转让使用权或者许可他人使用而获得报酬的权利。著作权中的人身权和著作权人有密切关系，具有人身属性，只能专属于著作权人，不得让与，也不得出质；只有著作权中的财产权才可以作为权利质权的标的。

6. 现有的以及将有的应收账款。物权法在第 223 条规定了可以出质的权利范围，其中第 6 项为应收账款。应收账款实质上属于一般债权，包括尚未产生的将来的债权，但是仅限于金钱债权。需要注意的是，物权法中应收账款的概念包括了"公路、桥梁等收费权"。在物权法颁布以前，《最高人民法院在关于适用〈中华人民共和国担保法〉若干问题的解释》中专门规定，公路桥梁、公路隧道或者公路渡口等不动产收益权可以质押。物权法曾在征求意见稿中对可以出质的权利单独列出"公路、桥梁等收费权"一项。在征求意见时和常委会审议过程中,有的意见认为,收费权指权利人对将来可能产生的收益所享有的请求权,实质上是一种预期债权,可以纳入应收账款。物权法采纳了这一意见,将"公路、桥梁等收费权"的概念纳入"应收账款"的概念中。

在物权法颁布以后,中国人民银行根据物权法的规定,制定了《应收账款质押登记办法》,对应收账款的质押登记作了规范。根据2019年11月发布的《应收账款质押登记办法》第2条的规定,该办法所称的应收账款是指权利人因提供一定的货物、服务或设施而获得的要求义务人付款的权利以及依法享有的其他付款请求权,包括现有的和未来的金钱债权,但不包括因票据或其他有价证券而产生的付款请求权,以及法律、行政法规禁止转让的付款请求权。该办法所称的应收账款包括下列权利:(1)销售、出租产生的债权,包括销售货物,供应水、电、气、暖,知识产权的许可使用,出租动产或不动产等;(2)提供医疗、教育、旅游等服务或劳务产生的债权;(3)能源、交通运输、水利、环境保护、市政工程等基础设施和公用事业项目收益权;(4)提供贷款或其他信用活动产生的债权;(5)其他以合同为基础的具有金钱给付内容的债权。

在民法典物权编的立法过程中,一些意见提出,尽管一些部门规章对应收账款的定义和范围作了规定,但是在实践中对应收账款还是有不同的理解,如在会计实务操作领域,应收账款仅指已经实际发生的债权,而不包含将来尚未发生的债权,建议对"应收账款"的表述作相应修改。还有一些建议提出,物权法关于浮动担保的条文规定,企业等主体可以将现有的以及将有的生产设备等动产抵押,法律也应当明确规定可以以现有的以及将有的债权质押。经对上述意见的研究,本法将物权法第223条第6项"应收账款"修改为"现有的以及将有的应收账款"，以明确将来发生的债权可以作为质押的客体。

7. 法律、行政法规规定的可以出质的其他财产权利。这是对可以出质的权利作的保底性规定。随着经济社会的发展和融资需求的扩大，在平衡风险和利益的前提下，可用于担保的财产范围也会发生变化。立法在确定某一权利是否可以质押时，需要考虑该权利是否具备可转让性，是否具有可行的担保公示方式，以及以这些权利作担保有什么风险等因素。本条前6项规定的可以出质的权利并不能涵盖所有可以出质的权利范围，为此本条作了一个授权性的规定，根据现实需要、权利质押的可行性、市场风险等因素，法律、行政法规可以规定其他权利可以出质；只要在法律、行政法规中明确规定可以出质的，也适用本节权利质权的有关规定。

> **第四百四十一条** 以汇票、本票、支票、债券、存款单、仓单、提单出质的，质权自权利凭证交付质权人时设立；没有权利凭证的，质权自办理出质登记时设立。法律另有规定的，依照其规定。

❖ **条文主旨** ❖

本条是关于以汇票、本票、支票、债券、存款单、仓单、提单出质的权利质权设立的规定。

❖ **条文解读** ❖

本编第 427 条规定，设立质权，当事人应当采用书面形式订立质押合同。以汇票、本票、支票、债券、存款单、仓单、提单出质的，双方当事人应当订立书面质押合同。合同内容一般包括被担保债权的种类和数额，债务人履行债务的期限，出质权利的名称、数额，担保的范围等。合同订立后，质权并不

当然设立。以汇票、本票、支票、债券、存款单、仓单、提单出质的,其质权设立的情形可以分为两种:

首先,有权利凭证的,质权自权利凭证交付质权人时设立。

权利凭证是指记载权利内容的象征性的证书,通常采用书面形式,如汇票、本票、支票、存款单、仓单、提单和一部分实物债券等都有权利凭证。此时出质人需要将该权利凭证交付给质权人,质权自交付时设立。

其次,没有权利凭证的,质权自有关部门办理出质登记时设立。

在我国,部分债券如记账式国库券和在证券交易所上市交易的公司债券等都已经实现无纸化,这些债券没有权利凭证,如果要出质,就必须到法律、法规规定的有关登记部门办理出质登记,质权自登记时设立。债券质押登记,基于不同的债券品种,以及交易所债券市场和银行间债券市场的区分等,分别到中国证券登记结算机构、中央国债登记结算有限公司、上海清算所等登记。

在十三届全国人大三次会议审议民法典草案的过程中,有的代表提出,票据法对汇票质押等有专门规定,建议与之相衔接。宪法和法律委员会经研究,建议采纳这一意见,在本条中增加规定:法律另有规定的,依照其规定。为此,其他法律对于以汇票、本票、支票等出质的权利质权的设立有特别规定的,依照其规定。

> **第四百四十二条** 汇票、本票、支票、债券、存款单、仓单、提单的兑现日期或者提货日期先于主债权到期的,质权人可以兑现或者提货,并与出质人协议将兑现的价款或者提取的货物提前清偿债务或者提存。

❖ **条文主旨** ❖

本条是关于以汇票、本票、支票、债券、存款单、仓单、提单出质的权利质权人行使权利的特别规定。

❖ **条文解读** ❖

载明兑现日期或者提货日期的汇票、本票、支票、债券、存款单、仓单、提单的兑现日期或者提货日期届至时，原则上必须兑现或者提货，以免除第三债务人的债务。如果不按时兑现或者提货，有可能会给债务人自身带来损失，最终影响所担保的主债权的实现。因此，本条规定，汇票、本票、支票、债券、存款单、仓单、提单的兑现日期或者提货日期先于主债权到期的，质权人可以不经过出质人同意，有权将汇票、本票、支票、债券或者存款单上所载款项兑现，有权将仓单或者提单上所载货物提货。但是质权人兑现款项或者提取货物后不能据为己有，必须通知出质人，并与出质人协商，或者用兑现的款项或提取的货物提前清偿债权，或者将兑现的款项或提取的货物提存。提前清偿债权的，质权消灭；提存的，质权继续存在于提存的款项或者货物上，在主债权到期时可以以该提存的款项或者货物优先受偿。出质人只能在提前清偿债权和提存中选择，不能既不同意提前清偿债权也不同意提存。

> 第四百四十三条　以基金份额、股权出质的，质权自办理出质登记时设立。
>
> 基金份额、股权出质后，不得转让，但是出质人与质权人协商同意的除外。出质人转让基金份额、股权所得的价款，应当向质权人提前清偿债务或者提存。

❖ **条文主旨** ❖

本条是关于以基金份额、股权出质的权利质权设立和出质人处分基金份额、股权的限制的规定。

❖ **条文解读** ❖

根据本编第 427 条规定，设立质权，当事人应当采用书面形式订立质押合同。以基金份额、股权出质的，双方当事人应当订立书面质押合同。合同内容一般包括被担保债权的种类和数额，债务人履行债务的期限，基金份额、股权的相关信息，担保的范围等。

以基金份额、股权出质的，在订立质押合同后，质权并不当然设立。以基金份额、股权出质的，应当到有关部门办理出质登记，质权自登记时设立。

在目前的实践操作中，基金份额、股权质押登记差异较大、情况复杂，分别由多个登记机构进行相应的权利质押登记。以基金份额出质的，如果是证券登记结算机构登记的基金份额出质，在证券登记结算机构登记；未在证券登记结算机构登记的基金份额出质，在其他基金份额登记机构登记。以股权出质的，上市公司的股权、在全国中小企业股份转让系统转让股权的股份公司以及退市公司的股权的质押登记，在证券登记结算机构办理；有限责任公司的股权和未在证券登记结算机构登记的股份有限公司的股权的质押登记，在市场监管机构办理。

物权法第 226 条规定，以基金份额、证券登记结算机构登记的股权出质的，质权自证券登记结算机构办理出质登记时设立；以其他股权出质的，质权自工商行政管理部门办理出质登记时设立。在民法典物权编的立法过程中，一些意见建议在民法典物权编中规定动产和权利担保统一登记制度。考虑到动产和权利担保涉及的财产种类众多、情况复杂，且涉及国务院各部门的工作职能，具体规则宜由国务院规定，民法典物权编未对动产和权利担保统一登记制度作出规定，但是为了回应相关意见，民法典物权编删除了物权法中动产抵押、权利质押有关具体登记机构的规定，为以后建立统一的动产和权利担保登记制度留下空间。为此本条规定删除了物权法的上述规定，在本法441条、第444条、第445条相应删除了有关登记机关的规定。

本条第2款规定的是对出质人处分基金份额和股权的限制。基金份额和股权出质后，原则上不能转让。一方面，出质人的基金份额和股权虽然被出质了，但是其仍为基金份额持有人或者股东，转让基金份额和股权是对基金份额和股权的处分，是基金份额持有人和股东的权利，质权人无权转让作为债权担保的基金份额和股权，否则构成对基金份额持有人和股东权利的侵害。另一方面，基金份额和股权虽然为出质人所有，但是其作为债权的担保，是有负担的权利，如果随意转让可能会损害质权人的利益，不利于担保债权的实现。所以，原则上基金份额和股权出质后，不能转让；但如果出质人与质权人协商一致，都同意转让已出质的基金份额和股权，这属于双方当事人对自己权利的自由处分，法律自然允许。但是，转让基金份额和股权所得的价款，并不当然用于清偿所担保的债权，因为此时债务清偿期限尚未届至，出质人应当与质权人协商，将所得的价款提前清偿所担保的债权或者提存。提前清偿债权的，质权消灭。提存的，质权继续存在于提存的价款上，在债务履行期限届满时，质权人可以对该价款优先受偿。出质人只能在提前清偿债权和提存中选择，不能既不同意提前清偿债权，也不同意提存。

> **第四百四十四条**　以注册商标专用权、专利权、著作权等知识产权中的财产权出质的，质权自办理出质登记时设立。
>
> 知识产权中的财产权出质后，出质人不得转让或者许可他人使用，但是出质人与质权人协商同意的除外。出质人转让或者许可他人使用出质的知识产权中的财产权所得的价款，应当向质权人提前清偿债务或者提存。

◆ **条文主旨** ◆

本条是关于以知识产权中的财产权出质的权利质权的设立和出质人处分知识产权的限制的规定。

◆ **条文解读** ◆

根据本编第 427 条规定，设立质权，当事人应当采用书面形式订立质押合同。以注册商标专用权、专利权、著作权等知识产权中的财产权出质的，双方当事人应当订立书面质押合同。合同内容一般包括被担保债权的种类和数额，债务人履行债务的期限，知识产权的相关信息如注册商标专用权人及其注册商标和注册号、专利权人及其专利号和专利权中的财产权、著作权人的姓名或者名称及其著作权中的财产权，担保的范围等。

以注册商标专用权、专利权、著作权等知识产权中的财产权出质的，订立质押合同后，质权并不当然设立，须办理出质登记时才能设立。这主要是因为知识产权是一种无形财产权，无法以占有的方式来公示，所以知识产权出质必须以登记的方式来公示。从目前的实践操作来看，以知识产权中的财产权出质的需要到有关部门办理质押登记，具体来说，著作权质押登记在国家版权局委托的中国版权保护中心办理，专利权和注册商标专用权的质押登记在国家知识产权局办理。

本条第 2 款规定的是对出质人处分知识产权的限制。以注册商标专用权、专利权、著作权等知识产权中的财产权出质的，权利虽然仍属于知识产权人，但由于该知识产权是有负担的权利，因此，出质人不能自由转让或者许可他人使用。如果允许出质人自由转让或者许可他人使用其注册商标专用权、专利权、著作权等知识产权中的财产权，则无论是有偿转让还是无偿转让，也无论是许可他人有偿使用还是许可他人无偿使用，都将损害质权人的利益。因为一方面转让的费用和许可他人使用的费用都要归出质人收取，另一方面出质人有权无限制地转让其注册商标专用权、专利权、著作权等知识产权中的财产权，必然导致该注册商标专用权、专利权、著作权等知识产权中的财产权价值的下降，最终的结果必然损害质权人的利益，不利于担保债权的实现。但是如果经出质人与质权人协商同意，可以转让或者许可他人使用出质的注册商标专用权、专利权、著作权等知识产权中的财产权。因为此时转让，是经过质权人同意的，是否会损害质权人的利益由质权人自己判断，法律不加干涉。

按照本条第 2 款的规定，转让或者许可他人使用出质的注册商标专用权、专利权、著作权等知识产权中的财产权所得的价款，不当然用于清偿所担保的债权。因为此时债务清偿期限尚未届至，出质人应当与质权人协商，将所得的价款提前清偿所担保的债权或者提存。提前清偿债权的，质权消灭。提存的，质权继续存在于提存的价款上，在债务履行期限届满时，质权人可以对该价款优先受偿。出质人只能在提前清偿债权和提存中选择；不能既不同意提前清偿债权，也不同意提存。

> 　　**第四百四十五条　以应收账款出质的，质权自办理出质登记时设立。**
>
> 　　**应收账款出质后，不得转让，但是出质人与质权人协商同意的除外。出质人转让应收账款所得的价款，应当向质权人提前清偿债务或者提存。**

❖ **条文主旨** ❖

　　本条是关于以应收账款出质的权利质权设立和出质人转让应收账款的限制的规定。

❖ **条文解读** ❖

　　根据本编第 427 条规定，设立质权，当事人应当采用书面形式订立质押合同。以应收账款出质的，双方当事人应当订立书面质押合同。合同内容一般包括被担保债权的种类和数额，债务人履行债务的期限，应收账款的名称、数额，担保的范围等。

　　以应收账款出质的，在订立质押合同后，质权并不当然设立，双方当事人还须到有关部门办理出质登记后质权才设立。物权法规定了信贷征信机构为应收账款出质的登记机构。根据物权法的授权，征信中心建成了应收账款质押登记公示系统，面向全社会提供应收账款质押、转让的登记与查询服务；中国人民银行发布的《应收账款质押登记办法》，对应收账款质押登记与查询行为进行规范。目前我国应收账款的质押登记在中国人民银行征信中心的应收账款质押登记公示系统办理。为了给以后建立统一的动产抵押和权利质押登记制度留出空间，本法删除了具体登记机构的规定。

　　本条第 2 款规定的是应收账款出质后对出质人权利的限

制，即出质人不得随意转让应收账款。这主要是为了保护质权人的利益，防止出质人随意处置应收账款，保证其所担保的债权的实现。出质人只有在取得质权人同意的情况下才能转让应收账款。与前几条的规定的内容类似，转让应收账款所得的价款，并不当然用于清偿所担保的债权。因为此时债务清偿期限尚未届至，出质人应当与质权人协商，将所得的价款提前清偿所担保的债权或者提存。提前清偿债权的，质权消灭。提存的，质权继续存在于提存的价款上，在债务履行期限届满时，质权人可以对该价款优先受偿。出质人只能在提前清偿债权和提存中选择；不能既不同意提前清偿债权，也不同意提存。

> **第四百四十六条　权利质权除适用本节规定外，适用本章第一节的有关规定。**

❖ **条文主旨** ❖

本条是关于权利质权适用动产质权有关规定的规定。

❖ **条文解读** ❖

权利质权与动产质权都是以其客体的交换价值的取得为目的的担保物权，具有由客体直接取得一定价值的权能；并不因其客体是有体物还是无体物而性质不同，两者共同构成质权的组成部分，在很多内容上是相同的。但是权利质权的标的物为权利，而动产质权的标的物为动产，因此两者在某些具体方面如权利的生效上还存在一定的区别。因此，本章第一节对动产质权是作为质权的一般形式加以规定的，本节对权利质权仅在某些内容上作了特殊规定，其他没有规定的内容可以适用动产质权的规定，如本章第一节关于质押合同的订立以及质押合同的一般条款、流质条款的效力、质权人的权利和义务、质权的保全、质权的放弃、质权的实现方式和最高额质权等。

第十九章　留置权

本章共十一条，对留置权的一般规定、留置财产与债权的关系、留置权的适用范围、留置权人的权利与义务、留置权的实现以及留置权与抵押权、质权的竞合和留置权消灭的特殊情形等内容作了规定。

> **第四百四十七条**　债务人不履行到期债务，债权人可以留置已经合法占有的债务人的动产，并有权就该动产优先受偿。
>
> 前款规定的债权人为留置权人，占有的动产为留置财产。

❖ **条文主旨** ❖

本条是有关留置权的一般规定。

❖ **条文解读** ❖

一、留置权的定义

留置权是指在债务人不履行到期债务时，债权人有权依照法律规定留置已经合法占有的债务人的动产，并就该动产优先受偿的权利。这时，债权人便为留置权人，占有的动产便为留置财产。

留置权是经济生活中较为普遍存在的一种担保形式。留置权设定的目的在于维护公平原则，督促债务人及时履行义务。物权法制定之前我国的一些法律就对留置权作了规定，如民法通则第 89 条规定，按照合同约定一方占有对方的财产，对方不按照合同给付应付款项超过约定期限的，占有人有权留置该财产，依照法律的规定以留置财产折价或者以变卖该财产的价款优先得到偿还。担保法则专设"留置"一章，共七条。合同法也分别规定了承揽合同、运输合同和保管合同中债权人享有的留置权。

二、留置权成立的要件

第一，债权人已经合法占有债务人的动产。债权人要行使留置权，必须已经合法占有债务人的动产。此要件包含三层意思：其一，必须是动产。留置权的标的物只能是动产，债权人占有的不动产上不能成立留置权。其二，必须债权人占有动产。债权人的这种占有可以是直接占有，也可以是间接占有。但单纯的持有不能成立留置权。如占有辅助人虽持有动产，却并非占有人，因此不得享有留置权。其三，必须合法占有动产。债权人必须基于合法原因而占有债务人动产，如基于承揽、运输、保管合同的约定而取得动产的占有。如果不是合法占有债务人的动产，不得留置，如债权人以侵权行为占有债务人的动产。

第二，债权人占有的动产，应当与债权属于同一法律关系，但企业之间留置的除外。除了企业之间留置的以外，留置财产必须与债权的发生处于同一法律关系中。比如，保管合同中寄存人不按期交付保管费，保管人可以留置保管物，此时留置权成立。如果保管人对寄存人享有的是保管合同之外的其他债权而留置保管物，或者保管人留置的是债务人的其他财产，则该留置权不能成立。

第三，债务人不履行到期债务。债权人对已经合法占有的动产，并不能当然成立留置权，留置权的成立还须以债权已届清偿期而债务人未全部履行为要件。如果债权未到期，那么债务人仍处于自觉履行的状态中，还不能判断债务人到期能否履行债务，这时留置权还不能成立。只有在债务履行期限届满，债务人仍不履行债务时，债权人才可以将其合法占有的债务人的动产留置。

> **第四百四十八条　债权人留置的动产，应当与债权属于同一法律关系，但是企业之间留置的除外。**

❖ **条文主旨** ❖

本条是有关留置财产与债权的关系的规定。

❖ **条文解读** ❖

一、留置财产的范围

本条首先明确，债权人留置的动产，应当与债权属于同一法律关系。因此，一般而言，留置财产的范围仅限于与债权属于同一法律关系的动产。所谓同一法律关系，就是留置财产应当与债权所形成的债权债务关系属于同一个民事法律关系。根据债法的基本原理，债通常包括合同之债，还包括侵权之债，以及不当得利、无因管理之债。同一法律关系最为常见的就是因合同产生的债权债务关系。如甲将手表交由乙修理，手表修理好后，甲拒绝支付修理费，乙依法可以留置该手表。此时，因定作人甲与承揽人乙之间形成了承揽合同关系，基于此承揽关系乙占有了甲交付的动产即手表，甲未支付的修理费也是基于双方的承揽关系产生的报酬，乙留置的动产与乙享有的债权（即甲所欠报酬）就属于同一承揽合同关系。同一法律关系还可以是因侵权形成的同一债权债务关系。如甲开着货车运输货物，途中由于货物捆绑不严，其中一箱货物遗落将乙砸伤，甲未向乙支付合理的医疗费用，乙遂将该箱货物留置，要求甲支付医疗费用方肯返还。此时，乙要求支付医疗费用的侵权债权，与甲遗落的货物（造成侵权的原因），即属于同一侵权法律关系。

二、留置财产范围的例外

本条还有但书的例外规定，即"但是企业之间留置的除外"。根据本条但书的内容，在一般民事主体之间留置财产与债权应属于同一法律关系，而在企业之间行使留置权，留置财产与债权则没有此限制，这意味着企业之间，只要债权人合法占有债务人的动产，债务人不履行债务，债权人即可留置其动产，而不论该动产是基于何种法律关系占有。这么规定，主要是考虑到，在商业实践中，企业之间相互交易频繁，追求交易效率，讲究商业信用，如果严格要求留置财产必须与债权的发生具有同一法律关系，则有悖交易迅捷和交易安全原则。比如，甲运输公司与乙贸易公司经常有业务往来，因乙公司欠了甲公司一笔运费。后丙公司支付运费后委托甲公司将一批货物运给乙公司，甲公司为了实现催要运费的目的，遂将该批货物扣留，要求乙公司支付此前所欠运费方肯交货。在此种情况下，虽然甲公司所承运的货物与乙公司所欠的运费之前并不属于同一法律关系，根据本条但书的规定，甲公司仍有权行使留置权。

> **第四百四十九条　法律规定或者当事人约定不得留置的动产，不得留置。**

❖ **条文主旨** ❖

本条是关于留置权适用范围的限制性规定。

❖ **条文解读** ❖

一、关于留置权的适用范围

关于留置权的适用范围，我国立法有一个逐渐变化的过程。担保法将留置权的适用范围限于特定合同法律关系，该法第84条规定："因保管合同、运输合同、加工承揽合同发生的债权，债务人不履行债务的，债权人有留置权。法律规定可以留置的其他合同，适用前款规定。当事人可以在合同中约定不得留置的物。"根据担保法的此规定，留置权仅限适用于保管合同、运输合同、加工承揽合同等法律有明确规定的合同类型中，在其他债权债务关系中，则不得行使留置权。

在物权法起草过程中，对是否保留担保法的此规定，存在不同意见。有的意见认为，为避免滥用留置权的情况发生，应该维持担保法的规定，即只有因保管合同、运输合同、加工承揽合同和法律规定可以留置的其他合同发生的债权，才能适用留置权。有的意见认为，担保法规定的留置权的适用范围过窄，不符合经济实践需要，不利于保护债权人的利益，应当扩大范围。在制定物权法时，在总结担保法规定的立法经验基础上，考虑到随着市场经济的发展，相关市场规则和法律制度的完善，将留置权的适用范围扩大到因无因管理、仓储合同及其他服务合同发生的债权中是必要和合适的。且境外留置权立法，也未逐一列举留置权的适用范围。因此，物权法没有明文列举留置权的适用范围，而只是对留置权的适用范围作出限制，规定了不得留置的情形。只要不属于不得留置的两种情形，又符合留置权成立的条件，均可以成立留置权。

物权编保留了物权法的立法模式，在上一条中规定了留置权可以行使的财产范围，同时在本条中规定不得留置的范围，即法律规定或者当事人约定不得留置的动产，不得留置。

二、法律规定不得留置的动产

本条规定，法律规定不得留置的动产，不得留置。总则编第8条规定，民事主体从事民事活动，不得违反法律，不得违背公序良俗。根据本条和总则编的此规定，民事主体从事任何民事活动，包括行使留置权，都不能违反法律规定，也不得违背公序良俗。首先，如果法律明确有规定，对特定动产，任何人不得留置。民事主体从事民事活动时，就有义务遵守法律的此类规定，不得对此类动产行使留置权。如居民身份证法第15条第3款规定，任何组织或者个人不得扣押居民身份证。如甲委托乙办理工商执照申领手续，故将自己的身份证交给乙，甲未及时将委托费用支付给乙，乙遂扣留甲的身份证。根据居民身份证法的规定，乙不得行使留置权，故乙必须返还甲的身份证。其次，行使留置权，也不能违反公序良俗。比如，因当地发生重大传染病疫情，甲公司遂紧急从外地采购大量医疗物资用于本公司办公场所防治疫情，并委托乙运输公司将该等医疗物资运回，尚未支付运费。医疗物资运抵后，乙公司欲留置所承运的医疗物资。由于甲公司采购的医疗物资属于防治传染病疫情所急需的物资，如果乙公司留置该等物资，势必影响公共卫生秩序，危及公共卫生安全，有悖公序良俗，故乙公司不得行使留置权。又比如，甲在长江中游泳，不慎溺水身亡，甲父遂委托乙帮忙打捞甲之遗体，口头约定打捞成功后支付乙报酬1000元。成功打捞后，乙要求甲父立即支付报酬，否则不交付甲的遗体。在此种情形下，乙行使留置遗体的行为，违背了善良风俗，也属于本条规定的不得留置的情况。

三、当事人约定不得留置的动产

留置权属于法定担保物权。法律之所以规定留置权，主要是基于公平原则，为了保护债权人的利益，确保债权人债权的实现，并不涉及公共利益或者其他第三人的利益。如果债权人基于意思自治而自愿放弃这种法律规定的民事权利，法律自然不会予以干涉。因此，本条同时规定，当事人约定不得留置的动产，不得留置。根据此规定，当事人已经明确约定不得留置的动产，都不能成立留置权。比如，承揽合同当事人事先在合同中约定排除留置权，则在定作人未向承揽人支付报酬或者材料费等价款时，承揽人也不得留置完成的工作成果，而应当依债权本身的效力提起追索价款及违约金的诉讼。当事人约定的方式，既可以在订立合同之时约定，并写入合同条款，也可以在合同履行过程中达成协议。既可以是以书面方式约定，也可以是口头约定。当然，从利于举证的角度而言，当事人约定限制留置权的行使条款，最好以书面方式在相关合同中明确规定。

> **第四百五十条　留置财产为可分物的，留置财产的价值应当相当于债务的金额。**

❖ **条文主旨** ❖

本条是关于可分物作为留置财产的特殊规定。

❖ **条文解读** ❖

根据法律的基本原理，留置权具有不可分性，此种不可分性表现在两个方面：一方面，留置权所担保的是债权的全部，而不是部分，即担保的债权具有不可分性。另一方面，留置权的效力具有不可分性，留置权及于债权人所留置的全部留置财产，留置权人可以对留置财产的全部行使留置权，而不是部分。因此，从理论上而言，只要债权人基于同一法律关系占有了债务人的动产，就可以行使留置权，而不论留置财产价值与债权数额是否相当。但是，如果将留置权的不可分性绝对化，则可能造成立法上的不公平。

留置权的立法目的是督促债务人及时履行债务，确保债权人能够实现自己的债权。因此，只要留置财产的价值相当于债务金额，就能够保证其债权得到实现，没有必要留置过多的财产。过分强调留置权的不可分性，对债务人不公平，有损其合法权益，也不利于物尽其用。因此，从公平合理地设计当事人之间的权利义务而言，在立法上有必要对留置权的不可分性作一定程度的缓和。故本条规定，留置财产为可分物的，留置财产的价值应当相当于债务的金额。但留置物为可分者，仅得依其债权与留置物价值之比例行使之。

理解本条需要从以下三个方面把握：

一、可分物与不可分物的划分

这是从物的分割是否影响其价值或效用的角度对物进行的划分。不可分物就是将其分割的话将影响其价值或者失去其效用的物。如一块手表，如果将手表拆分成零件，将失去手表作为计时器的功能。可分物是指经分割而不损害其经济用途或者失去其价值的物。如一袋大米，将其分割成数小袋，大米经济价值和作为粮食的效用并不会受到影响。正是因为可分物和不可分物在是否可以分割属性上的差异，在行使留置权时，有必要加以区分，针对物的不同属性，设计更为合理的权利义务结果，确保留置权的行使更加公平合理。

二、对可分物行使留置权

根据本条规定，留置财产为可分物的，留置财产的价值应当相当于债务的金额。因此，如果涉案动产为可分物。债权人在行使留置权时，就需要受到本条的限制，即行使留置权时，仅能留置与债务金额相当价值的财产，而不得超越此范围行使留置权，否则构成权利滥用。

如何判断留置财产的价值是否相当于债务金额。各种物品的价值差别较大，通常应当根据留置财产的正常市场价格进行判断。所谓价值相当，不是说必须完全等值，而是留置财产的价值不能明显超过债权金额。

三、对不可分物行使留置权

如果留置财产为不可分物，由于该物的分割会减损其价值，因此不适用本条的规定，留置权人可以留置整个物。比如，甲公司提供原材料，委托乙公司定作特制锅炉一台，约定定作费用 50 万元。该台锅炉制作完成后，市场价值约 1000 万元。因甲公司未向乙公司支付报酬，故欲留置该锅炉。虽然加工承揽合同的标的物价值远远超出甲公司所欠费用，乙公司仍有权留置该锅炉。因为锅炉属于不可分物，如果分割将失去其应有的效用、价值也将大大减损，因此不能适用本条的规定。对于不可分物，债权人可以将其全部留置。

> **第四百五十一条**　留置权人负有妥善保管留置财产的义务；因保管不善致使留置财产毁损、灭失的，应当承担赔偿责任。

❖ 条文主旨 ❖

本条是关于留置权人保管义务的规定。

❖ 条文解读 ❖

一、留置权人的保管义务

行使留置权的前提是债权人合法占有债务人的不动产。因此，留置财产此时已经脱离了债务人的控制，而由债权人合法控制。民事主体享有权利的同时，也应当履行法律规定或者合同约定的义务。债权人在行使留置权的同时，也是如此。留置权人占有、控制着债务人的动产。由于留置财产的所有权仍属于债务人，作为所有权人，债务人对留置财产享有利益。因此，法律有必要为留置权人设定义务，避免留置财产陷于灭失风险之中，危及债务人的所有权。如果留置财产毁损或者灭失，不仅损害了债权人的所有权，也不利于实现留置权。因此，本条首先规定，留置权人负有妥善保管留置财产的义务。

妥善保管留置财产，是一种消极性义务，不需要留置权人有积极的作为，留置权人对留置财产并不负有保值增值的义务。比如，留置财产为受市场影响很大的动产，即便在价格变动剧烈的情况下，留置权人也不能因行情变动而任意处分变现。留置权人只要使留置财产维持原状或者保持其正常状态，确保不受到侵害、毁损或者灭失即可。同样，留置权人占有留置财产时，原则上未经债务人同意，不得使用、出租留置财产或者擅自把留置财产作为其他债权的担保物。但是，留置权人出于保管的需要，为使留置财产不因闲置而生损害，在必要的范围内有适当使用留置财产的权利。比如，甲的汽车损坏了，委托乙修理厂进行修理，约定修理费用 1 万元，后甲一直未付修理费。乙修理厂遂留置了甲的车辆。长达近一年，甲一直未履行债务。乙修理厂为了避免所留置的汽车长期不用导致故障，即可以适当启动使用该汽车，确保该车处于正常状态。

二、留置权人的赔偿责任

为了使留置权人能够履行其妥善保管留置财产的义务，本条还规定，留置权人因保管不善致使留置财产毁损、灭失的，应当承担赔偿责任。根据此规定，如果留置权人未保管好留置财产，是需要承担赔偿责任的。比如，甲公司从某市购买了一批粮食，委托乙运输公司运输，由于甲公司未按约定支付运费，乙公司遂留置了部分承运的粮食，并将留置的粮食存放在该公司仓库。由于乙公司的仓库并非专业粮仓，导致所留置的粮食全部发霉变质，无法再行销售。乙公司作为专业的运输公司，知道储存粮食应具有相应的条件，未按照粮食的通常储存方式存放所留置的粮食，不能说是尽到了妥善保管的义务。因此，乙公司应当赔偿甲公司的损失。当然，如果留置权人尽到了妥善保管义务，因保管不善之外的其他原因造成留置财产的损失的，则不应承担赔偿责任。比如，甲公司由于生产需要，购买了一台重要的生产设备备用，由于甲公司自身的仓库无法存放，遂将该设备交付某仓储公司保管。由于甲公司未按时支付仓储费，乙公司遂留置了该设备，继续存放在仓库中。期间，因台风来袭，乙公司仓库遭受重创，导致乙公司所留置的设备损坏。乙公司按照正常方式保管该设备，尽到了妥善管理义务，留置财产系因台风这一不可抗力造成损失的，故乙公司不需要承担赔偿责任。

❖ **案例分析** ❖

甲运输公司从事集装箱、冷藏保鲜、罐式等货物专用运输业务，乙贸易公司从事非食用动植物油脂销售业务。2018 年 7 月，乙贸易公司委托甲运输公司将总计 50 吨（5000 元/吨）的牛羊油产品从山东枣庄运往位于淄博市的丙公司，双方口头约定运费 100 元/吨。甲公司驾驶员赵某驾驶槽罐车将该批货物运至淄博市后，丙公司检验后认为不符合其与乙贸易公司的合同约定，遂拒绝收货。赵某告知甲运输公司后，甲运输公司即与乙贸易公司协商，乙贸易公司要求甲运输公司将货物运回枣庄，甲运输公司提出要求增加运费 5000 元，乙贸易公司表示不同意。甲运输公司于是通知赵某将所承运的全部 50 吨货物放置在位于枣庄的丁仓储公司货场内。因运费问题发生分歧，双方一直僵持不下。至 2019 年 7 月，乙贸易公司向法院起诉，要求甲运输公司返还承运的 50 吨货物。法院查封货物后，乙贸易公司发现由于丁仓储公司不具备仓储条件导致货物全部变质，已经无法正常销售，遂要求甲运输公司按货物价值赔偿损失 25 万元。甲运输公司提起反诉，要求乙贸易公司支付拖欠的运费 1 万元，同时补偿其因委托丁仓储公司保管的保管费 5000 元。甲运输公司并认为自己依法行使留置权，乙贸易公司的货物损失系因其拖欠运费所致，拒绝赔偿。

人民法院审理后认为，甲运输公司与乙贸易公司达成口头运输合同，双方均应按照约定履行各自义务。在履行过程中，由于乙贸易公司未按照约定支付运费，根据法律规定，甲运输公司有权留置货物。根据法律规定，留置财产为可分物的，留置财产的价值应当相当于债务的金额。甲运输公司承运的牛羊油产品系可分物，甲运输公司在行使留置权时，留置部分货物即足以清偿乙贸易公司的债务。但甲运输公司超出合理范围，将全部50吨货物全部留置。且根据法律规定，留置权人负有妥善保管留置财产的义务；因保管不善致使留置财产毁损、灭失的，应当承担赔偿责任。甲运输公司在留置乙贸易公司的货物时，将该等货物交由不具备保管条件的丁仓储公司存储，导致货物变质，甲运输公司未尽到保管义务，应当承担乙贸易公司的损失。乙贸易公司应当向甲运输公司支付合同约定的运费5000元，因丙公司拒收货物运回枣庄的运费5000元也应由乙贸易公司负担。故判令甲运输公司赔偿乙贸易公司经济损失25万元，乙贸易公司支付甲运输公司运费1万元。

> **第四百五十二条** 留置权人有权收取留置财产的孳息。
>
> 前款规定的孳息应当先充抵收取孳息的费用。

❖ 条文主旨 ❖

本条是关于留置权人收取孳息的权利的规定。

❖ 条文解读 ❖

留置财产属于动产，有些动产由于其自然属性或者基于特定法律关系会产生额外的收益，这就是物的孳息。留置权人留置的物为原物，有些留置财产会产生孳息。孳息包括两类：一类是天然孳息，就是因物自身的自然属性或者自身变化规律即可以取得收益。比如，苹果树上结出的苹果。另一类是法定孳息，就是原物由于特定的法律关系所产生的利益。比如甲的房屋因出租，因此能获得房租收入。这种房租收入就是由于房屋的租赁法律关系而获得收益。虽然有的留置财产会产生孳息，但是这种孳息需要有人收取，不然就可能造成孳息无法获得。如果园中果树的果子，如果无人收取，果子可能成熟后掉落而腐烂，造成损失。因留置财产孳息的收取可能需要承担一定的费用，法律应当合理规定留置财产孳息的收取，才能平衡好各方的权利义务。本条第 1 款规定，留置权人有权收取留置财产的孳息。第 2 款规定，前款规定的孳息应当先充抵收取孳息的费用。

一、留置财产孳息的收取

根据本条第 1 款的规定，留置权人有权收取留置财产的孳息。之所以规定留置权人有权收取留置财产孳息，主要是考虑到留置财产由债权人控制，留置财产的孳息由其收取更为便利，更为可行。且根据法律规定，留置权人有义务妥善保管留置财产，规定由留置权人收取，也是恰当的。

首先，收取留置财产的孳息属于留置权人的权利。既然是留置权人的权利，那么留置权人既可以行使，也可以放弃。只有在留置权人放弃不行使时，债务人才可以自行收取留置财产的孳息。在特殊情形下，妥善收取孳息也是留置权人保管义务的内容。比如，甲留置乙所有的受孕母牛一头，后母牛将生产小牛。为了避免母牛因生产感染致死，留置权人应当妥善安置母牛，确保小牛顺利生产下来。

其次，留置权人收取的孳息仅限于留置财产的孳息，不能超出此范围收取。留置权人既可以授权留置财产的法定孳息，也可以收取留置财产的天然孳息。但留置权人不能收取债务人其他财物的孳息。比如，甲村民帮助乙村民修理拖拉机，因乙未支付修理费，故留置了乙的拖拉机。后甲发现乙家中的母牛在野外产仔，遂将母牛所产小牛带回。甲的行为即不属于本条规定收取孳息的权利，因为此小牛并非留置财产的天然孳息。

最后，留置权人的权利仅仅是收取孳息，并非直接能获得孳息的所有权。所谓收取，就是通过事实行为或者法律行为获得并控制留置财产的孳息。收取之后，留置财产的孳息所有权归属需要根据法律的规定或者当事人约定判断。一般而言，各国物权法会对物的孳息的归属作出规定。物权编也对孳息的归属作了规定，第321条第1款规定，天然孳息，由所有权人取得；既有所有权人又有用益物权人的，由用益物权人取得。当事人另有约定的，按照其约定。第2款规定，法定孳息，当事人有约定的，按照约定取得；没有约定或者约定不明确的，按照交易习惯取得。因此，除非法律另有规定或者当事人有约定外，留置财产的孳息的所有权归属应该根据物权编的此规定确定。如果债务人和留置权人并未就留置财产的孳息的归属作出明确约定，孳息的所有权应当属于债务人。

虽然留置权人不能取得留置财产孳息的所有权，但是由于留置权具有不可分性，留置权的法律效力自然及于孳息。留置权人在收取孳息后，有权控制、占有孳息，且此种权利可以对抗作为所有人的债务人，债务人在未履行债务之前不能要求留置权人返还留置财产的孳息。

二、留置财产孳息收取费用的负担

本条第2款规定，前款规定的孳息应当先充抵收取孳息的费用。因此，如果债务人在收取留置财产时，支付了费

用，此种费用应当以孳息冲抵。比如，牧民甲由于人手紧
张，遂请牧民乙帮忙放牧部分羊群，双方约定甲将支付乙劳
务费 3000 元。因甲未按时支付劳务费，在甲要求返还羊群
时，乙遂留置了 10 只羊，其中母羊若干只。期间，因数只
母羊怀孕，即将生产，为了确保母羊顺利产仔，乙便请兽医
丙前来帮忙照顾，并向丙支付医药费 500 元。后来因甲一直
未向乙支付所欠费用，乙便将所留置的羊出售，其中羊羔出
售后获利 700 元。根据本款规定，此 700 元应当先用于冲抵
乙所支付给丙的医药费。

> **第四百五十三条**　留置权人与债务人应当约定留置
> 财产后的债务履行期限；没有约定或者约定不明确的，
> 留置权人应当给债务人六十日以上履行债务的期限，但
> 是鲜活易腐等不易保管的动产除外。债务人逾期未履行
> 的，留置权人可以与债务人协议以留置财产折价，也可
> 以就拍卖、变卖留置财产所得的价款优先受偿。
> 　　留置财产折价或者变卖的，应当参照市场价格。

❖ **条文主旨** ❖

本条是关于实现留置权的一般规定。

❖ **条文解读** ❖

留置权的实现是指留置权人对留置财产进行处分，以优先
受偿其债权的行为。

一、留置权实现的条件

根据本条的规定，留置权人实现留置权必须具备两个
条件：

第一，留置权人须给予债务人以履行债务的宽限期。债权

已届清偿期债务人仍不履行债务，留置权人并不能立即实现留置权，而必须经过一定的期间后才能实现留置权。这个一定的期间，称为宽限期。宽限期多长，涉及债权人与债务人利益的平衡问题。期限过长，不利于留置权人实现债权；期限过短，不利于债务人筹集资金，履行义务。根据实践经验和公平原则，本条规定，留置权人与债务人应当约定留置财产后的债务履行期间；没有约定或者约定不明确的，留置权人应当给债务人 60 日以上履行债务的期间，但鲜活易腐等不易保管的动产除外。

首先，债务履行的宽限期可以约定。债权人和债务人约定宽限期，可以是在签订主债权债务合同通过留置权条款约定，也可以是在留置权人行使留置权、已经占有留置财产后，与债务人自由协商一定的债务履行期限。当事人之间约定的宽限期可长可短，由双方自由协商，法律并无规定必须为多长。只要这个宽限期是双方当事人自主协商的，法律尊重当事人的意思自治。当然，如果一方当事人利用对方当事人的危困状态，约定的宽限期很短，则可能构成显失公平而被撤销。

其次，留置权人与债务人对于宽限期限没有约定或者约定不明确的，根据本条规定，留置权人可自行确定宽限期限，但一般不得少于 2 个月。在双方当事人没有约定或者约定不明时，留置权人对于宽限期有最终的决定权，但是这种权利受到法律的限制，即应当给予债务人 2 个月以上的宽限期，让债务人有合理的时间履行债务。这里的没有约定，也包括双方当事人就宽限期无法达成一致的情形。

最后，如果留置财产为不易保管的动产，宽限期可以短于 2 个月。考虑到，留置财产有特殊属性，即属于鲜活易腐等不易保管的动产，如果宽限期过长，留置权财产在此期限可能已经腐败，失去经济价值，这样将无法实现留置权的担保功能。

因此，本条但书规定，留置财产属于不易保管之物时，宽限期可以短于 60 日。所谓鲜活易腐等不宜保管的动产，包括诸如海鲜、新鲜水果和蔬菜等，但不包括易保管但价格波动很大的动产。此类留置财产的宽限期长短，则应当根据所留置的动产具体情况判断，或长或短均可。

第二，债务人于宽限期内仍不履行义务。债务人在宽限期内履行了义务，留置权归于消灭，留置权人当然不能再实现留置权。如果债务人仍不履行义务，留置权人便可以按法律规定的方法实现留置权。债务人未履行债务，包括债务人不完全履行债务。比如，债务人本应偿还 100 万元，其仅偿还 80 万元。

二、留置权实现的方法

根据本条的规定，留置权实现的方法包括折价、拍卖和变卖。留置权人可以与债务人协商采取哪种方法实现留置权。一般情况下，双方当事人可以先协议将留置财产折价以实现其债权；如果无法达成协议，留置权人可以依法拍卖或者变卖留置财产，并以拍卖或者变卖所得的价款优先受偿其债权。

第一种是折价。折价是指留置权人与债务人协议确定留置财产的价格，留置权人取得留置财产的所有权以抵销其所担保的债权。这种方法比较简单，但必须双方当事人协商一致，否则就应当采取拍卖或者变卖的方法。

第二种是拍卖。拍卖是指依照拍卖法规定的拍卖程序，于特定场所以公开竞价的方式出卖留置财产的方式。拍卖的公开性和透明度都比较高，但同时费用也较高。

第三种是变卖。变卖是指以一般的买卖形式出卖留置财产的方式。由于拍卖的费用较高，有的双方当事人不愿意负担这一费用，因此采取费用较为低廉的变卖方式。

本条第 2 款还规定，如果采取折价或者变卖方式处置留置财产的，应当参照市场价格，而不能随意降低该留置财产的价格。

> 　　**第四百五十四条** 　债务人可以请求留置权人在债务履行期限届满后行使留置权；留置权人不行使的，债务人可以请求人民法院拍卖、变卖留置财产。

❖ 条文主旨 ❖

本条是关于债务人可以请求留置权人行使留置权的规定。

❖ 条文解读 ❖

债务人在债务履行宽限期不履行债务的，留置权人有权处置留置财产以实现自己的债权。留置权为物权，其不受所担保的债权的诉讼时效的限制。因此，留置权人在其所担保的债权的诉讼时效完成后，仍可以对留置财产行使留置权。理论上说，留置权可以长期不灭，其行使并无时间限制。但是，如果留置权人长期持续占有留置财产而不实现，不符合"物尽其用"的原则，也会对社会、经济生活产生不利影响。而且，在有的情况下，留置财产会有自然损耗或者贬值的可能，如果长期不实现留置权，留置财产的价值会受影响，对债务人不利。因此，为避免留置权人无限期地占有、控制留置财产而不行使留置权，有必要适当限制留置权人的权利。故本条规定，债务人可以请求留置权人在债务履行期限届满后行使留置权；留置权人不行使的，债务人可以请求人民法院拍卖、变卖留置财产。

根据本条规定，债务人首先有权请求留置权人行使留置权。法律赋予债务人的此项权利，也是基于对债务人对留置财产享有所有权的保护。因为留置财产的所有权仍归属于债务人，如果留置权人一直不行使留置权，对债务人的所有权构成威胁。比如，甲因为乙未按时支付修理费，留置了乙所有的贵重设备。该设备的价值远远高于应支付的修理费。乙公司已陷入经营困难，无法支付修理费。乙公司所有的设备在市场上很畅销，如果甲不及时处置所留置的设备，可能造成该设备贬值，大大影响乙公司利用该设备变现的能力，从而导致乙公司资金损失。当然，债务人请求留置权人行使留置权必须是债务履行宽限期届满后。因为在债务履行宽限期，留置权人尚无法判断债务人是否能够履行其债务。债务人请求留置权人行使留置权后，留置权人应当在合理期间行使留置权，而不能仍迟迟不作为，损害债务人利益。

为了防止留置权人怠于行使留置权。本条进一步规定，留置权人不行使的，债务人可以请求人民法院拍卖、变卖留置财产。因此，如果留置权人不及时行使留置权，债务人可以依法请求法院实现债权人的留置权，法院即可以依法拍卖或者变卖留置财产。

> **第四百五十五条**　留置财产折价或者拍卖、变卖后，其价款超过债权数额的部分归债务人所有，不足部分由债务人清偿。

❖ 条文主旨 ❖

本条是关于留置权实现的规定。

❖ 条文解读 ❖

债权人留置债务人的动产，根本目的就是要实现自己的债权。根据物权编第453条的规定，债务人逾期未履行债务的，留置权人可以与债务人协议以留置财产折价，也可以就拍卖、变卖留置财产所得的价款优先受偿。根据物权编第454条的规定，债务人可以请求留置权人在债务履行期限届满后行使留置权；留置权人不行使的，债务人也可以请求人民法院拍卖、变卖留置财产。因此，留置权人实现留置权的目的就是通过拍卖、变卖留置财产取得对价以冲抵自己的债权，或者以折价的方式换算出相应的金额，以实现自己的债权。但是留置财产毕竟是动产，并非是现金，留置财产的价值是变动的，在留置财产被折价或者拍卖、变卖后，可能出现三种情况：

第一种情况是，留置财产的价值与债权金额相等，即留置财产折价或者被拍卖、变卖所得的价款刚好满足留置权人的债权，留置权的债权完全得以实现，债务人的留置权财产也因为折价或者拍卖、变卖而被处分，不存在剩余价款返还的问题。两者的债权债务关系以及担保关系均告消灭。比如，甲委托乙运输货物，约定运费1000元，因甲未向乙支付应付的运费，乙即留置了部分货物。后甲一直未付运费，乙遂要求甲在70天内支付运费。70天后，甲仍不愿意支付运费，并且与乙协商，以所留置的货物折价1000元抵偿运费，乙表示同意。此时，甲无需再向乙支付运费了，双方的运输合同关系消灭，同时，由于乙行使了留置权，乙的留置权消灭，双方的留置法律关系亦终止。

第二种情况是，留置财产的价值高于债权金额，即留置财产折价或者被拍卖、变卖所得的价款超过了留置权人的债权数额，超过的部分应当归债务人所有。如果是留置权人处分留置财产的，留置权人在扣除自己应得部分后，应当将剩余部分返还给债务人，不得占为己有，否则就构成不当得利。如果是人民法院根据本编第454条的规定对留置财产进行拍卖、变卖的，人民法院在扣除留置权人的债权额后，应当将剩余部分及时返还给债务人。

第三种情况是，留置财产的价值低于债权金额，即留置财产折价或者被拍卖、变卖所得的价款不足以清偿留置权人的债权。由于留置财产不能完全满足留置权人的债权，所以留置权人与债务人之间的债权债务关系并不因实现留置权而完全消灭，留置权人仍可以就留置财产不足以清偿的部分要求债务人偿还。只不过剩余债权就变成了无担保物权的普通债权，留置权人也成了普通债权人，留置权人可以普通债权人的身份要求债务人偿还剩余债务；债务人拒绝偿还的，其可以向人民法院起诉。

> **第四百五十六条** 同一动产上已经设立抵押权或者质权，该动产又被留置的，留置权人优先受偿。

◆ **条文主旨** ◆

本条是关于留置权与抵押权或者质权关系的规定。

◆ **条文解读** ◆

留置权行使的对象为动产。动产由于其可以移动性，且根据我国法律规定，动产的很多物权公示不以登记为要件。因此，难免存在同一动产上设定了相互冲突的物权。在同一动产上，可能同时存在不同性质的担保物权，在权利相互冲突时，需要法律规则明确不同权利之间的效力关系。比如，同一动产上已设立了抵押权或者质权，该动产又被留置的，应当如何处理留置权与抵押权或者质权的关系？根据本条规定，同一动产上已设立抵押权或者质权，该动产又被留置的，留置权人优先受偿。因此，同一动产同时存在留置权与抵押权或者质权的，留置权的效力优先于抵押权或者质权。这样规定，主要是基于以下考虑：首先，总结了我国立法经验和司法实践经验。我国的一些法律已明确规定，同一标的物上同时存在抵押权与留置权的，留置权优先于抵押权。例如，我国海商法第 25 条规定，船舶优先权先于船舶留置权受偿，船舶抵押权后于船舶留置权受偿。前款所称船舶留置权，是指造船人、修船人在合同另一方未履行合同时，可以留置所占有的船舶，以保证造船费用或者修船费用得以偿还的权利。人民法院的审判实践也承认了留置权优先于抵押权这一原则。《最高人民法院关于适用〈中华人民共和国担保法〉若干问题的解释》中规定，同一财产上抵押权与留置权并存时，留置权人优先于抵押权人受偿。其次，从法理上讲，留置权属于法定担保物权，其直接依据法律规定而产生，而抵押权与质权均为约定担保物权。法定担保物权优先于约定担保物权为公认的物权法原则。

可以从以下两个方面理解本条：

一是留置权的效力绝对优先。在同一动产上，无论留置权是产生于抵押权或者质权之前，还是产生于抵押权或者质权之后，留置权的效力都优先于抵押权或者质权。也就是说，留置权对抵押权或者质权的优先效力不受其产生时间的影响。

二是留置权对抵押权或者质权的优先效力不受留置权人在留置动产时是善意还是恶意的影响。理论上，有的观点认为，为了防止当事人利用留置权的优先效力，恶意在已设有抵押权的动产上行使留置权，妨碍或者排除动产上抵押权的行使，提出应当明确规定，同一动产上留置权产生于抵押权或者质权之后的，只有留置权人属于善意时，留置权效力才优先于已存在的抵押权或者质权。需要指出的是，这里的"善意"指留置权人对同一动产已存在的抵押权或者质权不知情；与之相对应的"恶意"指留置权人对同一动产上已存在的抵押权或者质权知情，而并非恶意串通的意思。留置权产生的基础是公平原则，在适用留置权规则的许多情况下，留置权人一般都使被留置动产的价值得到保全，且留置权人的债权与被留置动产的价值相比往往是微不足道的。在这种情况下，仅仅以留置权人知道或者应当知道该动产上存在抵押权或者质权就否定其优先效力，对留置权人是不公平的。实践中，留置权人留置某一动产时往往知道该动产上存在抵押权或者质权。例如，某一汽车所有人将该汽车送到某一修理厂修理，修理厂可能对该汽车上存在抵押权是知情的，但这并不妨碍修理厂在汽车所有人不支付修理费的情况下留置该汽车且以该留置权对抗存在的抵押权或者质权。基于以上考虑，本条并没有强调留置权优先于抵押权或者质权的效力以留置权人善意作为前提。当然，如果留置权人与债务人恶意串通成立留置权，其目的就是为了排除在动产上的抵押权或者质权的，这已经超出了"恶意和善意"的范畴，属于严重违反诚实信用原则的恶意串通行为。在这种情况下，不但留置权不能优先于抵押权或者质权，该留置权也应当视为不存在。

❖ **案例分析** ❖

甲设备租赁公司为融资，约定甲设备租赁公司应当在2016年6月30日之前还清贷款80万元，同时约定以甲设备租赁公司所有的价值100万元的特种车辆抵押给乙工商银行，并依法办理了抵押登记。甲设备租赁公司在经营期间，2016年6月10日，因该特种车辆出现故障，遂将该特种车辆送丙汽车修理厂修理。丙汽车修理厂经过修理后，6月20日，通知甲设备租赁公司支付修理人工费、材料费10万元，甲设备租赁公司迟迟未支付修理费。由于甲设备租赁公司逾期未清偿其贷款70万元，2016年7月15日，乙工商银行即依法向人民法院申请行使抵押权，并查封了抵押的特种车辆。丙汽车修理厂提出异议，认为其依法行使留置权，拍卖该特种车辆的价款应当先抵偿其修理费用。

法院受理异议后认为，乙工商银行根据双方签订的抵押合同，依法对甲设备租赁公司的该特种车辆享有抵押权。丙汽车修理厂基于汽车维修承揽合同，在甲设备租赁公司未支付修理费的情况下，有权对该特种车辆行使留置权。根据法律规定，同一动产上已经设立抵押权或者质权，该动产又被留置的，留置权人优先受偿。法院随后将该特种车辆拍卖，将拍卖所得的价款共计 60 万元，其中 10 万元用于支付甲汽车修理厂的修理费，其余 50 万元用于偿还甲设备租赁公司所欠乙工商银行的贷款。

> **第四百五十七条** 留置权人对留置财产丧失占有或者留置权人接受债务人另行提供担保的，留置权消灭。

◆ **条文主旨** ◆

本条是关于留置权消灭原因的规定。

◆ **条文解读** ◆

留置权作为一种物权，其消灭的原因是多样的：可因物权消灭的共同原因而消灭，如因留置标的物的灭失、被征收等原因而消灭；也可因担保物权消灭的共同原因而消灭，如因被担保债权的消灭、留置权的行使以及留置权被抛弃等原因而消灭。

留置权行使的前提就是债权人合法占有了债务人的财产，如果留置权人因某种原因丧失了这种占有，留置权是否还存在呢？同时留置权作为法定的担保物权，当事人是否可以自己的意思表示使其消灭呢？这些问题都涉及留置权的特殊消灭事由。本条规定，留置权人对留置财产丧失占有或者留置权人接受债务人另行提供担保的，留置权消灭。

一、因留置权人对留置财产丧失占有而消灭

留置权人对留置财产丧失占有的，留置权消灭。立法这么规定，首先，符合法理。因为留置权产生的前提条件是债权人对债务人财产的合法占有。留置权人的这种占有应当为持续不间断的占有，如果丧失占有，留置权人对留置财产不再控制则不宜再享有此权利。其次，符合我国的立法经验和司法实践。我国海商法第25条第2款规定，船舶留置权在造船人、修船人不再占有所造或者所修的船舶时消灭。我国的司法实践也承认，留置权人对留置财产丧失占有时，留置权消灭。最后，此种做法也与不少域外立法例相似。如《日本民法典》第302条规定："（因丧失占有的留置权消灭）留置权因丧失对留置物的占有而消灭。但依照第二百九十八条第二项的规定已经将留置物出租或者作为质押的标的时，不在此限。"

理解此规定，需要注意的是，若留置权人非依自己的意愿暂时丧失对留置财产占有的，留置权消灭。但这种消灭并不是终局性的消灭，留置权人可以依占有的返还原物之诉要求非法占有人返还留置物而重新获得留置权。比如，甲留置了乙的财产，但丙非法占有了留置财产。根据占有保护的规定，甲有返回占有的权利，此时甲并不丧失留置权。

二、因留置权人接受债务人另行提供担保而消灭

留置权作为一种法定担保物权，其功能主要是通过留置权人留置合法占有债务人的动产，促使债务人尽快偿还债务。如果债务人为清偿债务另行提供了相当的担保，该担保就构成了留置权的替代，债权人的债权受偿得到了充分的保障，原留置财产上的留置权理应消灭。而且，在债务人提供相当担保的情况下，如果留置财产上的留置权仍然存在，就对债务人的利益限制过多，妨碍了债务人对留置财产的利用，不符合诚实信用原则和公平原则。因此，本条同时规定，留置权人接受债务人另行提供担保的，留置权消灭。

根据本条的规定，债务人另行提供担保导致留置权消灭的，应当满足以下条件：一是债务人另行提供的担保应当被债权人接受；若债权人不接受新担保的，留置权不消灭。二是债务人另行提供的担保所能担保的债权应当与债权人的债权额相当。由于留置权是以先行占有的与债权有同一法律关系的动产为标的物，留置物的价值有可能高于被担保的债权额，但债务人另行提供的担保所能担保的债权不以留置物的价值为标准，一般应与被担保的债权额相当。当然在双方当事人协商一致的情况下，债务人另行提供的担保所能担保的债权也可以低于或者高于债权人的债权额。

第五分编　占　　有

第二十章　占　　有

本章共五条，主要规定了占有的调整范围、无权占有情形下的损害赔偿责任、原物及孳息的返还以及占有保护等。占有，指对不动产或者动产事实上的控制与支配。它分为有权占有和无权占有：前者指占有人与占有返还请求人之间，有寄托、租赁或有其他正当法律关系时占有人对不动产或者动产的占有；后者指占有人对不动产或者动产的占有无正当的法律关系或者原法律关系被撤销或无效时占有人对不动产或者动产的占有。无权占有又分善意占有和恶意占有，其法律责任及法律后果存在差别。本章的最后对占有的保护作了规定，使得在占有物被侵夺时，占有人可以采取请求返还原物、排除妨害、消除危险或者损害赔偿等方式保护自己的占有。

> 第四百五十八条 基于合同关系等产生的占有，有关不动产或者动产的使用、收益、违约责任等，按照合同约定；合同没有约定或者约定不明确的，依照有关法律规定。

❖ **条文主旨** ❖

本条是关于有权占有法律适用的规定。

❖ **条文解读** ❖

占有是对物的一种事实上的控制与支配。根据占有是否具法律上的原因，可以分为有权占有和无权占有。有权占有，主要指基于合同等债的关系而产生的占有，如根据运输或者保管合同，承运人或者保管人对托运或者寄存货物发生的占有；无权占有，主要发生在占有人对不动产或者动产的占有无正当法律关系，或者原法律关系被撤销或无效时占有人对占有物的占有，包括误将他人之物认为己有或者借用他人之物到期不还等。

两种占有发生的原因虽然各不相同，但法律后果的处理不外乎两类情形：其一是在占有过程中，被占有的不动产或者动产的使用、收益以及损害赔偿责任该如何确定；其二是当被占有的不动产或者动产遭到第三方侵夺或者妨害时，占有人能够行使哪些权利保护自己对不动产或者动产的占有。

第一个问题是，占有过程中，被占有的不动产或者动产的使用、收益以及损害赔偿责任该如何确定。对此，因有权占有和无权占有的区别而存在差别。对于因合同等债的关系而产生的占有，本条明确规定，有关被占有的不动产或者动产的使用、收益、违约责任等，按照合同约定；合同没有约定或者约定不明确的，依照合同法等有关法律的规定。比如，甲承租乙的商业房产用于经营，交付后，甲即有权占有乙所有的房产。对于甲在经营过程中，如何使用此房产、如何获得收益，由双方当事人根据租赁合同约定即可。当事人如果没有约定的，则可以根据法律规定确定。如合同编第720条规定，在租赁期限内因占有、使用租赁物获得的收益，归承租人所有，但是当事人另有约定的除外。关于无权占有情形下，有关不动产或者动产的使用、收益及损害赔偿责任等，本编第459条至第461条作了具体规定，无权占有是本编规定的重点。

第二个问题是，被占有的不动产或者动产被侵夺的，该如何处理？对此，不因有权占有和无权占有的区别而有不同，它们都可适用本编第462条的规定，即占有的不动产或者动产被侵占的，占有人有权请求返还原物；对妨害占有的行为，占有人有权请求排除妨害或者消除危险；因侵夺或者妨害造成损害的，占有人还有权请求损害赔偿。

> **第四百五十九条** 占有人因使用占有的不动产或者动产，致使该不动产或者动产受到损害的，恶意占有人应当承担赔偿责任。

❖ **条文主旨** ❖

本条是关于无权占有不动产或者动产致其损害，恶意占有人应当承担赔偿责任的规定。

❖ **条文解读** ❖

占有人占有动产或者不动产，在使用过程中比如会发生损耗或者损害，这种风险需要在当事人之间合理分配。

一、有权占有时的责任分担

在有权占有的情况下，如基于租赁或者借用等正当法律关系而占有他人的不动产或者动产时，当事人双方多会对因使用而导致不动产或者动产的损害责任作出约定。大多数情况下，对于因正常使用而导致不动产或者动产的损耗、折旧等，往往由所有权人负担，因为有权占有人所支付的对价就是对不动产或者动产因正常使用而发生损耗的补偿。例如，甲公司将其小轿车出租给乙公司使用，乙公司每月支付给甲公司5000元钱使用费，半年后该车必然会因使用而发生损耗折旧。此时，一般情况下甲公司不能向乙公司要求额外的损害赔偿，因为乙公司每月所支付的租用费即是对轿车使用价值的补偿。当然，如果乙公司采取破坏性方式使用该车，致使该车提前报废，如果双方对此有事前约定，那么按其约定处理。

实践中，在有权占有情况下，被占有的不动产或者动产因使用而产生损害，其责任确定和解决方法并不棘手。按照一般的惯例，如果要把自己的不动产或者动产租给他人使用，应当先收取一定的押金，作为不动产或者动产被他人损坏后的担保。此外，相关的法律也会对特定情形下占有物损害的责任作出规定。如合同编第784条规定，承揽人应当妥善保管定作人提供的材料以及完成的工作成果，因保管不善造成毁损、灭失的，应当承担赔偿责任。又如根据合同编第832条规定，承运人对运输过程中货物的毁损、灭失承担赔偿责任；但是，承运人证明货物的毁损、灭失是因不可抗力、货物本身的自然性质或者合理损耗以及托运人、收货人的过错造成的，不承担赔偿责任。

二、无权占有时的责任承担

对于无权占有时，无权占有人需要承担何种责任，就需要根据无权占有的具体情况判断。根据占有人的主观状态，可以分为善意占有和恶意占有。所谓善意占有就是占有人在主观上认为自己有权占有标的物。所谓恶意占有，指明知或者因重大过失不知自己为无权占有而仍然进行的占有。

善意占有人使用占有物致使物遭受损害的，各国立法例一般都规定无需承担责任，背后的立法逻辑就是，法律对于占有赋予了几种法律效力，其一就是权利的推定效力，占有人于占有物上行使的权利，推定其适法有此权利，而善意占有人在使用占有物时即被法律推定为物的权利人，具有占有使用的权利。因此，对于使用被占有的物而导致的物的损害，不应负赔偿责任。

对于恶意占有则不同，各国立法一般都明确规定，恶意占有人应当承担赔偿责任。物权法和本条都作了相同规定，即占有人因使用占有的不动产或者动产，致使该不动产或者动产受到损害的，恶意占有人应当承担赔偿责任。

> **第四百六十条** 不动产或者动产被占有人占有的，权利人可以请求返还原物及其孳息；但是，应当支付善意占有人因维护该不动产或者动产支出的必要费用。

◆ **条文主旨** ◆

本条是关于无权占有人应向权利人返还原物及其孳息并且善意占有人享有必要费用返还请求权的规定。

◆ **条文解读** ◆

一、权利人有权请求返还原物及其孳息

本条规定，不动产或者动产被占有人占有的，权利人可以请求返还原物及其孳息。根据此规定：首先，不论被侵占的标的物是动产还是不动产，权利人都有权请求返还。其次，有返还请求权的人是权利人。这里的权利人既可以是所有权人，也可以是依法对标的物享有占有使用权的人。比如，留置权人占有留置物，后被他人非法侵占，此时，抵押权人有权要求其返还。再次，无论善意占有人还是恶意占有人，都有义务返还。最后，应当返还的既包括原物，也包括孳息。

关于请求占有人返还的标的物除原物之外，是否应当包括孳息。对于恶意占有人，理应包括孳息。而对于善意占有人而言，是否应包括孳息，各国立法有所不同。

考虑到，既然善意占有人被法律推定为适法享有权利的人，善意占有人对占有物的使用及收益得到法律的承认，对于占有物的收益，善意占有人有权保留。同时考虑到，国外关于善意占有可以保留孳息的规定，是同必要费用返还请求权相关的。如果保留孳息，则善意占有人不得向权利人请求返还其为维护该动产或者不动产而支出的必要费用。因此，本条明确规定，权利人可以请求返还原物及其孳息，但应当支付善意占有人因维护该不动产或者动产支出的必要费用。

二、善意占有人的费用返还请求权

根据本条规定，占有人返还原物及其孳息之后，善意占有人因维护该不动产或者动产而支出的必要费用，有权请求权利人支付。首先，有权请求权利人支付费用的仅限于善意占有人，如果占有人为恶意的，则不能要求权利人支付任何费用。再次，返还的费用限于因维护该不动产或者动产所支出。所谓维护，就是确保该标的物处于良好的状态或者正常使用状态。如占有的房屋漏水了，请维修工人予以加固防漏，因此支付的修理费。最后，有权要求支付的费用也是必要的，此等费用的金额应该是合理的，而不能明显超出正常水平。如甲合法占有了乙的机动车，因该机动车部分零件损耗，需要更换方能正常使用。甲遂委托汽车修理厂维修，并指示修理厂作全面检修，更换了很多本来属于正常的零部件，支付了大量修理费。根据本条规定，甲只能要求乙支付必要的费用，即维护该车正常运行所必要的维修费用。

> 第四百六十一条　占有的不动产或者动产毁损、灭失，该不动产或者动产的权利人请求赔偿的，占有人应当将因毁损、灭失取得的保险金、赔偿金或者补偿金等返还给权利人；权利人的损害未得到足够弥补的，恶意占有人还应当赔偿损失。

❖ **条文主旨** ❖

本条是关于被占有的不动产或者动产毁损、灭失时占有人责任的规定。

❖ **条文解读** ❖

当占有的不动产或者动产毁损、灭失时，如果占有人和占有返还请求权人之间，有寄托、租赁等关系或者有其他正当的法律关系时（即有权占有的情形），占有人就被占有的不动产或者动产所负的责任等，均各依其基础法律关系去解决；但如果不具备寄托、租赁等此种正当法律关系或者外形上虽有此类关系但实为无效或者被撤销时，则占有人同占有返还请求权人间的责任义务如何确定，不免发生问题。虽然关于这一情形，可以适用有关侵权行为或者不当得利的规定，但仅仅有此不足以充分解决问题。所以本条规定此种情形下，占有人应当将因毁损、灭失取得的保险金、赔偿金或者补偿金等返还给权利人；权利人的损害未得到足够弥补的，恶意占有人还应当赔偿损失。

可以从以下三个方面理解本条规定。

一、毁损、灭失的含义

毁损的含义易于理解，它使得被占有的不动产或者动产的使用价值或者交换价值降低。而所谓灭失，指被占有的不动产

562

或者动产对于占有人来说，不复存在，这包括物的实体消灭和丧失下落，或者被第三人善意取得而不能返还。例如，甲的自行车被乙借用到期不还，乙在自行车链条掉脱的情形下仍执意骑行导致自行车链条断裂，即为毁损行为；如乙疏忽大意将自行车停放河滩处未采取任何固定措施，河滩涨水将自行车冲到下游无法找回；或者乙疏忽大意疏于保管致使自行车被盗无法找寻等，都称之为灭失。

二、善意占有人对占有物毁损、灭失的责任

善意占有人在占有物上所行使的权利，被推定为其合法享有，其对被占有物的使用被规定为占有人的权利。但该物毕竟在法律上不属于占有人所有，如果造成占有物毁损、灭失的，占有人还应当对物的真正权利人承担赔偿责任。但法律还应当考虑减轻善意占有人的责任，以贯彻法律对善意占有人的保护。因此，在确定善意占有人的责任时，应当依照不当得利的返还原则，即只有善意占有人因物的毁损、灭失而获得利益时，才对物的权利人承担赔偿责任；如果未获得利益，则不必赔偿。所谓因物的毁损、灭失而获得利益，指占有人所受积极利益，如当物的毁损灭失由第三人造成时，占有人取得的赔偿金或者替代物；而消极利益，指占有人因物的毁损灭失而减少支出的费用，则不在此列。例如，甲误将乙家的小羊认为己有，而村人丙打猎误射小羊，事后丙赔偿甲500元钱或者一只牛犊，乙可以依据本条向甲要求返还丙所赔付的500元钱或者牛犊；但如果丙未对甲进行赔偿，乙不能以小羊已亡甲节省了每日饲养费用为由，要求甲返还所省费用。

三、恶意占有人对占有物毁损、灭失的责任

恶意占有是占有人明知或者因重大过失不知自己为无权占有而仍然进行的占有。是否为恶意占有，依占有人取得占有时的具体情况而进行判断。取得时为善意，而后得知自己为无权占有的，自其知道之时起，变为恶意占有人。恶意占有人明知自己无权而仍然占有他人之物，其占有不仅缺乏法律上的正当根据，道德上也乏善可陈，因此各国立法均对恶意占有人苛以较重的责任。

恶意占有人通常系由侵权行为取得占有，因此在决定恶意占有人责任时，应参考侵权损害赔偿的原则，损失多少赔多少，除去占有物的价值外，还包括物的权利人所失的利益。此外，占有物的价值，以物的实际价值为准；恶意占有人取得占有时的价值与物的权利人请求返还时的价值不同的，以较高价值的为准。

还需要说明的是，权利人（回复请求权人）因被占有物的毁损、灭失所受的损害，因权利种类的不同而有差别。当权利人为所有权人时，赔偿范围应为物的价额；当权利人为运送人、质权人或者租赁人时，对于占有物仅有限定的利益，其赔偿应以其限定的利益为限。例如，因占有物的灭失而不能回复所生之损害，质权人只能请求赔偿质权的价额，运送人只能请求赔偿与其运费相当的金额，其残余之额应为所有权人保留。

> 第四百六十二条　占有的不动产或者动产被侵占的，占有人有权请求返还原物；对妨害占有的行为，占有人有权请求排除妨害或者消除危险；因侵占或者妨害造成损害的，占有人有权依法请求损害赔偿。
>
> 占有人返还原物的请求权，自侵占发生之日起一年内未行使的，该请求权消灭。

❖ 条文主旨

本条是关于占有保护的规定。

❖ **条文解读** ❖

占有人对于他方侵占或者妨害自己占有的行为，可以行使法律赋予的占有保护请求权，如返还原物、排除妨害或者消除危险。占有保护的理由在于，已经成立的事实状态，不应受私力而为的扰乱，而只能通过合法的方式排除，这是一般公共利益的要求。例如，甲借用乙的自行车，到期不还构成无权占有，乙即使作为自行车的物主也不可采取暴力抢夺的方式令甲归还原物；而对于其他第三方的侵夺占有或者妨害占有的行为等，甲当然可以依据本条的规定行使占有的保护。因此可以看出，占有人无论是有权占有还是无权占有，其占有受他人侵害，即可行使法律赋予的占有保护请求权；而侵害人只要实施了本条所禁止的侵害行为，即应承担相应的责任，法律不问其是否具有过失，也不问其对被占有的不动产或者动产是否享有权利。

一、占有保护请求权的种类

占有保护请求权以排除对占有的侵害为目的，因而属于一种物权的请求权。根据占有受侵害的不同情形，分别发生占有物返还请求权、占有妨害排除请求权和占有危险消除请求权。

1. 占有物返还请求权。占有物返还请求权发生于占有物被侵夺的情形。此种侵夺占有而构成的侵占，是指非基于占有人的意思，采取违法的行为使其丧失对物的控制与支配。需要注意的是，非因他人的侵夺而丧失占有的，如因受欺诈或者胁迫而交付的，不享有占有物返还请求权。此种情形下，原占有人要回复占有，必须依法律行为的规定，主张撤销已经成立的法律关系等去解决。此外，还需说明一点，即本条所规定占有物返还请求权的要件之一为侵占人的行为必须是造成占有人丧失占有的直接原因，否则不发生依据本条规定而产生的占有物返还请求权。例如，遗失物之拾得人，虽然拾得人未将遗失物交送有关机关而据为己有，但此种侵占非本条所规定的情形。拾得人将遗失物据为己有的行为，并非是失主丧失占有的直接原因（失主最初丧失对物的占有，可能是由于疏忽大意遗忘物品等），因此失主对于拾得人不得依占有物返还请求权为据提起诉讼，而应依其所有权人的地位提请行使返还原物请求权。

2. 排除妨害请求权。占有被他人妨害时，占有人得请求妨害人除去妨害。妨害除去请求权的相对人，为妨害占有的人。数人相继为妨害的，以现为妨害的人为请求权的相对人；继续妨害的，占有人可请求相对人停止妨害；一次妨害的，占有人可请求相对人除去妨害。排除妨害的费用应由妨害人负担。占有人自行除去妨害的，其费用可依无因管理的规定向相对人请求偿还。

3. 消除危险请求权。消除危险请求权中的危险，应为具体的事实的危险；对于一般抽象的危险，法律不加以保护。具体的事实的危险，指其所用的方法，使外界感知对占有的妨害。例如，违反建筑规则建设高危建筑、接近邻地开掘地窖等，而产生对邻地的危险。需要说明的是：首先，危险消除请求权中的危险，必须持续存在；请求权行使之时危险已经消失的，不得请求防止。其次，必须有客观的产生危险的事实；被请求人有无故意或者过失，法律在所不问。

占有虽非一种权利，但也属法律所保护的一种财产利益，不受他人非法的任意侵害。侵害占有的，应负侵权的损害赔偿责任。侵害占有可能发生的损害主要有：（1）使用收益的损害，即占有人不能使用收益占有物而生的损害；（2）支出费用的损害，即占有人对占有物支出费用，本可向物的权利人请求偿还，却因该物被侵夺而毁损灭失不能求偿；（3）责任损害，即占有人因占有物被第三人侵夺而发生毁损灭失后，从而产生对物的权利人的损害赔偿责任。

二、占有人返还原物请求权的行使期间

本条最后规定了占有保护请求权中的返还原物请求权，自侵占发生之日起1年内未行使的，该请求权消灭。这里需要说明两个问题。

首先，占有保护请求权中的排除妨害请求权和消除危险请求权，原则上同妨害或者危险的持续状态紧密相连。如果妨害已经消失或者危险已经不存在，自然没有排除妨害或者消除危险请求权提请的必要；如果此种妨害或者危险造成了实际的损害，占有人当然可以提起损害赔偿请求权，而此项损害赔偿请求权应当受3年普通诉讼时效的限制；如果妨害或者危险持续发生，那么此项排除妨害或者消除危险的请求权自然没有受时效限制的道理。

其次，占有人返还原物请求权可因一定期间内不行使而消灭。此项期间各国立法如德国、瑞士、日本等国民法大多规定为1年。该期间有的国家规定为消灭时效，有的规定为除斥期间。但是从占有保护制度的设立目的和实际功能上讲，此项期间设为除斥期间更妥。其理由在于消灭时效可因事实而中断或者中止，而且它以受侵害人知道或者应当知道受侵害之时开始起算，如果按照消灭时效来规定，此项期间可能远比1年要长，那么将使权利处于长期不稳定的状态。并且通常情况下，占有物返还请求权因除斥期间经过而未行使的，占有人如果对物享有其他实体权利（如所有权），自然可以依照其实体权利提出返还请求，因此也没有必要在本条中规定更长的期间进行保护。